近世大名のアーカイブズ資源研究

―松代藩・真田家をめぐって―

国文学研究資料館 編

思文閣出版

近世大名のアーカイブズ資源研究――松代藩・真田家をめぐって――◆目次

第三編　大名家伝来文書群と記録管理

第四編　伝来と管理

近世大名のアーカイブズ資源研究

――松代藩・真田家をめぐって――

序章　アーカイブズ資源研究の動向と課題

大友　一雄

はじめに

アーカイブズへの関心は、分野・時代などを超えて広がりつつある。学術文化の情報資源として、また、個人や団体の権利や平等性に関わる基本情報として、その保存と公開が強く意識されている。

保存公開などの実現にはアーカイブズ・システムの開発・整備と同時に、アーカイブズそのもの（アーカイブズ資源）に関する研究の重要性が指摘されてきた。アーカイブズ学そのものの体系にも関わるが、たとえば、大藤修「史料と記録史料学」[1]は、アーカイブズ学（記録史料学）が史料学と史料管理学で構成されること、史料管理学が対象とする文書群全体の構造的分析、それに基づく目録記述・情報資源化、保存管理、公開活動などの実務は、史料学によるアーカイブズの資源理解を前提に行うべきことを主張する。その後、安藤正人による史料認識論もそのような理解を整理・発展させたものといえる[2]。

また、こうしたアーカイブズ学の組み立ては、アーカイブズ学教育のプログラム構成においても取り入れられてきた。たとえば、国文学研究資料館が主催する史料管理学研修会（アーカイブズ・カレッジ）では、全体をアーカイブズ学総論、アーカイブズ資源研究、アーカイブズ管理研究（編成記述・法制・保存）という三つの柱のもとに構成している。[3]また、国立公文書館の「公文書館専門職員養成課程」や、日本アーカイブズ学会の登録アーキビスト認定における「アーカイブズ学に関する専門科目の履修要件」などにおいても、講義名称に違いはあるもののアーカイブズ資源論、公文書論、史料論などとして、プログラムのなかに位置づけられている。

アーカイブズというモノを対象とする活動において、対象物に対する高い見識が求められることは当然であり、その充実化は常に求められているというべきである。

本書において、アーカイブズ資源研究を課題としたのは、以上のような理由からである。また、本書では、大名真田家文書を主な対象としながらも、密接に関わる代官文書・御用達文書・町年寄文書・村役人文書など出所を異にする文書群も分析対象とした。アーカイブズ学ではひとつの文書群を単位として調査・分析を行うことを基本とするが、大規模な組織となる近世大名の諸機能は、関連する集団の活動によって担保されており、伝存する文書群を理解するには相互的な検討が欠かせない。また、こうした検討を通じて当時の文書システム、記録管理の実態を明らかにできると考えたためでもある。さらに、特定の近世大名を取り上げることにより、アーカイブズ資源研究の深化と広がりを期待した。以上の理由から、書名を『近世大名のアーカイブズ資源研究――松代藩・真田家をめぐって――』とした。

既刊の『幕藩政アーカイブズの総合的研究』（思文閣出版、二〇一五年）において全国の大名文書群の文書管理の実態やその史的展開について議論を試みたが、[4]本研究は、そこでの成果も踏まえながらも、アーカイブズ資源研究に軸足をおき、真田家という特定の大名の文書群を核に、松代藩・真田家と密接に関わる文書群を対象として、記録管理とそのシステムに関する議論の深化を目的とした。レコード・マネージメントに関する研究などを強く意識して、空間、伝来、印章などの分析とその基本的情報の公開にも留意した。特定の大名を対象としたアーカイブズ資源研究ということでは、はじめての実践研究となる。

第一節　アーカイブズ資源研究とアーカイブズ管理

アーカイブズ資源研究について簡単に確認したい。モノとしてのアーカイブズのコントロールでは、モノそのもののあり方や所蔵者・施設・調査者などをはじめとする諸条件によって、その具体的な方法が大きく異なることが考えられる。アーカイブズ管理の取り組みは、アーカイブズ資源についての充分な理解が前提となるべきである。両者の相互的な取り組みのなかでアーカイブズそのものの理解もまた深まることになる。こうした実際の活動を念頭に、アーカイブズ資源研究は、記録管理に関わる研究、伝来研究、アーカイブズ構造分析などが具体的な柱として考えられる(5)。

もちろん、これらはアーカイブズ活動に関わって検討を要する課題であり、手続的には、三つ目のアーカイブズ構造分析に収斂され、目録記述に反映されることが期待される。ただし、現実には三つの問題は関連的に、また複合的に結びつけられて議論されることが少なくない(6)。

アーカイブズ資源研究を以上のように捉えた場合、これらについて言及した成果は少なくない。たとえば、三つ目のアーカイブズ構造分析に関しては理論に関する研究(7)、そして、構造分析の実践研究と基礎研究がある(8)。二つ目の伝来研究は、多くは他の問題と複合的に取り上げられることが多いのであるが、本書の工藤航平論文はこれを正面から取り上げる。また、一つ目の記録管理に関する研究では、意思決定・意思伝達・集合記憶などに関わる文書利用を、各組織や各文書群単位に言及するものとなる。なお、本書では、各研究者の意向を尊重して、文書・記録・アーカイブズなどの用語利用はそのままとしたが、「文書管理」「記録管理」などという場合、この管理は保管の意にとどまらず、作成から保存・廃棄に至る全体のコントロールを意味して使用される。レコード・マネジメントも射程に入れた視角を有している。そして、それらの作成・授受・保管・利活用に関するすべての流れ（以前は「ライフ・サイクル」と捉えていた視角）、そこに介在する組織・役職、管理方法、作成・授受から利活用までに利用される道具・容器・環境などを含めて、「記録管理」の対象であり、そこに構築されたシステムが記録管理システムとなる。したがって、料紙利用、文書様式、書体、伝達方法、印章、保管など多くの問題が記録管理研究での課題となる。

アーカイブズ学ではとくに具体的な文書群を単位とするアーカイブズ管理に関わり、以上のような分析的な取り組みが少なからず必要となるわけである(9)。

第二節　真田家文書群とアーカイブズ活動

本書が注目する真田家文書は、既述の通り信濃国松代を城地とした大名真田家に伝えられた文書群であり、いわゆる「家」のもとで管理されてきた文書群と、藩庁などに蓄積した文書群からなり、現在、国文学研究資料館（五万五〇〇〇点余）、真田宝物館（一万七〇〇〇点余）に収蔵される。

近年、本文書群を活用した大名研究、藩政研究、地域研究、江戸研究、幕府勤役・役職研究、地震研究、財政・経済史研究、学芸文化研究など実にさまざまな研究が進展しつつある(10)。これは近世大名文書群がとくに当時の政治社会システムに関わって、また、地域社会や学芸なども含めてもっとも総合的な性格を有する文書群であることと関連する。大名文書はその基本的な性格において大名研究・藩政研究においてのみ有効なものではないことを確認したい。

さて、それでは、収蔵機関である国文学研究資料館（文部省史料館、国立史料館）は、この真田家文書群に関わってどのようなアーカイブズ活動を行ってきたのであろうか、次に簡単に紹介し、そのうえでアーカイブズ活動との関わりで本書の刊行を位置づけたい。

真田家文書に関するアーカイブズ活動について、その主要なものを示すならば、①受け入れのための事前調査、受け入れ、配架、仮目録の作成、仮公開などの段階を経て、②アーカイブズの構造を意識した文書目録の作成・刊行（合計一二冊、二〇一一年完成）、③保存装備、④全文書の公開を実現した。また、⑤インターネットを利用した文書目録PDFの公開、文書目録データベースの開発・公開を実現し、現在、重要文書などの画像公開を進めつつある。以上の活動を基本的なアーカイブズ活動と捉えており、すべての文書群は同様の段階を経ることになる。

また、これらの基本活動とは別に、⑥文書の利用環境整備に関わり、家臣団の家譜を集成した『真田家家中明細書』[11]、真田家国家老日記の日記繰出を収録した『松代藩庁と記録』[12]などを刊行した。とくに『真田家家中明細書』は、人物確認などにおいて有用な情報提供になるとの判断から作成したものである。

さらに、こうした利用ツールの整備などとも密接に関連するが、⑦真田家文書の関連文書の調査を実施した。とくに真田宝物館が所蔵する真田家文書については、同館員と合同で目録作成作業を続けるなど、アーカイブズ活動における連携を深めてきた。また、家老文書や代官文書などの所在確認・写真撮影などを進めつつある。さらに館内活動との関連では、真田家文書目録の完成後、松代藩御用達商人などを勤めた八田家の文書目録作成を重点的に進め、二〇一六年段階で八冊の目録を刊行した（継続中）。

これまでの真田家文書に関わる主要なアーカイブズ活動は、おおむね以上の通りであるが、今回、新たに本書を付け加えることになる。これは、利用者による様々な研究成果の公表や、館員によるアーカイブズ活動を通じた疑問や発見などをもとに、共同での調査を進め、その成果を共有することを目的とした。とくにアーカイブズ理解のうえで重要と考えられた組織構造や各部局の具体的な機能を記録管理システムとの関連で把握することに留意した。この点は、個々の文書の理解と文書群全体のなかでの位置付けの問題に密接に関連する。(13) したがって、本書は、アーカイブズの全体的な構造理解に関わる基礎研究ということもできる。(14) 大規模な組織では、組織構造も複雑なものとなり、各部局の組織構造やその機能を目録刊行段階までに充分に理解しきれないこととも関連している。

また、国文学研究資料館・真田宝物館で合同の調査を進めるなかで、伝来経緯や保管の実態などについて具体的な研究が欠かせないと判断された。さらに収蔵公開機関に期待されるアーカイブズ資源に関する情報とは何かといった問題について、具体的なレベルで取り組むことを試みたものである。

本書の刊行は、利用者によるさまざまな研究成果やアーカイブズ活動のなかでの発見や課題を踏まえて、共同研究を組織し議論を深め、その取り組みの一端を広く共有することを目的としたが、具体的なアーカイブズ活動との関わりで捉えるならば、実践のための基礎研究の蓄積ということになる。また、本書は同時に大名に関わるアーカイブズ資源研究として、とくに記録管理研究に関わる学術研究としてその意義を問うものである。

第三節　本書の構成と各論文の概要

本書の刊行にあたっては、大名に関わるアーカイブズ資源研究で重要と考えられるテーマを仮説的に設定し、共同研究を通じて検討を進めてきた。テーマは、組織構造の特徴、空間的な異同、文書の伝来などを念頭に構成したものであり、具体的な取り組みを反映させて本書は以下の四編構成とした。

第一編「藩庁の組織構造と記録管理」、第二編「藩庁と藩庁外の記録管理システム」、第三編「大名家伝来文書群と記録管理」、第四編「伝来と管理」である。

第一編「藩庁の組織構造と記録管理」は、松代藩庁における文書の作成・授受・保管の様相を検討し、藩庁組織内部の記録管理システムの特質を明らかにした成果である。

第1章の原田和彦「松代藩・国元における行政組織とその場」は、国元における行政活動の「場」（＝役所）の所在とそこで作成された文書の存在、そしてその保管について検討する。本丸御殿・花の丸御殿（近世半ば以降に御殿機能を有した建物）・二の丸・三の丸といった城内をはじめ、評定所など城下の役所・拝領屋敷の役割や記録管理システムについて、各役所の注文に応じて普請奉行が作製した文書の保存容器の存在なども含めて論じる。大名真田の藩庁組織と記録管理の全体像を「場」と「保存容器」などに着眼して提示する大きな試みとなっている。

第2章の太田尚宏「家老職における執務記録の作成と保存」は、真田家文書を理解する上で重要となる家老御用部屋の記録がほとんど現存しない状況に鑑み、各家老が作成した「家老日記」などを用いて、御用部屋で作成・保管された基本的執務記録を明らかにするとともに、それらの保存について「御日記御土蔵」などの利用も含めて検討する。土蔵に収納された記録名なども示しており、当時の記録管理の実態が利活用なども含めて復元される。

第3章の宮澤崇士「真田家文書からみる松代藩組織構造と「物書」役」は、従来利用されてきた藩の職制表の再考を提起し、近世後期の組織・役職に関する史料を紹介した上で、様々な役職に付属する「物書」の存在を明らかにする。松代藩の「物書」については従来注目されてこなかったが、様々な史料から博捜して役割の復元を行い、各部局における記録作成を解明するうえでの新たな視点を提供する。

第二編「藩庁と藩庁外の記録管理システム」は、松代藩庁と関連する組織（文書群）に注目して、そこでの文書の作成・授受・保管の様相を検討し、藩庁を含めた記録管理システムの特徴を明らかにする。いうまでもなく、これらの研究は当時の政治システム、またはその質を問う研究となっている。

第4章の岩淵令治「江戸における大名課役をめぐる引継文書と藩政文書——松代藩の所々火消勤役を事例に——」は、江戸家老による大手方日記の特質を論じた上で、職務の引き継ぎに関わる文書の様相を明らかにする。大名の役負担による大手方火之番は、幕府からの任命、役の遂行に関わる情報伝達、そして情報の蓄積が不可欠であった。幕府や他藩との関わりが求められる江戸における記録管理システムの様相が明示されており、藩外の記録管理システムとも大きく関わる成果である。

第5章の西村慎太郎「糸会所の記録作成・授受・管理と機能——記録管理システムと専売制——」は、松代藩の専売制を担った城下町の糸会所（天保四年からは産物会所）と町奉行・郡奉行、その配下役人との記録管理システムを明らかにする。本研究は専売制の問題を記録管理システムから検討した成果ということもできる。

第6章の渡辺浩一「松代城下町町人地の行政情報蓄積様式にみる家と組織」は、城下町の記録（町年寄日記）を分析した上で、町奉行日記との比較を行い、個人的取り組みによる記録と組織的な取り組みによる記録など、当該期の記録蓄積の特徴を明らかにした。

第7章の種村威史「松代藩代官文書の管理と伝来について」は、代官を務めた野本家に伝来した文書を素材として、代官文書群の伝来や保存管理について、職制や執務空間との関係を踏まえて検討し、代官文書が宅役所で管理され、現代に至った事実を明らかにした。真田家文書の構成や、代官と藩庁との文書システムの検討においても重要な視点を提供したといえる。

第8章の福澤徹三「官僚制機構の末端としての村——藩地域研究とアーカイブズ研究との接点——」は、水内郡北高田村（現在の長野市高田）の書留帳を用いて、藩政における村役人の役割を論じた。近世史研究における中間層論とも関わるが、何より藩と村の間の記録管理システムの様相を検討することの必要性を提起する。前掲の種村論文との関わりも含め、藩組織と地域社会との記録管理システムの解明が重要な課題として提起されたといえる。

第三編「大名家伝来文書群と記録管理」は、奥向きの役職などに関わる記録管理の実際について分析を行うことを試みた。大名の家に関わる文書や関連の奥向きの役所の文書群は、いわゆる大名家に伝来することが広く見られる。(15)しかし、奥向きの役所などに関係する文書類の分析は、従来、ほとんど検討されることはなく、役所の構造やその機能、そして文書のあり方も不明であった。幸いにも真田家文書では関係の文書群が少なくない。今回、次の三つの成果を得ることができた。

第9章の大友一雄「幕府老中職文書群に関する基礎的研究――松代藩公用方役人と文書システム――」は、真田家文書群のうちに相当量確認できる幕府老中職関係の文書群の理解と位置付けについて検討する。これらの文書群が藩主真田幸貫の老中就任によることはもちろんとして、大量の文書がなぜ残されたのか、とくに江戸藩邸における公用方役人の役割・機能を江戸殿中との関わりのなかで位置付け、合わせて役人制の問題から幕藩官僚制研究の課題についても言及する。

第10章の降幡浩樹「松代藩御納戸役の職掌と記録管理」は、松代藩の奥向きの役割に関わり、日常的な諸物の購入、道具管理において見られる記録類の作成、管理について、松代藩御納戸役がまとめた「嘉永五子年二月十五日差出沿革之次第書草稿」を用いて紹介する。本史料は、藩命により各役所から報告された起源・沿革などを記した上申書で、御納戸役に関する草稿とその後の加筆を加えたものであり、この作成の経緯などの分析が今後の課題となる。

第11章の福田千鶴「藩主生母の格式をめぐる意思決定の史料空間――九代藩主真田幸教生母心戒の事例を中心に――」は、大名の存在に直結する城・屋敷の空間的な構造が、基本的に「表」と「奥」に分かれ、役人制なども別個に配置される状況を踏まえ、従来ほとんど取り上げられることがなかった正室・側室などの「奥」関係記録の発生・処理の空間のあり方を追究する。その結果、「奥」の問題に「表」の様々な役職が関わり、けっして「表」と切り離せないこと、また、「奥」の身分格式などのついての意思決定も「表」での議論が重視されることを明らかにした。「奥」内の意思決定などの手続きとの関連が課題となるが、「奥」と記録に関する新たな成果といえる。なお、「奥」で発生した文書の発見が課題となる。

第四編「伝来と管理」は、真田家文書の伝来と、現存する藩主の印章について検討を行った。

第12章の山中さゆり**「真田家印章の使用と伝来」**は、現存する藩主の印章について紹介すると同時に利用した場面（文書）と利用の特徴を明らかにする。花押、印章、血判などの存在は、文書の存在そのものにかかわるため、利用に関する情報の蓄積が必要となる。今回は藩主の印章のみとなったが、藩庁全体を視野に入れた印章論としての展開が期待される。

第13章の工藤航平**「真田宝物館所蔵真田家文書の管理と容器の特質——目録編成に向けた現状調査報告——」**は、とくに明治以降の真田家文書の管理と伝来を倉庫の利用、保管容器、さらにそれらの管理に関わって作成された当時の目録を通じて分析し、現在の収納に至る過程を明らかにすると同時に、管理の実態が示すアーカイブズ学的意義、そしてそれを踏まえた今後の管理方法、目録記述などについても言及する。これらの主張が成立した背景には、真田宝物館が所蔵する文書群が江戸時代の管理状態をよく保存しており、その結果、文書のみではわからない極めて優良な情報を伝えてくれることと関連する。

江戸と松代、松代の倉庫（多数の倉庫が存在する）、容器などの段階を経て理解する方法は、今回の共同研究のなかで積極的に導入したものであり、本章はその調査成果を整理・発展させた。今後の管理・保存活動においても重要な研究といえる。

以上、本書ではアーカイブズ資源に関する基礎的研究を目指して、組織と機能に最大限の注意を払い記録管理の実態解明に努めた。かかる成果をアーカイブズ活動にいかにつなげるか、また、こうした学術研究をアーカイブズ理論にどのように反映させていくかが、次の課題となる。さらに、ここでの成果が、真田家文書などを利用する研究者に受けとめられ、新たな成果が生み出されることを期待したい。

（1）『記録と史料』創刊号（全国歴史資料保存利用機関連絡協議会、一九九〇年）。
（2）安藤正人「記録史料学とアーキビスト」（『岩波講座日本通史』別巻三、一九九五年）。
（3）国文学研究資料館史料館編『アーカイブズの科学』上・下巻（柏書房、二〇〇三年）の刊行を機に改変した。
（4）『幕藩政アーカイブズの総合的研究』の刊行に先行して、二〇〇八年に国文学研究資料館編『藩政アーカイブズの研究——近世における文書管理と保存——』（岩田書院）を刊行した。書評などを通じて、「文書管理史」の有用性を評価されると同時に、歴史学からは歴史学的な位置付け、アーカイブズ学からはアーカイブズ学における位置付けについて、議論の深化が期待された。二〇一五年刊行の『幕藩政アーカイブズの総合的研究』は、これらの課題を踏まえた取り組みである（具体的には同書を参照願いたい）。なお、本書では、とくにアーカイブズ学およびアーカイブズ活動における位置付けについて、序章で説明することに意を用いた。少し付け加えるのであれば、アーカイブズ・カレッジなどの実践レベルではすでに明確な解答を出しており、各文書群が内包する記録管理のあり方や、アーカイブズ構造分析の必要性とその意義については、「アーカイブズ資源研究」のなかに位置づけ、さらにアーカイブズの整理・目録作成などの理論的整理において欠かせない分析としている。また、文書管理の歴史などの問題は、アーカイブズ学の総論でも取り上げるべきテーマであり、アーカイブズ理論を鍛える上でも重要な研究である。
（5）具体的な研究対象については、大藤・安藤によって具体的な言及があるが、本文のように三つにまとめた。この三つの柱は、それぞれ担当する組織などが異なることを意識したものである。すなわち、一つ目の「記録管理」は記録を発生させた組織のもとでの活動である。伝来研究は発生させた組織に関わることもあるが、時間が経過したものでは管理者・所蔵者の異動はむしろ当然であり、この変化を的確に捉えることがアーカイブズ管理上重要となることから、ひとつの柱としたものである。二つ目については本書では第13章工藤論文が伝来研究の意義について言及する。三つ目のアーカイブズ構造分析は文書群の全体像を理解するための取り組みに関わるものであり、アーカイブズの保存・公開などを担当する場合に重要となる。この三つの柱については拙稿「アーカイブズを理解する」（前掲註3『アーカイブズの科学』下巻所収）を参照願いたい。

（6）具体的な取り組みの契機としては、たとえば、文書群を発生させた主体（組織・集団・個人）やその活動が不明または曖昧である場合、文書そのものの現存理由が曖昧である場合、文書相互の関係が理解しにくい場合などは、自覚的な検討が必要であり、それを欠くと目録記述が困難になりかねない。

（7）安藤正人『記録史料と現代――アーカイブズの科学をめざして――』（吉川弘文館、一九九八年）、アーカイブズ・インフォメーション研究会編訳『記録史料記述の国際標準』（北海道大学図書刊行会、二〇〇一年）、青山英幸『記録から記録史料へ――アーカイバル・コントロール論序説――』（岩田書院、二〇〇二年）など。

（8）国文学研究資料館編『アーカイブズの構造認識と編成記述』（思文閣出版、二〇一四年）。

（9）記録管理研究は、本書との関係で江戸時代に限っても多数の成果があるが、古文書学的様式研究、書札礼研究、花押・印章研究、料紙研究など様々な研究がこれに関わるといえる。ただし、アーカイブズ学的には文書群を単位にその体系を理解しようとする視角が基本となる。たとえば、本書では成果を盛り込むことができなかったが、真田家文書の文書様式研究などは、全体理解に関わる問題であり、目録記述や文書群構造分析に反映できる大きな成果になることが期待される。また、これらの基本的研究と同時に、各組織における記録管理システムに関する研究が蓄積されてきている。歴史学的にまた国外との比較のなかで成果の蓄積が見られる。そこでは前近代の組織の構造や機能などに留意している点が特徴である。組織論・集団論を前提にそのなかでの記録認識や記録管理システムについての議論が深まっているとすることもできる。すでにアーカイブズ学を意識した資源研究は少なくないが、本書と関わる江戸時代の資源研究に注目しても、次のような成果がある。なお、すでに他の註で示した研究成果は、これを省略させていただいた。笠谷和比古『近世武家文書の研究』（法政大学出版局、一九九八年）、高木俊輔・渡辺浩一編『近世史料学研究――史料空間論への旅立ち――』（北海道大学図書刊行会、二〇〇〇年）、大友一雄『江戸幕府と情報管理』（臨川書店、二〇〇三年）、大石学編『近世公文書論――公文書システムの形成と発展――』（岩田書院、二〇〇八年）、国文学研究資料館編『中近世アーカイブズの多国間比較』（岩田書院、二〇〇九年）、渡辺浩一『日本近世都市の文書と記憶』（勉誠出版、二〇一四年）など。

(10)　真田家文書を利用した研究は、真田宝物館の研究紀要『松代』に様々な研究が発表され、蓄積が認められる。また、近年松代藩政や地域に関する研究が進展しており、まとまった研究成果には次のようなものがある。渡辺尚志編『藩地域の構造と変容――信濃国松代藩地域の研究――』（岩田書院、二〇〇五年）、渡辺尚志・小関悠一郎編『藩地域の政策主体と藩政――信濃国松代藩地域の研究Ⅱ――』（岩田書院、二〇〇八年）、荒武賢一朗・渡辺尚志編『近世後期大名家の領政機構――信濃国松代藩地域の研究Ⅲ――』（岩田書院、二〇一一年）、福澤徹三・渡辺尚志編『藩地域の農政と学問・金融――信濃国松代藩地域の研究Ⅳ――』（岩田書院、二〇一四年）。

(11)　国立史料館編『真田家家中明細書』（史料館叢書第八巻、東京大学出版会、一九八六年）。

(12)　国文学研究資料館史料館編『松代藩庁と記録』（史料叢書第二巻、名著出版、一九九八年）。

(13)　前掲註(7)、および青山英幸「国際標準（ISAD(G)2nd/ISAAR(CPF)2nd/ISDF）による組織構造体と機能構造体としてのフォンドの統一的把握――アーカイブズ・レコード・マネジメントにおけるアーカイバル・コントロール構築のために――」（国文学研究資料館編『アーカイブズ情報の共有化に向けて』岩田書院、二〇一〇年）、吉田千絵「レコード・マネジメントにおける国際標準の適用」（前掲書所収）など。

(14)　実務レベルでは、目録記述の変更も視野に入るが、利用・管理上の問題から、性急な目録の変更は考えられない。しかし、該当する文書の利用者には情報提供が必要となろう。その際、本書が一定の役割を果たすことになる。

(15)　笠谷和比古「大名家文書の史料的特質と目録編成」（国文学研究資料館史料館編『史料の整理と管理』岩波書店、一九八八年）。

第一編

藩庁の組織構造と記録管理

第1章　松代藩・国元における行政組織とその場

原田　和彦

はじめに

松代藩は、国元と江戸[1]そして幕末には大坂[2]などにも行政組織をもち、藩の業務が運営されていた。そしてこうした藩の行政運営の中から文書が作成されたのである。現在、国文学研究資料館、真田宝物館のそれぞれに所蔵されている大名家文書である「真田家文書」は、こうした行政運営の中で作成された文書の一部であることはよく知られている[3]。

ところで、松代藩の行政組織については、膨大な真田家文書の存在の割には、概念的なものだけは提示されているが[4]、具体的な姿はいまだ明らかになっていないのが現状である。

そこで本稿では、松代藩の行政組織について国元に限定し、その所在地を明確にする。そのうえで、どこで文書が作成されたのか、そしてどこに保管されたのかを明らかにしたいと思っている。

第一節　松代城内の役所

（1）本丸御殿

松代城内には、藩の中枢であり藩主の居所でもある御殿があった。御殿ははじめ、本丸に置かれていたが、江戸時代の中頃に松代城・花の丸に移され廃藩置県を迎えることとなる。

ここではまずは、江戸時代のはじめに存在した本丸御殿について見ることとしたい。

本丸御殿は、真田信之が元和八年（一六二二）に松代に移封する前から使われていた。信之以前の御殿についてはその詳細は明らかではないが、信之が前任の酒井忠勝との間で「城附諸道具」の引継ぎを行った時の書類が残る。このことについては以前論じたことがあるが[5]、ここで改めて触れることとする。

真田家文書中[6]の出浦文書[7]には、『松城本丸畳戸障子目録』[8]『松城三ノ丸戸障子目録』[9]『本丸おうへ畳戸障子目録』[10]が残されている。この文書からわかることを列記すると次のようになる。

①『松城本丸畳戸障子目録』からは、御殿は大きく分けて、「本丸広間」「書院」「本丸おうへ」「料理之間」の四つの空間からなっていたことがわかる。

②『松城三ノ丸戸障子目録』からは、三の丸には、台所、広間といった空間を持つ建物の存在が確認される。その後、この御殿は役所の施設（普請奉行の役所）へと変化したと思われる。

③『本丸おうへ畳戸障子目録』のおうへとは奥向きをさしており、本丸の奥向きは、真田家が松代に入る前の城主・酒井忠勝のころに整備されたものと思われる。この目録には、忠勝以前の奥向きの畳の数、すなわち広さも示されているが、これに比して一〇倍の大きさになっている。これにより、戦いのための城から、藩主の居宅の城に変化したことも裏付けられる。このように、奥向きの整備は、真田信之の松代移封以前に行

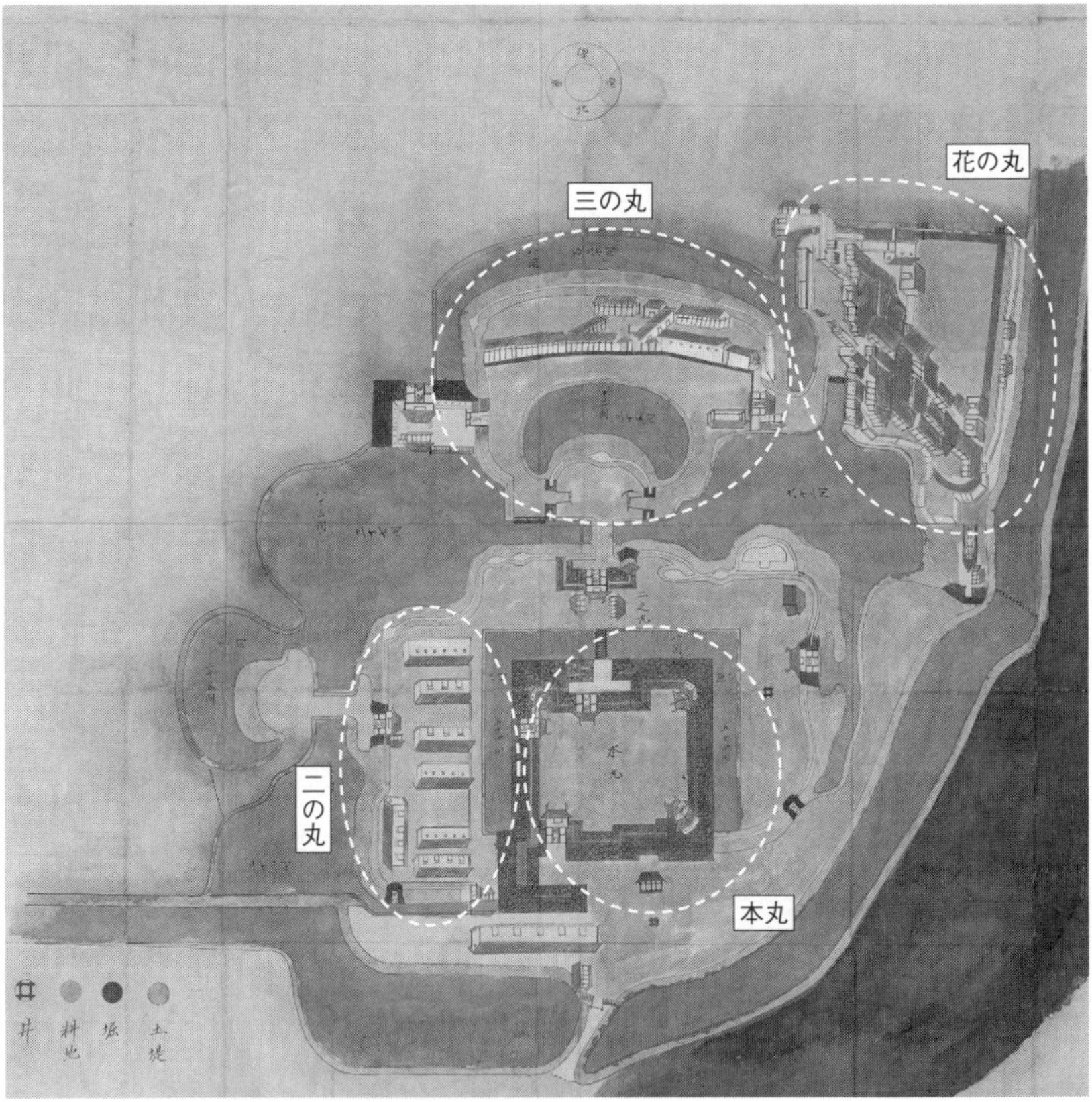

第１図　『松代城郭絵図』（浦野家文書・長野市立博物館蔵）

われていたと想定できる。

真田家が松代に移封後の本丸御殿の絵図面が残る(11)。この絵図面から本丸御殿の構造がよくわかる。具体的に見ると、玄関から大書院、そして小書院と続く「書院」と総称される空間があった。

藩主が日常を過ごす中奥も確認できる。ここには、藩主の寝室のほかに藩主との謁見の場も設けられている。鈴廊下の先は奥向きである。ここは藩主夫人らの居住空間である。奥向きについては、その性格からか絵図面に詳細な記載がない。また、「台所」(12)の空間も確認できる。

本丸という戦国時代の海津城以来のスペースを利用した御殿については、その後、花の丸御殿に機能が移ると、本丸は建物のない空閑地となる。

(2)　花の丸御殿

明和七年（一七七〇）に本丸から花の丸に御殿が移ったとこれまで説明されてきた。ただ、花の丸はそれ以前から史料上確認され、おそらくは享保九年（一七二四）頃には建物の利用が始まったと思われる(13)。なお、本丸御殿は享保二年（一七一七）に焼失しているので、この焼失が契機となって花の丸へ御殿が移ったと考えられる。焼失後は、政庁機能を一時的に矢沢刑部左衛門屋敷(14)に移し、大熊四郎左衛門の屋敷に御納戸役所を移している。

嘉永六年（一八五三）に花の丸御殿はふたたび火災にあい、御殿建物のすべてが焼失した。この焼失によって、政庁の機能は当時建設途中であった文武学校に移される。その後、花の丸に御殿が再建されるが、この御殿は幕末まで使われる。廃藩置県になると松代県の建物として使われ、明治六年（一八七三）に騒動が起こり松代城内の建物に放火され、すべて焼失した。花の丸御殿はこのような変遷をたどる。

嘉永六年の火災の後に再建された御殿の構造をまず確認しておきたい。万延元年（一八六〇）に作成された

『花之御丸　御殿向御普請図』[15]を用いることとする。この絵図から明らかなことを述べておきたい。

花の丸御殿の構造は、本丸御殿をそのまま継承している。花の丸御殿は、表向き、中奥、奥向きの三つの機能からなる。次に花の丸御殿の特徴を述べておきたい。

①まずは儀式の場の存在があげられる。儀式の場とするにあたっては、その空間に「床の間」「違棚」「書院棚」の三つがそろっていることを条件とする。[16]表向きでの儀式の場としては、「大書院」と「小書院」があげられる。ここは藩主と家臣との直接的、もしくは間接的な接点の場であることがわかる。中奥の空間には「御居間」が確認される。中奥は藩主の私的空間ではあるが、公的な意味合いをも兼ね備えていた。奥向きには「大御座」がある。あくまでも奥向きでの藩主の座であったと考えられる。

表向きの場は、「演説」する場とも言い換えることができる。[17]一方、参集した家臣からすると、この場での言葉は藩の重要事項を伝えるものである。文書として発布されるものではないので、参集した人たち自身が記録して伝える義務を負う。このため、演説の内容は、各役所の日記類に記されることとなる。

②御殿には詰所という機能も存在した。玄関を入って奥まった部分には、「御番頭差立」「大役人」「小役人」の詰所がある。これは藩士のうち、給人格を示している。番頭差立格は三五家あり、無役、家老、城代、用人、大目付などを出す家である。大役人は奏者番、留守居、側納戸、職奉行、町奉行、郡奉行などの任に就く人をさす。小役人は城代支配の城廻、郡奉行支配の代官・越石代官・勘定元〆・蔵奉行など、家老支配の水道役・馬役など、膳番支配の給人格料理人、普請方支配の給人格大工などに任ぜられる人を言う。[18]このように、御殿内には格式や職責に応じた詰所が置かれていた。また、休息所も存在しており、「御近習役休息所」は近習・近習役並が休憩する場所として使われていたと想定される。

③御殿は言うまでもなく、藩の意思の最終決定の場でもあった。家老の執務の場であった「御用部屋御間」と

「長囲炉裏御間」は中奥との境に存在し、ここには「密談所」もあった。御用部屋近くには「祐筆間」があり、ここには祐筆がいたと思われる。祐筆は藩の決定事項を書面に記し、これを対内・対外に示していた。ここに文書の作成を掌る役所の存在が確認できる。

④玄関から大書院までは次のようであった。

（前略）御玄関東西三間之所御拭板、夫より箱段を昇り御内縁、夫より御広間弐拾四畳敷御床にハ御当家第一之御品吉光御長持幷御腰物簞笥、前ニハ山鳥十文字之御鑓幷ニ御色道具、御長刀何レも惣青貝也、此所御番頭壱人・御番士五人ツヽ、列座昼夜面番なり、下番ハ足軽ニ而勤、夫より左之方御使者之間、此所御取次役壱人相詰、此所も弐拾四畳敷なり、夫より大書院三之間二之間上段と段々奥へ続く、[19]（後略）

御殿の玄関から入ると、御広間がありこの御床の間には真田家で第一の重宝である吉光御長持と簞笥、山鳥十文字の御鑓などがある。これは惣青貝の仕様であったという。この御広間には、御番頭一人と番士五人が昼夜交代で勤務していた。

この御広間番については、日記が現存しており、その職務の記載もある。[20]

覚

一吉光御長持幷御腰物簞笥、出火出水ニて相片付候時節、持人左之通

御広間下番

中之御番

当番・非番共六人兼小非番懸付、問合不申候節者、

花丸御番

上水之手番

助合尚又増人
中之水之手
番人申付置
一御広間・御玄関共常々掃除可㆓申付㆒事
一平日御玄関横手口ゟ出合可㆑仕事
一休息所火之用心入念心付可㆑申事
一泊之節、葛籠等休息所ニ差置、御番所江者夜具計差出事
右之趣、厳重可㆓相心得㆒候
寅十月
一年頭　御長ニ而　御出之節、御差替出候、是者御脇差之由及承候

御殿の入り口にあたる御広間には、番頭を長とする番士が昼夜警備にあたっていた。その重要な任務としては、出火・出水の際には「吉光御長持并御腰物箪笥」を持ち出すことにあった。番士が足りない場合には、[21]門番などを動員することもあった。なお、この吉光御長持・御腰物箪笥については以前ふれたことがあるが[22]、ここには重代の古文書などが収められており、番士はこの実質的な管理を行っていたことがわかる。

御殿の部屋に目を転じよう。御殿には先にみた家老のほかに、個別の役職に応じた部屋が置かれていた。部屋の名前として確認できるのは、「無役部屋」と「御城代部屋」が大書院の奥にある。これは御城代と無役席の執務する部屋である。また、「御番頭」の部屋は番頭が、「表御用人役」の部屋には表御用人役が、「御目付」の部屋には目付が、「御吟味」には吟味役が、「御勘定吟味」には勘定吟味役が、「表御祐筆組頭」には、表御祐筆組頭が、「表御祐筆」には表御祐筆が、御金奉行のうち、「御金奉行元方」には元方御金奉行が、「御金奉行払方」

には払方御金奉行が、「御茶道」には御茶道が、「料理所」には料理人・料理人格御膳立が、このほか、「御勝手方祐筆」「物書」「下目付」の部屋には同名の役所存在が確認され、「表御納戸」では表御納戸役が執務した。このうち、表御納戸役について述べておこう。表御納戸役については次のようにある。

一持場

一元〆御役所

右は小納戸共取扱之御用紙箱等差置候処ニ御座候、天保十亥御役所御普請此方ニ御座候

一小納戸御役所並内腰懸裏御土蔵等者　御金方一同之持場ニ御座候(23)

これによれば、表御納戸役の配下には元〆と小納戸とがおり、元〆については、天保十年までは小納戸とともに御用紙箱などが置かれているところが持場であった。一方、小納戸御役所と内腰掛裏御土蔵については、御金方と一緒の持場であったことがわかる。表御納戸の小納戸は御金奉行と同じ場所で任務にあたっていたのである。

一方、奥向きの部屋（組織）として、「奥元〆」「奥支配」が見える。

花の丸御殿に執務の部屋や詰所が与えられた役職と格式とを照らし合わせると、詰所が与えられたのは、番頭差立、大役人と小役人の一部の役職に限られることが分かる。また、先に見たとおり役職名と詰所名は合致することも指摘でき、御殿内には給人格のうちの主に上位クラスの役職の部屋が置かれていたと結論付けられる。

さて、花の丸御殿で作成された文書について見ると、日記類が圧倒的に多い。嘉永六年（一八五三）の御殿の火災以前のものも多く残っており、例えば、目付について見ると、享保六年（一七二一）からのものが残る。とすると、これら日記はどこに保管されていたのか。率直に考えると、御殿以外の場所と考えるのが穏当であろう。花の丸御殿で執務した役所は、それ以外の場所に文書の収納スペースを持っていたとここでは結論付けておきたい(24)。

（３）二の丸

本丸の東郭は二の丸と称しており、幕末期の絵図面によると、七つの蔵が並ぶ空間であった[25]。ただし、江戸時代初期には、「真田孫七郎様御住居」があったことが絵図から確認される[26]。真田孫七郎は、真田昌幸の三男・昌親の子に当たる人物である。『寛政重修諸家譜』の昌親の項には[27]、

三男孫七郎信親がとき別に家を興し、其男蔵人信弘宗家の養子となるにより家たゆ

とあり、孫七郎の時に家を興したことがわかる。そして、その子（養子）は、松代藩四代藩主となる信弘である。二の丸の御殿は、おそらくは、この別家を興したことと関係があるものと思われる。二の丸の御殿の様子を見ると、奥向きの住居であり、政治向きの部屋が見られない。このことから、松代城の下屋敷的な建物で、政務は別の場所で行われていたと想定される。

二の丸の御殿は一時的なもので、その後は蔵の並ぶ場所となった。

（４）三の丸

松代城の南・丸馬出しの部分を三の丸と称していた。三の丸については、先に示したように『松城三ノ丸戸障子目録[28]』が残されており、真田家が松代に移封された頃には、御殿のような建物のあったことが想定される。

年代は明らかではないが、幕末に近い頃の三の丸の様子を描いた絵図が残る[29]。この絵図には、いくつもの建物が堀に沿って並んでいる。これらを列記すると、

「小屋」「御普請奉行土蔵」「御木挽」「御屋根屋」「御屋根屋細工所」「御大工細工所」「御大工」「御武具方土蔵」「御普請方土蔵」「御奉行」「元〆」「御使番」「御徒目付改役」「御道具番」「杖突」「御材木小屋」

とある。このことから、三の丸には、普請奉行の役所があったことがわかる。これは、普請奉行の配下である木

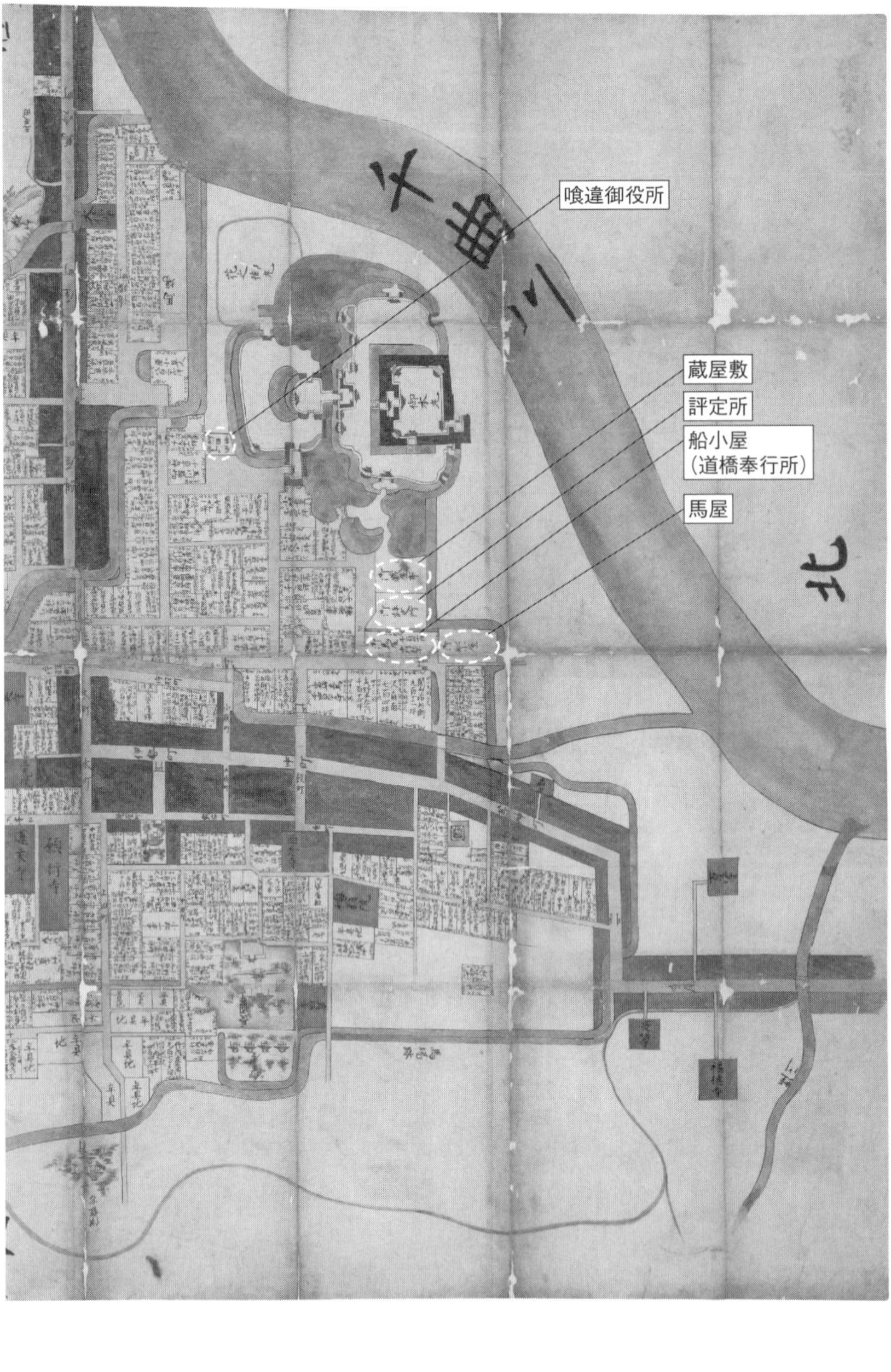
喰違御役所
蔵屋敷
評定所
船小屋
（道橋奉行所）
馬屋

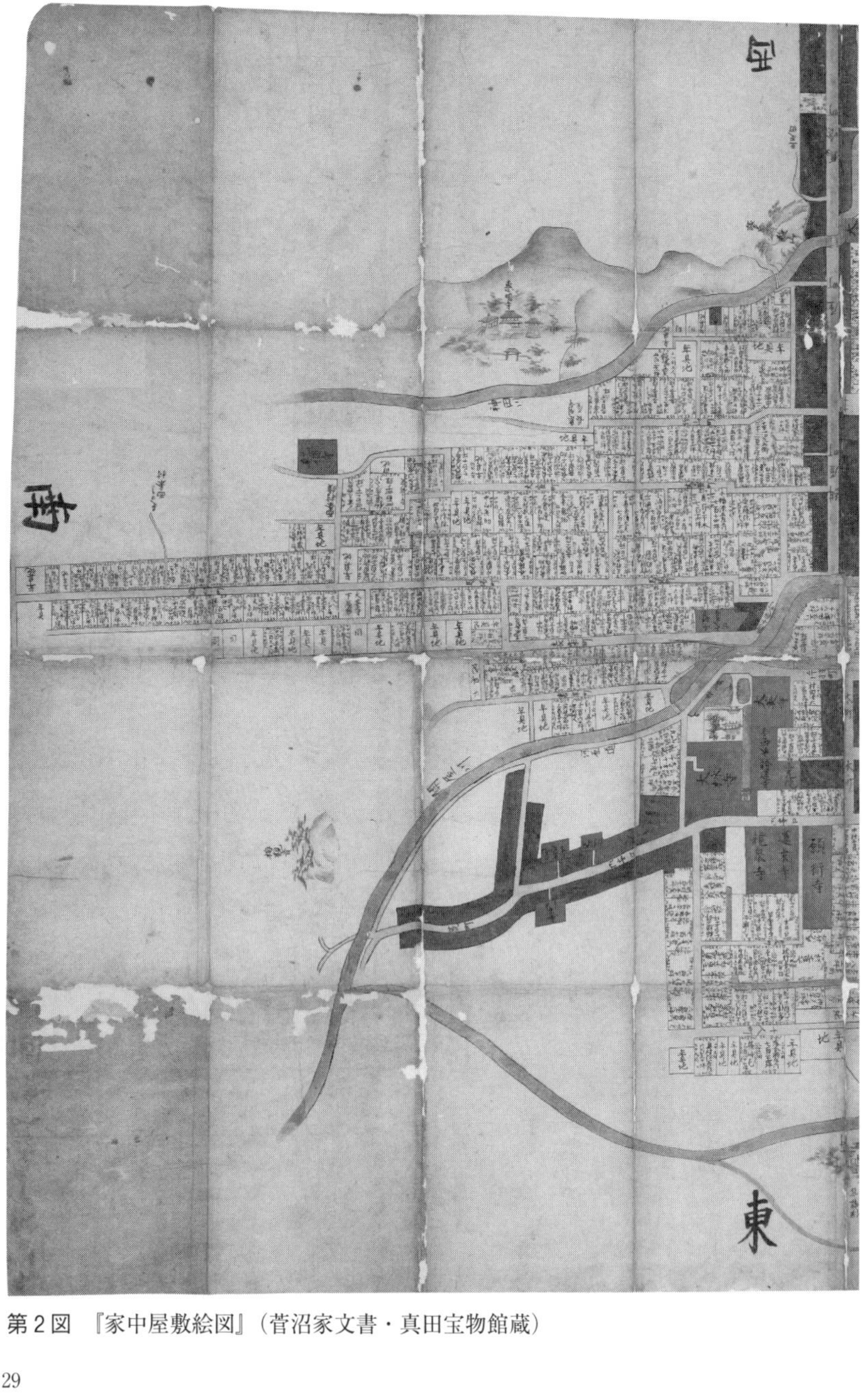

第２図　『家中屋敷絵図』（菅沼家文書・真田宝物館蔵）

挽、屋根屋、大工などが見られるからである。また、三の丸に「御奉行」と書かれた建物がある。この建物には「御奉行」のほかに、「御徒目付改役」「元〆」「御使番」の部屋があった。この奉行は普請奉行をさすと思われる。

真田宝物館所蔵の真田家文書の中には、『定小屋日記』が残されている。この日記は普請方の日記と考えられている(30)。享保二十年（一七三五）から明治元年（一八六八）のものまで一三〇年間のうち、七二冊が残る。一方、国文学研究資料館にも『定小屋日記』が五冊残されている(31)。目録のうえでは、「足軽奉行割番日記」と記されているが(32)、慶応三年（一八六七）の日記には、「御普請方」との記載のあることから(33)、真田宝物館の『定小屋日記』と一連のものと見ることができる。また、文書の大きさや色などの形状・形態、虫損が激しいという状態、そして記載内容もまったく同じである(34)。加えて、その残り方をみると、両者で重なる年紀の簿冊がないので、明治初年までは一括で収納されていたと思われる(35)。なぜこのように分かれたのかは不明である。

さて、普請奉行については、その配下に御目見以上のもの二八名、御目見以下のもの一〇六名があった(36)。御目見以下としては、次のようである。

百体小頭五名、御作事方元〆小頭格、御作事方杖突十二名、同断物書八名、御庭方掛小頭格一名、御木挽七名、御屋根屋四名、畳刺一名、下大工四名、御彫物師一名、御瓦師六名、御左官三名、御紙継四名、杖突十二名、御手木二十名、御中間十四名

このほかにも、塗師、蒔絵師、桧者師、刺物師、餌刺、鍛冶、張付師などがいた。また、割番所といわれる火の見櫓、時の鐘の管理も普請奉行の仕事であった。この中で注目されるのは、作事方物書の存在である。おそらくは、普請方における測量にともない物書という記録を作る人物がいたことが想定される。ほかに「物書見習」の存在も確認される(37)。

後に触れることとなるが、水道奉行の職務として、拝領屋敷の図を作成している(38)。この作図に当たっては、大

工がかかわっている。藩内での職務と書類の作成には、タテの系列のほかにもヨコの系列での仕事が存在し、ここで文書が作成されていたことも確認しておきたい。

さらに、「御武具方土蔵」の所在が確認され、武具方の土蔵の一部であることがわかる(39)。

普請奉行のもとで作られた文書の保管先についてははっきりとしない。

第二節　松代城下の役所と組織

(1)　蔵屋敷

松代城の東には蔵屋敷が存在した。ここには「郡方」の役所があった。この点については、すでに高橋実氏(40)が言及しており、私も論じたことがある(41)ので詳細はそちらに譲るが、蔵屋敷には、御蔵奉行のほかに、郡奉行の配下にいた、勘定所元〆役、預所元〆役、越石代官の執務の場所があった。ただし、越石代官については、常時詰めるわけではなく、十月朔日から三月晦日までは、四月からの月割上納日計のために蔵屋敷へ出役するものの、それ以外は拝領屋敷（宅役所）での御用勤めであった。年間半分ずつ勤務場所を変えていたことになる(42)。

また、『蔵屋敷絵図』(43)を見ると、「御金奉行御内借」の名があり、御金奉行の組織の一部もここにあったことが確認される。御金奉行は、原則として花の丸御殿の二階に役所を持ち、元方と払方とに分かれて事務処理をしていた(44)。しかし、御金奉行は郡奉行と職務が重なる部分があるため、このような蔵屋敷内にも役所を持つのはいたって自然である。

さて、郡奉行の沿革については『海津旧顕録』に次のようにある。

一郡奉行も自分宅ニ而御用を勤、御勘定役も多分在住也、元禄二巳年正月ゟ評定所御長屋御貸し被二成下一、爰許御用之節ハ此前へ詰る、是ゟ後ニ御蔵屋敷へ引、郡奉行茂追々同所へ出勤に相成前々云、評定所ハ、鎌原氏之屋敷なり、御

代官ハ終始宅役所なり

郡奉行、そして勘定役については、蔵屋敷成立までは拝領屋敷（宅役所）において執務していた。評定所の長屋を借り、ここに詰めていたが、その後、蔵屋敷へ引越して執務することとなった。ただし代官については、幕末まで拝領屋敷が用いられたというのである。なお、蔵屋敷の成立については、元禄二年（一六八九）以降の成立であると記されている。これらの日記はどこに保管されていたのか。蔵屋敷図を見ると、勘定所元〆の役所の近くに「日記蔵」があり、この蔵に収納されていた可能性がある。

蔵屋敷で執務した郡奉行と勘定所元〆についてみると、『郡奉行日記』は元文三年（一七三八）から残り、『勘定所元〆日記』についてみても、宝暦十三年（一七六三）からのものが残る。蔵屋敷の成立以前の日記が残らないのは、その成立と深い関係のあったことを暗示している。真田家文書の中でも、『郡奉行日記』と『勘定所元〆日記』の残りかたは他のそれに比して群を抜いて多い。蔵屋敷に残されたであろう日記の残存が優れていることをここで確認しておきたい。

ここで示唆的な研究として、渡辺尚志氏[45]の論考を紹介する。渡辺氏は真田家文書に含まれるいわゆる一件史料について、「郡奉行が意識的に一件史料の集中を図っていた」とする。ここでいう一件史料とは、村から訴えに関わる経緯を示す一括りにされた文書群を言う。郡奉行に訴え出た一件史料は、その後、他の部局も関わり他に引き継がれても、最終的には郡奉行が集めるという。このことからすると、一件史料は蔵屋敷に保管されていたとみることができよう。

次に、文書の作成に目を向けてみたい。

郡奉行のもとには、「物書」が二人、「勘定所物書」が二人、「吟味方物書」が四人いた[46]。このように、郡奉行の配下には物書と称する役職が八人もいたことになり、多くの文書が作成されていたことが想定される。郡奉行関連の文書が真田家文書に多いのは、このことに起因する可能性もある。これら物書は、地方支配にかかわる文書を作成していた。この勘定所物書については、嘉永五年（一八五二）に提出された記録が残されている[47]。

　　勤方之儀申上

一私共儀、日々御元〆御役所江相詰、御差図之通、相勤罷在候

　出火出水之節詰場申上

一出火・出水之節者、御元〆御役所江相詰罷在候

このあと、明和元年（一七六四）からの「御役先輩ゟ之姓名幷銘々元役後役転遷之箇所申上」と続く。この史料から次のことが指摘できる。

①勘定所物書は、「御元〆御役所」に日々詰め、指示を受けて仕事をしていた。

②勘定所物書は、明和元年に任命された永井善蔵が初代であるが、「明和元申年八月廿六日、御普請方ゟ御借人、御元〆御役所諸帳面取始末仕、安永四未年死去」とあり、普請奉行の配下の人物を借り受けたことがわかる。その後亡くなるまでここで仕事をした。

③この後、任命された人物を見ると、後任先としても郡方物書、もしくは郡方手代となる人物もいる。このように、物書は専門集団として郡方、勘定所などを行き来しており、中には郡方の手付になる人物もいた。

蔵屋敷は、郡奉行配下の勘定所元〆をはじめとする、いわば村と直接関係を持つ組織のうち、収納にかかわる部分が集まったものとまとめることができよう。

（2）評定所

評定所については、『海津旧顕録』が引く、宝暦三年（一七五三）の定書[48]があり、職務内容が明らかになる。

評定所とは、諸役人が毎月二日、六日、十一日、十九日、廿五日に寄り合いをし、公事を行う場所である。ここで言う諸役人とは、「家老、用人、大目付、職奉行、町奉行、郡奉行、目付」である。また、「従二文配所一諸公事訴有レ之節者役人召連可二罷出一」とあり、必要に応じて役人が出廷した。

評定所には、足軽小頭が一人昼夜交代で勤めるほか、門番としては足軽が昼夜交代で一人ずつ勤めた。評定所での文書作成がどのように行われたのかは定かではない。ただ、真田家文書中には、「評定所御物書掛」、あるいは「評定所御物書」が見えるので、評定所において文書の作成が行われていたことは確かである。

評定所の図が『海津旧顕録』に掲載されている。この絵図によれば、「御日記蔵」が二棟あることがわかる。一棟は二間三尺×五間三尺のもの。もう一棟は二間×五間である[49]。

この場所に「日記蔵」が所在することは理解しやすい。公事のたびに日記を参照するために設置したと考えられる。

このように見ると、評定所関連の記録は、物書を常置する場所にあり、かつ、日記蔵を持っているのにもかかわらず、真田家文書には残らなかったのも特徴と言える。

（3）　馬奉行

『海津旧顕録』御厩の項には次のようにある。

一御厩

五十疋建なり、右の続きに御馬乗、御馬医兼帯加藤喜三郎、西村久之助の役所其外御厩小頭、御口之者飼炊仲間等之役所、又飼炊釜場、道具蔵、飼料蔵、療治場四下場等何かも

外馬場　南北百間上ハ岩崎氏角より、下ハ中村氏の角まで上中下三ヶ所の持なり

内馬場　南北廿八間　竹村七左衛門屋敷内にあり
内　　南北四十八間　竹村金吾屋敷内にあり
内　　南北三十間　　中村元尾屋敷内にあり
評定所之東にあり、御馬奉行右三人の屋敷鼎足の如くに並べり、是を上中下の三御馬屋といふ。何れも大坪流内蔵助派の馬術を師範す、諸士之面々此三人の内へ思ひ〳〵に門弟となりて馬術の稽古をなす、折々打毬の稽古も騎射の稽古もあり、文化酉年まで八清須町北裏騎射の稽古ありしか、舞鶴山の麓開善寺の大門先へ騎射馬場出来せしより、清須町裏ハ相止、開善寺前にて不レ絶稽古ありしか、明治年中御一新の折から馬場も不レ残取崩しに相成歎敷き事なり

評定所の東にある馬屋には馬奉所がいた。馬奉行の職務は次のようにまとめられる。馬奉行は三人おり、この屋敷を馬場として用いていた。そして、藩士は三人の門弟となって騎馬射の稽古をしていた。時には、打毬の稽古もあった。

馬奉行の配下には馬乗、馬医兼帯などの役人がいた。騎馬射の稽古という重要な役割があった。このため、文書を作成して藩政とかかわりを持つ組織というよりも、武芸を家職とし伝授する役目を持った家と考えたほうがよさそうである。

（4）　道橋奉行

『海津旧顕録』御船屋の項に次のような記載がある。

一御船屋（御馬屋の北隣なり）中者此所にて、御領内七ヶ所の船渡へ渡し船出来、御渡ありしか船小屋の跡、後道橋奉行の役所となり、其頃より稲荷大明神勧進有之（後略）

馬屋の北隣には船屋があった。領内の七つの船渡を管理する職務を持っていたが、この施設はその後、道橋奉行の役所となったという。道橋奉行にかかわる史料は真田家文書中に多くはない。

注目される史料としては、嘉永五年（一八五二）に道橋奉行が作成した千曲川・犀川の普請所関係の絵図である。これは浦野家に伝えられたもので、現在長野市立博物館に所蔵されている(50)。

奥書には、各絵図別々に執筆した手附の名が記され、続いて次のようにある。

　此絵図面御役所置附致置候、他之御役場ニ而為二御用一借用申込候者、印書取十日限ニ差遣可レ申、其外借用申入候共、此元書借シ遣候儀幷支配向宛江持参致し候等之儀、決而不二相成一者也

　柘植嘉兵衛　㊞

　宮島守人　㊞

柘植嘉兵衛、宮島守人ともに道橋奉行である。これによると、この絵図は道橋奉行の役所に常置する重要な絵図であり、郡奉行など他の役所に貸し出す場合には「印書」を受け取って一〇日を限って貸し出すとある。役所以外に貸し出すこともなく、支配向き（おそらくは現地のこと）へ持ち出すこともないとある。道橋奉行にとって重要な絵図であるのにもかかわらず、この絵図は真田家文書には残らなかった。そのうえ明治以降には浦野家に移されたことになる。浦野家にはこのほかにも「藩の中枢に関わる」絵図が多く残される(51)。ただし道橋奉行の絵図が浦野家に残る理由については明らかになっていない。

真田家文書において、道橋奉行の文書は極めて少ない。このことは、先の絵図面の例に示されるように、その所管文書が明治時代に散逸したためと考えるのが妥当であろう。

（5）　喰違御役所

喰違御役所については、その後成立する「新御殿」の歴史を語るうえで引き合いに出されるようになってきた(52)。この喰違御役所には、絵図面から見ると水道奉行の役所が置かれていた。そして「御荷物会所」「御貸長屋」「物見」という組織もあった(53)。ここでは、水道奉行について触れることとする。

喰違御役所に近い門の鍵は水道奉行が管理すべきと規定された(54)。喰違御役所は実質的に水道奉行が管理する施設であったと言い換えることができよう。

水道奉行は家老の支配下にあり、その職務は拝領屋敷の管理のほか、城下の水路などの管理も含まれている(55)。拝領屋敷の管理にあたって水道奉行は膨大な拝領屋敷の絵図を作成している。この絵図は現在、国文学研究資料館所蔵の真田家文書中に多く残されている。拝領屋敷絵図の作成にあたっては、大工がその絵図を作成している(56)。既述のように、水道奉行と普請奉行との間での連携も見られる。

水道奉行の作成した拝領屋敷絵図などはどこに保管されていたのか、この点については明らかにできない。このあたりの事情については、絵図にも記載がないからである。ただ、拝領屋敷絵図については郡奉行のもとに移されたことも想定してよいのではなかろうか。

第三節　拝領屋敷（宅役所）を役所とした組織

（1）　三奉行

寺社奉行、職奉行、町奉行の職務について『海津旧顕録』には次のようにある。

一寺社奉行・職奉行・町奉行三御役共ニ、自分宅ニ而、公事其外之事、賞罰を正す牢屋ハ職奉行支配ニ而、荒神町入口東側に有、町屋の裏なり、牢番ハ孫六支配かはやの者勤む三奉行はともに、拝領屋敷を職務の場としていた。ただし、職奉行の公事や賞罰を糾す牢屋は、別の場所が設けられていた。

日記の範疇でしかないが、国文学研究資料館所蔵の真田家文書中には、職奉行、寺社奉行[57]の日記はほとんど残されていない。一方、国文学研究資料館所蔵の信濃国松代竹内家文書[58]には、『御用万日記』『万日記[59]』が所蔵されている。おそらくは、町奉行所で作成されたのであろう。これは、享保二年（一七一七）から享保十年までのうちの四冊である。日記は一年ごとに一冊つくられている。享保三年のものに「五」、享保四年のものに「六」の表記がある。

このほかに竹内家文書には、『勤方日記』『勤方覚』と標記された日記が四冊伝わる。享保十四年から十七年の四冊である。番頭にかかわる日記である。この番頭が何を指すのかはわからない。

竹内家では拝領屋敷で町奉行と番頭の執務がなされており、ここで作成された日記はそのまま竹内家に残され、国文学研究資料館所蔵となるまでは竹内家に伝来したと考えることができよう。

（2）代官

郡奉行の配下の組織は、原則として蔵屋敷で執務していたことを先に触れた。ただし、代官は蔵屋敷で執務せず、拝領屋敷で業務を行っていた。

拝領屋敷での代官の業務についてはすでに論じた[60]。また、種村威史[61]氏も詳細に論じているのでここでは詳しく触れることはせず、概略のみを述べる。

①代官は村の支配にかかわる基礎的な文書を拝領屋敷に保管して、これをもとにして執務していた。このため、代官の文書は、その後も代官の家に残されることとなる。

②代官のもとにいる手代は、代官の拝領屋敷に出役する。ここで諸帳面の訂正などの作業を行っていた。また、蔵屋敷の勘定所に出向いて帳簿の作成も行っていた。

代官と村との関係について見た場合、「代官を中心に藩の地方支配機構が村々に対し手厚い指導を実施して」おり、結果として「藩の地方支配の前提となってい(62)」たのである。

このように、代官の拝領屋敷は村の窓口として重要な機能を持っており、ひいては、松代藩の地方支配における重要な拠点であったと結論付けられる。

第四節　文書の箱と普請奉行

(1)　帳面の箱

最後に、日記や書類を納める容器について若干の考察を加えておこう。

『定小屋日記』には、帳面にかかわる次のような記述がある。

一御勘定方帳面箱二ツ　長サ一尺三寸、横一尺、深サ六寸　押懸蓋（下略(63)）

勘定方の帳面については、押懸蓋の帳面箱を普請奉行がつくっていたことがわかる。長さが一尺三寸、横が一尺、深さが六寸である。勘定方でつくられる帳面箱は、木箱の形状であったことが知れる。

また、『定小屋日記』には次の記載もある。

一御用箪笥　壱ツ　但引出シ拾ヲ鍵前付

（中略）

右之品焼失仕り差当り御差支相成候ニ付、早速御出来被成下様奉願候　御買物役(64)

同じく、『定小屋日記』嘉永六年（一八五三）には、箪笥の絵とともに、「別紙絵図之箪笥、先達焼失付出来之

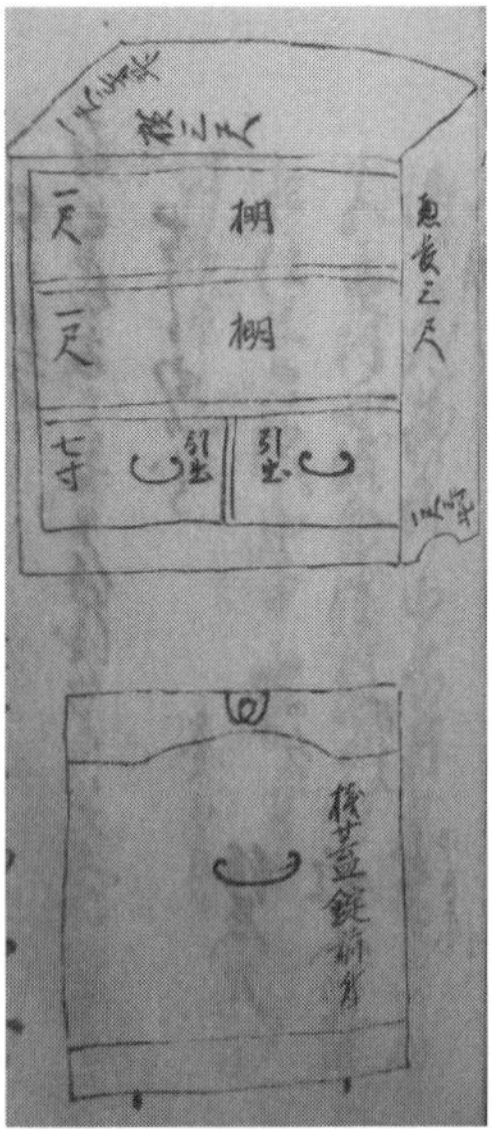

第３図　『定小屋日記』に描かれた簞笥

義　御吟味役[65]」とある。

両者の記事とともに、焼失したために急遽簞笥を作成したというものである。嘉永六年の花の丸御殿の火災によって、文書を収容する簞笥が破損したため作られたのである。このことから、文書を管理する箱は、重要なものとして考えられており、それを担う普請奉行にとっても、また重要な任務であった。

（2）御刀番日記簞笥の作成とその書類

もう一つ事例を提示しよう。慶応三年（一八六七）の『去寅年中　御刀番日記簞笥壱ツ戸棚壱ツ状箱四ツ御出来御入料〆出御勘定帳　白川税[66]』である。白川税は普請奉行[67]であった。

この文書は、御普請奉行の御殿向などの修理関係の文書と共に綴られている。内容を確認しておきたい（以下、■は判読不明）。

一御刀番御日記簞笥壱ツ并戸棚壱ツ共　新規御出来

簞笥　高二尺五寸
　　　横弐尺三寸
　　　奥行壱尺半　　壱ツ

但引出シ四ツ付、銘々錠前并蕨手付、上之方棚一段ふんニとん蓋付共

戸棚　高三尺
　　　横三尺五寸
　　　奥行一尺半五分

但棚二段付、前之方戸二本建
此御入料

松　長六尺
　　巾一尺
　　厚八分　拾壱枚

五寸角
弐間木廻　壱本七分六厘

松　長六尺
　　巾壱尺
　　厚五分　拾枚

角廻　右同断　壱本

右弐筆切廻〆、御用箪笥并戸棚共、側板・棚板・引出シ・前巴重花板引出シ、側板同断、底板・戸棚
前之方、戸縁并同棚箪笥、ケンドン蓋共ニ遣

蕨手　四ツ
　　但座鉄付

板錠前　三寸五分
　　　　弐寸五分　四ツ
　　但鍵共添

右蕨手幷締り錠前ニ遣

一状箱大小　四ツ

内

長　八寸五分
横　四寸五分
深　弐寸五分　弐ツ

但冠蓋柄刺

長　八寸
横　三寸五分
深　壱寸弐分　弐ツ

但同断

此御入料

松
長　六尺
巾　壱尺　弐枚与三尺
厚　五分

角廻　右同断　弐分五厘

右廻〆、大小状箱　四ツ遣

〆五筆

棟梁　団野円平　㊞

御材木懸り　西村半六　㊞

同　前沢龍之進　㊞

立合　馬場平作　㊞

御用紙御遣払
一小盤紙　　拾壱枚
一並小盤紙　　拾六枚
右弐筆、御勘定帳幷下調紙御入料
一金三両弐朱
御簞笥壱ツ、戸棚壱ツ刺手間代金
刺物師　又五郎
〆三筆

前条御入料筆数
合八筆
右〆出

松　五寸角
弐間木廻　　三本一厘
御柴元帳之内
蕨手　四ツ
座鉄付
代銀　五厘弐分

但壱ツニ付、壱厘三分
板錠前　三寸五分
　　　　弐寸五分　四ツ
但鍵共添
代金壱分弐朱弐匁三分
但壱ニ付六厘弐分
〆金弐分也
紙屋町　富屋　要之助

小盤紙　拾壱枚
並小盤紙　拾六枚
右弐筆
御用紙元帳之内
〆書筆数
〆五筆
合金三両弐分弐朱
右之通、御刀番日記簞笥壱ツ、戸棚壱ツ出来、幷状箱共御入料〆御勘定相極如斯御座候、以上
慶応三卯年八月

元〆　大嶋慎左衛門　㊞
同　田島惣之丞　㊞
右之通、相改相違無御座候、以上
増沢義平　㊞
中村嘉一郎　㊞
右之通、相違無御座候、御出来物立合見届印形御座候
■次郎　㊞
（貼紙）「白川税」
右御勘定相違無御座候、以上
玉井浅之進　㊞
右之通、帳面証文引合明細吟味仕、相違無御座候、以上
卯十二月
岸太五之丞　㊞
松木源八　㊞
立合　堀田速見　㊞

この史料は、普請奉行の職務として、文書収納の箱と棚、そして「状箱」の作成があったことを示す。先の『定小屋日記』の内容を踏まえて考えると、どうも各役所の日記箪笥や収納箱、文書を置く棚、また状箱の作成を普請奉行は一手に引き受けていたことが確認される。

この文書の作成は、普請奉行の配下にある大工（棟梁）、木挽頭取であり、立合を御側組御徒目付が行う。これによって原材料の書き出しが行われている。

簞笥は、高さが二尺五寸、横が二尺三寸、奥行が一尺半である。引出が四つで銘々に錠前と蕨手が付く。戸棚は、高さ三尺、横巾三尺五寸、奥行き一尺半五分である。棚は二段からなる。状箱は大の箱が二つで、長さ八寸五分、横四寸五分、深さ二寸五分である。小の箱は二つで、長さ八寸、横は三寸五分、深さが一寸二分である。状箱という名から、書状を収める箱と思われる。

納品の段階での検品の手順も知ることができる。既述のように、大工と木挽組御徒目付の書き出しに対して、元〆の二人が証明し、またこれに対して、増沢義平ら普請方改役が押印のうえ再度確認し、これを普請奉行が最終確認のうえ押印する。この先は勘定役の役所での稟議となる。まずは勘定役見習が確認し、最終的には帳面と証文を照合して、勘定吟味役が確認のうえ押印するのである。このように、最終的に勘定吟味役が数字の確認をするのは他の帳面においても同じように確認される[68]。

文書を収納する箱は普請奉行が各役所からの求めに応じて作成し、納めていたことが確認できる。文書は各役所でその形状が異なっていた[69]。このため、各役所で異なる仕様、大きさの箱がつくられていたのである。

（3）反古紙と普請奉行

『定小屋日記』には次のような記載がある[70]。

一宗門方ゟ反古百枚被遣請取、御用部屋様御座敷畳表替中入紙ニ遣申候

これによると、宗門方で保管されていた宗門人別帳は、反古紙とされたのである。普請奉行においては、これを御殿の御用部屋にある畳の表替えの際、その中に入れたことがわかる。宗門人別帳は、新たな帳面が作成されると、古い宗門人別帳は反古にまわされ、各役所がそれを使っていたのである。

松代藩の各役所で作成された文書については、保存されるべき文書と廃棄されるべき文書があったと思われ、

宗門改帳について見ると、大量に藩に納められる反面、反古紙となる量も多かったことを確認しておきたい。

また、『定小屋日記』嘉永六年（一八五三）には次のようにある。(72)

一諸職人帳毎年尊方ゟ相廻り分、五ケ年目と相残、六ケ年ゟ之古帳之処以来反古ニ致候事評義相極、元〆江被申出候

諸職人帳の保存年限を五年とし、六年以降の帳面は反古紙にすると決まり、元〆に申し出たというのである。この諸職人帳が何を指すのかはわからないが、保存年限を知ることができる。保存の年限の切れたものを反古にまわすことが行われていたもう一つの例でもある。

おわりに

これまでの考察で明らかになったことをまとめておこう。

まず、国元における役所の位置であるが、松代城内の役所を見ると、以下のとおりである。

①花の丸御殿に部屋を持つ役所は、役人の身分に応じていることがわかった。番頭差立、大役人、小役人の一部があてられる。ここで作成された日記は多く残るが、その保管場所は御殿以外と考えられる。

②城内の二の丸には一時期、下屋敷が設けられたが役所的な機能はなかった。

③城内三の丸には、普請奉行の役所と一部が武具奉行の蔵となっていた。ここで作成された文書は多く残らないが、『定小屋日記』という普請方の日記が残る。

次に城外の役所についてである。

④城外の蔵屋敷では、郡奉行の配下の勘定所元〆などが執務していた。蔵屋敷は元禄頃に成立したもので、『郡奉行日記』『勘定所元〆日記』もこれ以降のものが残る点は示唆的である。

⑤評定所は蔵屋敷の並びにあった。ここには物書がおり、二つの日記蔵が存在したが、評定所関連の書類は現在あまり残っていない。
⑥馬奉行の役所は評定所に並ぶ位置にあったが、おそらくは書類は作成していなかった。
⑦道橋奉行の役所は、馬屋の隣にあった。ここでは、絵図などを作成していたが、散逸しており、現存するものもわずかである。
⑧城外の喰違御役所には、水道奉行が役所を持っていた。ここでは、水路と拝領屋敷の管理を行っていた。現在も拝領屋敷絵図が多く残る。ただ、ここに新御殿が建設されると、水道奉行がどこに移ったかはわからない。

拝領屋敷（宅役所）で執務する役職としては、以下のものがある。
⑨寺社奉行、町奉行、職奉行の三奉行である。また、郡奉行の配下の代官もあげられる。これらの役職にあっては、拝領屋敷（宅役所）で文書を作成し保管していた。

最後に、文書の収納容器について見た。収納容器は、普請奉行のもとで、各役所の注文に応じて作られていた。これは、各役所の作成する文書の形状の違いによるものと考えられる。

以上のようにまとめられる。

本稿では、松代藩の役所の位置と文書作成についての基礎的な考察を試みた。ただ、まだ触れていない役所もあり、加えて文書の残存、そして幕末・明治期の文書の移管については触れられなかった。多くの課題を残してはいるが擱筆したい。

（1）　松代藩江戸藩邸については、拙稿「信濃国松代藩の江戸藩邸変遷史　稿」（『松代』第二二号、二〇〇八年）、および、真田宝物館『お殿様、お姫様の江戸暮し』（二〇〇九年）参照。

（2）藤尾隆志・藪田貫「津田秀夫文庫文書目録四　松代藩真田家大坂御用場関係文書について」（『関西大学博物館紀要』一二、二〇〇六年）。荒武賢一朗「松代真田家の大坂交易と御用場」（渡辺尚志・小関悠一郎編『藩地域の政策主体と藩政』岩田書院、二〇〇八年）。

（3）真田家文書の伝来については、高橋実「信濃国松代真田家文書目録（その11）解題」（国文学研究資料館『信濃国松代真田家文書目録（その11）』二〇一〇年）、青木睦「信濃国松代真田家文書目録（その12）解題」（国文学研究資料館『信濃国松代真田家文書目録（その12）』二〇一一年）がある。なお、私は拙稿「真田宝物館所蔵の真田家文書と新御殿」（『松代』第二四号、二〇一〇年）において、国文学研究資料館所蔵の文書と真田宝物館所蔵のそれとの違い、そして真田宝物館所蔵文書の箱ごとの違いについて論じた。

（4）『更級埴科地方誌』近世編上（一九八〇年）七八頁の鈴木寿作成「松代藩の職制表（慶応年間）」がベースとなり、その後この表が使われている。ただ、ここには、国元、江戸も含まれていることなど、問題が多い。

（5）拙稿「松代城の「城附諸道具」――真田家大名道具論（1）――」（『松代』第一二号、一九九九年）。

（6）ここでいうところの真田家文書は、真田家の家の史料として伝えたもので、「吉文書」と言い習わしているものである。

（7）拙稿「長野県宝『真田家文書』の基礎的考察――流入文書について――」（『松代』第一〇号、一九九七年）において、明治時代に真田家の帰属となった文書についてまとめた。出浦文書は、明治十七年に真田家の帰属となった。

（8）真田宝物館蔵、真田家文書（以下、「真・真」と略す）吉文書　吉一三〇ノ三（米山一政編『真田家文書』上巻　一一一号文書）。

（9）真・真吉文書、吉一三〇ノ四（米山一政編『真田家文書』上巻　一二〇号文書）。

（10）真・真吉文書、吉一三〇ノ二（米山一政編『真田家文書』上巻　一一九号文書）。

（11）長野市立博物館蔵　浦野家文書『御本丸御殿図　弐』（長野市立博物館『長野市立博物館収蔵資料目録　歴史11　浦野家旧蔵資料』二〇一二年）所収。

（12）武田信玄が築かせた城がその後も使われ、松代城となっている。

(13) 拙稿「真田家の祈願寺」(『信濃』第五九巻第四号、二〇〇七年)。
(14) 『(享保十八年八月焼失) 矢沢刑部左衛門屋敷囲幷居宅古図』真田宝物館蔵、矢沢家文書。なお、海野修氏が、この図の概要を述べている(『松代』第二二号、二〇〇八年)。
(15) 『長野市立博物館収蔵資料目録　歴史11　浦野家旧蔵資料』(前掲註11)所収。
(16) 御殿のなかでもこうした三つの演出のある場は、公的な性格をもつため、儀式の場と考えた。
(17) 演説の主体としては目付が考えられる(宮澤崇士氏の教示による)。
(18) 『長野市誌』第四巻　歴史編近世二(二〇〇四年)所収の「松代藩家中の格式別役職表」(三八六頁)による。
(19) 真田宝物館編『海津旧顕録』(一九八九年)。
(20) 長野市立博物館蔵、落合文書『天明六年十一月二十七日御広間御番日記』。
(21) 真田家文書中には、番所に貼られていた文書が現存する(国文学研究資料館蔵、真田家文書(以下、「国・真」と略す。き五一五『花御丸御門番所定書』など)。このことからすると、番所が廃止されると剝がされた文書が所蔵されたと想定される。
(22) 拙稿「『真田家文書』について」(『信濃』第五〇巻第四号、一九九八年)。
(23) 長野県立歴史館蔵、飯島文庫「嘉永五子年二月十五日差出沿革之次第書草稿」による。なお、この史料は、降幡浩樹氏が翻刻している(「資料紹介松代藩御納戸役「嘉永五子年二月十五日差出沿革之次第書草稿」(上)」『松代』第二八号、二〇一五年)。
(24) ただし、後述のように吟味役においては、嘉永六年の火災によって、古文書の収納容器が罹災したとあるので、御殿の執務の部屋に納められていたものもあった。
(25) 長野市立博物館蔵、浦野家文書『松代城廓絵図』(『長野市立博物館収蔵資料目録　歴史11　浦野家旧蔵資料』前掲註11)所収。
(26) 長野市立博物館蔵、浦野家文書『二之丸真田孫七郎様御住居』(『長野市立博物館収蔵資料目録　歴史11　浦野家旧蔵資料』前掲註11)所収。
(27) 『新訂　寛政重修諸家譜　第十二』(続群書類従刊行会、一九六五年)。

(28) 前掲註(9)。
(29) 国・真し四八四-一-一『御普請方作付場指図』。
(30) 鎌田雄次郎「定小屋日記について」(『松代』第三号、一九九〇年)。
(31) 国・真い一六三五～八、い一六四二。
(32) 国立史料館『信濃国松代真田家文書目録（その１）』（一九七八年）。
(33) 表紙にはすべて、御用番（家老）の名前、当番の普請奉行の名前、そして帳面を書いた割番の名前がある。
(34) 記載内容について鎌田氏は、正月に前年の勤務の評価（「勤方覚」「勤懈怠覚」）をしていると書くが、この点は合致する。私見では、定小屋日記はどうも毎月ごとに当番が帳面を作成し、年末にこれを合本したように見える。月ごとに表紙を作っている点、月ごとに筆跡が違う点、また、「御参府一巻　懸り　山越新八郎」（『定小屋日記』文化十年）といった、日記とは関係ない一件の簿冊が様々な冊子の途中に綴られている、などの理由からこう考えた。
(35) 国・真い一六三六『定小屋日記』には「文化十酉年定小屋日記」と墨で記された洋紙が巻かれている。
(36) 『海津旧顕録』（前掲註19）。なお『海津旧顕録』は、堤俊詮が明治十三年（一八八〇）に編纂した、松代藩や松代城下の寺社、地誌に関わる編纂物である。五巻からなるが、巻三は欠本である。堤の役職は嘉永元年（一八四八）に祐筆組頭、明治二年（一八六九）に書記長となっている。また、松代藩の歴史書である『真田家御事蹟稿』の編纂にあたっても、史料の吟味等を行っているという（『海津旧顕録』解題）。このように、長く祐筆の職にあった人物の編纂になるものであることから、かなり正確な情報が組み込まれているといえる。
(37) 真・真一七—二—二二『定小屋日記』嘉永六年。
(38) 拙稿「松代城下の拝領屋敷について」（『松代』第二六号、二〇一二年）。
(39) 武具奉行については、『定小屋日記』文化七年（国・真い一六三五）に、「御武具役所」と見えるので、独自の役所を持っていたと思われるが、今回はその確定に至らなかった。
(40) 高橋実「信濃国松代真田家文書目録（その11）解題」（前掲註３）。
(41) 拙稿「松代藩における地方支配と文書の管理」（『信濃』第六五巻第五号、二〇一三年）。
(42) 越石代官の文書は拝領屋敷（宅役所）に残されていた。一時、紛失したらしく伝来したものは文政八年以降のものであった。
(43)『長野市立博物館収蔵資料目録　歴史11　浦野家旧蔵資料』（前掲註11）所収。
(44)種村威史「払方御金奉行の財方における役割について」（『信濃国松代真田家文書目録（その11）』前掲註3）。
(45)渡辺尚志「大名家文書の中の「村方」文書」（渡辺尚志編『藩地域の構造と変容』岩田書院、二〇〇五年）。
(46)前掲註(18)。なお、吟味方物書は、職制上は吟味役の配下である（宮澤崇士氏の教示による）。
(47)国・真『御役年中勤方幷御役先輩より之姓名申上』（あ三四〇九～一〇）。なお、あ三四〇九には表紙に「二番」の書込みがあるが、こちらは下書きで、あ三四一〇はこれをうけて清書したものである。印がつかれていないので、御勘定所御物書での手控えと思われる。
(48)これは祐筆と勘定所の連署である。
(49)国・真には明治二年の「日記蔵仕様覚」（け七三八―七）がある。
(50)長野市立博物館蔵、浦野家文書（『長野市立博物館収蔵資料目録　歴史11　浦野家旧蔵資料』前掲註11）所収。
(51)宮澤崇士「解題」（『長野市立博物館収蔵資料目録　歴史11　浦野家旧蔵資料』前掲註11）。
(52)長野市編『史跡松代城跡附新御殿跡　整備事業報告書』（二〇一二年）。
(53)前掲(52)に同じ。
(54)国・真き三〇七。
(55)拙稿「松代城下の拝領屋敷について」（前掲註38）。
(56)同右。
(57)慶応元年分一冊が残る。
(58)国文学研究資料館蔵、信濃国松代竹内家文書。
(59)国文学研究資料館蔵、信濃国松代竹内家文書1～4。
(60)拙稿「松代藩における地方支配と文書の管理」（前掲註41）。
(61)種村威史「松代藩代官の職制と文書行政」（福澤徹三・渡辺尚志編『藩地域の農政と学問・金融』岩田書院、二〇一四年）。

(62) 同右。
(63) 鎌田氏前掲註(30)論文で『定小屋日記』を翻刻しているが、鎌田氏はその典拠を示していない。この記述は、『定小屋日記』のいずれかに記載があることは確かであるが、現在のところ、略された部分などは確認できない。
(64) 同右。
(65) 真・真『定小屋日記』(一七―二一―二二)嘉永六年七月十二日条。
(66) 国・真あ一二六三。
(67) 国立史料館編『真田家家中明細書』(一九八六年)。
(68) 拙稿「史料紹介『御武器帳』解題」(『松代』第一八号、二〇〇五年)において、帳面に記された武器の数と実際の数の点検、確認を御勘定役が行っていることを指摘した。
(69) たとえば、勘定所元〆に出すものと、代官に出すものは、形状の違うことを指摘した。拙稿「善光寺地震における松代藩の情報収集と文書管理」(国文学研究資料館編『幕藩政アーカイブズの総合的研究』思文閣出版、二〇一五年)。
(70) 鎌田前掲註(30)論文。
(71) 宗門奉行の役所の場所については不明である。宗門奉行の存在は他史料からも確認され、多くの宗門人別帳を管理していたことも想像がつく。今後検討したい。
(72) 真・真『定小屋日記』(一七―二一―二二)嘉永六年八月廿六日条。

第2章　家老職における執務記録の作成と保存

太田　尚宏

はじめに

本稿の課題は、松代藩の家老職ならびにその執務空間である御用部屋において作成・保存された執務記録について検討し、家老の執務と御用部屋ならびに「御日記御土蔵」における記録管理の様相を明らかにすることである。

松代藩および真田家に関わる文書のうち、おもに「藩庁文書」[1]あるいは「民政上の書留帳簿類」[2]が譲渡されたとされる国文学研究資料館所蔵分の真田家文書において、いわゆる〈家老日記〉[3]をはじめとする家老の執務記録は、通常の「役所文書」とはやや異なった残存状況を示している。すなわち、御用部屋で日々作成した文書が集積された状態ではなく、一部を除いて、家老を務めた各家から後年になって集められた文書が中心になっていると考えられるのである。

その具体的な例として、〈家老日記〉について見てみよう。筆者は先に真田家文書の〈家老日記〉のうち、国許に関する日記について検討し、①表紙に記された後筆や番号のあり方から、貞享三年（一六八六）から文政五年（一八二二）までの日記は、家老職を代々務めた望月治部左衛門家によって管理・保存されてきたものと考えられること、②〈家老日記〉として分類されたものの中に、性格の異なるいくつかの種類の日記が混在していること、などを指摘した(4)。

現存する〈家老日記〉では、過去の日記を抜き書きした「日記書抜」などを除くと、もっとも基本的な形式の日記の表題は「日記扣」であり、表紙左下に家老名が記され、その家老が御用番（月番）を勤めた期間を編冊の単位としている。このうち貞享三年から文政五年までの日記は、望月家歴代当主の名前を記したものがほとんどで、これらには表紙に望月家によって施されたと思われる「松代」「江戸」「御国」といった後筆があり、さらに分類・整理の痕跡とみられる複数の種類の番号も記載されている。しかし、文政七年以降の日記には、このような後筆や分類番号は記載されておらず、家老名も鎌原伯耆・鎌原石見・河原舎人・河原左京・望月帰一郎・赤沢助之進・大熊衛士など多様である。また、この時期のものには「日記書抜」などが一切残っておらず、「日記扣」のみが年次を追う形で整然と残されていて、人為的な取捨選択や収集作業の痕跡をうかがわせるものとなっている。

前稿では、このような人為的操作がいかなる理由で行われたかが判然とせず、維新以後の真田家による文書整理なども考慮しつつ、「真田家文書〈家老日記〉は、望月氏および他の家老職が作成・管理していた『日記扣』が、文政期から大正九年を下限とする特定の時期に、松代藩庁または真田家へと集められ、保管・管理されてきたものであると考えられる(5)」と述べるにとどまっていたが、その後、次のような史料の存在が判明し、明治初めに〈家老日記〉が収集された可能性が高いことが明らかとなった。

明治四年辛未廃藩ノ当時、御城地陸軍省江御引渡ニ付、御私有御土蔵等御取払ニ付、御政事所御日記・御土蔵御日記、一時長国寺経蔵江殊皆御仕舞相成候処、明治五年五月十五日長国寺本堂屋根ヨリ午後二時発火、

本堂・庫裏・山門・禅堂・衆寮・経蔵・御霊屋・別当五院トモ全焼ニ付、御政事所御記録殊皆焼失

大正十四年十一月

河原　理助[6]

右の史料は、真田家の家扶を務めた河原正誼が大正十四年（一九二五）に編纂した「御法式」の奥書部分である。これによると、明治四年（一八七一）の廃藩置県により松代城が陸軍省へと引き渡された際、「御私有御土蔵等」を取り払うことになったため、「御政事所御日記」および「御土蔵御日記」を真田家の菩提寺である長国寺の経蔵へと運び込んだが、翌五年五月十五日の火災により「御政事所御記録」がすべて焼失してしまったという。ここに記された御政事所とは、明治維新後に松代藩の家老御用部屋の機能を引き継いだ部局である。つまり、この火災によって御用部屋から移送した日記類をはじめとする諸記録の大半が灰燼に帰したことになる。ただし、このとき長国寺へ移送されずに焼失を免れた記録類もあり、これらが明治十三年に旧松代藩士の矢野唯見が作成した「御用部屋書類」と題された書付に列挙されている（第1表）[7]。この記録類は七〇件を数え、おおむね①文政期（一八一八～三〇）以降の法令・人事・服忌・日記検索などに関わる記録、②幕末維新期に各部局で作成された日記・留帳類、の二つに大別される。①は松代藩の基本的な人員構成などを確認したり、過去の先例を日記などから拾い出すためのツールとして、②は実際に進行する日々の執務に必要な記録として、長国寺への搬送から外されたものであると考えられる。

右の経緯などもあって、松代藩における家老御用部屋の記録は、焼失を免れた一部を除き、真田家文書の中には見当たらない。これにより、御用部屋における執務記録の作成・管理に関しては、現在残されている「日記扣」その他の史料の中から関係する記事を抽出して検討するほかはない。そこで本稿では、これらの日記類や「御用部屋書類」の一つであった「日記幷諸帳面入注文」[8]などを参考に、松代藩の家老御用部屋において作成・

第１表　明治13年の記録調査に見る御用部屋書類

番号	書　類　名	点数	番号	書　類　名	点数
1	いろは分明細留　春・秋・冬(夏無之)	３帳	35	明治四年理事局　諸願綴入	１帳
2	いろは分明細留　仮綴もの　但安永年度ゟ天保年度迄	29帳	36	表御右筆組頭所用　雑記	１冊
			37	文政七申年ゟ天保十四卯迄　御勝手方日記繰出	２帳
3	御目見以下支配明細書	41帳			
4	慶応元丑年　御上京一件	１冊	38	慶応三卯　御預所御用扣日記	１帳
5	慶応二寅年　御上京一件	１冊	39	日記繰出　御参府・御帰城・御湯治・文武	１帳
6	元治元子年　長州御征伐被蒙仰一件	１冊	40	慶応三卯　御勝手方御用扣日記	３帳
7	文政十亥年　差立表御役人・御側向年代之留	１冊	41	慶応四辰年　御勝手方御用扣日記	２帳
			42	明治元辰　御勝手方御用扣日記	１帳
8	文政十亥年　大小御役人年代之留	１冊	43	明治二巳年　御勝手方御用扣日記	２帳
9	給人以下　御役人年代之留	１冊	44	慶応四辰　真晴院様御奥日記	１冊
10	元印　御役人年代之留	１冊	45	明治二巳年　計政日記	１冊
11	差立献上物覚	１冊	46	明治三午年　計政日記	５冊
12	北越戦功賞典録	１冊	47	明治三午年　郡政日記	１冊
13	御法式	乾坤	48	明治二巳年　郡政日記	１冊
14	御居間・小書院被仰付之次第	１冊	49	明治四未年　民事日記	１冊
15	大手御番所日録	１冊	50	明治四未年　会計日記	１冊
16	文化四卯ゟ　御咎幷差扣留	１冊	51	明治三午年　御家日記	１冊
17	文政三辰年　永御預同心御役料被下名面帳	１冊	52	明治二巳年　学政・兵政日記	１冊
			53	明治二巳年　学政日記	１冊
18	文化十四丑　御咎幷差扣留	１冊	54	明治元辰　御兵制士官学校日記	１冊
19	文政三辰　日記幷諸帳面古書類入註文	坤１冊	55	明治四未年　御布告留　学監局	１冊
20	万延二酉　願書綴入	１冊	56	明治四未年　日記　学校	１冊
21	公義御代々御法令	１冊	57	御役人帳	１帳
22	吉光御長持御腰物箪笥入記	１冊	58	慶応四表御用人　日記	１冊
23	年頃御礼御式帳	１冊	59	長国寺御使者御口上振	１冊
24	明治三午　差扣伺書写留	１冊	60	明治二巳　臨時御達帳	１帳
25	文久度　願書綴入	１冊	61	明治二巳　当国十侯御触頭御使者諸日記	１冊
26	御張紙留	１冊	62	弘化三午年江戸廻り　写日記	１冊
27	文政八酉年　服忌伺幷差図留	１冊	63	明治二巳　御触頭之方日記	１冊
28	養実服忌解疑	全	64	明治二巳　御用状留	１冊
29	御仕置御規定	１冊	65	明治二巳　十藩廻状留	１冊
30	高拝借在住之者倹約御定	１冊	66	明治二巳　伊那県御触留	１冊
31	貞松院様・大御所様御入国一件	１冊	67	明治元辰　諸向廻達寺社願書留	１冊
32	明治二巳　御昇進御一件	１冊	68	弘化三年　仁孝天皇崩御御使者勤覚	１冊
33	明治三午理事局　御布令留	１冊	69	明治三午　理事日記	１冊
34	職員録	１帳	70	天保四年　町々外人数増減帳(朱筆)	(なし)

出典：真田家文書（寄託）627-13より作成。
注：１～57は「旧藩政府日記類」、58～59は「表御用人書類」とある。

保存された執務記録について復元を試み、そこにおける作成・管理・保存の様相を跡づけていくことにしたい。

第一節　〈家老日記〉から見た御用部屋の執務記録

（1）〈家老日記〉の種類と作成過程

松代藩の家老は、いうまでもなく藩の政事を司る最高の役職で、藩主の一族や譜代の重臣の中から選ばれ、多いときは十数名、少ないときには二〜三名が選任されて職務にあたった(9)。たとえば、明和二年（一七六五）の「御在所日記(10)」を見ると、家老として鎌原司馬成富・禰津数馬直延・望月治部左衛門行広・禰津大炊直教・恩田新六時章・小山田主膳之直の六名が列記され、国許ではこのうち一名が月ごとを単位とする「御用番」となって執務する体制が整えられていた。また、この時期には、家老のうち一〜二名が「詰番」と称して江戸藩邸勤務を命じられ、江戸にて一定の期間執務に従事した後、次の「詰番」家老と交替して国許へと帰る仕組みをとっていた。

さて、筆者は前稿において、国文学研究資料館所蔵の国許に関わる〈家老日記〉を検討した結果、そこに分類されている日記には、①日記扣、②置附日記、③御国日記、④日記書抜など、性格が異なるいくつかの種類がある点を指摘した。しかも、これらの日記は、ほぼ①から④に至る順序で作成されたと考えられる。ここでは、行論に必要な限りで、これらの日記の性格と作成過程についてまとめておきたい。

まず、①の日記扣は、真田家文書の〈家老日記〉の中でもっとも数量が多いもので、前述したように、表紙中央に「日記　扣」と大書したうえ、左下に家老の名前が明記されており、各家老が御用番（月番）を勤めた期間を編冊の単位として、執務案件および処理内容が月日順に記載されている。この日記は、「扣」という表題からも明らかなように、各家老の執務の手控えまたは下日記として用いられ、日記そのものも各家老家で保存されていた。

これらの日記扣の中には、各記事の右肩部分に「本帳除」あるいは「本帳ニ附落」[11]といった記載が見られることがある。これは、該当する記事を「本帳」から除外したり、「本帳」へ記入すべき記事を書き漏らしたりしたことを示すものである。ここから、㋐御用番家老の手控えである日記扣から「本帳」へ記事が転写されていたこと、㋑転写以前に「本帳」へ収録する記事の取捨選択が行われていたこと、の二点が明らかとなる。日記扣を見ると、同様の記述として「置附写済」[12]という文言も見られるので、「本帳」とは「置附」と呼ばれた記録であることがわかる。

この「置附」が、②の置附日記である。現在、真田家文書には、家老が記した置附日記は単独の史料としては残されていない。しかし、安永八年（一七七九）の御在所日記には、同年八月以降の置附日記が転写されており、その記載様式などを確認することができる[13]。これをみると、置附日記では、各月「朔日」になるごとに御用番を担当した家老の名前が明記されており、日記扣と比べて整然とした形で記事が記載されている。

「置附」という言葉については、すでに高橋実氏が「日記幷諸帳面入注文」を検討する中で言及しており、ⓐ文書専管部署が管理する文書記録のうち、執務上必要があるため御用部屋に貸し出しないし別置していたもの、ⓑ文書専管部署が管理する「御日記御土蔵」のある場所を、御用部屋関係の文書記録や執務用物品を一括保存する場所とし、御用部屋の指示でその出納などの管理を文書専管部署が担っていたもの、という二つの解釈の可能性を指摘している[14]。しかし、真田家文書には、家老の「御用部屋置附」[15]のみならず、「御普請方置附」[16]「御舟部屋置附」[17]「御用所置附」[18]といった記述のある文書類が残されており、これらを勘案すると、「置附」という言葉は、諸役所に「据え置かれているもの」という意味で一般的に用いられていたと考えるのが妥当かと思われる。

つまり、家老の置附日記は、執務空間である御用部屋に常置された日記であり、いわば公式の家老執務日記というべきものと考えられる。

これに対して③の御国日記は、目録上〈家老日記〉として分類されているものの、実際には家老の執務日記とは異なる。この日記の正本もしくは完全な形での写と考えられるのは、元禄十四年（一七〇一）正～五月「一日記」[19]、宝永六年（一七〇九）七～十一月「一　日記　御国」[20]、享保十七年（一七三二）六～十二月「二　日記御国」[21]の三冊であり、これらは家老を務めた望月家によって借用されたまま返却されなかったか、全体を忠実に転写したものと推定される。筆者は前稿において、日記扣と御国日記の双方に記載のある宝永六年（一七〇九）七月部分の記事を比較検討したが[22]、日記扣では家老が処理した事務案件に関する記述が中心であるのに対して、御国日記では城中での行事や献上品などの藩主周辺の動静に関する記述が主であり、これに日ごとの政事向きの記事が簡略に加えられる形式をとっている。

また、文政三年（一八二〇）に作成された「御日記御土蔵」の管理記録である「日記幷諸帳面入注文　乾」[23]には、冒頭に「壱番」から「二十一番」までの収納区分を明示したうえで「御国日記」が掲げられているが、右の三冊の表題の上部に記された「一」「二」という数字は、これらの収納区分の番号と一致する。試みに、「壱番」にある元禄十四年の項を見ると、「正月朔日ゟ五月十七日迄」と「五月十八日ゟ十二月廿九日迄」の二冊が記載されており、このうち前者は右の元禄十四年「一　日記」の収録期間と完全に一致している。この点は、宝永六年「一　日記　御国」、享保十七年「二　日記　御国」の場合でも同様である。

これらの点をふまえると、御国日記は、毎日の藩主の動静と政事向きの出来事を総合的に記録したもので、「日記幷諸帳面入注文」の冒頭に記載されたことからもうかがえるように、藩にとってもっとも重要な日記形式の記録であったと推定される。御国日記の具体的な作成方法は、関係史料に乏しく詳らかではないが、おそらく御側御納戸などの藩主の側近職が記した日記や家老御用部屋の置附日記などをあわせて編纂したのではないかと考えられる。

このほか〈家老日記〉の中には、④の日記書抜などが残存するが、これは望月家が執務の参考のために他の家老が御用番を勤めたときの置附日記を転写したり、御国日記を書き写したりしたものが中心であり、いずれも城中にあった日記を借用して摘記したものであろうと推定される。

以上のことから、松代藩における〈家老日記〉の種類と作成過程は、次のようにまとめられる。まず第一に、各家老は、みずからが御用番を勤めるごとに日記扣を作成・編冊する。そして、日記扣に記された記事の取捨選択を行ったうえ、城内の御用部屋にある「本帳」＝置附日記へと転写する。置附日記は、基本的には御用部屋に蓄積されていくと考えられるが、各家老が執務の必要に応じて借り出し、日記書抜のような私的な抜粋帳面を作成している。また、藩の中心的な記録となる御国日記の作成にあたり、藩主の動静に関わる記録とともに、御用部屋の置附日記は日ごとの政事向きの出来事を記録するツールとして利用されたものと考えられる。作成された御国日記は、城内の「御日記御土蔵」に保管された。

なお、右のような〈家老日記〉の作成過程は、江戸藩邸においても同様であったと考えられる。「詰番」として出府した各家老は、滞在期間中にみずからの日記扣を作成し[24]、これをもとに江戸藩邸における公式の家老執務日記である「江戸日記」（置附日記）への転写が行われた[25]。

また、在国中の御国日記に対応する形で江戸在府中の藩主周辺の動静・政事向きの出来事などを記した記録も編纂されていたと考えられ、これも「江戸日記」と呼ばれた[26]。江戸藩邸で作成された藩主の「江戸日記」は、基本的には江戸において保管され、国許には写日記が送られていたと考えられるが[27]、藩邸で活用されなくなった一部の日記は、原本を国許へ送付して保管したようで、安永九年（一七八〇）正月には、万治二年（一六五九）から正徳六年（享保元年・一七一六）までの藩主の「江戸日記」五一冊が「三角印」「丸印」「輪違印」という三つの箱に収められて松代へ運ばれ、「御日記御土蔵」へと収納されている[28]。

（2）家老の執務にともなって作成された諸帳簿

さて、日記とあわせて、家老の執務に即して作成されたと考えられる帳簿の一つに諸用帳がある。国文学研究資料館所蔵分の真田家文書には、元禄～享保期（一六八八～一七三六）の諸用帳あるいはそれに類する性格を持つものが一〇点ほど存在するが、これらの表題は「諸覚帳」「諸用手前」「諸用扣」「諸用帳扣」であり、望月治部左衛門が御用番を勤めた期間ごとに編冊されているので、いずれも家老望月家の手控えであったと考えられる。また、享保二年の日記扣には「追廻シ馬場死人御役人詮義、今朝杢宅江書付差出候、委細御城諸用帳ニ留置」（二月二十三日条）という記述があり、諸用帳の場合も日記と同様に、御用番となった各家老が記載する扣帳と城内の家老御用部屋置附の諸用帳の二種類があったことがわかる。[29]

諸用帳には、松代藩内における公事・訴訟・仕置・見分・火災などの事案に関わって村方や藩の諸役人が提出した種々の口上書・願書・書付類が案件ごとに月日順で記載されており、家老のもとで処断・決済を行うための証拠書類として差し出された文書を書き留めた帳簿と考えられる。日記扣の記事の中に「訴状諸用帳留之」「口書諸用帳ニ有之候」「右書付諸用ニ留」といった記述が頻出する点から見ても、諸用帳は日記に付随して内容を補完する役割を果たし、藩内に関わる家老の執務案件の処理のために活用されていたことが知られる。

さらに、日記扣や日記書抜に記述された「委細〇〇帳ニ有之候」といった参照箇所文言に着目すると、諸用帳のほかにも執務に即して作成された帳簿が存在したことが判明する。参照箇所文言は、元禄十七年（宝永元年・一七〇四）より記載され始め、当初は「扣帳」「留帳」「別帳」といった漠然とした表記のものと「案詞帳」「御内条目帳」などの主題ごとにタイトルが付けられた帳簿が混在するが、享保十年代を過ぎると、曖昧な表記のものは少なくなり、諸用帳と主題ごとに仕立てられた帳簿が中心となっていく。

この時期前後の日記扣に見られる主題別帳簿には、「御内条目帳」「公義御条目帳」「御証文留書」「山論帳」

「他所状之留」などがある。

「御内条目帳」は、松代家中や領内の町方・在方へ令達された法令を書き留めたもので、正徳三年（一七一三）の日記扣[30]にはその名が見られるため、比較的早い時期から独立した帳簿として存在していたと考えられる。

一方、「公義御条目帳」は、単に「御条目帳」とも記され、幕府の大目付や勘定所などから江戸藩邸を介して進達された触書・達書を収録した帳簿である。「御内条目帳」と一対をなす性格のものと推測されるので、これも成立時期は比較的早いものと思われる。なお「公義御条目帳」は、享保二十年（一七三五）頃から、理由は不明であるが「公義御書出帳」（単に「御書出帳」ともいう）へと改称したようで、従来「公義御条目帳」に記されていたものと同じ性質を有する大目付からの令達案件が、以後は「委細御書出帳記之」と記されるようになる[31]。「公義御条目帳」が幕府からの令達を記したものであったのに対し、「御証文留書」は逆に、松代藩から幕府へ提出した文書を書き留めたものと思われる。

「山論帳」は、享保六年の仁礼《にれ》山論という特定案件に関わる一件帳簿と推測され、「仁礼山論ニ付、国絵図遣候様ニ江戸ゟ申来、委細原半兵衛可存候間、覚書共遣候様申来、委細山論帳ニ留置」（十一月十日条）、「今朝之便、国絵図遣不申候段、且又小県郡・高井郡境之儀、半兵衛覚書取遣、委細山論帳ニ有之」（同月十四日条）とあるので[32]、幕府評定所で吟味が行われていた山論の関係書類をまとめたものであると考えられる。

「他所状之留」は、他家の大名および家臣や幕府代官などから到来した書状と、それに対する返書の案文を書き留めた帳簿である。

このように見ていくと、享保期に作成されていた御用部屋の主題別帳簿は、「御内条目帳」を例外とすれば、ほとんどが幕府関係の令達・上申や他の大名らとの交信に関わるものであることがわかる。ここから家老の執務と作成帳簿との関係を考えると、藩内のさまざまな事案の処理には諸用帳が用いられ、藩外交に関わる案件については、授受されるそれぞれの文書の性格に即して主題別帳簿が使い分けられ、記録が蓄積されていったことが推測できる。そして、これらを全体として通覧できるもっとも基本的な記録として、日記扣や置附日記が位置づいていたと思われる。

しかも御用部屋では、この時期に旧来の帳簿のあり方を見直し、新たな主題別帳簿をつくる動きを見せている。こうした動きの一端を「他所状之留」の事例から見てみよう。

松代近隣に居城を有する大名は、参勤交代で国許へ戻った際、その旨を知らせる儀礼的な書状を真田家へ送っている。宝永元年（一七〇四）九月、松本藩主の水野隼人正（忠恒）と飯山藩主の松平遠江守（忠喬）は、国許へ帰城した旨の書状を、家老衆からの書簡を添えて、相次いで松代藩へと送ってきた。これをうけた家老の望月治部左衛門は、到来した書状をそれぞれ「留帳」に記載したうえ、これらに対する返書の案文を「案詞帳」に書き留めている。[33]ところが享保期になると、他の大名家や中野代官所からの来状は「他所状之留」（「他所取替帳」「他所帳」などともいう）に記録されるようになる。享保十八年二月二十一日、幕府の中野代官松平九郎左衛門ら三名が御買米御用の件で松代藩役人あてに書状を差し出したが、これを受け取った御用番家老の望月はこれを「他所状之留」に転記する一方、翌日の日記扣に「夜中（滝川）小左衛門様・（松平）九郎左衛門様・（後藤）庄左衛門様ゟ到来之御状之御報、今日飛脚ニて差遣、案詞他所状留帳ニ記」とあるように、返書の案文も「他所状留帳」へ記載している。[34]この方法は大名家からの来状の場合でも同様であり、同二十年九月二十二日に松本藩の家老より松代藩の御用人中あてに差し出された書状は「他所取替帳ニ留之」とあり、これに関する返書は「他所帳ニ附置」と記述されている。[35]右の例を見ると、藩外からの来状について、宝永期頃までは書状本体を「留帳」、返書の案文を「案詞帳」という二つの帳簿に書き分けていたのに対し、享保以降は来状と返書の案文をともに「他所状之留」へ記載するという方式へ転換したことがわかる。宝永期に日記扣に登場していた「案詞帳」の記述が享保期以降にほとんど見られなくなるのも、こうした方式の変化と軌を一にしていると思われる。もちろん記録の利用という点で見れば、先例を検索する場合、来状と返書の内容が近接した箇所に記載されているほうが利便性が高い。このように御用部屋では、作成帳簿の合理化を図ったものと考えられるのである。

第二節　御用部屋の執務記録と「御日記御土蔵」

(1) 御用部屋所管の「御日記御土蔵」

ところで、松代藩における記録類の保管施設としてよく知られているものに「御日記御土蔵」がある。この土蔵について高橋実氏は、「日記や文書類はそれぞれの部局で作成され、管理保管されてきたものであろうが、それぞれ一定の年限が経過すると長期保存・永年保存の文書記録を専管する部署に引き渡される。それを引き継いだ文書記録専管部署は、『御日記御土蔵』(場所は三の丸で、花之丸御殿へつながる中御門近くに建設されていた二階建ての土蔵)などに保存し、管理していたようである」[36]と述べて、藩の各部局で管理・保存されていた文書記録が一定年限を経た後、文書記録専管部署に引き渡され、この土蔵で集中管理されたと推測している。

しかし一方で、藩の勘定所には独自に「御日記土蔵」(御勘定所御帳蔵)が設けられ、年数の経過した所管文書類が保存されていたこともあわせて指摘しており[37]、三之丸の「御日記御土蔵」と勘定所の「御日記土蔵」との関係がいま一つ明確ではない。筆者はこの点について、松代藩の文書・記録類の管理における分散と集約のあり方を詳細に検討することによって解明されるべき問題であると考えている。

三之丸の御日記御土蔵の設置年代は詳らかではないが、家老の望月治部左衛門行広(行晃)が編冊した宝暦十四年(一七六四)の御在所日記に「日記土蔵日記入註文混雑付、改候様宮下藤左衛門へ申渡」[38]という記述があり、すでに宝暦期以前に土蔵が設置され、収納した記録類の管理台帳である「日記入註文」が作成されて、加除訂正が繰り返されていた状況をうかがい知ることができる。また、右の記述において、望月が書役と思われる宮下藤左衛門へ「日記入註文」の改めを命じている点も重要である。このことは、御日記御土蔵の管理責任者が御用部屋で執務する家老であり、その管理を下僚に指示していることになるからである。また、御日記御土蔵の管理記録である「日記入註文」のうち文政三年（一八二〇）四月に改めが行われたものについては、明治十三年（一八八〇）に矢野唯見が作成した「御用部屋書類」という記録の中に「一、文政三辰　日記幷諸帳面・古書類入註文」と記載されており、この帳簿が御用部屋管轄の記録の一つであったことを示している[39]。

さらに、藩の日記や帳簿類に関しては、しばしば日記扣や御在所日記に虫干しを行った旨の記事が散見される。これらには、「御城ニ有之候御書物虫干、諸帳面共、御右筆不残、書役共不残罷出、相改候」（寛延四年六月十七日条[40]）、「日記蔵日記・諸帳面、御右筆・書役惣出ニ而致虫干」（明和六年七月二十九日条[41]）、「今日日記土用干仕候段、御右筆・書役申聞候、御普請方江右付足軽六人差出候様申渡」（安永八年六月十三日条[42]）などとあるように、直接の担当者である御右筆・書役から上申を受けた家老が、記録類を土蔵から運び出す足軽人足の手配なども行っていたことが知られる。

このように、御日記御土蔵は、家老御用部屋の所管のもと、御右筆や書役らが中心となって文書管理を行う施設として位置づいていたと考えられる。また、文書・記録類の管理台帳である「日記入註文」も御用部屋に保管され、時宜に応じて家老の指示により改訂が図られたことが知られる。

（2）「御日記御土蔵」に収納された文書・記録類

第2表は、文政三年四月の「日記幷諸帳面入注文」をもとに、御日記御土蔵に収納されていた記録類を概括したものである。これによれば、土蔵の一階部分には、御国日記をはじめ、公義御書出・御内条目・御証文之留・

第２表　御日記御土蔵に収蔵された記録類(文政３年４月改め)

収納場所	記　録　名
１階 (入注文「乾」)	御国日記
	公義御書出〔御書出帳〕
	御内条目〔御内条目〕
	御証文之留〔御証文之留〕
	御規式帳〔御規式帳〕
	他所状留〔他所状留〕
	武芸帳〔武芸帳〕
	武芸帳江添候書付并帳面袋入之部
	御馳走帳〔御馳走帳〕
	願書留〔願書留〕
	願書綴帳〔願書綴帳〕
	御国諸用帳〔御国諸用帳〕
２階 (入注文「坤」)	江戸日記(安永９年正月到来分)
	江戸写日記
	江戸願書留〔江戸願書〕
	江戸諸用帳〔江戸諸用帳〕
	御道中日記〔御道中日記〕
	御供帳〔御供帳〕
	御参府・御帰城一巻〔御参府・御帰城一巻〕
	御吉事類〔御吉事類〕
	御凶事類〔御凶事類品々置附箱ニ入〕
	品々置附〔品々置附〕
	壱番御長持之内〔古書類壱番長持〕
	弐番櫃之内〔古書類弐番櫃〕
	三番櫃之内
	箱入之分〔品々置附〕
	〔年譜〕
	辰巳御櫓〔辰巳御櫓〕

出典：文政３年４月改「日記并諸帳面入注文」乾・坤(国文学研究資料館編『藩の文書管理』名著出版、2008年、215〜296頁)より作成。
注：〔　〕内は前小口に貼られた見出し紙のタイトルを示す。

御規式帳・他所状留・御国諸用帳など一二種類（うち一種類は武芸帳の付属書類のため、実質は一一種類）の帳簿類が収納されている。一方、二階部分には、江戸から回送されてきた日記類、参勤に関する帳簿、真田家の吉事・凶事に関わる一件帳簿が収納されているが、これに加えて「壱番長持」「弐番櫃」「三番櫃」といった収納容器に入れられた「古書類」、「品々置附」と題された記録、旧収納場所を示すと思われる「辰巳御櫓」と記された箱や櫃入りの御内書、古御用状、奉書や呈書に関わる留書などが配架されている。

第3表は、このうち一階部分の記録の詳細を示したものである。なお、右の「入注文」は、文政三年の改めに基づいて記載されているが、その後も安政期頃まで追記が行われたため、それ以降の年代の文書・記録類についても記載されている。

「入注文」の冒頭に記載されているのは御国日記で、延宝二年（一六七四）七月より嘉永五年（一八五二）十二月までの五一八冊が年代順に壱番から二十一番までの容器に格納されている。前述したように、御国日記は、藩主の日々の動静と政事向きの出来事を記述したもので、家老および御側役人と思われる複数の役職の日記から編纂した編年記録である。もとより御日記御土蔵が「御日記」の名を冠しているのも、この御国日記を収蔵することを第一の目的としていたからにほかならず、松代藩にとってこの日記がもっとも重要な記録であったことをうかがわせる。

一方、家老御用部屋の執務記録である置附日記は、この御日記御土蔵には収蔵されていない。このことは、置附日記があくまで家老の執務に関わる実務上の記録＝御用部屋の役所日記であり、藩を代表する編年記録＝アーカイブズとして保存される対象とはなりにくかったことを示している。おそらく置附日記は、常に御用部屋において保管され、適宜参照される半現用的な性格を持ち続けたのではないかと推測される。

御国日記に続く22～42の帳簿類であるが、これらの多くは、第一節（2）で見た家老御用部屋作成の帳簿類と重複する。公儀との関係や大名間の交信・儀礼行為などを記録した22～29の主題別帳簿のグループは、御国日記の内容を補完すると同時に、藩外交関係の先例や規式のあり方を記録したものとして保存対象に加えられている。また、35～42の御国諸用帳も、右と同様に領内の公事・訴訟・仕置・見分などの処理案件に関する内容を補う必要から保存対象になったものと推測される。

30～32の願書留は、藩の家中や村方・町方などから提出された願書を書き留めたものと考えられるが、寛政十

第3表　御日記御土蔵の1階部分に収納された記録類

番号	項　目　名	年　　代	冊数
1	壱番　御国日記	延宝2年7月21日～宝永8年5月11日	48
2	弐番　御国日記	正徳3年正月朔日～享保18年12月晦日	35
3	三番　御国日記	享保19年正月朔日～延享2年12月29日	23
4	四番　御国日記	延享3年正月朔日～宝暦5年12月	20
5	五番　御国日記	宝暦6年正月～明和元年7月16日	19
6	六番　御国日記	明和元年7月～明和9年12月	18
7	七番　御国日記	安永2年正月～安永7年12月	13
8	八番　御国日記	安永8年正月～天明2年12月	13
9	九番　御国日記	天明3年正月～寛政元年12月	21
10	十番　御国日記	寛政2年正月～寛政6年12月	21
11	十一番　御国日記	寛政7年正月～寛政12年12月	27
12	十二番　御国日記	享和元年正月～文化元年12月	20
13	十三番　御国日記	文化2年正月～文化6年12月	30
14	十四番　御国日記	文化7年正月～文化10年12月	20
15	十五番　御国日記	文化11年正月～文政元年12月	28
16	十六番　御国日記	文政2年正月～文政4年12月	19
17	十七番　(御国日記)	文政5年正月～文政9年12月	28
18	十八番　御国日記	文政10年正月～天保2年12月	24
19	十九番　御国日記	天保3年正月～天保11年12月	39
20	二十番　御国日記	天保12年正月～弘化2年12月	20
21	二十一番　御国日記	弘化3年正月～嘉永5年12月	32
22	公義御書出	寛文5年～安政7年	43
23	御内条目	享保2年～文久3年	18
24	御証文之留	享保3年～弘化4年	6
25	御規式帳	元文3年8月4日～天保6年	10
26	他所状留	正徳5年～嘉永7年	25
27	武芸帳	宝暦3年～嘉永5年	56
28	武芸帳江添候書付幷帳面袋入之部	享和3年～天保5年	13
29	御馳走帳	享保12年～安政4年	24
30	願書留　イ印	正徳6年正月29日～安永8年12月	49
31	願書留　ロ印	安永9年正月～文化14年12月	33
32	願書留　ハ印	文化15年正月～安政7年	39
33	願書綴帳　伊印	寛政13年正月～文化14年12月	17
34	願書綴帳　呂印	文化15年正月～嘉永3年	33
35	い　御国諸用帳	宝永7年2月～宝暦8年12月	24
36	ろ　御国諸用	宝暦9年正月～明和6年12月	17
37	は　御国諸用	明和7年正月～安永6年12月	13
38	に　御国諸用	安永7年正月～寛政5年	26
39	ほ　御国諸用	寛政6年～文化3年12月	29
40	へ　御国諸用	文化4年正月～文化14年12月	35
41	と　御国諸用	文化15年正月～天保3年	22
42	へ　御国諸用(半紙綴込に記載)	天保4年～天保13年	28

出典：文政3年4月改「日記幷諸帳面入注文」乾（国文学研究資料館編『藩の文書管理』名著出版、2008年、215～245頁）より作成。

三年（享和元年・一八〇一）からは留帳形式のものとは別に、原文書を綴じ込んだ帳簿が作成されている（33〜34）。両者の使い分けなどについては不明であるが、御用部屋において、帳簿に内容を転記するだけのものと、原文書を保管しておく必要があるものとが区別され、それぞれに振り分けられたことは確認できよう。

以上のように、一階部分には、藩の記録の中心となる御国日記と、それを補完する内容を持つ御用部屋作成の帳簿類が収納されていたことが確認できる。いわば一階部分は、藩主周辺の動静および政事向きの概要を示す記録の保管庫として機能しており、参照の機会が多いことなどから、出納の利便性を考慮して低層へ配架していたものと考えられる。

これに対して二階部分は、比較的利用頻度の低い記録類の保管庫としての役割を担っていた。第2表の二階部分における江戸日記および江戸写日記については、第一節（1）ですでに述べたが、御国日記の場合と同様に、江戸日記の場合も、内容を補完する意味で江戸願書留と江戸諸用帳が添えられていたことがわかる。参勤に関する記録や吉事・凶事関係記録は、江戸と国許の双方に関わるものとして、江戸関係に隣接して配架されたのかもしれない。続く「品々置附」は、藩主や一族の出府・湯治に関わる記録が中心となっているが、これに加えて領内の普請・寺社関係の一件帳簿や「信濃国郷村仮名附帳」「諸役人誓詞前書」「御用人差出候御奉書留」など多様なものがある（この点については後述）。

これらの記録類は、御用部屋などで原文書を転写して作成された一件帳簿が大半であったが、続く「壱番長持」「弐番櫃」「三番櫃」は、「古書類」として認識されたオリジナルの書付や帳簿を長持や唐櫃に収納して保存していたものと考えられる。第4表は、これらの容器に収められた書付・帳簿類を一括形態ごとに示したものである。これをみると、いずれの長持・唐櫃の場合も、いろは順の記号を付けて主題ごとに分類されたうえ、袋や箱に収納されている。このうち特に「壱番長持」の分類は体系的で、幕府との間で授受された書付などをはじめ、勝手向・寺社・公事出入など領内の政事に関わる内容のものが「～之部」という名称を使って区分けされており、袋などに収められた文書の年代は一部を除いて文政期以前までのものが多い。

6「へ印　公辺江御伺御届之部」、10「ぬ印　松代御囲米之儀其外御窺書御附札済之類」、27「の印　古絵図面」、35「え印　公事出入之部」には、文政三年四月の改め以降に作成された書付や絵図類も収められており、その下限は天保八年（一八三七）にまでおよんでいるが、これらは「入注文」において各袋の最後尾に追記されたり、貼紙で示された部分であることから、改め後に追加収納されたものであると推定できる。つまり、文政三年までに定められた主題分類に基づく整理秩序が、少なくとも天保期頃までは改変されることなく維持され、そのまま追加して袋へ収納する形式で文書が保存されていたことが知られるのである。

これらの長持・唐櫃の次に配架されていたのが、「箱入之分」という名称で区分された書付・帳簿であるが(43)（前掲の第2表参照）、この部分の「入注文」の小口貼り見出しは「品々置附」とある。ここには「一印」より「二十印」および「廿一番」という分類番号が付けられ、各「印」には「京都御使者一巻」「信濃国之内領知鷹役金上納長七冊入」「御城絵図控」「御境目　御見分一巻」「御証文之留」「浄福寺御朱印地所出入一件書付幷一件帳」「京金御借入一巻証文類」「御鉄砲一巻書付」「松本城御受取之一巻」など、まとまりごとの主題が明記されているものと、帳簿のタイトルだけが記載されているものとがある。各「印」ごとの収納のあり方も、箱入り・袋入り・帳簿単独といったようにさまざまな状態である。こうした状況と「品々置附」という表現を勘案すると、この一群は、家老御用部屋で保管されていた「置附」の記録類のうち、当座の参照の必要性に乏しく御日記御土蔵へ移送されたものの、いまだ「古書類」に編入・整理される以前の段階にあるものと考えることができないだろうか。この一群とは別に配置されていた「品々置附」の場合も同様に、出府・湯治などの記録を中心としつつも、分類を経ていないと思われる帳簿類が数多く見られる。「品々置附」とは、このように御用部屋から移され

《弐番櫃之内（古書類弐番櫃）》

番号	項　目　名	一括	内包文書の年代(判明分のみ)	件数
1	伊印　享保十四己酉年日光御拝礼一巻	1帳	享保14年	1
2	呂印　宝永五年熱海御湯治一巻	1袋	宝永5年	4
3	波印　乗物御免御願一巻	1袋	(年未詳)	5
4	仁印　捨子・捨馬一巻	1袋	(年未詳)	5
5	保印　孝行奇特人書上帳	1袋	寛政2年～文化8年	3
6	辺印　古キ御奉書御到来御状共	1袋	(年未詳)	1
7	止印　古願書伺書言状之類	1袋	(年未詳)	1
8	知印　(切支丹書付・御拝借金一巻・満水一巻)	1袋	享保2年～寛保2年	3
9	利印　出浦半平悴主水竹村与左衛門悴竹松を及殺害立退候一巻	1袋	(年未詳)	1
10	奴印　御屋敷一巻	1袋	(年未詳)	1
11	留印　御家中拝領屋敷絵図面	1袋	(年未詳)	1
12	遠印　古御用状共	1袋	(年未詳)	1
13	和印　高野山古御霊屋絵図幷御石塔之図	1袋	(年未詳)	1
14	嘉印　(公義御役人帳等)	2袋	(年未詳)	2
15	与印　御吉凶之部	1袋	(年未詳)	8

《三番櫃之内》

番号	項　目　名	一括	内包文書の年代(判明分のみ)	件数
1	イ印　宝永享保度御城御修復一巻	1袋	宝永～享保	1
2	ロ印　御道具之部	1袋	寛文7年～元文2年	4
3	ハ印　御金之一巻	1袋	(年未詳)	8
4	ニ印　御金一巻	1袋	万治元年～宝永5年	29
5	ホ印　善光寺之部	1袋	(年未詳)	1
6	ヘ印　善光寺之部	1袋	(年未詳)	8
7	ト印　善光寺之部	1袋	元禄2年～元文5年	9
8	チ印　善光寺開帳一件	2帳	安永7年3月～文政3年11月	2
9	リ印　八幡神領之部	1袋	(年未詳)	9
10	ヌ印　荒安神領之部	1袋	明和3年～寛政2年12月	3

出典：文政3年4月改「日記幷諸帳面入注文」乾(国文学研究資料館編『藩の文書管理』名著出版、2008年、263～290頁)より作成。

第４表　長持・唐櫃に収納された「古書類」

《古書類壱番長持》

番号	項　目　名	一括	内包文書の年代(判明分のみ)	件数
1	い印　公義ゟ被仰出候御条目類	1袋	万治３年閏11月18日～享保13年４月５日	8
2	ろ印　公義ゟ被仰出之部	1袋	寛文８年３月～宝永４年４月	19
3	は印　公義ゟ御渡之書付之部	1袋	寛文８年４月～文政３年	22
4	に印　公辺江拘り候部	1袋	寛文４年４月～文化８年12月	23
5	ほ印　公辺江拘り候儀其外品々	1袋	寛文10年～天保８年５月	17
6	へ印　公辺江御伺御届之部	1袋	享保２年～文政６年12月	24
7	と印　公義ゟ御預人一巻	1袋	宝暦元年～宝暦２年	9
8	ち印　御使場向一件	1袋	元禄14年～明和９年３月	22
9	り印　御代替御誓詞・御霊屋御献備物・御関所手形等之類	1袋	宝永６年～天明６年	5
10	ぬ印　松代御囲米之儀其外御窺書御附札済之類	1袋	延宝９年９月～天保８年３月	16
11	る印　内記様御遺物幷御勤献上物書付	1袋	万治元年～寛政元年６月	21
12	を印　御金御道具一巻幷御物成書類	1袋	貞享４年～宝永７年	10
13	わ印　御手伝御用一巻	1袋	(年未詳)	4
14	か印　御手伝御用一巻	1袋	正徳元年～宝暦13年	4
15	よ印　酒造一巻	1袋	寛文８年～寛文11年	12
16	た印　合力金等一巻	1袋	寛文５年～元禄２年	12
17	れ印　御勝手向之部	1袋	天和元年11月～寛政２年	16
18	そ印　御勝手向之部	1袋	延宝５年～文化14年	11
19	つ印　幸道公・信安公御婚礼一巻	1袋	文政６年	3
20	ね印　御条目幷触書御拘人等之類	1袋	享保年中	7
21	な印　寺社之部	1袋	天和２年	25
22	ら印　寺社之部	1袋	(年未詳)	9
23	む印　永之御暇御侍代番出奔不勤御拘人御預人御仕置聞合死失等之類	1袋	貞享２年～寛政元年２月頃	36
24	う印　盗賊喧嘩変死欠落もの類	1袋	享保12年	11
25	ゐ印　盗賊一巻	1袋	(年未詳)	12
26	の印　古絵図面	1袋	(年未詳)	22
27	(貼紙　の印　古絵図面)	8袋	享保２年～文政13年	8
28	お印　類違之部	1袋	(年未詳)	9
29	く印　類違之部	1袋	万治２年８月～文化５年	20
30	や印　類違之部	1袋	寛文２年11月～寛政10年	17
31	ま印　類違之部	1袋	弘治２年～文化10年	20
32	け印　公事出入之部	1袋	寛文７年～元文４年	10
33	ふ印　公事出入之部	1袋	貞享４年～正徳５年	11
34	こ印　公事出入之部	1袋	寛文10年～元禄６年	11
35	え印　公事出入之部	1袋	宝永５年～文政６年12月	15
36	て印　古控日記之類	1帙	万治３年正月～元禄９年６月５日	5
37	あ印　公義ゟ相渡候川浚御用書付入	1箱	享和２年	?
38	さ印　(御領内寺社朱印地関係等)	1箱	元禄11年～享保元年	3
39	き印　(権現様御朱印写等)	1封・1袋	(年未詳)	6

た状態で仮置きされている文書・記録類なのではないかと思われる。

以上見てきたように、御日記御土蔵に収納していた記録類は、①御国日記、②御用部屋での執務過程で原文書から転写された主題別帳簿や諸用帳、③移送されてきた江戸日記・江戸写日記および付随する江戸の願書留・諸用帳、④「古書類」と認識されたオリジナルの書付・帳簿類、⑤仮置きされた御用部屋の「置附」書類の一部、というように大別できる。そして、一階部分には参照頻度が比較的高い御国日記や御用部屋の主題別帳簿を、二階には国許において参照する可能性が低いと考えられる江戸日記や「古書類」や仮置き状態の「品々置附」を、といったように、土蔵内の空間を分けて管理していたことが確認できるのである。

（3）「御日記御土蔵」収蔵の「古書類」と各役所の文書

前項では、御日記御土蔵における文書・記録類の管理状況を概観したが、松代藩では、「古書類」や「品々置附」に見られるように、オリジナルの書付・帳簿類を御用部屋を介して御日記御土蔵へと収納する場合と、勘定所に代表されるように、各役所の土蔵へ収納・保管する場合とがあった。この選別はどのように行われたのか、最後に、この点について検討してみたい。

家老御用部屋の記録は、基本的には原文書を転写して内容情報のみを帳簿の形で記録・保管する形式をとっている。しかし、一部の原文書の保存も同時に行われており、その保存先については家老の指示に基づいていた。

一清野村砂溜有之候付、先月中ゟ相届改申付、高石盛相極候由、帳面幷絵図御郡奉行差出候、改出高拾三石壱斗九升九勺有之由申聞候、覚書者諸用帳記、絵図・帳面者御蔵ニ差置候様文太夫方江相渡(44)

右の史料は、日記扣の元文五年（一七四〇）五月二十六日の記事である。これによると、領内の清野村について村高・石盛の改め出しが行われ、郡奉行がその結果を記した覚書および帳面・絵図を家老のもとへ提出した。

このとき御用番家老の望月治部左衛門は、覚書の内容を諸用帳に転記したうえ、帳面・絵図を「御蔵」へ差し置くように指示している。この「御蔵」がどこの所管の土蔵を指すのかについては判然としないが、少なくとも、御用部屋で把握する必要があったのは覚書の内容のみで、改め出しの具体的な内容を示す帳簿・絵図は別の「御蔵」に収納する形で根拠書類の保存が図られたことがわかる。

ところで、松代藩では、宝暦六年（一七五六）前後に家老の執務日記の記述方法に関する整備が行われた。このときには、藩主への月次御礼や評定所への出座、江戸との間の飛脚・荷物のやりとりなど、定例化・慣習化した事項は記述の対象外とすることを定めている。また、御目見願・隠居家督願・養子願・縁組願・跡式願・御光駕願・役所の諸願・屋敷拝借願・御城坊主や御小人目付の御出入願については、願書や上申は記載せず、仰せ渡しや申し渡しの結果のみを記すものとし、さらに定火消役・滞府・江戸詰・忌御免の四件については、仰せ渡し・申し渡しすらも記載せず、元服・名改・出勤出府・出勤・看病・湯治・月代・歩行・参宮・馬役に関する事項は、願書・上申から仰せ渡し・申し渡しのすべての過程を記載しないと規定している[45]。

この見直しの目的は、家老の執務案件の増加と多様化によって日記の記載事項が増大したため、内容を精査して利便性を高めようとした点にあったと考えられる。しかし、このことは逆に、右の事案を管轄する各役所において、家老日記に記載されなくなった事項を確実に記録し、保存していくことを必然化させた。この時期の文書管理全般の変化については、史料的制約もあって判然としないが、家老日記の記述方法の見直しは、各役所における文書の記録方法・管理方法の厳密化へとつながっていったのではないかと思われる。

一仁科甚十郎当年六歳付、神役難勤付、伯父竹次郎後見相勤候、万端甚十郎名前ニ而取計候、此方御用等呼出
候義者竹次郎可罷出旨、印形之口上書を以届候由、成沢勘左衛門申聞、届書願帳記、印形有之書付ニ付、職
方ニ仕廻置候様申渡[46]

右の史料は、御在所日記の安永七年（一七七八）四月十四日の記事である。これによると、神役を務める仁科甚十郎が幼年であることを理由に、伯父の竹次郎が甚十郎の名前で万事を取り計らうこと、藩からの呼び出しの際には竹次郎が出頭することを理由に、印形を捺した口上書に記して届け出た。御用部屋では、口上書の内容を願帳に転記して記録したが、提出された書付が押印されたものであることを理由に、口上書は職方へ下げ渡し、保管するように申し渡したとある。ここから、押印のある原文書については、直接の管轄部局である職奉行のもとで管理させることとし、御用部屋では転写した帳簿によってその事実関係を把握するという考え方であったことが知られる。

一方、御用部屋において保管すべきものと判断された文書には、どのようなものがあったのか。先に見た「入註文」に収載された文書類について見てみると、これには、①年代的に古く、「古書類」として残すべきと判断されたもの、②幕府との交渉その他に関わる事案で、証拠書類として保存すべきと判断されたもの、の二つがあると考えられる。

①は、享保二年（一七一七）五月の松代城の火災に代表されるような災害などをくぐり抜けて残存した希少性の高い書付・帳簿類である。

一御作事奉行・御普請奉行方ゟ、慶長年中ゟ寛永年中迄之間御城廻り御普請等有之節、御手伝御勤候方、何之年、場所ハ何方ニ而、いつれゟいつれ迄所御普請御手伝御努候と申訳、書付幷絵図・仕様書可被指出由被仰出、江戸ニ而僉議候得共、書付見へ不申ニ付、此方せんぎ可申聞旨申来、御城櫓・御用部屋簞笥・御納戸迄僉議候得共、慶長ゟ寛永迄之内書付無之候、此趣明日便ニ江戸へ申遣(47)

右の史料は、享保七年八月二十七日の日記扣の記事である。これによれば、幕府の御作事奉行・御普請奉行より松代藩の江戸藩邸に対し、慶長～寛永期（一五九六～一六四四）に行った江戸城御手伝普請の年次・場所に関する書付・絵図・仕様書などを提出するようにとの指示があったが、江戸藩邸には該当する書付がなく、国許に残されていないかと照会がきたという。そこで松代城内の「御城櫓・御用部屋簞笥・御納戸迄」をくまなく捜索したが、書付は見つからなかったので、その旨を明日の飛脚便で江戸へ伝達すると記している。このように藩では、幕府からの不時の尋問や書類提出命令などに備えて、過去の記録類を残しておく必要があったのである。しかも、こうした尋問に対して明確な回答ができないとなれば、藩の体面を失することにつながるわけで、「古書類」といえども藩外に関わるものは容易に廃棄できなかったと思われる。

②も同様な側面を持つが、幕府との直接のやりとりを通じて授受した文書は、御用部屋所管のものとして御日記御土蔵へと収められた。たとえば、文政三年四月の改め以降、新たに「古書類壱番長持」へ収納された文書を見ると、文政四巳年六月付「国役御普請御願候通被仰付候御書付」（ほ印）、文政六未年十月付「御領分八箇駅人馬賃銭割増御伺書御附札済書面壱通外ニ申年御伺済書面壱封」（へ印）、天保八年三月付「御領分寺院社家修験等御仕置之儀御問合御附札済一封」（ぬ印）、文政十三寅年正月五日付「谷中三崎御屋敷と深川御屋鋪小堀様と御相対替付同書絵図面」（の印）となっており、いずれも幕府へ出願・伺いを行った事例に関するものである。しかも「御附札済書面」「御附札済一封」などと幕府からの回答が付されている旨が明記され、正式な書類としての証拠能力を持つ書類と認識されていたことがわかるのである。

おわりに

以上、松代藩の家老御用部屋において作成・管理・保存されてきた執務記録について検討してきた。本稿で述べた点は、以下のようにまとめられる。

①家老の執務記録の中心である日記は、御用番期間中に各家老が記した日記扣をもとに、記事を取捨選択した

うえで御用部屋の置附日記に転写され、これが御用部屋の役所日記としての役割を果たした。また、この置附日記に御側関係の日記などを加えて御国日記が編纂され、藩全体の動向を編年で記述したもっとも重要な記録として機能した。

②家老日記の内容を補完する意味で作成された帳簿には、領内の処断・決済事案に関する口上書・願書・覚書などを月日順にまとめた諸用帳、幕府・諸大名といった藩外との交渉・交信に関わる「公義御書出」「御証文留書」「他所状留」などの主題別帳簿があった。主題別帳簿は、享保期頃を中心にして効率的に活用できるよう整備が図られていった。

③御日記御土蔵は宝暦期以前につくられ、家老御用部屋の管轄のもと、御右筆・書役などの直接担当者が管理していた文書庫であった。収納していた記録類は、御国日記、御用部屋での執務過程で原文書から転写された主題別帳簿や諸用帳（一階）、江戸日記・江戸写日記および付随する江戸の願書留・諸用帳、「古書類」と認識されたオリジナルの書付・帳簿類、仮置き状態の御用部屋の「置附」書類（二階）などであり、一階部分には参照頻度が比較的高い帳簿、二階には国許において参照する可能性が低いと考えられる文書・記録類を配するなど、土蔵内の空間を区分して管理されていた。

④オリジナルの文書・帳簿を御用部屋と各役所のいずれにおいて保管するかという選別は、家老の指示によって行われ、宝暦期に行われた家老日記の記載事項の見直しなどを契機に、次第に各役所による保管・管理方法の厳密化が図られたものと思われる。一方、御用部屋保管となる文書は、幕府との交渉結果に関わるものなどが中心であり、これらは最終的には御日記御土蔵へと保存された。

以上の検討により、家老御用部屋では、領内に関する事務案件や幕府・他大名などとの藩外交関係の内容情報を集約し、藩全体の動向を一元的に掌握することに執務の主眼が置かれており、原文書の転写による諸用帳や各種の主題別帳簿類の作成と、その梗概の日記への記載を通じて、それらの情報を蓄積・保存していたことが明らかとなった。また家老は、御用部屋で処理された案件に関する原文書について各担当役所へ保管を指示する一方、対幕府関係の書証となり得る原文書に関しては、みずからの管轄分として御用部屋所管の御日記御土蔵へ収納・保管させたのである。

明治四年（一八七一）の廃藩置県で松代城が陸軍省へ接収され「御私有御土蔵等」が取り払われるにあたって、「御土蔵御日記」（御日記御土蔵収納の日記・帳簿類）と家老の職務内容を引き継いだ「御政事所御日記」が長国寺へと移送されたのは、真田家歴代の動静という私的な面のみならず、松代藩の過去の政事全般に関わる内容を総合的に把握することができるのが御用部屋→御日記御土蔵という経路で保管されてきた日記・帳簿類のみであったからにほかならない。同五年の長国寺の火災によって、これらの大半が灰燼に帰したのは不幸な出来事であったが、一方で、近世中期より家老の指示に基づいて原文書および転写した帳簿類を各役所と御用部屋とに区分して保存する仕組みを整えてきたことが、現存する真田家文書において藩庁文書が充実して残されている要因の一つとなっているのであり、この点はまさに僥倖であったというべきであろう。

（1）　北村保「真田宝物館所蔵真田家文書について」（『信濃』第四四巻第一二号、一九九二年）。
（2）　原田和彦「松代藩における文書の管理と伝来」（国文学研究資料館編『藩政アーカイブズの研究』岩田書院、二〇〇八年）。
（3）　本稿では、『史料館所蔵史料目録』第二八集（国立史料館、一九七八年）四三〜五五頁所収の「家老日記」と分類された日記について、その全体を指す場合には〈家老日記〉と表記する。
（4）　拙稿「真田家文書〈家老日記〉の種類と性格」（『国文学研究資料館紀要』第一〇号、二〇一四年）。
（5）　前掲註(4)拙稿、五頁。

（6）真田家文書（寄託）二（国文学研究資料館蔵、以下、真田家文書は同館蔵）。青木睦氏のご教示による。
（7）真田家文書（寄託）六二七―一三。
（8）国文学研究資料館編『藩の文書管理』（高橋実編集担当、名著出版、二〇〇八年、二一五～二九六頁）。
（9）国文学研究資料館史料館編『松代藩庁と記録――松代藩「日記繰出」――』（山田哲好編集担当、名著出版、一九九八年、一七頁）。
（10）真田家文書い七七六。
（11）真田家文書い七七〇、七月二十五日条など。
（12）真田家文書い七八九、正月十二日条など。
（13）真田家文書い七八五。
（14）前掲註（8）『藩の文書管理』三五頁。
（15）真田家文書う二〇五など。
（16）真田家文書あ七九。
（17）真田家文書あ二六七。
（18）真田家文書う四二一。
（19）真田家文書い六九〇。
（20）真田家文書い七〇一。
（21）真田家文書い七三九。
（22）前掲註（4）拙稿、六～七頁を参照。
（23）前掲註（8）『藩の文書管理』二一五～二四五頁。
（24）前掲註（3）『史料館所蔵史料目録』第二八集の四九～五一頁に掲載された「江戸家老日記」は、いずれも望月家歴代が江戸「詰番」を命じられた際の日記扣である。
（25）前掲註（8）『藩の文書管理』二九七～三〇一頁に収録された「江戸日記」は、入注文の小口貼見出しに「置附日記」とあるので、江戸藩邸における家老の置附日記であったと推定される。

(26) 前掲註(8)『藩の文書管理』二四六～二五六頁に収録された「江戸日記」に関しては、入注文の記載形式が共通することから、在国中の御国日記に相当する藩主周辺・政事向き関係の記録と推定される。
(27) 前掲註(8)『藩の文書管理』二四八～二五六頁には、「江戸写日記」が列挙されている。
(28) 前掲註(8)『藩の文書管理』三四六～三四八頁。
(29) 真田家文書い七一〇、享保二年二月二十三日条。
(30) 真田家文書い七〇三、正徳三年正月二十四日条。
(31) 真田家文書い七四三、享保二十年十一月二十五日条。
(32) 真田家文書い七二一、享保六年十一月十日条・十一月十四日条。
(33) 真田家文書い六九四、宝永元年九月十一日・十三日・十四日条。
(34) 真田家文書い七四〇、享保十八年二月二十一日・二十二日条。
(35) 真田家文書い七四三、享保二十年九月二十二日・三十日条。
(36) 高橋実「解題」(『史料目録』第九〇集、国文学研究資料館、二〇一〇年)八頁。
(37) 前掲註(36)高橋「解題」八～九頁。
(38) 真田家文書い七七五、宝暦十四年三月晦日条。
(39) 前掲註(7)真田家文書〈寄託分〉六二七―一三。
(40) 真田家文書い七六三―三。
(41) 真田家文書い七八〇。
(42) 真田家文書い七八五。
(43) 前掲註(8)『藩の文書管理』二九一～二九六頁。
(44) 真田家文書い七四九、元文五年五月二十六日条。
(45) 前掲註(4)拙稿、一二一～一四頁。
(46) 真田家文書い七八四、安永七年(一七七八)四月十四日条。
(47) 真田家文書い七二三、享保七年八月二十七日条。

第3章　真田家文書からみる松代藩組織構造と「物書」役

宮澤　崇士

はじめに

近年の幕藩政アーカイブズ研究のめざましい進展はここに改めるまでもなく、また、松代藩においても複数の研究成果が発表されている。

しかし、従来から藩の文書管理システムと両輪をなすものとして、組織機構の解明の必要性が指摘されているものの[(1)]、松代藩においてその解明はほとんど進んでいない。一九八〇年刊行の『更級埴科地方誌』[(2)]上で、「職制間の上下関係に不詳な点もあるため、単に列挙するにとどめた部分もある」との断り付きで掲載された職制表が、ひとり歩きする形でこれまで『長野市誌』[(3)]など各所で引用され、さも正しい職制表のごとく挙げられてきた。ようやく、近年、笠谷和比古氏の研究をもとに真田家文書の整理過程で得た知見を加えた職制表が『真田家文書目録』[(4)]に収載されるなど、松代藩の組織機構解明の一端を見るに至った感がある。

そのような現状をふまえ、本稿は、真田家文書を中心とした諸史料をもとに、松代藩の組織機構の解明を試みる。その上で藩政文書の作成と管理システムを含めた藩政研究の一助となることを目指すものである。

なお、史料上の制約などもあり、本稿では化政期以降の組織機構を扱うことを付言する。

第一節　諸史料からみる藩政組織

真田家に伝来した、近世後期の松代藩の役人帳として、慶応年間に作成された二冊からなる『御役人帳』が知られている。(5)地方知行を受ける給人（および給人格）に該当する役職で一冊、そうでないもので一冊となっている。役職名に続いて、複数の姓名が列記されている（しかし、人名の記載がない役職も複数存在し、役職ごとに情報量に差がみられる）。所々に付箋で人名を抹消している箇所があることから、幕末期の数年間、当時現職にある者を確認・把握するために作成された帳簿であることが分かる。また、修正箇所や記述内容から慶応二年もしくは三年まで使用されていたことが想定できる。ここに記載されている役職名をまとめたものが第1表・第2表である。すでにいくつかの文献で引用されているが、(6)改めてここに挙げることにする。

二冊合わせて三〇〇を超える役職名が記されており、松代藩という組織の規模の大きさをうかがうことができる。しかしながら、御城廻など記されていない役職があることや、役職間の位置付けをうかがうことはできず、この史料だけでは組織の構造を知るには不十分といえる。

そこで、真田家文書のうち、別の史料に目を向けることにする。まず、表題はないが、戊辰戦争に際しての論功行賞のために明治初期に作成されたと考えられる帳簿をみていく。横半の帳簿で一三〇丁ほどのものだが、一部を抜粋すると、次のように記されている。(7)

二等之中

郡方支配

春日栄作

第1表 『御役人帳』(あ00009-1) 掲載役職一覧

無役席	御宮奉行	給人格御料理人
御家老	御郡中御横目	給人格御具足師
御城代	足軽奉行	給人格御鉄砲師
御中老	御吟味役	御普請方改役
大目付	御普請奉行	給人格御賄役
御役場方御番頭	宗門改	給人格道橋方元〆頭取
御警衛方御番頭	道橋奉行	給人格御武具方調役
御番頭	京都御屋敷御留守居	給人格御大工
江戸御番頭	御陣屋敷御留守居	給人格畳刺
御台場方御番頭	永田町御添屋敷御留守居	御馬役
御側御用人	南部坂御屋敷御留守居	御馬乗
御奏者	深川御屋敷御留守居	句読師
御旗奉行	御目付	御側組表組御徒目付組頭
御役御免	表御右筆組頭	御茶道
家督	御鉄砲奉行	御画師
学校督学	御武具奉行	御鍼医
表御用人役	御馬奉行	御茶道格奥坊主組頭
御取次	山野奉行	御次小姓
学問所頭取	御側医師	御勝手御用役
御物頭	御側医師並	句読師※
御儒者	御側画師	御鉄砲方※
御留守居	句読方頭取	京都御守衛方※
御留守居添役	御右筆	定火消※
二之丸御留守居	元方御金奉行	御役場方御番士※
御役場方御物頭	払方御金奉行	御警衛方御番士※
御警衛方御物頭	御納戸役	御番士※
御使役	御代官	御番士御雇※
御城詰	越石御代官	御台場方御番士※
御城同心頭	御勘定所元〆	表御番医※
御側目付	御預所元〆役	御奥元〆
御側頭取	御蔵奉行	御奥支配
御側役	御勘定目付	御奥支配添役
御持筒頭	水道役	感応院様御側役席勤仕並
御側御納戸役	御宮見廻役	御前様御守役
御膳番、御刀番兼帯	御勝手元〆方調役	御前様御奥支配
御側御右筆	役夫調役	御前様御奥支配添役
御徒士頭	給人格御側組御徒目付	貞松院様御守役
江戸御徒士頭	給人格表組御徒目付	貞松院様御奥支配
御近習役	給人格御目付方調役	貞松院様御奥支配添役
御近習役並	給人格御台所目付	無役
御小姓役	給人格御座敷見廻役	家督
御小姓役並	給人格寺社方留役	末席之無役家督
寺社奉行	給人格評定所留役	御医師家督
郡奉行	給人格御勘定	御側医御免
町奉行	給人格町奉行方留役	表御番医御免
御預所郡奉行	給人格御預所御勘定役	御茶道家督
御勝手元〆役	給人格御陣屋敷御留守居方御目付方調役兼※	御茶道家督御免
御勘定吟味役		永給人格家督
御勝手評議役	給人格御勘定吟味方留役	給人格無役

※「此分此処江可出処弐之御役人帳之方江出ス」

第2表　『御役人帳』（あ00009−2）掲載役職一覧

句読師	御帳附	一生一代御目見席	彫物師※1
御鉄砲方	御帳附御雇	御勝手御用役添役格	瓦師※1
京都御守衛方	御賄役	仕立物師	左官※1
定火消	御台場方御賄役	経師	張附師※1
御役場方御番士	御勝手御用役添役	奥坊主※1	紙継※1
御警衛方御番士	御勝手御用役添役格	奥坊主見習※1	手木之者※1
御番士	社倉方元〆	奥坊主跡式※1	御普請方仲間※1
御番士御雇	御馬乗役	奥坊役※1	定府足軽※2
御台場方御番士	御台所元〆頭取	御膳立※1	永雇組※2
表御番医	御徒士席御台所元〆	御膳立格御酒番※1	雇組※2
奥坊主組頭	御徒士席道橋方元〆	御酒番※1	割番預組※2
奥坊主組頭格御時計役	御武具方調役	御鑞飩師※1	長国寺惣門番※2
奥坊主組頭格坊主	山野方留役	御漬物師※1	道橋方元〆※2
御次画師	御側組御徒士	御飯方※1	道橋方手附小頭格※2
御料理人	表組御徒士	煮方※1	道橋方手附※2
御料理人格御膳立	御徒士御雇	仕入※1	道橋方仲間小頭兼※2
御料理人見習	御徒士格	御徒士頭附人※1	道橋方雇足軽※2
御側組御徒目付	医師	御駕籠小頭※1	道橋方仲間※2
表組御徒目付	御徒士跡式	御手廻小頭※1	御武具方鍛冶※2
御勝手元〆方調役	無役	御草履取※1	御具足鍛冶※2
御目付方調役	御用部屋小僧役	御立傘之者※1	御具足師※2
句読師	表坊主役、御座敷掃除役兼	御道具之者※1	御刀鍛冶※2
御役場方書役	馬医	御挟箱之者※1	御鉄砲師※2
御用部屋書役	御大工	御駕籠之者※1	鋳物師※2
御用部屋書役見習	御徒士席経師	御代官手代※1	御鉄砲台師※2
御宮見廻添役	御徒士席木挽頭取	越石手代※1	御鉄砲銅物師※2
大筒役	御徒士席屋根瓦頭取	御飯米手代※1	御鉄砲鉄物師※2
御台所目付	御徒士席畳刺頭取	郡方物書※1	雇弓師※2
御買物役	御徒士席木挽	御勘定所物書※1	雇矢師※2
御座敷見廻	御徒士席屋根瓦	御蔵番※1	御武具方手附足軽※2
御庭見廻	御徒士席畳刺	木渡※1	硝石方雇仲間※2
御具足師	塗師	木渡格※1	御挽物師※2
御鉄砲師	蒔絵師	評定所附同心※1	我妻※2
寺社方留役	蒔絵師見習	郡方雇足軽※1	御城附※2
評定所留役	御徒士席御役者	足軽並之者※1	御城番※2
御勘定之者	御徒士席百躰小頭	郡方仲間※1	御厩小頭※2
町奉行方留役	御徒士席下目付頭取	公事方役所附仲間※1	毛附爪髪役兼小頭※2
御預所御勘定之者	御徒士席御手廻御駕籠元〆	郡方雇仲間※1	御口之者※2
御留守居方調役	御徒士席下座見頭取	御預所仲間※1	飼炊※2
御警衛方御物頭方調役	御徒士席元方御金奉行物書頭取	舞鶴山御宮番人※1	小納戸※2
御勘定吟味方留役	御徒士席御納戸元〆	御台所元〆※1	水道方仲間※2
御物頭方調役	御徒士席城附組頭	御吟味方物書※1	長国寺御霊屋鐘撞※2
御陣屋敷御目付方調役	御徒士席御城番組頭	御湯殿番※1	大英寺御霊屋鐘撞※2
御勘定吟味方改役	御徒士席我妻	御蔵所仲間※1	時之鐘撞※2
郡方物書頭取	御徒士席我妻無役	小頭格畳刺※1	山札見※2
御徒士席評定所物書	御徒士席御具足鍛冶	小頭格御庭方※1	村々口留※2
御徒士席御勘定所絵図書	御徒士席御刀鍛冶	木挽※1	下目付※2
御徒士席郡方物書	御徒士席御鉄砲台師	屋根瓦※1	
御徒士席御勘定所物書	御徒士席本納手代	下大工※1	

※1「御目見以下之者」
※2「足軽」

北島元之助
萩原八左衛門
（略）
御城同心頭支配
中島清兵衛
河口太右衛門
倉田七左衛門
御目付支配
中村才太郎
柄沢蔵吉
中沢房治
御吟味方支配
宮沢源之丞
海沼辰之丞
田中理右衛門

ここから、当時の松代藩には「――支配」と呼ばれる部局が複数存在していたことが確認できる。部局ごとに所属している人名と御賞の等級と思しき上中下の文字が記されている。

ほかに、組織構造をうかがわせる史料としては、真田家文書の目録上で「支配明細」と分類されている帳簿が、文化五年作成のものを最古に約六〇点現存している(8)。これらの表紙にみえる作成者をまとめると、以下の通りである。

御目付　町方　（道橋方）[9]
表御用人　御預所郡奉行　御武具方
御側御納戸　御勘定吟味　御馬奉行
御膳番　御宮奉行　御元方・御払方・御納戸方
御刀番　御吟味役　水道方
郡方　御普請方　御奥元〆役

表題はまちまちだが、主に「御目見以下支配明細書」「御目見以下支配年数覚」などと記されており、それぞれの部局に属する御目見以下の役職にある者の俸禄や現職に就くまでの経歴、勤続年数などが記されている。

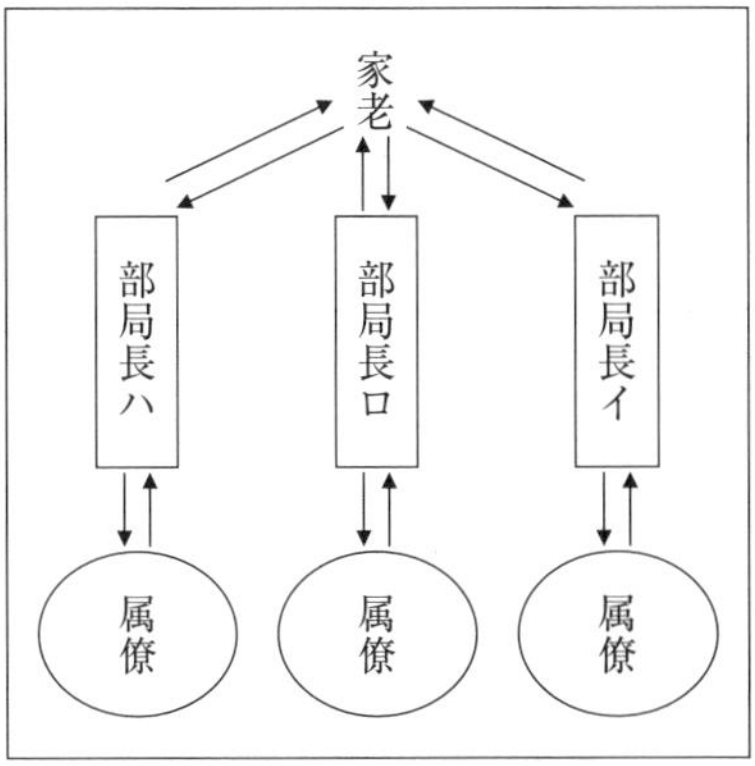

第1図　文書伝達概念図

これら史料や家老日記、奉行日記などをもとに各支配体系に属する役職名をまとめたものが第3表になる[10]。二〇を超える部局と、そこに属する二四〇を超える役職名が確認できる。また、それぞれの部局の長は家老の下にあり、指揮命令系統や文書伝達の経路を図示すると第1図のようになると思われる。伝達経路を示す一例として、御側御納戸の「支配雑志」から抜粋して紹介する。これは、御側御納戸が支配していた人物に関して、御側御納戸が収受および発送した文書を取りまとめたもので、嘉永年間以降の作成のものが現存している。その中で、嘉永六年の記述に次のようにある[11]。

一　五月朔日御在所同役ゟ左之通申来

一　四月十一日御用番河原舎人殿ゟ左之通申来

吟味役支配)	御買物役 御台所目付 御台所元〆組頭 御台所元〆 御台所帳付家具番兼 御台所仲間御買物所小使兼 御台所仲間 御台所抱板之間仲間 御台所抱使廻り 御吟味方物書 御湯殿番
⑩御勘定吟味役支配	御勘定吟味方改役 御勘定吟味方留役
⑪御目付方(御目付支配)	御目付方調役(御広間帳付兼) 下目付
⑫御膳番支配	御料理人頭取 御料理人 御膳立頭取 御膳立 御酒番 御温飩師 御漬物師 御飯方 御煮方 御仕入 元御漬物師(御徒士頭附人) 元御煮方(御徒士附人) 元御仕入(御徒士附人)
⑬御刀番支配	両組元〆 御手廻小頭 御草履取 御立傘 御道具 御挟箱 御駕籠 御駕籠御雇 御出入　相模屋 御出入　松代屋
⑭御預所奉行	御預所元〆役 御預所御勘定役 御預所御物書 御預所御手附同心 御預所御役所御仲間 御預所御役所御仲間定助
⑮表右筆組頭支配	認物助 御用部屋書役 御用部屋小僧役 御座敷見廻役
⑯町方(町奉行支配)	町奉行方留役 町方物書小頭 町方手附同心
⑰御宮奉行支配	御宮見廻役 御宮見廻添役 御宮番杖突 御宮番頭取 御宮番 御道具番杖突 御道具番 御宮御掃除役元〆助 御宮御掃除役 舞鶴山御掃除方御抱御仲間 御宮御神馬飼料元〆杖突兼帯
⑱御城代支配	御城廻 大御門番 時之鐘撞
⑲御城同心頭支配	御城附組組頭 我妻 御城内元〆 諸御門番足軽 御城番組足軽
⑳表御用人支配	御使役 御取次 表御用人物書
㉑御徒士頭支配	表組御徒士 御側組御徒士 表組御徒目付 御側組御徒目付
㉒公事方	寺社方留役、評定所留役兼帯 評定所物書 公事方手附
㉓水道方(水道奉行支配)	水道方御仲間
㉔御武具方(御武具奉行支配)	御武具方元〆 御武具方元〆助 御武具方調役 御武具方調役助 大筒役 御具足鍛冶 御刀鍛冶御鉄砲師兼 御鉄砲台師 御鉄砲師 御塗師 御鋳物師 御鉄砲師 御鉄砲銅物師 御鉄砲鉄物師 御雇御矢師 御雇御鉄砲師 御雇御鉄砲鉄物師 御雇御鎗師御鉄砲台師兼 御雇御鉄砲台師 御雇御挽物師 御雇銅物師 御雇御具足師 一代御刀鍛冶 御雇御武具方鍛冶 御武具方附御足軽世話役 御武具方附御足軽 御雇御武具方附御足軽 御雇硝石方御仲間 弾薬製 一代御大小鉄物師 テレメンテー製人

第3表　部局別役職一覧

①郡方(郡奉行支配)	御勘定所元〆役
	御勘定役
	御勘定役絵図書兼帯
	御勘定所物書
	御勘定所物書助
	御勘定所之方手伝
	御勘定所詰
	御勝手御用役
	御勝手御用役添役
	御勝手御用役添役格
	御蔵奉行
	御蔵番
	御蔵使番
	籾御蔵方元〆
	籾御蔵方物書
	籾御蔵方籾出
	米御蔵方物書
	米御蔵方杠秤廻
	御用紙方物書
	御用紙方手附
	三御役所番人
	役夫調役
	郡方御雇足軽(御勘定所附)
	御代官
	御代官手代
	御代官附人
	越石御代官
	越石手代
	御飯米手代
	郡方物書
	木渡
	山札見
	口留
	御賄役
	御足軽並(御賄所附人)
	評定所物書
	評定所附
	郡方手附(御収納方附)
	同上(公事方附)
	郡方仲間
	公事方役所附仲間
	郡方御雇足軽(御茶■附)
	同上(新町村出張役所番人)
	同上(銅山詰)
	定宰領
②普請方(御普請奉行支配)	御普請方改役
	棟梁
	百躰役
	御普請方元〆
	御普請方元〆助
	御普請方物書
	御普請方物書助
	経師
	経師助
	江府御経師
	木挽頭取
	御木挽
	御屋根屋棟梁
	御屋根屋
	屋根屋助
	畳刺頭取
	御畳刺
	御畳刺助
	御大工
	下大工
	下大工助
	御彫物師
	御瓦師
	御左官
	御紙継
	御紙継定助
	御張付師
	割番帳付
	杖突
	杖突助
	御普請方御道具番御釘番兼帯
	御道具番御釘番兼帯
	御手木小頭
	御手木小触
	御手木
	御手木助
	御仲間小触
	御仲間
	学校御仲間
	下座見
	道具番掃除頭兼御材木懸り
③御足軽奉行支配	飛脚才領組小頭
	小銃組小頭
	百躰小頭
	御足軽奉行元〆
	御足軽奉行元〆助
	御足軽奉行物書
	御足軽奉行物書助
④御元方・御払方・御納戸方(元方御金奉行・御払方御金奉行・表御納戸支配)	御元方物書
	御払方物書
	御納戸元〆
	御納戸元〆世話番
	小納戸
	小納戸世話番
	御納戸御金番
	御研師
⑤御側御納戸支配	奥坊主組頭
	奥坊主
	奥坊役
	御時計役
	御茶道
	御仕立物師
	御庭杖突
	御庭人
	御庭方懸り
	御庭方御雇御仲間
	御次小姓
	若殿様御近習役御小姓兼帯
	御側御納戸物書
⑥御奥元〆支配	御奥支配
	御奥支配添役
	鍵番
	使番
	使廻り
	奥番組
⑦御馬奉行支配	馬医
	御馬乗
	御厩小頭
	毛附改役
	御口之者
⑧道橋方(道橋奉行支配)	道橋方元〆
	道橋方定附
	道橋方御仲間
	道橋方御役所番
⑨御吟味方(御	御役者

鹿野茂手木殿　河原舎人

奥坊主見習

平野玄祐

明朝五時評定所へ罷出役儀へ誓詞血判候様可被申渡候以上

右返書差出左之通切紙を以申遣ス

山田久賀殿　鹿野茂手木

奥坊主見習

平野玄祐

明朝五時評定所へ罷出役儀へ誓詞血判候様可被申通候以上

四月十一日

鹿野茂手木は御側御納戸、山田久賀は奥坊主組頭を当時勤めていた。御用番（家老）河原舎人が奥坊主見習の平野玄祐の評定所出頭を命じるにあたり、御用番↓御側御納戸、御側御納戸↓奥坊主組頭へと文書による通達がなされたことがわかる。また、逆に属僚から上役への文書伝達の経路は次のようになっている。(12)

津転様

玉井慶太

私儀一両日以前ゟ時候ニ相当リ乍憚吐瀉仕出勤難仕難渋罷在依之引込養生仕度奉存候此段御届申上候以上

六月六日

玉井慶太病気届申聞候付申上

表御用人

御役方物書玉井慶太病気ニ付別紙之通届申聞候此段申上候以上

六月六日

右之通御用番江差出ス

表御用人の下で物書を勤める玉井慶太からの病気養生願いは、まず部局長の表御用人・津田転に届けられ、その後津田から御用番へ差し出されている。

ここで名前を出した表御用人物書だが、慶応年間の役人帳（前掲第2表）にはその名は記載されていない。役職名のとおりだとすると、「物を書く」仕事に就いていたと考えられ、等閑視するわけにはいかない。次の節で概要に触れたい。

第二節　「物書」職に関する概要

「物書」と名が付く役職は前掲第3表の中ではおよそ二〇個見られ、一〇を超える部局に置かれていたことが確認できる。ここでは彼ら物書の概要について述べたい。

物書という名前のとおり、彼らは日常的に発生する文書の作成を主な業務としておこなっていたものと推測できる。明治二年作成のものと推定される公用方物書の富岡茂助・清水林之助連名による文書からは、職務上使用する筆墨は「時之相場を以買求遣ひ来罷在候(13)」とあり、専ら自身で用意していたことがわかる。また、「御役方物書筆墨料之義願」と表題のある、公用人の長谷川平次郎による文書には、筆墨購入のために藩から物書へ与えられる予算は「七八十年来不易之定価ニ而御渡相成候(14)」として、昨今の物価高騰に対応するよう藩上層に求めている。これら願書が作成されたことからも、物書は文書作成が主な業務であったものと考えることができる。加えて同時期に作成された別の史料からは、公用方物書の富岡・清水は、松代藩が朝廷から信濃一国の触頭を命じられてからは、「二十四藩幷御組合御三藩御集会之節等御各藩御同様私共御差出被成下候(15)」と各藩が集う会議に参加させられており、書記的な役割を果たしていたものとも推測できる。

しかしながら、各々の物書が日常的におこなっていた具体的な業務について、総体的に把握することは本稿ではできず、以降からは現存している史料から部分的にわかった点を挙げていくこととする。

文政七年の家老日記に次のような記述がある(16)。

一座間百人此程大御目付様御廻状之内金百両ニ付銀五分与申所五匁与認違奉恐入候段指扣伺書同朔日石川新八を以指出候付追而可及指図旨及挨拶候

座間百人が、このほど大目付廻状の中で金額を誤って記したことに対する差し控えの伺いを、石川新八をもって家老に差し出したとある。ちなみに、座間百人と石川新八は御留守居役を当時勤めていた。続いて、伺い書を受けた家老の対応について、次のようにある。

一座間百人物書文五郎義此程大御目付様御廻状之内金百両ニ付銀五分与可認処五匁与致書損奉恐入候段申聞候以来右躰軽率之義無之様可相勤旨叱置申度旨同朔日御普請奉行如伺申渡候

この一文から、座間百人の下には物書の文五郎という人物がおり、その文五郎が金額を誤って書き入れたこと、また、今後このような軽率の義がないように叱り置きたい、との伺いが御普請奉行から家老にあったことがわかる。ここから、物書は御普請奉行の支配に属する足軽であって、藩内のそれぞれの部門に派遣されていたことがわかる（なお、嘉永四年以降は同年新設の足軽奉行の支配に変更されたようである。さりながら、前掲第2表に「御徒士席評定所物書」や「御徒士席御勘定所物書」などの名がみられるように、足軽身分ではない物書が一部例外的にいたこともうかがえる）。

物書の派遣について御普請奉行（もしくは足軽奉行）と各支配頭との間での文書の遣り取りが史料上にはいくつか残されている。[17] たとえば、慶応四年に表御用人から足軽奉行へ宛てて、病気の物書に代わる者の派遣を求めて、次のようにある。

表御用人
御足軽奉行様

弥御障無御座珍重奉存候然者御役方物書神戸勇右衛門病気ニ付別紙之通役儀訴訟申立候ニ付則別紙御廻シ申候間宜御取計可被下候且代り之者早速被仰渡被遣可被下候此段得貴意候以上

十二月廿三日

また、派遣された物書は数年で交替されるのが通例であったようだが、次のように部局長から居継（延長）が願い出された例もあった。[18]

御側御納戸

月番江左之通申立
物書居継之儀申上

御側御納戸物書
吉岡丈右衛門組
初太郎

右之者御用弁宜御座候間当三月中代合之節居継被仰渡御座候様仕度奉存候此段申上候已上

二月　　御側御納戸

「御用弁」の宜しい物書が手元から去ることを惜しんだ御側御納戸が提出した居継願いであるが、ここから、物書を勤める人物には専門的な知識や経験が求められていたことが想像できる。

ある役方の物書に任じられた人物に対して、役中の苗字と上下着用の許可を求める願書の中には次のようにある（傍線は筆者による）。

御役方物書 忠（ママ）太義ニ付別紙之通組頭ゟ云々之御差支筋有之ニ付御賞筋ニ不抱勤中苗字上下御免被成下候様中立仕候処従来御役方物書之義者御場所柄相勤候者ニ付人通り之者ニ而ハ御用立兼手諸者勿論心体宜敷人物撰挙仕為相勤候義ニ御座候得者役苗字上下　御免被成下候様申立仕度罷在候(19)

願書の性格から考えて、文面通りに捉えることは難しいが、ここでは、「人通り（一通り）」のものでは勤まらず、「手諸（手書カ）」は勿論「心体よろしき」人物を選りすぐって物書に任じている、としている。

ここで、実際の物書従事者の経歴について、「支配明細書」から抜粋する。

（御普請方物書の経歴(20)）

一　籾拾五俵 籾弐人　　御普請方物書 町田鶴蔵

嘉永五子年二月跡式
同七寅年七月御普請方物書
安政二卯年十二月御普請方元〆
同三辰年五月表御用人物書
同年七月元方御金奉行物書
同四巳年十一月御普請方物書江帰役

（表御用人物書の経歴(21)）

御宛行籾拾五表弐人御扶持　小頭 宮入三治 当酉三拾七歳
嘉永二酉年十月廿九日御普請方元〆被　仰付
同四亥年正月廿三日表御用人物書被　仰付
同六丑年三月十五日御払方物書被　仰付
同七寅年八月廿三日表御用人物書帰役被　仰付

（御元方物書の経歴[22]）

一　籾拾五俵 籾弐人　右同断（御普請方支配小頭） 佐藤喜代之助
文政四巳年九月跡式
同年同月ゟ廻役
天保五午年七月御元方物書
同十二丑年六月御元方物書　御免
同年同月ゟ廻役
同十三寅年十二月御町方物書
同十五辰年御町方物書　御免
同年同月ゟ廻役
嘉永三戌年四月御元方物書
同六丑年三月表御用人物書

同年五月御元方物書帰役

物書を勤めた人物の多くは、生涯を通じて複数の部局の物書を歴任したことがわかる。これらから、物書は文書作成のための専門的なノウハウが求められた、専門職的な役職であったことが想定できる。

次に、現存している史料から物書の勤方がうかがえる部分を取り上げたい。揚酒売や質渡世などに関わる冥加金の上納人別帳のうち、物書を作成者とするものが十数点ほど確認できる。天保十年九月の「質渡世之者冥加銀上納人別帳(23)」を例とすると、表紙には「御評定所御物書掛り　毛利重助」とあり、藩内の質渡世のもの六五名を記した後、次のようにあり、冥加金や人別の取りまとめにあたっていたことが見受けられる。

〆人別六拾五人

此冥加金拾六両壱分

但壱人ニ付壱分宛

右之通質渡世のもの当七月上納冥加銀人別取調候処如此御座候以上

天保十亥年九月

御評定所御物書

懸り　　毛利重助（印）

物書による金銭の取り扱いについて、慶応三年のものと見られる、日光への「御献備」に関して支出した金額を御留守居方物書の岸田忠左衛門が取りまとめて報告した文書が残されているが、諸費用を書き連ねて、文末は次のようになっている(24)。

〆金三両壱朱

銭三拾七貫三百六拾九文
右之通当二月日光御献備ニ付品々御払辻如斯御座候以上
卯四月　　御留守居方物書
　　　　岸田忠左衛門（印）

支払額を報告するこの文書を提出した後、御金奉行から支払った費用を受け取ったとする文書も残されている。(25)

〆金三両壱朱
　銭百六貫九百四拾九文
　金ニ〆拾五両三分三朱壱匁五分弐厘
　　　　但両替六貫七百文
合金拾九両銀壱匁五分弐厘
右之通当二月日光御霊屋江御献備之節品々御入料慥請取申候以上
卯四月　　御留守居方物書
　　　　岸田忠左衛門（印）
御金
　御奉行所
右之通相違無御座候以上
　　　玉川一学（印）
右御勘定相違無御座候以上
　　中村鉄蔵（印）

右之通承知仕候以上

柘植嘉兵衛（印）

費用を受け取り、請取証を作成した人物として御留守居方物書の岸田の名がある。奥印を押している人物について、玉川一学は安政三年から明治元年にかけて御留守居役を、中村鉄蔵は文久三年から御勘定見習を、柘植嘉兵衛は文久二年から御勘定吟味役を勤めている。ここから、御留守居方物書が作成した文書が支配頭の御留守居役を経て、御勘定役・御勘定吟味役まで伝達されたことがわかる。

御留守居方物書の岸田忠左衛門は明治維新を経て岸田耕造と改名したようで、明治四年に元支配頭の玉川一学らによって岸田耕造の一代御目見席への取り立てを願う書類が提出されている。その中に、岸田の経歴と職務の一端をうかがえるものが含まれている[26]。少々長くなるが次に引用する。

岸田耕造旧役中勤方廉書

嘉永元申年出府下小僧表御用人方物書兼被　仰付同五子年御留守居方物書へ転役被　仰付当未年迄出入弐拾四ヶ年居継詰越仕候

右詰中重立被御用向相勤候廉々左之通

一御先代様御乗出弁　御家督

感応院様御隠居御一件

一当知事様御養子引続御家督

御先代様御隠居御一件

一秀姫様御縁組御一件

一貞姫様御婚礼御一件
一御先代様同断御一件
一亜国横浜表へ初テ渡来之節応接所御固メニ付臨時出張被　仰付
一神奈川横浜辺御警衛被蒙仰候節御陣屋幷御持場為御受取調役之場ニ而数度出張神奈川表ニ数日逗留御用相勤申候
一和宮様御下向ニ付中山道筋御道固被蒙仰候節御場所替等之御儀ニテ種々込入者御用向有之於東京表御取扱仕候
一去ル亥年英国一件ニ付横浜表江臨時御人数出ニ付急出張被仰付数日逗留調役之場ニ而専ら勉励仕候
一同年右出張中上京被仰付在京中変動有之数月之間昼夜勉励仕候
一同子年
御先代様京都為御警衛御上京ニ付御供御先立被仰付上京仕候処七月之大時変有之其末大坂表江御警衛替等ニ付翌丑年迄京坂奔走御用向相勤申候
一去ル寅年
当知事様御上京ニ付御供被仰付出京仕候
一安政五午年調役北澤善三郎義旧幕町奉行所ニ於テ吟味中身分津田転へ預ケ被申付候ニ付被仰含ニ而右調役之勤向数ヶ年之間両人ニテ兼勤仕候
一去ル卯年迄年々正月四月日光山江御献備之節御徒士代り上才領相勤都合拾壱度登山仕候
右之外　感応院様御代ヨリ
当知事様迄御三代御吉凶ハ勿論旧幕中所々御警衛御固等ニ付而者持役之外兼勤仕候廉々多端ニ御座候

御留守居方物書として二四年間勤め、江戸藩邸での仕事以外にも、臨時の用向きで各地を奔走する岸田忠左衛門の姿をうかがい知ることができる。先に取り上げた日光への出張の際には、才領役として一度日光山へ参ったとある。

岸田と同時期に御留守居方物書を勤めていた富岡茂助の一代御目見席取り上げを求める書類も残されているが、(27)そこにも同様に御留守居役に付き従って各地へ出向き、和宮下向の際には「和田長窪辺奔走御用向精勤」したなどとある。

ここで取り上げた御評定所や御留守居方の物書の勤方が、他の物書のそれに当てはまるとは断定できないが、文書作成だけに留まらず、多様な業務を任されていたものと考えられる。

おわりに

本稿では、近世後期の史料をもとに松代藩の行政組織の解明を試みた。その過程で、松代藩における複数の部局の存在をある程度明示することができた。また、各部局に属する役職名も一定の範囲で明らかにできた。一連の試みの中で、文書作成と伝達の経路も、具体例からある程度解明できたものと考える。加えて、従来見落とされがちであった物書という役職の存在と、彼らの経歴から足軽身分の中で専門的に物書の職に就いた集団がいたことを確認することができた。

物書の各々の職務内容について、本稿では個別具体的に把握することはできなかったが、文書作成のみに留まらず、必要に応じて各地へ出向いたり、場合によっては才領を勤めたりするなど、幅広い職務を担っていたことがわかった。

一方、給人以上の役職間の関係については不明な点が多く残った。とくに、御側御用人や御奏者など、「御側向」とよばれる部局に属するであろう役職間の位置付けはほとんど明らかにすることができず、松代藩の行政組織全体の確たる組織図を描くまでには力至らなかった。さらなる解明のため、本稿が一助となれば幸甚である。

（1）国文学研究資料館『信濃国松代真田家文書目録（その九）』（二〇〇九年）、高橋実「幕藩政文書管理史研究と本書の概要」（国文学研究資料館編『幕藩政アーカイブズの総合的研究』思文閣出版、二〇一五年）など。
（2）更級埴科地方誌刊行会『更級埴科地方誌　第三巻　近世編上』（更級埴科地方誌刊行会、一九八〇年）。
（3）長野市誌編さん委員会編『長野市誌　第三巻・歴史編・近世一』（東京法令出版、二〇〇一年）。
（4）前掲註（1）。
（5）国文学研究資料館蔵信濃国松代真田家文書（以下「真田家」と略す）あ九―一・九―二。
（6）「信濃国松代真田家文書目録（その一）　解題」（国立史料館『史料館所蔵史料目録第二八集』一九七八年）。
（7）真田家あ二三四。
（8）「信濃国松代真田家文書目録（その一）」（前掲註6）。
（9）史料には明記がないものの、作成者として推定される。
（10）（主要参考史料）真田家あ一七～三三・三五～五二・五四～五七・六〇～六五・九五～九六・一二七・一三二・一四四～一四六・三四一三・三四一五、い二六四・六五二・六五五・九四三・九四四・一四二九・一四八七・一六三八・一六五一・一六五二、う五二七・つ一一、国立史料館編『真田家家中明細書』（東京大学出版会、一九八六年）。
（11）真田家あ九六。
（12）真田家い一六五一。
（13）真田家む一三―三。
（14）真田家む一二―二。
（15）真田家め四三―二。
（16）真田家あ九四三。

(17) 真田家あ一六五一。
(18) 真田家あ九六。
(19) 真田家ほ一二。
(20) 真田家あ五六。
(21) 真田家あ二九。
(22) 真田家あ二三。
(23) 真田家い二六六〇。
(24) 真田家て一五―一七。
(25) 真田家て一五―一六。
(26) 真田家ち三八―三―一二―六。
(27) 真田家ち三八―一五―三―七。

第二編

藩庁と藩庁外の記録管理システム

第4章　江戸における大名課役をめぐる引継文書と藩政文書
——松代藩の所々火消勤役を事例に——

岩淵　令治

はじめに

参勤交代で参府した大名は、江戸においてさまざまな役を担った。藩政文書の中には、こうした江戸における大名課役の遂行にかかわって作成される記録が残されている例が多い。近年、幕藩政アーカイブズの研究は大きく進展したが、藩政アーカイブズと幕府のアーカイブズが、それぞれの組織体の中で検討されているように思われる(1)。こうした点で、大名課役をめぐる記録は相互の関連をみていく素材となるであろう。

そこで本稿では、所々《しょしょ》火消の大手方火之番をとりあげ、江戸における大名課役の事例の豊富化を図るとともに、勤役にともなって江戸家老望月重教が作成した記録「大手方被蒙　仰日記」(2)（文化九年〈一八一二〉、以下「大手方日記」と略記）について、藩政アーカイブズと幕府の組織体のアーカイブズの両面の視角から検討したい。まず、江戸在府中の大名課役と大手方火之番の職務を確認した上で(3)（第一節）、藩政アーカイブズとして、太田尚宏が明らかにした、藩政の基本史料である家老日記と機能別の記録の一例として、機能の分有を確認する（第二節）。また幕府の組織体のアーカイブズとしては、大友一雄が寺社奉行および奏者番(4)を、筆者も江戸城門番を検討しているが、[5] とくに就任者の間で引き継がれる文書との関係に注目してその特色をみていきたい（第三節）。

第一節　江戸在府中の大名課役と大手方火之番

(1)　江戸在府中の大名課役

大手方火之番のみならず、各藩は江戸参府中に幕府のさまざまな勤役を担った。こうした参勤中の役負担については、防役とその全体の配置が注目されているが、[6] 藩政史の観点から、藩が負担する役すべてを見ていく必要もあるだろう。[7] そこで、第1表には、享保六年（一七二一）より嘉永六年（一八五三）の間の松代藩の在府中の勤役を示した。この期間に限ったのは、史料的制約のほか、後述するように享保期に所々火消の制度が安定すること、また江戸湾海防の設定によって課役が新たな局面を迎えたことによる。[8]

この一覧によれば、松代藩真田家の場合、江戸での役でもっとも中心となったのは、江戸城の大手門番で、在府年は着府直後より帰国までほぼ毎年勤めている。いわば真田家が江戸で勤める家役と認識されていたとみてよいだろう。このほか、西丸大手門番、幕府施設の火防を担う所々火消のうち大手方・桜田方・紅葉山などを担ったことが確認される。所々火消については、大手方が八回、桜田方が八回、紅葉山が二回で、とくに嘉永三年からの大手方の勤役は六年まで継続していることが『武鑑』でも確認できる。なお、江戸城の火防を担う方角火消は一回のみだが、これは所々火消・方角火消の整備がなされる前の段階のものである。このほか、こうした防役のみならず、寛永寺への門跡寺院の参詣の警護、日光東照宮への代参、将軍家子女誕生に際して臍の緒を切る係である「御篦《おんへら》刀《がたなの》役」、江戸市中の川浚（普請役）といった勤役もつとめた。

特定の役に就いていない時期はまれで、さらにこうした状態でも常に奉書火消などに備えていた。たとえば、文化二年（一八〇五）閏八月に大手門番を解任されて無役となった際には、寛政五年（一七九三）の先例に従い、

「御在府中御奉書火消等蒙　仰候節之手当」「出火候節万々一急御防等被蒙　仰候節之ため之手配」として、門番役のための足軽五〇人のうち一五人を「御用詰足軽」として江戸に残している(9)。また、藩士依田家は、突発的な臨時の役である奉書火消について「御奉書火消心得」（原本は寛政六年二月作成）の控を作成している(10)。在府中の大名は、常に役を負担できる状態が求められていたのである。

（2）　大手方火之番の職務

では、本稿が対象とする大手方火之番の職務を検討したい。まず前提として、所々火消の職務の概要を確認しておこう。所々火消は、いわゆる大名火消の一つである。特定の幕府施設の消防を職務とし、江戸城門番・方角火消などとともに、在府中の大名の防役として設定された。池上彰彦は、寛永十六年（一六三九）を初出として、「次第に江戸城の各所に設置され」「元禄期につづいた大火のあと」に組織が固まるとしている(11)。針谷武志によれば、元禄末～宝永年間には、江戸城の主要曲輪・施設（本丸・西丸・二丸・三丸・山里・紅葉山など）、霊廟などの施設（寛永寺・増上寺）、寺院施設（山王・聖堂・護持院・護国寺など）、橋梁（両国橋・新大橋・永代橋など）、倉庫（本所、本所材木蔵、浅草米蔵、鉄砲州新蔵など）、白山御殿（八重姫御殿）などについて三四～三六家の大名を任命したが、正徳期には二〇～二六家、さらに上米制と諸大名の在府期間の軽減によって、享保八年（一七二三）以降七家と減少した。その後、享保十七年より一一か所一一家（大手方・桜田方・二之丸・紅葉山・吹上上覧所・増上寺・寛永寺・浅草米蔵・本所米蔵〈二家〉・猿江材木蔵・湯島聖堂）でほぼ固定され、文久二年（一八六二）から翌年にかけて廃止された(12)。

従来、大名火消と旗本が担う定火消は、①軍役による臨時的動員、②常設的組織の設立、③自衛消防組織の制度化、という三段階の火消制度の展開の中、「町火消の成長」の一方で「衰退」すると評価されることが一般的

方角火消	享保14年(1729) 9月18日～(◆)
大手方火之番	元文2年(1737) 5月25日～ 明和8年(1771) 6月26日～安永元年(1772) 3月朔日(類焼で御免) 宝暦4年(1754) 3月15日(大手組)～(6年2月25日(西丸大手門番～)▽要確認) 天明5年(1785) 6月23日～10月29日(「大手方御詰場」〈い806〉 紅葉山火之番へ) ○寛政11年(1799) 6月14日～ ○文化9年(1812) 5月16日～ ○ 14年7月5日～ □嘉永3年(1850) 5月16日～6年3月24日(西丸普請へ)
桜田方火之番	享保17年(1732) 4月10日～(＊) 18年8月28日～ 元文元年(1736) 3月12日～ 寛延元年(1748) 4月16日～ 安永2年(1773) 6月29日～ 8年8月15日(大手門番より)～ ○文政2年(1819) 8月16日～ □弘化3年(1845)正月16日～
紅葉山火之番	天明元年(1781)10月2日(7月26日着府)～ 5年10月29日(大手方御詰場より)～
その他	明和元年(1764) 4月4日(日光代参 前年参勤するも体調不良で門番役の記載なし 免除か) 安永3年(1774) 4月6日(日光代参) 9年5月8日(上野御跡固) ○天明3年(1783) 6月20日 ○寛政4年(1792) 7月(家斉長男の「御箆刀御用」) ○ 10年9月11日(上野御固 実施？) 享和2年(1802)正月29日(大川通御船蔵前并本庄筋川川浚普請) ○文化元年(1804) 4月29日(増上寺御跡固→延引) ○ 9年正月10日(上野御跡固→延引) ○ 3月6日(大乗院御門跡上野御参詣御跡固) ○ 10年6月20日(上野御跡固) ○ 閏 11月15～22日(日光代参) ○文政5年(1822) 3月9～16日(日光代参) ※天保4年(1833) 7月28日～(大手門番より 久能山東照宮の修復御用へ) 12年6月13日～弘化元年(1844) 5月13日(老中) □弘化2年(1845)10月3日(仁和寺門跡上野御跡固) □嘉永6年(1853) 3月24日～7月16日(西丸普請)
記載のない年	享保16年(1725)10月～17年4月10日(屋敷類焼で参府は10月) 寛保3年(1743) 延享2年(1745) 宝暦元～3年(1751～3)(覚性院死去、天真院家督) 明和2年(1765)(3年正月に国元で出水で御用金1万両拝借) 寛政8年(1796) 8月～9年6月延長で役無し

注3：◆は享保15年3月19日に免ぜられており、この日に桜田組4名・大手組4名の「御防」任命にともなって邸内の火の見櫓を締め切ったとあることから(「日記書抜 江戸」〈い735〉)、方角火消と判断した。

4：▽免ぜられた日は不明だが、宝暦4～6年の『武鑑』には記載が無いため(『江戸幕府役職武鑑編年集成』第11巻、東洋書林、1997年所収)、短期間だった可能性が高い。

5：☆免ぜられた日については、「江戸日記」(い855)により補正した。

6：＊は「方角火消」とあったが「日記 御在所控」(い737)の記載で桜田方火之番に修正した。

第1表　松代藩の江戸勤役(享保6年〈1721〉〜嘉永6年〈1853〉)

内容	勤務時期
大手門番	享保6年(1721)6月16日〜
	8年9月16日〜
	11年8月10日〜
	18年5月25日〜6月14日(法雲院死去)
	20年6月14日〜10月5日(上屋敷の火事)
	元文4年(1739)6月14日〜
	寛保元年(1741)6月14日〜
	寛延2年(1749)6月13日〜8月8日(西丸大手門番へ「引替」)
	宝暦7年(1757)6月13日〜
	9年6月13日〜
	11年6月13日〜12年8月4日(帰国延期で延長)
	明和4年(1767)6月22日〜
	6年6月18日〜
	安永4年(1775)6月13日(日光社参中も含む)〜
	6年6月21日〜
	8年6月16日〜8月15日(桜田方火之番へ)
	天明3年(1783)6月23日〜
	7年6月24日〜
	寛政元年(1789)6月22日〜
	4年8月15日〜(延長後)〜5年8月20日
	7年6月16日〜
	9年6月14日〜
	11年6月14日〜
	享和元年(1801)7月29日〜2年正月29日(大川通御船蔵前幷本庄筋川川浚普請へ)
	文化2年(1805)6月15日〜閏8月22日(☆)
	4年6月22日〜12月23日(領分損耗ニ付)
	6年9月15日〜
	○　12年6月16日〜8月7日(忌中につき)
	○　13年5月1日〜
	○★文政6年(1823)6月14日〜8月20日〈い1913　家督で再任命〉〜
	★　8年6月14日〈い1913〉
	★　10年6月25日〈い1913〉
	※　天保4年(1833)6月17日〜7月28日(久能山東照宮の修復御用へ)
	※　7年7月21日〜
	※　10年6月19日〜12年6月22日(帰国不許可)
西丸大手門番	享保12年(1727)9月20日(7月に家督　※日記繰出では11月28日)〜
	延享4年(1747)6月14日〜7月21日(類焼で御免)
	寛延2年(1749)8月8日〜(大手門番より「引替」)
	宝暦6年(1756)2月25日〜(大手方火之番より)
	天明8年(1787)6月22日(参府延長)〜12月4日
	文化3年(1807)3月8日(大手門番免から約半年後)〜6月24日(か1466)
	○　12年12月24日(大手門番免から4か月後)〜13年5月朔日(大手門番へ　か1468)

注1：無印は「日記繰出」(い1904)　　○は「(繰出目録)(南部坂)」(い1924)
★は「前條探索」(い1913)　　□は「(繰出目録)」(い1928)
※は『松代藩庁と記録』(名著出版、1998年)所収の「日記繰出」
2：帰国以外の理由の場合のみ、免ぜられた年月日と理由を示した。

であったが[13]、筆者はそれぞれの機能を検討する中で、分節的な都市構造に対応して設定され、江戸全体の消防体制の中で幕末の廃止前まで機能したことを明らかにした[14]。その際には、所々火消の例として寛永寺と増上寺の火之番をとりあげたが、ここでは江戸城警衛[15]という視点から大手方火之番（以下大手方と略記）の性格を位置づけておきたい。

まず、幕府が定めた基本的な条文が、老中が担当大名に渡した享保十七年（一七三二）四月十日の書付である（後掲第4表-〈10〉）[16]。前述のように、針谷武志は『武鑑』の記載から、所々火消が享保期に激減した後、享保十七年の後半に本丸・西丸・二丸の火之番が復活し、以後一一か所一二家の配置が幕末まで続くことを指摘している。この条文は、まさに以後の大手方・桜田方の基本となったものである。なお、前月の三月二十八日には、浅草・西丸下・木挽町・大塚・巣鴨の相次ぐ出火によって大火となり、江戸城の隅櫓の一部も被災している[17]。江戸城にかかわる所々火消の復活は、おそらくこの三月の大火が直接の原因であろう。条文は以下の通りである。

大手方　酒井（前橋藩）雅楽頭

右　御城近辺又者風並悪敷出火且大火等之刻、人数召連大手御門外江相詰、若龍之口辺ゟ一橋辺迄之内出
火候者早速罷越火消候様可被相心得候

右勤方之儀代リ被　仰付候節者、代り之面々江書付之趣委細申送ニ可被致候

また、同日に桜田方に任命されたのは松代藩であり、詰場所が内桜田門外で消火対象を「外桜田御門之内より和田倉辺迄之内出火」とした同文の書付を老中奉書とともに受け取っている[18]。この際には、任命の連署老中奉書の尚々書きでこの書付を「猶以勤方之儀者別紙書付之通可被相心得」とし、書付の末尾で今後は交代時に「申送」ることを命じていることから、幕府が基本的な職務規程として担当大名に渡したものであることがうかがえる。

この書付によれば、大手方・桜田方の職務は、江戸城近辺や江戸城が被災する可能性のある出火が大火に及んだ時、出動して大手門外・桜田門外に詰め、大手方は龍之口辺りから一橋辺り、桜田方は外桜田門より和田倉門に火が及んだ際には消防にあたるというものであった。両者の第一の職務は、大手門前と内桜田門前の特定の空間の消防に専念し、江戸城本丸・西丸の類焼を防ぐことにあったのである[19]。

さらに、この直後には、大手方の前橋藩が勤務の詳細を問い合わせ、老中が付札で回答している（後掲第4表―⑼「御用番松平左近将監様ゟ来ル御書付」）。

（一）

出火之節私儀人数召連大手御門外江相詰、若龍之口辺ゟ一橋辺迄之内出火候ヘ者、早速罷越火消候様ニ与被　仰付候、大手御門外江相詰候節、人数何方ニ差置可申候哉、大手御橋北之方御堀端ニ人数差置可申候哉

（原本は各条文の上部に書かれている。以下同じ）
御付札　御門外見斗、人数可被差出置候

一、大手江不罷出候内、右龍之口辺一橋辺出火候者、大手江相詰不申、屋敷ゟ直ニ右之場所江罷出、火消候様可仕候哉

御付札　書面之通ニ可被心得候、定火消其外参候者引渡、大手御門外へ可被相詰候

一、場所之儀者龍之口者土屋但馬守屋敷・評定所、夫ゟ常盤橋・神田橋之間、一橋者雉子橋之内迄罷出候心得可罷在候哉

御付札　龍口ゟ北神田橋之内榊原式部大輔屋敷辺ゟ雉子橋辺之心得ニ而可被有之候

右之趣奉窺候、以上

四月十一日　　酒井雅楽頭

このやりとりによって、詰場所はとくに指定なく門外の適当な場所とされ（第一条）、門外に詰める前に消火

対象地域に火が達していた時は詰場所に行かずに直接消火に着手し、ほかの火消が到着したら詰場所に移動すること（第二条）、消火対象地域の厳密な規定（第三条）が決定した。第二条に見るように、門外に詰めて防火にあたることが第一義の職務であったことがうかがえる。この伺書と回答も交代時の「申送」事項となっている。

では、具体的な勤務の例として、明和九年（一七七二）二月の行人坂大火の際の出動をみておこう。[20] 同年二月二十九日昼、松代藩は溜池上屋敷・永坂抱屋敷が被災したが、一六時ごろ（「夕七時過」）に虎ノ門内に火が及ぶと、「大手方火之番御勤中」で、「御曲輪内江も可焼入趣ニ付」と判断し、出動した。本来は藩主自身も出馬のはずだったが、痔瘻のため月番老中に断りを入れ、家中のみを派遣した。虎ノ門からは火の手のために入れず、赤坂門から半蔵門を通って大手門外の詰場（下馬先）に到達した。ここで小人目付の指示で城内に入るよう指示があったが、指示のみで去っていったため判断ができなかった（「申捨ニ而罷帰候付相知兼」）。このため、鈴木弥左衛門[21]が当番所（大手門内の百人組番所）に確認に向かったところ、目付から早く城内に入るよう指示が出ていると徒目付組頭から伝えられ、城内に入った。城内の行き先を尋ねたところ、中之門の内と回答があったので、中之門の内に火消人数と火防道具を繰り入れた。さらに、百人組番所に詰めていた若年寄水野壱岐守より中雀門に火がかかりそうなので指示を待たずに消火するよう命じられ、中之門番の与力からは〝指示があるまでは撤収しないように〟という百人組番所の老中松平右近将監の指示が伝えられた。やがて西丸下にも火が及び、内桜田門番所後ろの櫓にも火が掛かったため、結局藩主も「押而」出馬した。こののち、風向きが変わって火の手は神田橋門の方に抜けたため、目付の指示で火消人数は二丸銅門前に引いて詰め、藩主もここに合流した。弁当を食べながら待機していたところ、目付より指示があるまで待機するように命じられたが、藩主は体調がすぐれず、火が遠のいたことから、火消人数を置いていくことで目付に許可を得、朝四時ごろ（「暁七時頃」）に帰邸した。翌朝七時ごろ（「今朝六半時頃」）に目付が銅門前に来て、風もおさまったので、火消人数をまばらに配置するよう指示したが、まもなく徒目付が撤収の指示を伝えた。そこで、鈴木が老中松平周防守に届け出た上で、撤収した。

大手方・桜田方は下馬先に詰め、本丸・西丸御殿をはじめとする大手三門内の江戸城の中枢を門外で防火することが本務であった。ただし、大手三門の内に火が及んだ場合には、幕府役人の指示によって門内で消防にあたることとなったのである。実際の出動では、出動のタイミングはあくまで担当藩の判断に任され、状況や役人の判断によって変動する指示に対して、臨機応変に対応することが求められたと考えられる。そして、大手方・桜田方は大名火消としては大手三門の門番とともに、江戸市中と江戸城の境界における防火のいわば最終ラインであり、藩主も体調や自藩の被害にかかわらず出動することが求められたのである。

第二節　「江戸家老日記」と「大手方日記」の関係

では、藩政アーカイブズの視点から、本節では「大手方日記」の概要と、同時期の「江戸家老日記」[22]との記載の関係を確認したい。第2表には、両史料の全容を示した。当該の勤番は、帰国を理由にわずか一か月で免ぜられているため、実質的な勤務はない。両史料とも記載項目はほぼ一致しており、基本的な内容は1任命・9免職とこれにともなう担当者の藩主への目見得（7・12⑴）、鑑札の納めと引き取り（2・10）三丁火消の免除願（3）、目付からの「煙立」の連絡（4・5、工事などにともなう仮設の作業小屋の煮炊きで臨時に煙があがることの事前連絡）となる。「江戸家老日記」と「大手方日記」との差異は、後者でより詳細な記載がなされている点である。たとえば1については、「江戸家老日記」に「右之外取斗方委細大手方一件帳記之」とあり、「大手方日記」で使者や取次の名前、任命を命じた老中連署の奉書（包紙の差出・宛名や形状も含む〈「上包、ミの紙折懸」〉）と真田家が提出した請書、引継書類の全文の写や藩内への指示の詳細が記されている。また9についても「江戸家老日記」で同様の参照文言が記され、「大手方日記」で藩主から火消担当者への申し渡しの文言が記され

		⑳	老中・若年寄・大目付・留守居・定火消・百人組頭(城内の番所)・目付など幕閣・幕府役人四五名に就任の挨拶。	
		㉑	「御近親様方、御家老・御用人奉札為取替之分」に奉札で、「小為御知帳御名前之外御同席様方書加」・「御用頼御先手」に留守居手紙で、着任と、出火に人数を出している際の下座・下馬の断り、出動中に近所火消に出られない旨を知らせる。	
		㉒	「大殿様・大御前様・御前様」より「御怡」の連絡。	
		㉓	御譲書写(詳細は第4表参照)。	
17日	2		鑑札を各所(本丸切手門・御天守下御門・上梅林門・汐見坂門・御玄関前門・中門・百人組門・二ノ丸門・二ノ丸仲仕切門・二ノ丸喰違門・下梅林門・平川門・蓮池門・坂下門・紅葉山下門・大手門・内桜田門　計17門)に納める。	
19日	3		出動時には三丁火消を出さなくてもよいか老中に口上で伺い。許可を得て、火事場見廻りに連絡。	○
20日	4		築地組合三之橋掛直にともなう「煙立御廻状写」。	○
21日	5		麻布新堀三ツ目橋掛直にともなう「煙立御廻状写」。	
23日	6		明日、大手方出役之者御目見につき触書3通作成(日記は御取次助を任命)。	△＊3
25日	7		大手方出役之者御目見、条目の申渡し。	○＊4
29日	8		幕府小人目付に鑑札納めの際の案内に対する礼金渡し。	△＊3
6月14日	9	(1)	土屋拾三郎(土浦藩主)より使者で、交代の旨と鑑札納めが済むまで松代藩が人数を出すことを依頼される。	○
		(2)	土浦藩に挨拶、御譲書を渡す。	○
		(3)	月番老中に鑑札引き上げを伺い、許可。	
15日	10	(1)	鑑札を引き取り、幕府目付に渡す。	
		(2)	鑑札引き取りが済んだ旨、月番老中に報告。	△＊3
		(3)	御防中御抱鳶之者・欠付人に暇、建場札の撤収を申渡し。	
		(4)	火之見櫓の閉鎖と「御武器等」の請取を目付に指示。	
17日	11		大手方御役場出役の役人へ19日に目見得につき廻状作成。	
19日	12	(1)	藩主に目見得。	△＊3
		(2)	幕府小人目付に鑑札引取の際の案内に対する礼金渡し。	

＊1：「家中家譜」(真田宝物館蔵)による。
　2：文化10年(1813)「江戸日記」(い891)正月9日の記載による。
　3：「委細～」の文言なし。
　4：条目の記載などなし。

第２表　「大手方日記」の内容細目

月日			内容	「家老日記」の参照文言
５月16日	1	(1)	月番老中牧野備前守より老中の連署奉書で、久世大和守(関宿藩)と大手方を交代する旨を命じられる。	○
		(2)	月番老中に使者が「請札」を持参。「勤方之儀」は前任の関宿藩に尋ねるよう、指示される。	
		(3)	月番老中に、城内所々の鑑札を納めてよいか問合せ。	
		(4)	松代藩主が月番老中と関宿藩に直接挨拶に行く。	
		(5)	関宿藩に挨拶。真田が鑑札を各所に納めるまでは関宿藩に出馬を願う。	
		(6)	関宿藩の使者が、「大手方御譲帳」を持参、受け取る。	
		(7)	「上々様」・役人へ大手方引き受けの件を報告。	
		(8)	矢野半左衛門(番頭＊１)にも相談の上、水の手・押・纏持先乗など火消に出役の者を任命。刀番ほかが「御役場」となる。	
		(9)	今晩から藩邸内の火の見櫓を開けるよう、目付に指示。火の見番も任命。	
		(10)	定火消武田兵庫(松代藩上屋敷近所の溜池之端に屋敷)と「近所御屋敷」に、今後火の見明板木打を行う件、挨拶。	
		(11)	普請奉行に藩主出馬の際の駆付人数、目付に纏の置き場の検討を指示。	
		(12)	板木・拍子木・途中相図の打ち方の覚。	
		(13)	建場札の確認を普請奉行・目付に指示。	
		(14)	藩主出馬の際の「御建場絵図」を番頭・刀番・目付・徒目付に渡す。藩主出馬の際の「行列帳」を刀番・普請奉行・目付・徒目付に「壱帳ツ、」渡す。	
		(15)	家中への演説を目付に指示、普請奉行にも説明(出動に際して家中に藩より出す貸人の管理システムについての説明)。	
		(16)	出動の際、矢野半左衛門が病気の場合の代役を決める。	
		(17)	出動の際の「御場所揃御雇足軽拾五人」が確保できるかが確定しないため、上田吉兵衛(普請方徳居　下座見御抱＊２)に調整を命じる。	
		(18)	「欠付鳶之もの三拾九人、欠付平人九拾五人」を明日より常駐させ(「足留」)、火之見番にもこれまでと同様に２人半扶持を与えることとし、指示。	
		(19)	大手・西丸大手・外桜田・和田倉・内桜田・神田橋・竹橋・馬場先・日比谷の各門番を勤める大名に、着任の挨拶。	

るなど、伝達経路ややり取りの全文が記録されている。このほかにも「江戸家老日記」の参照文言と「大手方日記」の記述は対応し（〇印）、また「江戸家老日記」には記載されていない事項もあることから、「大手方日記」はおそらく先例となることを意識して別帳として作成されたと考えられる。

同様に、寛政十年（一七九八）六月二十二日からの大手方勤番中も、「委細大手（方）帳記之」の参照指示がみられる(23)。また、嘉永三年（一八五〇）五月十六日の任命の記事でも「委細一件帳記ス」とされている(24)。このほか、江戸藩邸の日記・諸帳簿の入注文と推定される「江戸日記入注文」では、「大手方御防　文久二巳年《ママ》　文化九申年　文化十四丑年　三巻一帳」・「安永二巳年六月・文政二卯年八月　桜田方被蒙　仰之記」の存在が確認できる(25)。このように、所々火消勤役の記事については、家老日記の別冊としてそのつど「大手方日記」と同様の機能を持つ帳面が作成されたことがうかがわれる。

太田尚宏は、家老日記(26)の事項の記載の最後に「委細」は別の帳面に記した（「委細〈史料名〉記之」）という別途編纂した史料のうち、まず「諸用帳」において処理した案件に関わる願書や口上書などの全文が転写されたこと、さらに宝暦期（一七五一～六四年）を境として記録が細分化され、処理事案の多様化に応じて、蓄積された情報をテーマごとに整理して別帳仕立てにするなど、御用部屋記録の文書管理方法が変化したことを明らかにしている(27)。「大手方日記」もこうした「江戸家老日記」の機能分化の一例といえる。ただし、江戸城門番については、享保十二年（一七二七）九月の西丸大手門の任命記事で「委細御防帳ニ記之」と別帳の存在が確認できる(28)。したがって、江戸における幕府の防役に関しては、「江戸家老日記」から主題別の別帳が先行して作成されていたといえよう。さらに、文政十二年（一八二九）七月には、「大手御門番所年中行事幷諸記録繰出帳」が作成され、担当部署である「御役場方」（後述）に預けられており(29)、整備しておくべき先例として認識されていたことがうかがえる。また、享和元年（一八〇一）には、七代目当主幸専《ゆきたか》が家督継承後初めて大手門番を任命されたため、藩主が江戸城に詰めた例として明和九年（一七七二）の大火の際の大手方の出動記録を留守居が「書抜」いて提出している。所々火消の事案についても、「大手方日記」のような記録がさらに宝暦期以前から作成されていた可能性が高いと考えられる(30)。

第三節　大手方火之番の職務引継と文書

次に、幕府の組織体のアーカイブの視点から、「大手方日記」の細目を示した第2表にもとづき、大手方の職務引継を具体的に見ていこう。本稿では、三点に着目したい。

(1)　職務引継の手続き

任命時には、幕府からの職務内容の直接の指示は一切なく、前任者からの書類の引継で行われている（第2表-1）。任命は月番老中より連署奉書で行われたが、職務の内容（「勤方之儀」）は老中から伝えられることはなく、前任の関宿《せきやど》藩より引き継ぐよう、指示された。関宿藩よりの職務の引継は、「大手方御譲書」の引き渡しによってなされた。以下は、松代藩が関宿藩に渡した、引継文書の受取書である。

覚

一、御譲書拾三通　一箱
　内御譲書御廻状九通之内六通御断返ニ付、残三通
一、右付札有之御廻状写三通壱包
　内御断返有之、残壱通
一、煙立御廻状写　壱包

内御断返有之、残三通
一、煙立御廻状写　壱包
内御断返有之、残三通
一、煙立御廻状写　壱包
内三通

久世大和守内　榊原儀大夫《留守居》

右之通御引渡申候、以上

真田弾正忠様御内　石川新八殿《留守居添役》(31)

ここで注目したいのは、「御断返」とあるように、引継書類の選択が松代藩の判断でなされる点である。「大手方日記」の本文中でも「御先番久世大和守様より御付送り煙立御廻状写拾三通之内、追々御断返し有之相除候、残四通　右者煙立御断之儀ニ付略、尤都合四包内拾四通」とし、「乍一通者以来定式之儀付記置」として一通のみを「大手方日記」に写している（後掲第4表-〈5〉）。「煙立御廻状写」は普請などの期間に限られるという点で時限的なものであるが、のみならず、箱に収められた「御譲書」までもが取捨選択されているのである。また、免職の連絡は老中から直接来ることはなく、交代する相手となった土浦藩から伝えられた。そして、挨拶を兼ねて土浦藩に届けた引継書類は以下の通りであった。

覚

一、御譲書拾三通　一箱
一、煙立御断　四包

右之通御引渡申候、以上

六月十四日　　　　御名代　石川新八

土屋拾三郎様御内　大村市元殿

右御譲書幷煙立御断書面相渡、請取書取罷帰（下略）

箱内の点数は一致するが、受取時の記載から、おそらく内容の入れ替えがあったと推測される。受取と同様、引渡についても、「御譲書」は担当藩の判断によって取捨選択されるものであった。さらに、そもそもこの申送りの内容自体、幕府がどの程度関与していたのか不明である。幕府の指示が明確なものは、寛延二年（一七四九）の藩主が病気で出馬できない時の届出、宝暦十二年（一七六二）に駆けつけの遅滞を戒めた条文と、前節でみた享保十七年（一七三二）の出動基準および待機場所を定めた条文（後掲第４表-〈1〉・〈2〉・〈9〉）のみである。この三点については、「向後火之御看被家　仰候御代合之御方々様江必被仰送候様ニ与口達ニ而御座候」「尤火之番代り被仰付候者、此旨順々申送候様可被相心得候」「右勤方之儀代り被　仰付候節者、代り之面々江書付之趣委細申送ニ可被致候」と、交代で勤めていく所々火消に対して、順々の「申送」を命じている。このほかの条文の「申送」は担当藩の判断で行われていることになろう。

後掲の第４表には、文化九年時点で松代藩が引き継いだ「御譲書」と、天保四年（一八三三）の高田藩の「御譲書」の概要を示した。後者では、松代藩が引き継いだ文化九年の時点から六件が追加され、計一八件となっている。なお、このうち五件は文化九年以降のものであるが、一件は文化六年の目付から大手方・桜田方への廻状（第４表-⑬）[32]である。松代藩が写さなかったのか、あるいはその後の担当大名が自家の記録にもとづいて追加したかのいずれかであるが、これも担当藩による情報の整理の結果であろう。

ちなみに、同じ所々火消の一つである寛永寺火之番の場合も、引継は老中の関与なく当事者間で行われた。第

第3表　寛永寺火之番の引継文書の例

文政10年(1827)　秋田藩→※1	(熊本藩)	文政12年(1829)　福井藩→※2	—	天保元(1830)年　鳥取藩→※3	(土佐藩)	天保2年(1831)　秋田藩→※4
壱印　御書付七通一包　外ニ書付弐通壱包	⇢?	壱印○	—	壱印○	⇢?	
二印　御書付七通一包　外ニ東叡山火之御番御譲渡御付紙之御書目録弐通	→	弐印　御書付四通一包　外東叡山火之御番御譲渡御附属之御書付目録弐通一包	—	弐印○	—	○御書付四通一包　外ニ東叡山火之御番御譲渡御付紙之御書目録弐通
三印　御書付拾通一包　外右目録書一通入	—	三印○	—	三印○	⇢?	御書付写十二通一包
四印　松平和泉守様被成御渡候ニ而朝比奈河内守様ゟ御達書一通	—	四印○	—	四印○	⇢?	
五印　右京大夫＊1当火之番中御達書一包	⇢?	五印　松平阿波守様御送り之分　煙立之儀不相済御達書一通	—	五印○	⇢?	
六印　同＊1　大御目付江伺差出御付札出候書付一通	—	六印○	—	六印○	—	○
七印　上野御山内小普請御小屋場ゟ御達書弐通一包	↘	七印　細川越中守様御送り之分　煙立之儀不相済御達書五通	—	七印　細川越中守様御送り之分　煙立之儀不相済御達書四通	⇢?	
八印　煙立御達書写拾七通一包　内一通松平阿波守様＊2ゟ御譲之分	→	八印　松平越前守当防中　水野出羽守様・松平和泉守様ゟ御達書幷上野御山内小屋場御達書八通一包	—	八印　松平越前守御勤中　煙立之儀不相済御達書八通	⇢?	煙立御達書写　松平越前守様御勤中六通／松平阿波守様御勤中一通／松平大膳大夫様御勤中一通／細川越中守様御勤中一通／細川越中守様・松平越前守様御勤中四通／松平因幡守様御勤中六通／松平土佐守様＊3御勤中七通／佐竹右京大夫勤中五通
		九印　同(松平越前守御防中)青山下野守様ゟ御達書幷大御目付様御達書二通一包	—	九印　其御許様(鳥取藩)当防中水野出羽守様ゟ御達書弐通一包	⇢?	御口達書三通一包　外書付二通
		十印　同(松平越中守御防中)煙立之儀不相済御達書写十八通一包	—	十印　其御許様(鳥取藩)当防中煙立之儀不相済御達書拾七通一包	⇢?	火之御番御順書二通壱包 松平土佐守＊3御勤中水野出羽守より御達書二通

注：→は点数等の変更　—は継続　↘は統合か　点線の矢印は推定を示す。○は同内容につき、記述を省略したことを示す。＊1は秋田藩　＊2は前任の徳島藩　＊3は前任の土佐藩

※1：文政9年(1826)に徳島藩松平阿波守から引継。文政10年4月に熊本藩細川越中守へ引継(「上野御役場御記録」一、秋田県立公文書館蔵)。
2：文政12年3月24日に鳥取藩松平因幡守へ引継(「江戸御留守居日記」鳥取県立博物館蔵3513)。
3：天保元年(1830)6月28日に土佐藩松平土佐守へ引継(「江戸御留守居日記」鳥取県立博物館蔵3518)。
4：天保元年に土佐藩より引継。天保2年4月に米沢藩へ引継(「上野御役場御記録」二、秋田県立公文書館蔵)。

3表は、六回の引継のうち四回の引継文書がわかる例である。恒常的に出される「煙立御達書」のほか、「口達書」や「達書」が増える一方で、明らかに「御書付」が減っている。そして、土佐藩から秋田藩か、秋田藩から米沢藩への受け渡し時に大きな改変が行われたらしく、引継文書の対照ができない。このときの整理の背景は不詳だが、引継ごとに担当藩の判断で整理がなされていたことがうかがえる。

（2）「御譲書」の内容と職務

次に注目したいのは、引継文書の内容と実際の職務の関係である。

第4表には、文化九年時点で松代藩が引き継いだ「御譲書」と天保四年（一八三三）の高田藩の「御譲書」を対照して示した。内容で、もっとも多いのは、明和九年（一七七二、計画のみで延期）と安永五年（一七七六）四月の日光社参における大手方の勤め方に関する伺いや問い合わせと回答である〈3〉、〈6〉～〈9〉、〈17〉、〈18〉。このほか、拍子木の作法の遵守〈4〉・〈16〉や、現場への駆けつけの遅滞注意〈2〉、町奉行の出動に関するもの〈11〉・〈13〉・〈14〉、銀座の蛎殻《かきがら》町への移転（享和元年〈一八〇一〉）後の定式「煙出」〈5〉、大手門外に詰めている際に「龍之口辺ゟ一橋迄」の内の出動を命じられるなど出動場所が二か所になった時の対処〈10〉、藩主が病気で出馬できない場合の届け出先〈1〉・〈12〉、大目付からの江戸城内の消火活動の問い合わせと回答〈15〉となる。

一方、実際の職務遂行にあたっては、松代藩では任命期間中、門番と同様に実務を担当する部署として「御役場」を設け、刀番・近習ほかを任じたが（第2表-1⑧）、開始までの準備や手続きは江戸家老の指示で主に番頭が担った。こうした準備や手続きについては、下座見の雇用を出入の人宿[33]へ指示する（第2表-1⑰）といった藩固有の準備のほか、関係する幕閣や幕府役人への挨拶（第2表-1⑳）[34]、鑑札の納め（第2表-2）、道具・施設などの準備（火の見櫓の開錠〈第2表-1⑨〉、纏の準備〈第2表-1⑪〉）、板木・拍子木の規定（第2表-1

「子四月十日(享保17〈1732〉年)御用番松平左近将監様ゟ来ル御書付」(今後、「代り之面々」へ書付の委細を「申送」ること)	〈9〉	①
大手方酒井雅楽頭より〈9〉に関する伺書「出火之節私儀人数召連大手御門御外江相詰、若龍之口辺ゟ一橋辺之内出火候者早速罷越火消候様ニ与被仰付候、大手御門外江相詰候節、人数何方ニ差置可申候哉」ほか回答(〈10〉は回答のみ)	〈10〉	②
目付より「寛政十一未十月　御廻状写」(町奉行根岸肥前守病後難儀のため、出火の節は悴九郎兵衛が名代として火事場に出て、与力・同心に指示する旨)	〈11〉	⑪
「申送」(寛政9〈1797〉年11月24日　大目付より、出火の際に藩主出馬の有無を御用番と徒目付に届けているか尋→11月25日回答)	〈12〉	⑩
「御廻状写」(〈文化6(1808)年〉7月20日　根岸九郎兵衛〈南町奉行の悴＊〉、この度先手を命じられたが、火事場はこれまで通り心得るべき旨、申達)	−	⑬
「御廻状写」(〈文化12年前後＊〉9月14日　永田備後守〈北町奉行＊〉が足痛、根岸九郎兵衛〈南町奉行の悴＊〉が故障のため、火事場勤は備後守養子与左衛門が名代として勤める旨)	−	⑭
「申送」(文政4〈1821〉年1月27日　大目付より「大手方火掛之心得」尋→桜田方にも同様の尋ねがあったため、調整して回答　「大手ニ而火掛之儀者享保十七子年四月十日御用番松平左近将監様ゟ酒井雅楽頭様江御達之趣(〈9〉)ニ相心得罷在候、乍去当時者詰場所近所ニ而も御役人様方御差図無之内ハ相見合候心得ニ御座候」→2月5日「御城入不申心得ニ御座候哉」ほか再度尋→2月14日「御城御門々鑑札兼而相納置、御差図次第　御城入仕候心得ニ御座候」)	−	⑮
「申送」(文政6〈1823〉年7月6日　大手方・桜田方御防へ、板木打方の注意　〈4〉の徹底)	−	⑯
「申送」(文政6〈1823〉年10月9日　大目付より、安永5年日光社参留守中の勤め方を、美濃紙・竪帳3冊にして提出するよう指示→10月28日に提出)	−	⑰
「申送」(文政7〈1824〉年8月14日　大目付より、17の三冊のうち1冊返却)	−	⑱

注1：松代藩の出典は「大手方日記」、高田藩の出典は「大手方御譲書写」(「奏寮要覧」七、上越市立図書館蔵)である。

2：松代藩・高田藩の項の数字は、それぞれの記載順である。

3：＊は年欠だが、町奉行根岸鎮衛の悴衛粛が文化6年7月18日に先手弓頭に就任したことと(『柳営補任』3、東京大学出版会、1963年、16頁)、宛所である大手方・桜田方の大名の組み合わせを『袖玉武鑑』と照合して年代を特定した。

第4表　大手方火之番の引継文書「御譲書」の内容

内容	松代藩(文化9年)	高田藩(天保4年)
「寛延二己巳年八月朔日細川越中守様衆ゟ之廻状之写一通」(病気で藩主が出馬できない際の届出の方法)「向後火之御番被蒙　仰候御代合之御方々様江必被仰送候様ニ与口達ニ而御座候」	〈1〉	③
「宝暦十二壬午年二月廿二日御目付曲渕勝次郎様ゟ被成御渡候御書付写」(去る16日出火の際、人数差出方遅滞につき、近辺の出火、遠火でも大火あるいは風筋がよくない時は準備して遅滞なきよう差出すこと、「尤火之番代り被仰付候者、此旨順々申送候様可被相心得候、若御沙汰有之候而者如何ニ候間、此段申達候」)	〈2〉	④
(安永4年)9月19日(8月22日に目付より　「大手方防平日御成日遠火ニ而茂大火ニ候得者出馬被致候哉」という尋に対し、回答〈「大概御老中様方御登　城可被遊哉之処考合相詰被申」〉した旨連絡)、発端の安永4年5月7日伺書(「来申年日光御社参御留守中大手方火之番勤方」について、「平日御成日之通人数相揃置、若出火有之候節者遠近之無差別人数召連詰場江早速罷出候哉、先格無之ニ付」伺い)添付	〈3〉	⑦
「安永八亥年七月八日・安永九子年十二月二日　大御目付様被仰達書　弐通」(「火事之節出火之次第とくと見定候上、其様子ニ寄為知板木打候様ニ致し、騒々敷無之様ニ可相心得旨」・再触)	〈4〉	⑨? (番号欠)
「乍壱通者以来定式之義付記置　折懸上ニ　享和元酉年七月廿日御廻状写」(「銀座引替地蛎殻町座方普請ニ付」「煙立」、以後も通用銀吹き方で定式で「煙立」)	〈5〉	⑫
「申送」(明和8〈1771〉年8月14日　大目付・目付より、「御社参　御留守中大手方勤帳相仕立、来る九月中旬迄差出」を命じる)・9月13日(先格が無いため、平日御成日之通でよいか伺い)	〈6〉	⑥
明和8年9月19日「平日御成日遠火ニ而も大火ニ候得者出馬致心得之旨御尋」→請書提出(この部分真田本脱落)→「先格無之、御同様御伺之御方様一同ニ申合、伺書差出」(桜田方・紅葉山・二丸・吹上)→辰(明和9年)3月いまだに指図が無い旨「申送」	〈7〉	⑧
安永4(1775)年10月26日(前任者が提出した来申年日光御社参御留守中勤方の伺書の再提出を命じられ、再提出)、11月21日(江戸城中に呼び出しの上、現在の名前で再提出するよう、指示)、11月24日(伺書再々提出〈御留守中は平日御成日の通り人数をそろえ、出火の際は遠近にかかわらず人数を詰場に出せばよいのか〉)、11月28日(伺書の受理)、11月晦日(目付・大目付からの尋「御社参留守中幷平常出火之節大手方勤方儀如何相心得候哉」)、12月朔日(回答、これをもとに留守中は「平日　御成御座候節之通り之心掛ニ而罷在」、請書提出)、閏12月11日(伺書に付札で正式に回答)、申2月23日(結果を次の交代相手佐倉藩堀田家へ「申送」)	〈8〉	⑤

⑫）、「建場札」の確認（第2表-1⑬）、三町火消の免除願（第2表-3）があったが、これらは引継書類には示されないものが大半である。もちろん、引継にあたっては文書の引き渡しのみならず、口頭によるやりとり、あらかじめの指示や懇意の幕臣による情報の受信があった可能性もあろう。しかし、任命された日に即座に多くの手続きを処理していることから、基本的な職務の内容や手続きは、担当藩が理解していることが前提となっていると考えられる。

　そして勤役を遂行するために、道具や火の見櫓という施設の所持が必須であるほか、場合によっては「行列帳」・「御建場絵図」（第2表-1⑭）、板木・拍子木・途中相図の打ち方の覚（第2表-1⑫）など根拠となる別の文書が存在していたことがうかがえる。また、五月二十五日に申し渡した担当家中への「御条目」（第2表-7）は、基本的には行儀作法を守り、争いを起こさずに精勤する、というわば一般的な軍務規定であったが、[35]越後高田藩の場合は、江戸城内への出入りや定火消との関係などを説明した「覚」を支配役（大中老）より読み聞かせている。[36]松代藩の江戸屋敷の文書改めの記録には、この文化九年「大手方日記」のほか、大手方任命の老中奉書、「同年同月同日置付（文化九年五月十六日）　大手方御人数御行列　壱帳（朱書）「但文化十四年丑七月蒙　仰候節御供減等有之付朱書之通改有之」」、「大手方御防　文久二巳年　文化九申年　文化十四丑年　三巻一帳」、「安永二巳年文政二年八月桜田方被蒙　仰之記　一冊」がみられる。[37]残念ながら、本稿で分析対象とした文化九年「大手方日記」以外は現存していないが、引継文書とは別に何らかの職務内容に関する記録があり、これにもとづいて指示がなされた可能性が高い。

（3）幕府の職務管理

　最後に、幕府の大目付が、江戸城内での消火活動（第4表-⑮）や、日光社参時の江戸警備体制の基準にしようとした御成日の勤め方（第4表-〈7〉・〈8〉）を、役を賦課し現場で指示をする幕府側の担当者がいるにもかかわらず、あえて担当藩に尋ねている点に注目したい。たとえば、前者については、掛川藩の場合（文政四年〈一八二一〉一月二十七日「申送」）、大目付より「大手方火掛之心得御尋」があり、桜田方火之番にも同様の尋ねがあったため、桜田方担当の棚倉藩井上家と調整し、藩の側で基本となる享保十七年の書付（第一節参照）と現状を回答している（「大手ニ而火掛之儀者享保十七子年四月十日御用番松平左近将監様ゟ酒井雅楽頭様江御達之趣ニ相心得罷在候、乍去当時者詰場所近所ニ而も御役人様方御差図無之内ハ相見合候心得ニ御座候」）。つまり、幕府自身は現場での判断の経緯や実情を公的には記録しておらず、担当する各藩の蓄積に依存しているといえよう。担当藩からすれば、こうした幕府からの問い合わせに常に答えられることが求められていたのであり、その根拠としても文書作成が必須だったのである。

おわりに

本稿では、所々火消という江戸での勤役にかかわって松代藩江戸家老が作成した記録「大手方日記」をとりあげ、藩が参勤中に常に役負担に備えていなければならなかったこと、大手方火之番が享保十七年（一七三二）三月の大火を契機として定置され、江戸城警備において大名火消の最終ラインを担ったことを明らかにした上で、藩政アーカイブズおよび幕府の組織体のアーカイブズの視角から検討をすすめた。

まず藩政アーカイブズという観点からは、本史料は太田尚宏が明らかにした家老日記から派生した機能別の日記の一つと位置づけられる。内容は、「江戸家老日記」で省略された任免の経緯などが詳細に示されており、先例としての機能を意識して作成したと考えられる。そして、門番役にみるように、こうした幕府の役にかかわるものは、とくに先行して別帳が作られていたのである。

次に、幕府の組織体のアーカイブとして、記載内容の中でとくに引継文書に注目し、①任命は老中連署奉書で当事者に伝えられるが、引継の内容について幕府は関与せず、藩同士のやりとりと担当藩の経験の蓄積に依存していたこと、②幕府の問い合わせの内容から考えて幕府が先例を正確に把握できていなかったこと、③役の遂行と幕府からの問い合わせのため、藩では役にかかわる文書を作成しておく必要があったこと、を指摘した。こうして、早い段階から、家老日記より別帳化した記録が作られることとなったと考えられる。

なお、別稿で筆者は、同じく江戸における大名課役である江戸城門番の情報管理を明らかにした(38)。門番の場合、交代にあたって重要だったのは、施設の管理の象徴である鍵、そして勤務内容の引継を意味する文書の引渡であった。後者については、基本的には当座の挨拶先や破損箇所など引継事項を示した「申送」、御成や通行者の改めなどに関する当該門番の勤務や作法・慣習について詳細に記した「申合」、壁書・度々の「仰渡」・年々の「定」・時限な「断」から今後の参照すべきことを担当藩が書き綴って門番所に常備した「置帳」、そして必要に応じて担当藩が前任の藩から写す文書があった。これらの引継文書は担当藩の自主的な判断によって作成が開始されたものであり、その引継には幕府役人は立ち会っていない。このように門番の遂行は藩の自律性に大きく依拠しており、そのために情報を伝達しても藩ごとの慣習や対応の差が生じるという事態もおきていた。

所々火消が門番と共通するのは、職務の引継やその際の情報伝達に幕府役人が関与せず、職務の遂行にあたって藩の自律性に大きく依拠した点である。ただし、軍役が藩の自律性を前提としていることは当然だが、所々火消の大手方については、引継文書には職務遂行の詳細にかかわる内容がほとんど記されていない。また、所々火消の引継文書は内容的には門番の引継文書のうち「申送」に該当すると思われるが、冊子体に編纂されることはなく、引継にあたっては取捨選択も行われた。さらに、「置帳」のような文書も作成されなかった。門番所で勤務する門番とは異なり、共通の役所を持たず、大量の文書を保持することが困難だったこともその一因であろう。

ただし、実際の遂行と幕府からの問い合わせに備え、藩での先例としての文書作成が必須のものとなったと考えられる。

なお、手続きや職務遂行の詳細が交代時に文書で引き継がれない理由は不詳だが、大手方の担当藩は大手門番の勤役経験がある場合も少なくなく、また屋敷所持の役としてすべての藩が近所火消（三丁火消）を勤めていることから、こうした経験と蓄積である程度はカバーできた可能性が高いこと、(39) また恒常的な詰がなく、緊急の出動のみという所々火消の職務の性格が想定される。史料的制約から、門番との情報管理・伝達の相違を指摘するにとどまったが、ほかの江戸での大名課役との比較・検討も含め、今後の課題としたい。

（1）国文学研究資料館編『藩政アーカイブズの研究』（岩田書院、二〇〇八年）、同編『幕藩政アーカイブズの総合的研究』（思文閣出版、二〇一五年）。

（2）国文学研究資料館蔵真田家文書い一六八一（以下、同文書については史料の表題と史料番号のみ記す）。国文学研究資料館蔵真田家文書には、「重教」作成の文書として、この「大手方日記」のほか、天明期から文政期の家老私用日記と家老日記控など約三〇点が確認できる。「家中家譜」（真田宝物館蔵）によれば、「重教」は文化九年当時の家老望月頼母貫勝が最初に名乗った名前であった。天明元年（一七八一）に監物、のち主水、そして頼母と改名し、文政八年（一八二五）に隠居して子供が家督を継いでいる（国立史料館編『真田家家中明細書』東京大学出版会、一九八六年）。「家中家譜」によれば、重教を名乗った者はほかにいないため、ここでは望月貫勝の作成と考えておきたい。

（3）太田尚宏「家老職における執務記録の作成と保存」（本書第二章）。

（4）大友一雄「幕府寺社奉行と文書管理」（高木俊輔・渡辺浩一編『日本近世史料学研究』北海道大学図書刊行会、二〇〇〇年）、国文学研究資料館史料館編『幕府奏者番と情報管理』（名著出版、二〇〇三年）、大友一雄『江戸幕府と情報管理』（臨川書店、二〇〇三年）。

（5）拙稿「江戸城門番役の機能と情報管理」（『国立歴史民俗博物館研究報告』第一八三集、二〇一四年）。

（6）針谷武志「軍都としての江戸とその終焉」（『関東近世史研究』第四二号、一九九八年）。
（7）八戸藩については、前掲註(5)拙稿「江戸城門番役の機能と情報管理」で全貌を示した。
（8）享保六年（一七二一）以前の勤役については、『武鑑』（『江戸幕府役職武鑑編年集成』第六巻、東洋書林、一九九六年）の記載から、宝永三～四年（一七〇四～五）の大手門番が確認できる。また、海防関係については、嘉永六年（一八五三）四月十五日の「海防人数被仰付」を嚆矢とする（「(繰出目録)」い一九二八）。
（9）「江戸日記」（い八五五）閏八月二十三～二十五日条。
（10）依田家文書六九（国文学研究資料館蔵）。
（11）池上彰彦「江戸火消制度の成立と展開」（西山松之助編『江戸町人の研究』第五巻、吉川弘文館、一九七八年）。
（12）前掲註(6)針谷「軍都としての江戸とその終焉」。『幕末御触書集成』第四巻（岩波書店、一九九三年）、三六九八～三七〇二。
（13）前掲註(11)池上「江戸火消制度の成立と展開」ほか。
（14）拙稿「江戸消防体制の構造」（『関東近世史研究』第五八号、二〇〇五年）。
（15）拙稿「江戸の治安維持と防備」（『歴史と地理』六四〇　日本史の研究二三一、二〇一〇年）、同「江戸城警衛と都市」（『日本史研究』五八三、二〇一一年）、同「境界としての江戸城大手三門――門番の職務と実態――」（『東京大学史料編纂所研究紀要』二二号、二〇一二年）。
（16）同文の写が「子四月十日（享保一七年〈一七三二〉）御用番松平左近将監殿ゟ来ル御書付」とされ（「奏寮要覧」七、上越市立高田図書館蔵榊原家文書）、また後述するようにほぼ同文の桜田方の書付が同日に担当の松代藩に渡されている（「日記　御在所控」い七三七）ことによる。
（17）『東京市史稿　変災篇』四（東京市、一九一七年、七九七～八一二頁）。
（18）前掲註(16)「日記　御在所控」（い七三七）。
（19）ちなみに、須原屋版の『武鑑』では、大手方は「御本丸」、桜田方は「西丸」と表記されている。
（20）「明和九辰年大手方御勤帳」（う三三）。藩主の持病、内桜田門番所後ろの櫓への火掛りについては、「御在所日記」（い七八一）の記述による。

(21)「家中家譜」（真田宝物館蔵）によれば、明和三年（一七六六）の時点の役職は御使役である。

(22) い八八五・八八六。

(23) 残存している家老日記（い八一八・八二三）で、幕府目付よりの「上梅林・汐見二重両御櫓・同続三ケ所御多門共修復」にともなう「烟立」の届（七月二十日）、「廿二日夜吹上御庭六時ゟ五時頃まて之内あかりさし候儀」（七月二十一日）、「四ッ谷御門外大土手崩所築立其外共御修復」にともなう「烟立」（閏四月二十日）について、参照の文言が見られる。

(24)「嘉永三年日記」（真田宝物館蔵二四―一―二三）。

(25) 国文学研究資料館編『藩の文書管理』（名著出版、二〇〇八年、三一一〜三一二頁）。

(26) 真田家文書で現存している家老日記は、大半が家老の扣であったことを太田尚宏が明らかにしている（太田尚宏「真田家文書〈家老日記〉の種類と性格」『国文学研究資料館紀要　アーカイブズ研究篇』一〇、二〇一四年）。

(27) 太田尚宏「家老職における執務記録の作成と保存」（本書第二章）。

(28)「日記（江戸家老）」（い一二〇）九月二十日条。なお、時期は下るが前掲註(25)の「江戸日記入注文」には、門番・火消関係の記録が確認でき、同時期の文化二年閏八月二十二日の大手方免除の記事で「委細大手帳記之」とあるように（「江戸家老日記」い八五五）、こうした役にかかわる別冊の恒常的な作成が確認できる。

(29)「幸貫公御家督ヨリ日記繰出帳　乾」（い一九〇八）。

(30)「明和九辰年大手方御勤帳」（う三三）。「御部屋御刀番」の作成で、表紙に、「享和元酉年　御家督後初而大手御番被遊　御勤候、右御詮議付、御留守居ゟ書抜差上候付写置」とある。典拠が日記からか、別帳からかは不明であるが、ここでは別帳が存在した可能性を重視したい。また、享保十七年（一七三二）の桜田方に任じられた際の国元日記（「日記　御在所控」い七三七）では、別冊の存在は記されていないが、国元日記であるため、記載されなかったと考えておきたい。なお、大手方火之番における藩主の出動については、嘉永五年（一八五二）十二月二十日に、大名小路の鳥取藩上屋敷（松平相模守）からの出火で、「若殿様」が「大手御立場」に詰めたことが確認される（「〔繰出目録〕」い一九二八）。

(31) 前掲註(2)『真田家家中明細書』一二三頁。

(32) 町奉行根岸鎮衛の悴衛粛が文化六年七月十八日に先手弓頭に就任したことによる（『柳営補任』三、東京大学出版会、一九六三年、一六頁）。ちなみに、文化六年刊の須原屋版『袖玉武鑑』（渡辺一郎編『徳川幕府大名旗本役職武鑑』二、柏書房、一九六七年）の大手方・桜田方の大名家の組み合わせも宛名と一致する。

(33) 翌文化十年正月九日に「普請方徳居　下座見御抱」として登場する（「江戸日記」い八九一）。嘉永五年（一八五二）に同名の番組人宿九番組の商人が存在しており（「諸問屋名前帳」国立国会図書館蔵）、職種から同じ家と判断した。

(34) 挨拶先は、老中、若年寄、留守居、大目付のほか、相役の桜田方火之番、下梅林門番、目付、百人組根来組組頭・伊賀組組頭、定火消、といった出動にかかわる幕臣、御用頼みのうち西丸目付・先手である。

(35) 全体に対するもの（七か条）と、とくに「役所之面々」に対するもの（五か条）からなり、「江戸御目付日記」（い一六七）では、前者は「御條目」、後者は「御定書」と称されている。前者は、①昼夜の精勤、②支配の面々による入念な人数改、③迅速な寄場への集合、④詰場・寄場での行儀、⑤・⑥幕府の役人や往還の人びとに無礼のないこと、⑥行列の乱れなきこと、⑦喧嘩口論の禁止である。後者は、①勤番中の外出制限、②纏ほか道具の取扱い注意、③行列の着衣（看板）の監督、④詰合の際の他家の家来との「異論」の抑止、⑤詰場での留守居による御用の説明への注意、ほかすべて油断なく「異論」・「せり合」のないよう管理すること、となっている。

(36) 桜田方をつとめた宝暦十二年（一七六二）十月・天明六年（一七八六）・寛政六年（一七九四）・同十二年に「読聞かせた「桜田方御条目」があり（榊原家蔵・旧高田藩和親会管理榊原家文書り三八二）、ほぼ同文の大手方の「覚」が前掲註(16)「奏寮要覧」七にも収められている。

(37) 「日記幷諸帳面入注文」（前掲註25『藩の文書管理』）。

(38) 前掲註(5)拙稿「江戸城門番役の機能と情報管理」。

(39) たとえば、板木の打ち方や、行列の組み方など。

第5章　糸会所の記録作成・授受・管理と機能
——記録管理システムと専売制——

西村慎太郎

はじめに

本稿では、松代藩糸会所をめぐる文書・記録の作成・授受・管理を通じて、糸会所の機能を検討するものである。特に藩庁の組織や役職、地域社会との関係を重視してみたい。

松代藩糸会所や糸会所の機能を拡充した産物会所に関する研究は、吉永昭氏の近世専売制研究において詳細に論じられている(1)。吉永氏の研究は一九五〇年代が中心であるが、現在までの近世専売制研究の大きな礎となっていることは疑いあるまい。吉永氏の意義としては次の二点が挙げられよう。①それまでの西国雄藩の発展性に対する評価に対して疑義を提起したこと。堀江英一氏は領主権力による商品の購買・輸出の独占を促進することを可能にした西国諸藩による専売制が明治絶対主義に結実したと評価している(2)。この評価に対して吉永氏が提示した事例は松代藩であり、松代藩の専売制が西国諸藩と異なる様相であったことを述べて批判している。そして、②松代藩専売制の歴史的展開を明らかにしたうえで専売制の様相を再評価した。松代藩における展開は大きく四つに分けられ、糸会所時代（文政九年～天保三年）、産物会所時代（天保四年～天保八年）、大坂交易時代（嘉永二・三年頃）、産物会所再編成時代（文久三年〜明治三年）としている。これらについては、松田之利氏の農村構造との関連性が不明確であり、封建的危機への対応が見えないという批判[3]や荒武賢一朗氏による大坂交易の失敗という評価に対する再検討も成されている。[4]

また、実際吉永氏が研究を発表していた段階では文書整理は進んでいるものの、目録刊行を前提としたものではないため（仮整理）、仮整理段階と目録刊行後に付与された文書名との相違があり、該当する史料に辿り着けない場合が少なくない。[5]

本稿において、糸会所と藩庁や地域社会の関係を文書・記録から検討するという視角には以下のような眼目がある。吉永論文においては専売制を行う機関としての糸会所と藩との関わりが不分明であった。たしかに取締役を務めた八田嘉右衛門以下の役職は示されているものの、その役職が具体的にどのような職掌であったか、どのように糸会所以外の人びとと関係したかなどの、いわば組織と制度に関する解明が課題として残されている。この課題を作成・授受・管理される記録・文書から問いつつ、日本近世史研究においては専売制の主体について再考してみたい。

第一節　松代藩養蚕業・製糸業の概要と糸会所の設置

最初に松代藩とその周辺地域における近世養蚕業・製糸業の様相についての概要を示してみたい。以下、当該地域の近世養蚕業・製糸業については『信濃蚕糸業史』の成果による。[6]

松代藩地域における養蚕業・製糸業の普及は十八世紀後半にさかのぼる。松代藩内の玉井市郎治が奥州より桑苗・蚕種をもたらせて普及に努めたことがその発端と言われている。[7]その後、玉井市郎治は明和年間に甲斐国都留郡「宝納村」[8]幸蔵夫妻を招聘し、村内の女性に養蚕を伝授した。さらに二代目玉井市郎治は寛政年間に桑苗五

○○○本を藩に献上、文化元年（一八〇四）には『蚕養育の事』を執筆して数千部を藩に献上し、村への頒布を依頼した(9)。玉井市郎治のような地方での活動を受けて、藩側は寛政年間より養蚕の奨励に努めている(10)。文化年間には安永・天明年間に開発された小網新田村（現在の長野県埴科郡坂城町）で、吾妻銀右衛門による桑作が行われたことによって(11)、千曲川沿岸地域（更級郡一帯の上郷地域）が生糸生産地域として発展していった(12)。

これら産物を売買するため、文化六年六月に藩内鼠宿・新地村（いずれも現在の長野県埴科郡坂城町）に糸市が立つこととなった(13)。しかし、上田商人によって反対がなされ訴訟にまで発展してしまう。そこで松代城下町に市を開設することとなった。市の開設によって、生糸生産地域→松代城下町の糸市→上田・上州商人という流通ルートが生まれることとなる。このような時期に藩の糸会所が設置されることとなったのである。

次に、文政九年（一八二六）の糸会所設置とそれ以前から藩内の産業のひとつであった糸そのものに関わる藩の記録・文書について述べたい。

国文学研究資料館蔵真田家文書の中には「糸元師願留日記」ないし「糸日記」と表記された帳簿が遺されている。このうち、前者の「糸元師願留日記」は文政九年に記されたものであり、「小野喜太右衛門御役所」とも表記される。この小野喜太右衛門とは当該期に町奉行を務めていた人物である(14)。糸元師《いともとし》とは、他の地域では糸師とも称され、製糸業に従事した存在である。すでに吉永氏の研究でも明らかにされているように、松代藩では文政二年より鑑札が発給され、同十三年には一二二軒が存在していた。糸元師の下には数名の挽子《ひきこ》がおり、挽子が製した糸を糸元師が糸市にて売り捌く仕組みになっていた(15)。町奉行小野喜太右衛門の「糸元師願留日記」は文字通り糸元師が提出した願書・伺書・届書の写しとそれに対する下げ札（藩側の許可・不許可）であることから、藩内の製糸業に関わる諸事には松代藩町奉行が統轄・管理ないし関与していた様相がうかがえよう。ただし、後述するように糸会所設立以降は在方糸元師については郡奉行も関与している。後者の「糸日記」は糸会所設置直後から作成された[16]。記載内容は糸元師などの製糸業関係者による願書・伺書・届書とその文書の授受や決裁、あるいは藩庁内外の人びととの談合の様相が把握できるものである。

文政九年十一月六日に糸会所が設置された。吉永昭氏は糸会所の設置について、養蚕・製糸業の藩内における興隆とそれにともなう専売制を目指したと評価しており[17]、首肯すべき点であるが、なぜ文政九年十一月六日なのか、なぜ糸のみの専売なのかについて、直接的な史料は残されていない[18]。結論から言えば、藩内でも組織改革が進められており、糸元師の管理などの業務を藩庁組織から分離させることによって、町奉行の業務軽減、すなわち業務を糸会所と分担することをすすめたのではなかろうか。このように評価した場合、藩による専売制の成立というよりも、むしろ「民営化」と会所への業務委託と位置づけられよう。その根拠として、糸会所設置以降、町奉行内組織によって作成されていた日記類の記載内容が極端に減少しており、文政十年六月十六日を最後に「糸元師願留日記」は終わっている。「糸日記」も文政十年は十二月まで記述があるが、文政十一年・十二年は作られていない。

他方、次のような疑問が生ずる。なぜ町奉行側の日記が文政十三年に再開したか。その理由は次のように考えられよう。藩は文政二年に鑑札を発行して以降冥加銀の賦課を行っていたが、糸会所設置とともに廃止された。吉永氏によれば挽子の独立（手前挽）を促進していたが、多くの挽子が糸元師の下で賃労働をしていたため、文政十三年に至って、挽子の人数に応じた冥加銀の賦課を決定した。その際の触書では、「向後挽子自他之混雑無之為取締、今年（文政十三年：引用者註）より是迄冥加相改、銘々手ニ附置候人別江懸り、元師冥加銀申付候」と述べられている。この点について文政十三年に再開された町奉行所による日記には、「糸御締筋之儀、去丑（文政十二年）正月中内々手附共申立候以来、糸会所懸り之者共江茂及内談」「去十二月中寄合之節茂粗内評致置候一条、追々勘弁、荒々見込も附候ニ付、下案素稿相認」と記されていることから、冥加銀賦課が再び行われるようになったため、町奉行所でも日記を認めることとなったのであろう[19]。

一方、糸会所取締役（後述）を務めた八田家でも、糸会所設置直後から「日記」が作成された。これらは町奉行による「糸日記」同様製糸業関係者による願書・伺書・届書とその文書の授受や決裁が記されているが、糸会所側の視線で作成されている点に特徴があろう。糸会所の研究としては両者を合わせて利用することが求められる。

第二節　糸会所の組織について

ここでは糸会所の内部組織と藩庁との関わりについて述べたい。すでに吉永氏によって糸会所内部の役職と担当者が明らかにされているので[20]、その成果を踏まえつつ、糸会所内外の職務・職掌を検証してみたい。

最初に藩庁側の立場、藩役人はどのような人物が関わったのかについて述べる。既述の通り、糸会所設置以前より町奉行側は「糸元師願留日記」を作成している。さらに糸会所設置直後、文政十年（一八二七）からは「糸日記」が作成されている。では、藩庁で糸に関わる藩士はどのような人物であったか。史料1は町奉行所で作成した文政十年「糸日記」、史料2は糸会所で作成した文政十年「日記」である（以下、史料の丸番号・傍線は分かりやすいように筆者が適宜付けたものである）。

【史料1】

（文政十年四月三日条）

一、糸御懸り靫負（家老恩田靫負）殿是迄之通御務ニ付、以来御同人江相伺候様監物（家老矢沢監物）殿被仰渡候、右之趣源治兵衛（郡奉行北沢源治兵衛）・権右衛門（郡奉行興津権右衛門）江も申通候様被仰聞候ニ付、両所江申達ス[21]

【史料2】

（文政十年三月・四月条）

一、糸方之儀、是迄恩田靫負（家老）殿御懸之処、今般御勝手方矢沢監物（家老）殿被　仰付候得共、糸方之儀者是迄之通靫負殿御懸之旨、右之段相心得候様、北沢源治兵衛（郡奉行）殿御申渡、右之趣中嶋三右衛門（郡方役人カ）殿より被申聞、依之会所詰之ものへ右之段申通ス(22)

史料1から「糸御懸り」はこれまでの通り家老恩田靫負が務めることとなり、郡奉行へもその旨が伝達された。史料1の執筆主体は町奉行所であることから、糸会所に関わる家老・町奉行・郡奉行は「糸御懸り」と称されていたことがうかがえよう。また、史料2のように「糸方」とも称された。なお、史料は省略するが、町人として糸会所に関わる場合、史料上では「会所懸り」と記されている。

この「糸御懸り」の奉行は町奉行・郡奉行二名ずつのうち、片方の者が務めていたようである。次の史料3を見てみよう。

【史料3】

（文政十年）
一、八月五日朝北沢源治兵衛（郡奉行）殿幷関田守之丞（勘定所役人カ）殿江戸表江出立
一、八月六日興津権右衛門（郡奉行）殿江北沢源治兵衛（郡奉行）殿出府ニ付、糸方懸之義、御差図御座候旨、水井忠蔵（勘定役）殿より申通有之
一、八月十一日興津権右衛門（郡奉行）殿御宅ニおゐて糸方之義ニ付寄合有之、中嶋三右衛門（郡方役人カ）殿・堀口与一右衛門（勘定所役人カ）殿・水井忠蔵（勘定役）殿・元方両人出席(23)

この「糸方懸」＝「糸御懸り」を務めていた郡奉行北沢源治兵衛が出府してしまったため、「糸方懸」の「御差図」をもうひとりの郡奉行興津権右衛門が担うこととなり、興津邸で寄合が開催されている。

その他、糸会所に関する藩役人を検証するうえで年初めの「会所開」が注目される。「会所開」とはその年の

仕事始めであり、年頭御礼の儀式である。史料４は文政十一年の「会所開」の記事である。

【史料４】

（文政十一年正月）

一、十一日会所開ニ付、神酒壱升・するめ拾まい被下、町方懸り同心両人・吟味方・世話人罷出候、（中略）以後御勝手方矢沢監物殿・糸方御懸り恩田靭負殿・町方小野喜右衛門殿・郡方御懸り興津権右衛門殿江請罷越候事[24]

史料４から「会所開」に際して「町方懸り同心」がおり、その他、家老・重臣クラスに年頭御礼をしていることがうかがえよう。なお、同心については史料上「糸御会所御懸り御同心」とも記されている。[25]以上から、「糸御懸り」家老―「糸御懸り」奉行―同心という藩内指揮系統が確認できよう。

次に糸会所内部はどのような人物が関わったのかについて述べる。

（１）取締役（一名）

取締役は八田嘉右衛門が務めている。この八田家は国文学研究資料館に文書が所蔵されている家で、藩内の様々な御用を勤めた城下町の商人であり、藩から扶持も拝領、明治維新後も松代地域の経済に貢献し、第六十三国立銀行頭取を務めた（現在の八十二銀行の前身）。ただし、「日記」にはほとんど登場しておらず、既出の史料３によると、町奉行の興津権右衛門が「糸方懸」就任直後の寄合では、郡方役人・勘定方役人とともに「元方両人（惣元方）」が出席している。また、後述するように吟味方・世話方手当支給の伺いにも「元方」が提出している。

（2）元方（二名）

元方は「惣元方」「元方両人」とも称された。吉永氏も明らかにしているように、八田喜兵衛・八田辰三郎の「両人」あり、喜兵衛は嘉右衛門の義弟（母方のはとこ）、辰三郎は嘉右衛門の婿養子である。このことから、八田嘉右衛門を頂点にして、嘉右衛門の家族が糸会所の実務担当者であり、藩役人と直接接点があることがうかがえよう。

（3）吟味方（二名）

吟味方については史料5からその役割が明らかとなる。糸会所作成の「日記」文政十年十二月九日条で、郡奉行の北沢源治兵衛と郡方役人の中島三右衛門に対して会所側から次のように伝えられた。

【史料5】

糸会所詰之内、吟味方者荷物改方幷都而御貸下金上納方請合等ニ茂携り、売買所金銀出入等之義ニ付而者悉く心配有之、世話人之義茂是又同様之趣ニ而、一統糸方之義迄種々取扱筋有之、別而会所泊迄茂相勤、太義仕候義ニ而、銘々自分之商用筋を茂欠候而相勤居候義ニ御座候間、御手充被成下候之様仕度、尤御手充被下方之義者、会所御貸下金利金御出方多分御座候節者、懸り之者手数相増、太義仕候義、御出方少き年者手数太義も薄き訳合ニ御座候間、被下辻之義者、会所御出方之高ニ准じ、被下候振ニ被成居候ハヽ、励ニ茂相成、可然哉、割合之義者、右御出方之十分之二を年々被下、勤方厚薄ニ随ひ、夫々被下辻割合取調候積ニ相心得、其次第ニ寄、少々宛過不及、又者端銀等出候節者差略仕、年々奉伺候様仕、元〆以下江被下物之義者、右割合ニ不拘、別段被成下置候様ニ茂仕度趣評義仕、則今年被下方之義、右之心得を以取調、左ニ奉伺候、

（中略）

一、玄米三拾俵　　前条十分二之金高之内江足金仕、七両弐分を以御買上
　　内
　九俵　　　吟味方両人江壱人ニ付四表半当
　弐拾壱俵　世話人六人江壱人ニ付三俵半当
右之通《趣》奉伺候、以上
　十二月　　両人《元方》

（中略）

右書面郡方御懸り興津《郡奉行》権右衛門殿江差出候処、書面之内、御出方厚薄を以御手充被下候趣ニ而者、利潤而已相争ひ、後来取付方御出方之多分相成、頂戴物相増候を心懸可申、（中略）右御出方ニ不拘被下物評義いたし相伺候様被仰聞候処、右被下物割合等之訳者吟味方・世話人とも江者承知不為仕、懸り之者心得而已ニ而被下物之割合を相伺候義ニ御座候得者、利潤之争ひを赦ひ候義茂御座有間敷と申上置候

一、十二月二十五日右伺之通御聞済ニ付、被仰付方之儀者、於小野《町奉行》喜太右衛門殿役宅可申渡旨被仰渡候間、
　其旨相心得、且元方ニ而壱人出席有之候様、興津《郡奉行》権右衛門殿より申来

十二月二十五日喜兵衛《元方》出席、郡方御懸り興津権右衛門殿御出席[26]

これは糸会所吟味方・世話方の手当支給の伺いを惣元方から藩庁へ求めて、それが認められた史料である。まず既述のとおり、この史料から惣元方の役割がうかがえるのとともに、「荷物改方幷都而御貸下金上納方請合等ニ茂携り、売買所金銀出入等之義ニ付而者悉く心配有之」と記されているように、荷物の改め、「御貸下金」とそれに関わる上納方の管理、「売買所（＝繭売買所）」の金銭管理という吟味方の役割が確認できよう。また、糸会所側は文政十三年に吟味方の増員願を提出しており、そこには「別而新まゆ之時節者日々取斗向茂有之、詰切

不罷在候而者差支候儀ニ御座候」とあるように、繭の売買時期には日々の仕事のために泊まり込み（「詰切」）していることがわかる。このような繁多な業務の見返りとして一人当たり玄米四俵半の手当が求められ、藩より認められている。

（4）世話人（六名）

既出の史料5に世話人の役割が確認できる。そこには「世話人之義茂是又同様之趣ニ而、一統糸方之義迄種々取扱筋有之、別而会所泊迄茂相勤、太義仕候」とあるように吟味方同様の役割をして、やはり泊まり込みのために「太義」であると評価されている。このような繁多な業務の見返りとして一人当たり玄米三俵半の手当が求められ、藩より認められている。そして、文政十三年二月には年番世話人が設置され、馬喰町文三郎・治助、紺屋町嘉兵衛・忠作、伊勢町助弥・源左衛門、中町弥十郎・忠左衛門、荒神町宇三郎・利左衛門が任命された。また、繭仲買の管理は文政十年三月に鑑札が発給され、同年五月二十二日に繭仲買年番が設置されたが、文政十三年二月に至って繭仲買管轄が年番へ言い渡されている(27)。

では、これら会所役人が詰めた糸会所はどこにあったか。吉永氏は惣元方八田喜兵衛の役代である「惣兵衛屋敷」の一部を家賃八両で借り受け、そこを利用したと述べている(28)。しかし、管見の限り、その点を明らかにする史料は見られず、詳細は不明である(29)。なお、『更級埴科地方誌』の附図によれば、産物会所は八田家から見て道路を挟んだ東南斜向かいに位置していた(30)。

以上のように、糸会所を取り巻く組織をまとめると第1図のようになる。

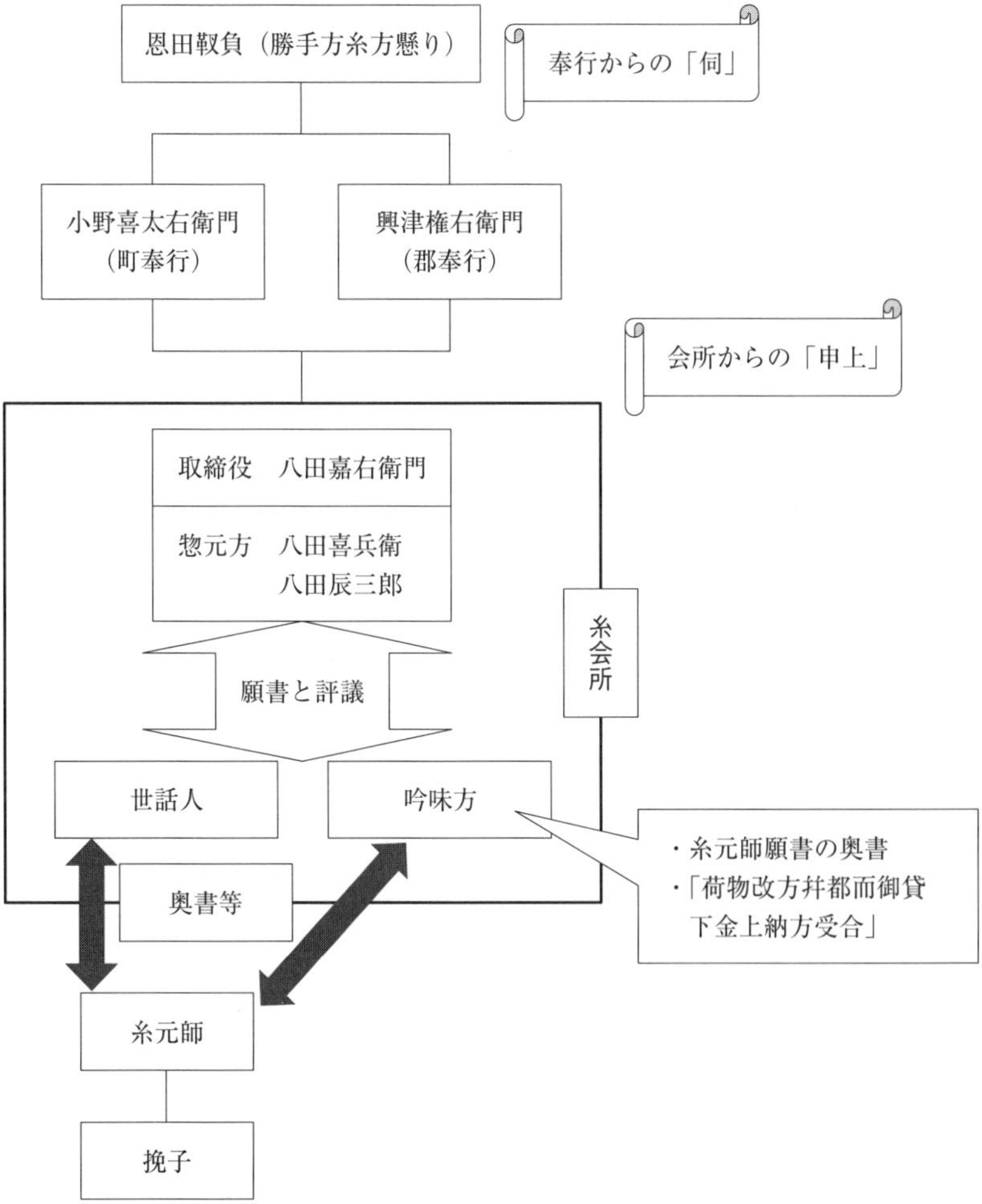

第1図　文政10年糸会所組織

第三節　糸会所を通じた糸に関わる文書の作成・授受

ここでは、糸会所設立以降、糸に関する文書がどのように作成・授受されたかについて検討する。文書の授受の問題を前提としつつ、そこから垣間見える糸会所の「政策」[31]策定を検証し、専売制の様相を再考したい。

そもそも、松代藩糸会所の「政策」および役割については吉永昭氏が詳細に検討し、次のようにまとめている。[32]①挽子独立を促進するため糸挽道具の貸付、②同様に、挽子独立を促進するため挽子への原料繭を原価での売り付け、③糸元師に対する冥加銀附加、④会所貸下金の差配である。それぞれ重要な指摘であるが、これらの「政策」がどのように企図され（立案され）、誰がイニシアチブを持ったかという課題が遺されていよう。他方、松代藩藩政史料の場合、「簿冊型史料」と「書付型史料」に分けられ、[33]吉村豊雄氏は「書付型史料」の「綴込伺書」に注目して、ⓐ村方による願書、ⓑ代官所から郡奉行への伺書、ⓒⓐとⓑを添えて郡奉行から勝手掛家老へ伺書の三点に、家老の付紙を貼付して郡奉行所で原文書を保管管理したという点を明らかにしている。[34]糸会所の場合、「書付型史料」がほとんど遺されていない。

具体的に糸会所に関する諸策をめぐる文書の授受について確認してみよう。次の史料6は糸会所で作成された「日記」より文政十年（一八二七）六月に繭売買方の設置を世話人から会所へ願い出たものである。

【史料6】

①以口上書奉願候

先年糸世話人繭問屋株被成下　御許容候処、先達而御産物方御延引被　仰出候砌、御引上ニ罷成、売買方差支候付、其後奉願荷宿与被　仰付、当時右荷宿ニ而年々繭売買仕居候得共、手元不都合之儀ニ罷在候故、荷物多分入候而者、仕切等茂果敢取不申、是迄者右ニ而茂相済候之儀ニ御座候得共、去冬中御会所　御取立被成下候ニ付而者、近郷ニ而茂御当地売捌方差支無之趣ニ見込候而、当春中迄存外ニ繭荷送附候義有之、当新繭ニ相成候ハヽ、猶以送り附之荷物茂相増可申、其上仲買　御鑑札相渡候節茂、御当地江繭出精持参可仕趣を茂、銘々申聞置候義、殊飼蚕茂相応出来之様子ニ付而者、当新繭荷物多く持込可申哉奉存候所、只今追々振合ニ而者捌方仕切方共不都合ニ而、繭持参仕候而茂、不案内之者者早速売捌出来兼、買人銘々江売附候而茂、代金取集之日柄等相懸り、不弁利御座候間、自然与荷物入方相減、外々江荷物引可申与、兼々心配仕罷在候処、今年者　御会所相立、融通宜相成、弥市立繁盛仕、捌方之差支聊無御座候与近郷ニ而茂推察仕、御当所を目当ニ仕、荷物持込候而ニ而、只今迄之振合ニ取扱仕候而者、手初之所ニ而風聞悪敷被成、往々開方之差障ニ茂相成、何共歎敷残念至極之義ニ奉存、打寄内談仕候処、何卒暫　御会所御手先之趣ニ而、問屋成共売買所成共三軒程　御許容被成下、市町三町之内江順廻りニ日限を以相立、右場所ニ而取引仕候振ニ罷成候得者、取締茂宜、売方・買方之都合宜、荷物入方之差支無御座、殊右場所御座候得者、手挽之者江小売売附直段等之締茂宜奉存候、依之奉願候通被仰付被成下置候様仕度奉存候、
御許容被成下置候上者、繭売買中私共申含罷出居、万端都合宜様取斗可申候間、何分ニ茂　御聞済被成下候様仕度奉願候、以上、

文政十亥年六月

御会所詰世話方

伊平印

仁兵衛印

吉左衛門印

唯七印

武左衛門印
伝兵衛印

御会所

前書之趣、私共江茂相談仕候間、篤与穿鑿仕候処、右場所御座候者、格段都合茂宜趣ニ御座候間、一同奉願候、奉願候通被　仰付候上者立入、如何様ニ茂都合宜様相心懸取斗可申候、以上、

御会所詰吟味方
周兵衛印
善左衛門印

②繭売買方為融通、暫之内糸会所手ニ而問屋成共、売買所成共三軒程被成下　御許容候様仕度旨、別紙之通糸方吟味方・世話方之者願書差出候付、評議仕候処、右場所御座候者弁利可宜奉存候、依之願之通被　仰付下置候様仕度、此段申上候、以上、

六月

八田嘉兵衛（元方）
八田辰三郎（元方）

右書面共小野喜太右衛門（町奉行）殿江差出ス[35]

史料6の①は世話人が繭荷宿となり売買を取り扱っていたが、糸会所が設置され、近郷より繭を売りに来る者が増えるが、売り捌きを十分に行えない状態はよろしくないので問屋なり売買所なりの場所を設置したいという

願いであり、「御会所詰世話方（＝世話人）」から会所へと提出された。この願書には奥書があるが、ここには世話人と吟味方が「相談仕候間、篤与穿鑿仕」り、願い出る旨が記されて、吟味方二名が差し出している。次いで、史料6の②は①の願書（「糸方吟味方・世話方之者願書」）を会所で評議し、よろしいと判断したので申し上げるという旨を元方が差し出している。宛所は記されていないが、あとに「右書面共小野喜太右衛門殿江差出ス」とあることから、①②を元方から町奉行に提出したことがうかがえる。

糸会所による「日記」にはその後「申渡」（後述史料7の③はその案文）の記事になってしまい、これ以上記されていない。そこで、次に町奉行側が作成した「糸日記」から当該記事を検討してみたい。史料6の①②と同様の願書類を記したあと、史料7のように書かれている。

【史料7】

③申渡案文

繭売買為融通、暫之内糸会所手ニ而問屋成共、売買所成共市町三町之内順廻り日限を以上相立度旨、糸方吟
味方・世話方一同□（虫損。差カ）出候、繭売買所名目を以三軒相立、右之内壱ヶ所者吟味方持、二ヶ所者世話方持
ニ而取扱、まゆ融通宜様取捌可申旨可被申渡候、

　月日

④口上覚

繭売買融通之儀ニ付、糸会所詰吟味方幷世話人別紙之通願書候旨、惣元方別紙添差出候ニ付、是迄度々荷宿
名目ニ而取扱来居候振合茂御座候ニ付、願之通申付度奉存候、尤売買所名目ニ而糸会所詰吟味方持、世話人
持与引訳、相立候方、取締茂宜可有御座与評義仕候、依之惣元方江及差図申度奉存候、則別紙願書申渡案文

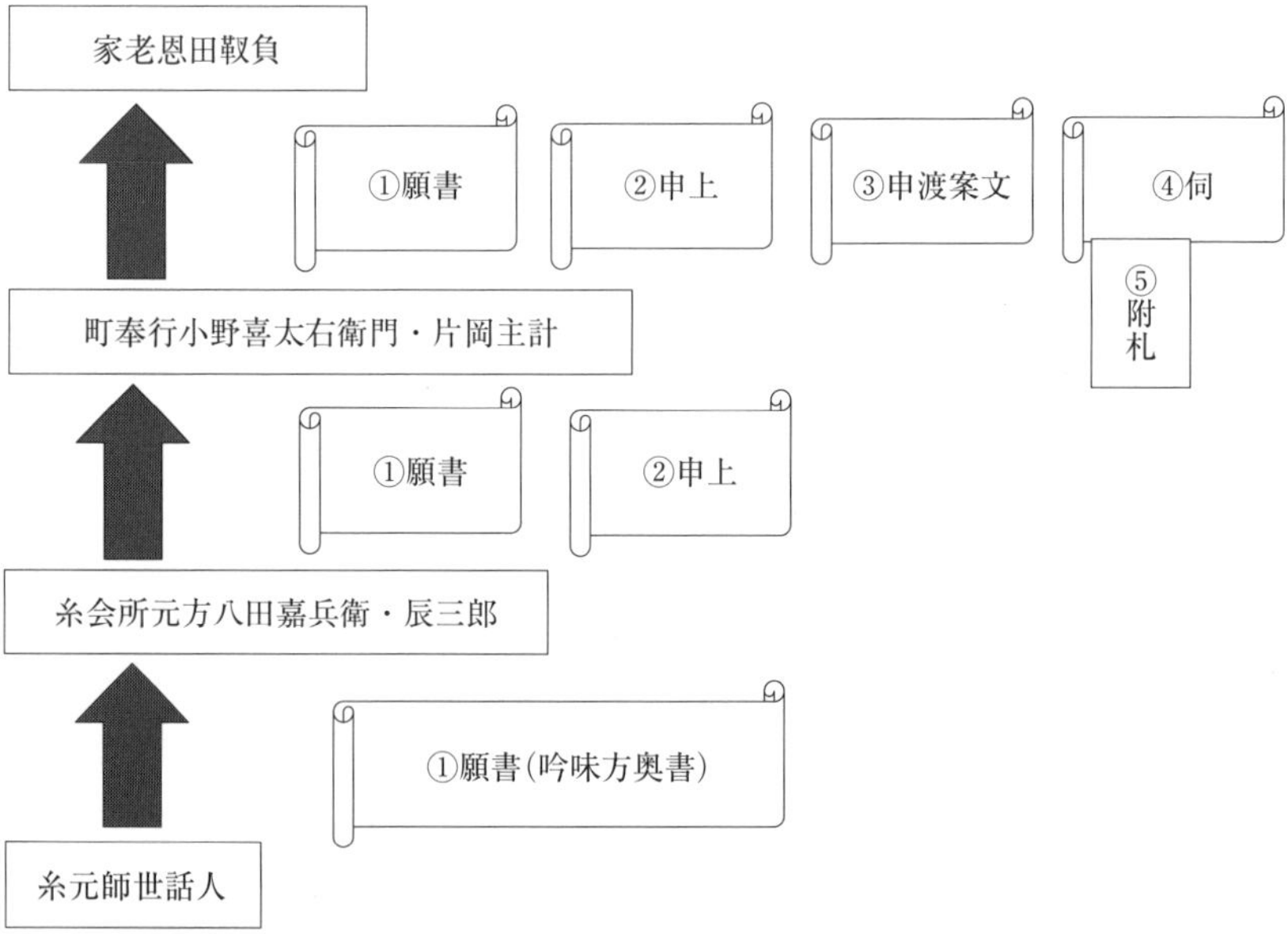

第２図　文政10年６月「売買方設置願」に関する文書授受

差添、此段奉伺候、以上、

六月十二日

(町奉行)片岡主計
(町奉行)小野喜太右衛門

⑤同日御附札
可為伺之通候[36]

史料７の③の「申渡案文」は町奉行側から会所へ「まゆ融通宜様取捌可申旨」を申し渡したものの案文である。その後の④「口上覚」は「糸会所詰吟味方幷世話人別紙之通願書候旨、惣元方別紙添差出」したことを受けて「此段奉伺候」と述べているものである。差出は町奉行の片岡主計・小野喜太右衛門。すなわち、④において「糸会所詰吟味方幷世話人」の願書が①、「惣元方別紙」が②であり、それに③「申渡案文」を添えて④「口上覚」を町奉行が提出した。提出先は記されていないが、⑤「附札」の存在から、藩家老であることは間違いあるまい。この文書の授受は第２図のように示すことができよう。

なお、これらの原文書は糸会所のものは遺されていないものの、天保四年に糸会所が改組されて設立した産物会所の場合、町奉行側と会所側の双方に原文書が綴られて遺されている。本稿は糸会所段階までを範囲としているため、産物会所設立以降の文書管理は今後の課題としたい。

ここで小括したい。糸元師からの願書、ここでは繭売買方の設置という世話人・吟味方による「願書」は糸会所で評議し、その内容を町奉行へ「申上」、町奉行より家老へ「伺」、そして家老からは附札として決裁されるというシステムであった。当然、「政策」の決裁は家老だが、具体的な評議は会所が行い上申するシステムになっていた。ここには藩の主体性は確認できない。原文書がどのように保管されたか、あるいは当事者に返却されたかは不明だが、糸会所設立後は町奉行側の「糸日記」が作成されなかったものと推測され、すでに述べたように町奉行の業務軽減、藩による専売制の成立というよりも、むしろ「民営化」と会所への業務委託と評価できる。

第四節　糸会所による糸に関わる人びとの管理

糸会所に求められた機能として第一に考えられるのは藩内に多く存在する糸元師を始めとした糸に関わる人びとの管理・掌握と糸市での売買の管理であったものと思われる。そこで糸会所と糸に関わる人びとをめぐる管理の様相とそこを取り巻く文書の授受や帳簿作成について、以下事例を述べてみよう。

（1）糸に関わる人びととの「仲間申談」と触伝達

最初に事例として史料8を見てみよう。これは文政十一年（一八二八）に至っても繭の「居売」（糸元師などが市に出さずに自宅で売買する行為）が続いている状況に対して、世話人たちが「糸元師は糸市にて仲買より繭を購入するようにしてもらいたい」と願い出たうえで、あわせて冥加銀の提出・糸目改依頼を申し出たもので、それに対する町奉行の対応などが記されている。

【史料8】

（文政十一年三月）

一、繭買方之儀、糸元師之分市場ニおゐて仲買より買取候ハヽ、混雑不致、繭直段平定ニ相立、商売融通宜、其上仲買共ニ冥加銀之義幷糸目改之義世話人より書取を以二月中申立置候処、当年茂先是迄之振合ニ而商売可致段申合候様、町郡両御懸りより被仰聞候付、右之段申渡ス、世話人共より差出候書面別段留置

一、糸元師まゆ買入之義、一統於市場買取候様被　仰渡無御座候ハヽ、和談之上在辺江買出候分者市場ニ而不買取、市場江罷出買取候元師者在辺江不罷出様、寄合之上申談仕度旨、世話人共より申聞候付、右之趣小野喜太右衛門殿江申立候処、仲間申談之義ニ候ハヽ、不苦旨御聞置御座候事

一、まゆ仲買之者共江買入之繭之内、不依多少銘々売買所江差出候様、自然少々たり共不差出もの者、改之上、来年より仲買鑑札不相渡旨御触示被成下候様、世話人共申立候付、小野喜太右衛門（町奉行）殿江御内分申立候処、触示之儀者不容易成候共、先当年之処茂於会所世話人共より口上ニ而仲買之もの共江可成丈まゆ差出候様申含候方可然旨差図有之候付、右之趣世話人共江申渡ス[37]

最初の一つ書にあるように世話人よりの申し出に対して、町奉行側は「当年茂先是迄之振合ニ而商売可致」と現状維持を述べるが、次の一つ書に重ねて世話人が糸市での売買を求めたところ町奉行は「仲間申談之義ニ候ハヽ、不苦」と述べている。このように糸会所側からの「居売」禁止や冥加銀・糸目改に対して藩側が積極的でない様子がうかがえよう。さらに三つ目の一つ書では繭仲買による出荷を市場・売買所へ限定するよう触出しを依頼するが、町奉行は「触示之儀者不容易」で会所にて繭仲買の者へ「申含」むよう述べている。あくまでも藩

側は繭の売買について現状維持を求めているが、注目すべきは「触示之儀者不容易」と述べている点であり、法制化を忌避しようとする考えである。なお、次の史料9は文政十三年（一八三〇）四月に糸元師・繭仲買に対して冥加銀を賦課する際の触である。

【史料9】

（文政十三年四月二十九日条）

一、糸元師・まゆ中買共江冥加銀上納之義幷御領内一統江も触示都合三通出ル、文言別段留置、御町方元師・中買江之触面者町年寄手より名主江渡り、其向々ニ而申通、右請之儀ハ御町方之分ハ五月十日限り、在中之分ハ同廿日限り町奉行所江罷出可申旨（後略）(38)

この触の伝達ルートは町方糸元師・繭仲買の場合、町奉行所→町年寄→名主→各糸元師・繭仲買であり、その請書は各糸元師・繭仲買から直接町奉行所であることが分かる。ここには糸会所が介在していない。

（2）糸元師・繭仲買の管理

既述のように糸元師に対しては鑑札が発給され、文政十年（一八二七）三月からは繭仲買の者に対しても鑑札が出されることとなった。文政十年の場合、三月二十六日に「御郡中」の者、二十七日に「町・町外之者」に対して発給されている。他方、松代藩領以外の「他所中買」は次のように決められている。

【史料10】

（文政十年五月ヵ）

一、他所中買之もの御領内繭買方仕度もの者、世話人を以左之書面差出候様、

一、松代御領当亥年繭買方奉願候、

何領何郡何処　誰印

右之札世話人を以差出、且会所之方ニ而者元帳取拵、右帳面江御領内之もの二而請印致候様、世話人共江申渡ス[39]

このように世話人を通じて願書を提出させ、会所で繭仲買のメンバーを記した「元帳」を作成することとなった。ここには領内の者が請印をしている。この請印をした帳簿は請印帳とも称され、当然領内外の糸元師・繭仲買も作成された。もっとも古いものとしては八田家文書の中に文政十三年の「町・町外糸元師名面帳」が遺されている[40]。なお、町奉行所は鑑札発給の際にどのような役割を果たしたか。「糸日記」によれば、三月二十六日・二十七日条として、「於糸会所中買之者共鑑札相渡、請印帳別ニ有之」と記すのみである[41]。このことから、鑑札の発給と管理は糸会所で行われ、管理台帳である請印帳の作成も糸会所が主体となっていることがうかがえよう。このことは糸会所設立直後の文政九年十一月二十二日に「是迄糸元師御趣意之方ニ而、商売仕度もの共書面差出、其上請印帳江印形取置候処、余り手重之儀ニ付、以来者右之書面ニ不及、請印帳江印形而已取置申度段、小野喜太右衛門殿江申立候処、右之義可然旨被申聞候事」とあるように、糸会所設立以後は書面での提出も限定的となり、糸会所が作成した請印帳への印形のみとなった。ただし、八田家文書に遺されている請印帳はすべて写しであり、印形が押されていない。おそらく、請印帳原本は町奉行所に差し出されて管理され、実務を担う会所に写本が保管されたものと思われる。請印帳原本は現存しない。

(3)　糸市の管理と勘定帳の提出

松代城下町の糸市については、管見の限り真田家文書にまったく遺されておらず、八田家文書の中に天保期の糸市冥加金に関する帳簿などが遺されている程度であり、糸市の具体的な様相は判然としない。ただし、文政十一年二月に町奉行小野喜太右衛門より「糸市売捌金高戌亥年両年之分」を差し出すよう命じられ、文政九年（戌年）売り捌き金一万九六〇〇両余、文政十年（亥年）売り捌き金二万四三〇〇両余である旨の書付を元方が提出している。(42) したがって、糸市の管理を糸会所が担ったことが推測されよう。また、文政十年正月には「月之御勘定帳惣元方より糸方懸り興津権右衛門殿《(郡奉行)》御手江差出」したことが記されており、市での一か月分の勘定を帳簿に仕立てて、糸会所より藩庁へ提出している。勘定帳の提出に関する記事もこれのみであり、どの程度関与・管理したかは判然としないが、藩側は糸会所を通じて市の状況を把握していたものと思われる。

（4）　糸会所貸下金と貸下金勘定帳の作成

すでに吉永氏が糸会所の機能のひとつとして貸下金の存在を明らかにしているが、当然貸下金に関する帳簿も作成され、糸会所で管理・保管された。貸下金の勘定帳は「糸会所御貸下金御勘定帳幷総勘定帳」(43) のようなタイトルが付けられ、元方の八田喜兵衛・辰三郎の名が記されている。その内容と帳簿の最後は次のようなものである。

【史料11】

一、金三拾弐両　　　　中町金五郎
　御礼金壱分壱匁（印）
　但子正月壱ヶ月分御礼金壱両ニ付五分懸り
　　子正月中上納

（中略）

右之通去亥十二月より当子十二月迄糸会所御貸下金御元利返上幷御出方金共明細御勘定相極、如斯御座候、

以上、
　文政十一子年十二月
　　　　　　　　　　　　（元方）八田喜兵衛（印）
　　　　　　　　　　　　（元方）八田辰三郎（印）
右之通相違無御座候、以上、
　　　　　　　　　　　　（取締役）八田嘉右衛門（印）
右御勘定相違無御座候、以上、
　　　　　　　　　　　　（勘定役）水井忠蔵（印）
右之通致承知候、以上、
　　　　　　　　　　　　（郡奉行）興津権右衛門（印）

史料11の中略前は「糸会所御貸下金御勘定帳幷総勘定帳」の冒頭であり、中町の糸元師金五郎の貸下金三二両と「御礼金」について記したもので、「御礼金」とは藩への上納金のことである。中略部分に貸下金が書き上げられ、中略後は帳簿の最後であり、貸下金の勘定をまとめた旨を元方が記し、奥書として相違ない旨を取締役が記している。その次の勘定役が「御勘定相違無御座候」と奥書しているが、これは冒頭の金五郎の「御礼金壱分壱匁」など、すべての御礼金の箇所に押印していることから、「御礼金」の監査をしたものと考えられる。最後に帳簿を確認して「承知」の旨を郡奉行が記し、糸会所に返却し、糸会所で管理している。すなわち、藩側が重要視したのは上納金である「御礼金」であり、貸下金の管理（と管理のための帳簿）そのものは糸会所に「委託」したのである。

ここで小括したい。糸会所に求められた機能は糸元師などの管理・掌握であった。町奉行ら藩側は糸会所にその機能を「委託」しており、糸会所側からの「居売」禁止や冥加銀・糸目改については「仲間申談」のことであるなら構わないと述べる。一方で、藩側は糸会所による右のような対応は認めつつも、触伝達は「不容易」として拒否し、積極的な糸元師などへの関与を進めていない。糸会所では糸元師・繭中買への鑑札発給と請印帳作成を行い、糸市での売買管理を行い、藩側へ帳面として提出された。それらを踏まえた具体的な藩による施策はうかがえない。同様に糸元師に対して糸会所貸下金を行い、貸下金の勘定帳を作成し藩側に提出したが、藩側が重要視したのは上納金である「御礼金」であった。

藩側は糸元師・繭中買の新規参入や刑罰、触伝達については担ったが、その他の業務は糸会所に委託しており、帳面の提出を義務付けていたのみであったと評価できよう。

おわりに

最後に本稿をまとめたい。

文政九年（一八二六）十一月六日に糸会所が設置され、糸市支配、糸元師・繭仲買管理を行い、そのための帳簿を作成した。藩側は糸元師・繭仲買の新規参入や交替、刑罰、触伝達には関わるものの、新しい政策には積極的でない。具体的に糸会所内部での評議は藩へ「申上」「伺」の形式でもたらされ、政策決定に影響しており、藩の主体性が見えない。

また、例えば、中町の糸元師である重五郎が揚枠《あげわく》（糸を巻くのに用いる六角形の木枠）の大きさが規格外である旨を世話人が町奉行へ内訴したところ、「御町方江及内訴、遂々受吟味候処、右ニ而者数多之義御町方手数者勿論、殊ニ寄格立不申義茂御穿鑿有之候様之振ニ而者御政事之方茂自然と軽ク相成候義、外見聞茂不宜ニ而、以来会所ニおゐて穿鑿申合等致し、可成丈会所切ニ而事済ニ取斗、若又不相済義者御町方江申立候方可然哉之旨(44)」

が伝えられた。すなわち、町方への内訴が多いと「御政事」が軽くなるので会所での解決を求めたものであり、藩側は糸元師の犯罪もできる限り糸会所で収めるよう求めていた。

本稿を歴史学における専売制の評価を踏まえてまとめてみたい。近世後期から幕末にかけて強力な政治主体によって藩政改革が断行され、その一環として財源を確保するために、産物を独占的に藩が購入し販売する専売制を推進させるべく、商人を中心とした会所が設置されたと評価されている。この専売制の成功が西国雄藩の成立となり、明治維新へ結びつく、と理解されているが、本稿で検討した松代藩糸会所の場合、藩内業務の簡略化のための民間委託という要素が強いのではなかろうか。松代藩による八田家一族を中心とした「指定管理者制度」。松代藩糸会所とはそのように位置付けることができ、それはまさに彼らによる記録の作成・授受・管理の検証から導き出された結論である。この点、糸会所は天保四年（一八三三）に産物会所へと改組され、それ以降の記録は膨大に遺されており、今後は産物会所の記録の作成・授受・管理を検討するという課題があろう。

（1）以下、吉永氏による研究や先行研究評価については吉永昭「松代商法会社の研究」（『社会経済史学』二三―三、一九五七年）、同「専売制度についての一考察」（『史学研究』六五、一九五七年）、同「紬市の構造と産物会所の機能――信州松代藩の場合――」（『歴史学研究』二〇四、一九五七年）、同「幕末期における専売制度の性格とその機能――信州松代藩の場合――」（『歴史学研究』二一八、一九五八年）、吉永昭「製糸業の発展と糸会所の機能――信州松代藩の場合――」（『史学雑誌』六八―二、一九五九年）。

（2）堀江英一『封建社会における資本の存在形態』（社会構成史体系三、日本評論社、一九四九年）。のちに『堀江英一著作集　二　幕末・維新期の経済構造』（青木書店、一九七六年）所収。

（3）松田之利「松代藩専売制の歴史的意義――文政九年の糸会所を中心に――」（『史潮』九七、一九六六年）。

（4）荒武賢一朗「松代真田家の大坂交易と御用場」（渡辺尚志・小関悠一郎編『藩地域の政策主体と藩政　信濃国松代藩地域の研究Ⅱ』岩田書院、二〇〇八年）。

（５）吉永氏は主に国文学研究資料館蔵松代伊勢町八田家文書を利用しているが、目録の最初の刊行は一九八五年である（『史料館所蔵史料目録　第四一集　信濃国埴科郡松代伊勢町八田家文書目録（その一）』史料館、一九八五年）。以下、八田家文書の目録については『八田家文書目録（その一）』のように略す。本稿執筆段階（二〇一五年三月）でも未整理文書の整理が続けられている。なお、刊行目録以外に国文学研究資料館電子図書館「収蔵歴史アーカイブズデータベース」でも検索が可能である（http://base5.nijl.ac.jp/~archicol/）。

（６）大日本蚕糸会信濃支会編『信濃蚕糸業史』上・中・下巻（大日本蚕糸会信濃支会、一九三七年）。

（７）『長野県歴史人物大事典』（郷土出版社、一九八九年）四五七頁。

（８）甲斐国都留郡法能村（現在の山梨県都留市法能）の誤りか。法能村は女性の稼ぎとして養蚕・製糸・絹織物が盛んであった（『角川日本地名大辞典　一九　山梨県』角川書店、一九八四年、七二八頁）。

（９）のちに文化十年に至って『養蚕輯要』を執筆して、藩内外の養蚕業・製糸業に重要な役割を果たしたと言われている。

（10）以下の藩内の動向については埴科郡役所編『埴科郡志』（埴科郡役所、一九一〇年）一ノ二〇九頁～二一三頁参照。

（11）吾妻銀右衛門については江口善次「桑作を主とせる多角型農業経営の先駆者吾妻銀右衛門」一～七（『信濃』六―一・六―三・六―五～七・六―九～一〇、一九三七年）参照。

（12）前掲註（１）吉永昭「紬市の構造と産物会所の機能」。

（13）松田之利「松代藩専売制の歴史的意義――文政九年の糸会所を中心に――」（『史潮』九七、一九六六年）。

（14）「糸元師願留日記」（国文学研究資料館蔵真田家文書あ三三四二）。小野喜太右衛門は、二四五石取の松代藩士で、寛政八年（一七九六）に家督相続後、近習・使役を歴任、文政八年（一八二五）三月十三日に町奉行に就任、その後、文政十一年に御預所御郡奉行を兼帯している（『史料館叢書八　真田家家中明細書』東京大学出版会、一九八六年、四〇頁）。

（15）前掲註（１）吉永昭「製糸業の発展と糸会所の機能」。

（16）「糸日記」文政十年（国文学研究資料館蔵真田家文書あ三四九二）。虫損が甚大であるため年代は「文政十□年」、表題は「□日記」、作成は「□野太□□門□り」（□・□□は虫損）としか判読できないが、内容から判断して文政十年の「糸日記」で、「小野喜太右衛門懸り」であるものと思われる。

（17）前掲註（1）吉永昭「製糸業の発展と糸会所の機能」。
（18）実際、天保四年（一八三三）二月の産物会所設立後は紬・絹縮・横麻上下地・糸・縮緬・真綿・麻苧を専売とし（「産物会所糸日記」天保四年二月条、国文学研究資料館蔵真田家文書あ三二九九）、やがて甘草・杏仁・紙なども産物会所で取り扱うこととなった。
（19）国文学研究資料館蔵真田家文書あ三四九一。この史料に表紙はないが内容から町奉行所が作成した文政十三年の糸会所に関する日記であるものと判断される。
（20）前掲註（1）吉永昭「製糸業の発展と糸会所の機能」。
（21）「糸日記」文政十年（国文学研究資料館蔵真田家文書あ三四九二）。
（22）「日記」文政十年（国文学研究資料館蔵八田家文書あ二五一六）。
（23）前掲註（22）「日記」文政十年。
（24）前掲註（22）「日記」文政十一年。
（25）前掲註（21）「糸日記」文政十年二月条。
（26）前掲註（22）「日記」文政十年。
（27）前掲註（22）「日記」文政十三年二月条。
（28）前掲註（1）吉永昭「製糸業の発展と糸会所の機能」五三頁。
（29）前掲註（1）吉永昭「製糸業の発展と糸会所の機能」の記述を典拠に前掲註（5）『八田家文書目録（その一）』の解題でも執筆されており（大藤修氏の御教示による）、以後の目録もこれを踏襲している。
（30）『更級埴科地方誌』第三巻、近世編下（更級埴科地方誌刊行会、一九八一年）付図。
（31）「政策」という用語は近代以降に用いられており、利用が難しいが本稿では吉永氏の研究を踏まえた上で発展的に議論したいと考えているため、この用語を利用する。
（32）前掲註（1）吉永昭「製糸業の発展と糸会所の機能」。
（33）『史料館所蔵史料目録　第四三集　信濃国松代真田家文書目録（その四）』（史料館、一九八六年）。
（34）吉村豊雄「近世における文書行政の高度化と明治維新」（国文学研究資料館編『幕藩政アーカイブズの総合的研究』

思文閣出版、二〇一五年)。
(35) 前掲註(22)「日記」文政十年。
(36) 前掲註(21)「糸日記」文政十年六月。
(37) 前掲註(22)「日記」文政十一年三月。
(38) 前掲註(22)「日記」文政十三年三月。
(39) 前掲註(22)「日記」文政十年五月ヵ。
(40) 「町・町外糸元師名面帳」(国文学研究資料館蔵八田家文書あ二四七七)。これ以降は「請印帳」「鑑札帳」などという名称だが、内容から判断してこの史料も同様の種類であるものと思われる。
(41) 前掲註(21)「糸日記」文政十年三月二十六日・二十七日条。
(42) 前掲註(22)「日記」文政十一年二月条。
(43) 「糸会所御貸下金御勘定帳幷総勘定帳」(国文学研究資料館蔵八田家文書あ二九八四)など。
(44) 前掲註(22)「日記」文政十年。

第6章　松代城下町町人地の行政情報蓄積様式にみる家と組織

渡辺　浩一

はじめに

近年の文書実践研究[1]の論点は家と組織の関係性[2]、および中間支配機構と藩行政組織との関係性[3]ではないかと思われる。これらの課題に対して、ささやかな事例を提供することが本稿の目的である。

ここでの検討対象は近世都市の町人地であるので、この分野での研究史をふりかえる。とはいえ、近世都市の記録についてその保管や利用の観点から、すなわち内容ではなく枠組みの観点から分析した研究はそう多くはない。個別町や組合町における文書保管の様相については三都では江戸と京都、城下町では金沢・彦根・久保田など、その他の都市では博多・飛驒高山・近江八幡・播州三木などの事例研究がある。しかし、統治組織の文書との関係性まで問うたものになると、断片的な材料から大雑把な見通しが江戸において試みられているに過ぎない[4]。そこで、ここでは、共同研究の舞台である松代藩の城下町町人地をとりあげ、惣町役人に限定される情報蓄積のあり方とその変化を概観し（一節）、そのうえで、町人地内部と藩行政組織との関係性の追求を試みてみたい（二節）。ポイントは、後世の利用が可能であるように記録が作られているか、という点である。

第一節　町年寄の家における情報蓄積様式の変化

本節では、八田家文書の中の、貞享三年（一六八六）から享和二年（一八〇二）までの町年寄日記一五冊を素材に、都市行政情報蓄積様式の整備の過程を跡付ける。まず、第1表の、『目録』で町年寄日記と称される文書の一覧により概観しておきたい。

町年寄日記は、大きく三つの時期に分けられる。第一期は1から6番までで、形態は美濃判の横半帳や横長帳であり、標題も三種類あって安定しない。料紙には反故紙が使用されているものもある。年代としては貞享三年（一六八六）から宝暦元年（一七五一）までである。記載形式としても、年、あるいは当番月の冒頭に何の見出しもなく、後からの検索の便を考慮して記載した形跡がない。

第二期は、7～11番までで、形態は美濃判の縦帳に安定する。標題は同じではない。年代としては宝暦十一年（一七六一）から安永九年（一七八〇）までである。当番月の冒頭に見出しが記されるようになる。

第三期は、12～19番までで、形態は美濃判の横半帳でしかも列帖綴りであることが共通する。標題はほとんどの冊が表紙を欠くために共通であるかどうかは不明である。年代は、安永十年（一七八一）から文化六年（一八〇九）までである。この第三期は記載内容から二期に分かれる。17の帳簿は、享和三年（一八〇三）から突然書かれる内容が一変する。

享和二年までは町人からの上申書の処理に関する記録であり、まさに都市行政情報蓄積と言ってよいのだが、享和三年からは、町人地行政のことは全く記されず、松代藩内部の情報と一部触書の記録が書かれる。この変化は以下のような事情による。

第1表　町年寄日記一覧

番号	標題	表紙・裏表紙・小口の年代・作成者	内容年代など	形態	史料番号
1	月番之節御用趣覚日記	(表紙)八田長左衛門	貞享3年3月～元禄13年10月 冒頭に貞享3年の月番一覧	美濃大判横長帳、下げ四つ目綴	あ359
2	月番之節御用趣覚日記	(表紙)八田孫左衛門 (裏表紙)享保七歳寅之六月吉祥日	享保7年9月～延享元年9月	美濃大判横長帳、下げ二ツ綴	あ1452
3	御用番覚帳	(表紙)辰四月吉日　八田孫左衛門 (裏表紙欠)	享保9年4月～享保14年正月	美濃大判横半帳	あ3275
4	願書幷御用扣帳	(表紙)申二月吉日	享保13年12月～元文3年閏5月	美濃判横長帳、一ツ綴、反故紙紙背使用	あ364
5	(前後欠)		延享元年4月～同4年5月	美濃大判横半帳、一ツ綴	あ2622
6	(前後欠)		寛延3年2月～宝暦元年11月	美濃大判横半帳、一ツ綴、反故紙紙背使用	あ3276
7	月番節御用之趣覚	(表紙)宝暦十一辛巳歳四月吉祥日 (追筆)明□二酉年二月迄　八田孫左衛門	宝暦11年4月～明和2年2月	美濃大判縦帳、二ツ綴	あ544
8	御用帳	(表紙)明和四亥歳 (裏表紙)八田孫左衛門	明和4年正月～同7年7月	美濃判縦帳、かぶせ綴	あ545
9	御用之日記	(表紙)明和七年八月	明和7年8月～安永2年6月	美濃大判縦帳、二ツ綴(紐部分のみかぶせ)	あ546
10	御用之日記	(表紙)安永二年巳六月(追筆)安永五申年十二月迄 (裏表紙)八田孫左衛門	安永2年6月～安永5年12月	美濃大判縦帳、二ツ綴(紐部分のみかぶせ)	あ547
11	御用之扣帳	(表紙)安永六丁酉歳正月吉日 (追筆)安永九年子十二月迄 (裏表紙)八田孫左衛門	安永6年3月～同9年12月	美濃判縦帳、二ツ綴	あ549
12	(表紙欠)	(小口)「御用　安永十年」	安永10年正月～天明5年5月	美濃大判横半帳、列帖綴	あ3361
13	御用帳	(表紙)天明五乙巳年　吉祥日 (小口)「御用　天明五正月ヨリ寛政元九月迄」	天明5年5月～寛政元年7月	美濃大判横半帳(末尾欠)、列帖綴	あ3340
14	御[(破損)]	(小口)「御用　寛政元年」 (裏表紙)「寛政七卯三月迄　八田孫［(破損)］	寛政元年10月～同7年3月	美濃大判横半帳、列帖綴	あ3331
15	(表紙欠)	(小口)「御用　寛政七年」 (裏表紙欠)	寛政7年6月～同11年11月	美濃大判横半帳、列帖綴	あ3341
16	(表紙欠)	(小口)「御用　寛政十二歳」 (裏表紙欠)	寛政12年正月～享和2年4月	美濃判横半帳、列帖綴	あ3342
17	(表紙表書きなし)	(小口)「御用　享和二年」	享和2年5月～文化7年8月 享和3年藍色の鰭付、享和4年～文化7年臙脂色の鰭付	美濃大判横半帳、列帖綴	あ3344
18	(前後欠)	(小口)「御用　文化八ヨリ同十二六月迄」	文化7年9月～同12年5月 文化8年の鰭付は虫損か 文化9から12年の各年冒頭に臙脂色の鰭付あり	美濃判横半帳、列帖綴	あ3343
19	(前後欠)	(小口)「御用　文政二ヨリ同六迄」	文政2年5月～6年3月19日 文政3年冒頭に藍色の鰭付 文政4、5、6年の鰭付なし	美濃判横半帳、列帖綴	え861

泰全様此戌節御大病甚御危篤之御様子御座候処、十二月廿五日給人格被仰付候、右一条御書付万端用覃笥江
入置申候、是より御町方懸り入用一巻之義伝兵衛手元日記印置、此方手扣無之候(5)

「泰全様」とは八田家三代孫左衛門のことである。このように、享和二年（一八〇二）十二月二十五日に給人格という新しい御用を命ぜられたことを契機に、これまでの御用帳には新たな役職の記録を記入することにし、それまで勤めてきた町年寄に関する記録は手代の伝兵衛の日記に記入することにしたのである(6)。

八田家四代嘉右衛門は寛政三年（一七九一）二月つまり家督相続前に町年寄役に既に就任していた。そして、先代孫左衛門の死没を受けて享和三年二月に家督相続し、給人格御勝手御用役を仰せ付けられている(7)。家督相続直前に上述のような記録の書き分けを開始し、それが家督相続後も継続したとみられる。なお、文化二年（一八〇五）の町年寄のなかに八田嘉右衛門の名前は見えないので(8)、それ以前に町年寄を退役している可能性があるが、現段階では確定できない(9)。

以上のことから記録の性格変化をまとめると、17の帳簿は享和二年までは町年寄の記録であるが、享和三年以降は給人格御勝手御用役の記録であることになる。この変化に即応するように、形態上の変化も見られる。享和三年はその年の冒頭の丁に藍色の鰭《ひれ》付が、虫損のため僅かに残存するだけではあるが存在する(10)。享和四年以降は朧脂色の鰭付が各年の冒頭にある。この状況は18にも引き継がれるが、19では文政三年の冒頭にのみ藍色の鰭付があるだけで他の年には鰭付けがない。このように形態の進展は一直線には進まない。

ともあれ、就任役職が加わることにより、より重要な役職の記録を書き込むことに変化したことは確かである。この現象を本稿の関心に即して表現すれば、記録は家の当主が最も重要と認識した公的役職に関することを書く、という性格のもの、すなわち特定の役職の記録というよりも、家の公的役職の記録という性格が強いということになる。家か職かという二分法では理解できない両者の関係がここに見えている。

次に町年寄日記としての内容の検討を行う。

まず、第一期からは4の「願書并御用扣帳」を見る。内容年代は享保十三年（一七二八）十二月から元文三年（一七三八）閏五月までの九年間である。冒頭に「申（享保十三）ノ二月御用」との見出しがあり、享保十三年の二月にこの八田家が町年寄の月番を勤めたことが明示されている。そのあと、城下町町人からの願書や訴状の概要が一〇件記される。その冒頭の一例をここに掲げる。

一、馬喰町長兵衛願
　　所持之家屋敷九間三尺五寸之内半分之所、新馬喰町吉兵衛借屋幸右衛門と申者之方江売渡し申度願候

このあと、「右十通二月十五日竹内様指上候」とあるほか、特定の願書については「右之願二月十七日被仰付肝煎中申渡候」と記され、町奉行（推定）への上申や、町奉行からの仰せ渡しを個別町の名主に伝達するといった、文書処理が記入されている。

そのあとの見出しを拾っていくと、「六月御用番覚」「原半之丞様御用番　十月中当番覚」「原半之丞様　享保十四酉三月御用番」などと、月番の時のみこの帳面に自分の処理した文書について記入していることがわかる。時折、見出しにその月の月番の町奉行（推定）名が記される。もっともこれらの見出しは書かれない月もあり、書かれたとしても全く目立たず、検索の利便性はほとんど考慮されていないように見える。記載形式整備の途上といえる。

のちの帳面との比較では、この時期は町人からの願書や訴状の写がほとんどないという点が特徴的である。

第二期になると、写が多くなってくる。次節で検討する明和八年（一七七一）の四月と九月の二回の月番では、多くの案件の文書が筆写されている。各年の見出しが目立つようになるという変化も見られる。しかし、見出しの表現は、「宝暦十一巳四月より当番、前嶋源蔵様御当番」「明和五子年初　同二月当番」「（明和八年）九月当

番」と多様である。また、月番で多数の文書が筆写されているのに、その月が月番であったことを示す小見出しが記されない場合もある。この点は記載形式の不安定性と指摘できる。

以上、第一期から第二期への変化をまとめると、横帳から堅牢な縦帳への変化、記載形式の相対的安定性の獲得、文書筆写の増加であり、その画期は宝暦期であるということになる。

十九世紀に入り、帳簿形態はまた変化する。縦帳から横半帳に逆戻りしたかに見えるが、綴じ方が列帖綴りになる。この閉じ方は列を増やしていけばいくらでも帳簿を厚くすることができるものである。この形態上の変化は記載量の著しい増加によるものと思われる。当番月の小見出しは必ず書かれるようになる。また、多数の文書写と少数の文書概要記載というかたちは第二期と変わらない。しかし、文書筆写の形式は以下に引用する形式が確立している。

　　　肴町儀兵衛願

私儀唯今迄相用候印刻、此程紛失仕候ニ付、改刻仕度奉存候、尤右之印刻見出候而も、此末相用申間敷候、右之趣宜様被仰上御情奉仰候、以上

　　八月六日

　　　　　　　　肴町儀兵衛

このように、本文はそのまま筆写しているようであるが、柱書は省略し、文書作成者と文書名を組み合わせた標題を付けている。原文書には存在したであろう肴町の名主の名前と宛先（町年寄もしくは町奉行）は省略されている。一直線で進展していくわけではないが、紆余曲折を経つつも、全体として記載形式が確立・安定化したといえよう。

文書の概要が記載される案件は、町屋敷売買や転居といった町年寄による個別の判断を要しない単なるルーティンの届出が多いように見える。したがって、それ以外の文書提出の増加が大量の文書筆写をもたらしたと言え

るだろう。

こうしてみると、第一期からの一〇〇年余の帳簿形態と記載形式の変化は、長期の情報蓄積（アーカイヴィング）志向を意味する可能性がある。

第二節　情報蓄積様式における町年寄と町奉行

町年寄日記は以上のようなものであった。それでは、町奉行日記はどのようなものであろうか。残念ながら、町奉行日記は明和八年（一七七一）分の一件しか国文学研究資料館所蔵分には現存していない。したがって、前節のような時期的変化を追うことはできないが、この文書をまず紹介する。

町奉行日記の物理的特徴を記す。形態は美濃判の縦帳である。標題は、「御町方諸向願訴御用日記」とあり、松代城下町町人地からの願いと訴えの記録であることを端的に表現している。下げ札が多数あり、その記載内容は筆写された文書の概要である。検索機能を持たせるためと考えられる。

この日記には、もう一冊の縦帳「被仰出并諸向廻状・評定別条・諸向御詮議、御町方御用日記」が綴られている。この標題も記録内容を端的に表現している。

両冊ともに明和八年の正月から十二月を内容年代とする。

以上からは、訴願記録と、下達文書・評定や詮議の記録、の二冊セットで、町奉行の執務が記録されていた、ということがわかる。

次に、明和八年の町年寄日記と町奉行日記を比較する。八田家の町年寄日記は、町年寄にとって極めて重要な事項――例えば藩主一族の死去――以外には、月番の時以外には記載がない。これに対して町奉行日記は、月番が誰であれ、全ての月に記載がある。これは前者が家の記録であるのに対し、後者が役職あるいは組織の記録であることによる。

第2表（後掲）は、同年の四月と九月が八田孫左衛門（伊勢町八田家三代目）の月番であるので、その月の部分のみ、町年寄日記と町奉行日記の記載を比較したものである。

まず、町年寄日記の方には見出しがない。しかし、町奉行日記には、

四月

御用番禰津数馬殿　　当番　山越六郎右衛門

御町年寄当番　八田孫左衛門

と月の冒頭に大きく記されており、その月の家老、町奉行、町年寄が全てきちんと記載されている。この点、町年寄日記の方は見出しがあったとしても、町奉行名の記載があったりなかったりする基本情報記載の不安定さが印象に残る。

次に、同じ案件で記載の仕方が異なる例を挙げる。町年寄日記では、

御訴申上候御事

一、中町源太郎借屋医師成野宗翰義、肴町甚左衛門借地江引越申候ニ付、此段御訴申上候、已上

明和八卯年四月　　肴町名主　大治郎

長町人　儀兵衛

中町名主　六之丞

御年寄衆中

検断　伴伊右衛門殿

右□宛四月三日願之通申渡候

とある。文書が作成者と宛先も含めて、連印者まで全て筆写されており、それに加えてこの改印願がどのように

処理されたかという結果まで記載されている。

これが、町奉行日記になると、次のように極めて簡潔に記載されている。

一、中町源太郎借屋医師成野宗翰、肴町甚左衛門借屋へ引越度旨、中町・肴町役人訴書

このように、転居届のようなルーティンの上申書に関しては、町年寄日記が筆写しているのに対して、町奉行日記は概要を記すにとどめている。第2表を見ると、ほかに嫁入り（転入）、失踪者を人別帳から削除する件、父帰国のため町役負担者交代届け、婿入り（転入）などが、この類例になる。

次に、町年寄日記にも、町奉行日記にも、全く同じ記載がある例を紹介する。

第2表の四月五日の欄の一件の文書を検討する。町奉行所日記から引用する。

御届申上候御事

一、親只右衛門去十一月中欠落仕候処、諸方様より借用金多仕候ニ付、右御金主様江去冬中より段々年賦御訴訟申上候所、漸々諸方様御承知被下相片付申候、然所壱ヶ所田町与平殿方相片付兼候得共、此義ハ追々何方ニ茂出精仕返金可仕候、此上幾重ニも右年賦金相働返上仕度奉存候、此段御届ケ申上候、已上

明和八年卯四月五日　　紺屋町　仙吉

名主　吉太夫殿

長町人　喜左衛門殿

これは、紺屋町の只右衛門が失踪したが多額の借金を抱えていたため息子の仙吉が年賦返済を町奉行所に願い、数人の債権者の承認が得られたが、債権者のなかで田町与平だけから承認を得られなかったので再度年賦返済を町奉行所に願い出ているというものである。このような願書は、例えば転入届のように、単に承認すればよいものではなく、個別に町奉行が判断を下さなければならない案件であるために、概要記述という簡略な扱いにせず、

全文筆写という記載形式が選択されたものと思われる。

三つめに、このような町奉行の判断を必要とする案件のなかでも、特定の案件に関する一連の文書が、どちらにどのように筆写されているのか、という点を、古柄鮫《つかざめ》（刀の柄の部分を包む鮫皮）の取引に関する訴訟事件を例に見てみたい。

第2表の右欄に見るように、この一件の関連文書は、八田孫左衛門が月番を勤める直前の三月二七日にすでに提出されている。これをまず引用する。

乍恐以口上書申上候御事

拙者義鍛冶町勘左衛門方江古柄鮫之儀ニ付出入仕、今般願書差上御吟味奉願候処、今日被召出蒙御尋、何ニ而も慥成証拠無御座、不奉恐　御上様、無証拠之願書差上申候段蒙御不審一言之申訳無御座奉諭候、依之急度相慎罷出候様被仰付奉畏候、此上幾重ニも御情奉仰、右為御請一札差上申候、已上

明和八年卯月廿七日　　伊勢町　善重郎

御奉行所

右善十郎申上候通、蒙御不審拙者共迄申訳無御座候ハ、乍其節儀相慎申候様ニ被仰付奉畏候、急度為相慎可申候、已上

五人組　惣左衛門　印

同　嘉右衛門

同　安右衛門

前書之通善十郎蒙御不審申訳無御座候、急度為相慎候様奉畏候、已上

名主　茂兵衛

伊勢町善十郎が鍛冶町勘左衛門を相手に古柄鮫の取引をめぐって裁判を起こしたが、証拠がない訴えと判断され、慎みを命ぜられたことに対する請け状である。五人組と名主の二つの奥書まで全てを丁寧に筆写している。しかし、八田家の町年寄日記には、この文書の写しはおろか概要さえ記されない。月番の前月に提出された文書であるために、前月の月番町年寄の文書に記録されたと思われる。この文書の町年寄の記録は三月の当番の仕事であって、四月の当番の仕事ではないということであろう。

また、この一件の一連の文書のなかで、四月に作成・提出されたものであっても、町年寄日記に記載されない文書の例を次に掲げる。

乍恐以口上書奉願候御事

一、拙者共証拠無御座候儀を申募　御上様江奉願度段、検断所迄御内分申上候処、何れ之道ニも内済仕可然候段、毎度御町御役人衆中を以検断所より被仰聞、其上御両寺様よりも早速承知仕可然候段御異見被成下候得共、其弁不仕及公訴候処、先月廿七日双方御奉行所江被召出、逐一奉蒙御不審、双方一言之申訳相立不申奉恐入候ニ付、急度相慎罷在候様ニ被仰付、今更後悔仕、双方前非存付和睦仕候、此上如何様之御咎被仰付候義難斗奉恐入候、依之何分御両寺様御訴訟被仰上被下、右願置候双方願書御申下ケ被成下、内済仕候様偏奉頼候、然上ハ此一件ニ付幾久敷互ニ一言之儀申出間鋪候間、何方ニ茂御情奉願候、以上

伊勢町　善十郎

鍛冶町　勘右衛門

明和八年卯四月

本誓寺様

浄福寺様

右勘右衛門申上候通、相違無御座、幾重ニも御訴訟被成下候様奉願上候、已上

五人組　佐平太
藤吉
惣太夫
市郎右衛門

この文書は寺院あてのこの一件に関する内済願である。その内容は、訴願の意向を検断所に内々に打診したところ内済を命ぜられ、二つの寺院が仲介することを承諾し説得にかかっていたにもかかわらず、訴えに及んだ、そのため、町奉行より慎みを命ぜられたので、両者は和睦し、内済を二つの寺院に依頼した、というものである。

これも町奉行日記からの引用である。この文書に関しても町年寄日記には何も記されない。それは、宛先が寺院であるために、町年寄の手を経ることなく文書の授受がなされたからであると思われる。

こうしてみると、この町年寄日記のみでは一件の全容が把握できないことがわかる。それに対し、町奉行日記はこれ一冊で全ての関連文書を把握できるのではないだろうか。この町奉行日記それ自体には、この一件の最初の願書は記録されていないので、先の史料にある「公訴に及び」ということがなされたのは前年かそれ以前のことなのであろう。

もちろん、前年かそれ以前の月番の町年寄日記を見れば、最初の願書が記載されているのであろうから、町方全体として困ることはないのであろう。しかし、情報蓄積様式としての合理性は明らかに町奉行の方が勝っている。

本節で検討している町奉行日記は、今までの記載形式の検討から役職もしくは組織としての記録であることが明確である。これが組織としての記録であることがわかる明確な史料を偶然見出しているのでここに引用してお

く。(11)

覚

一、壱挺　墨　但古墨引替

右者御町奉行所日記御用ニ付、請取申候、已上

（明和八年）三月　御町奉行所物書　小林祖左衛門

井口弥平太

寺内源之丞殿

関口九左衛門殿

右之通相違無御座候、已上

（町奉行）小野喜太右衛門

山越六郎右衛門

町奉行所物書が町奉行所日記御用のために用いる墨の受取書である。宛先の寺内と関口は宛先の位置が低いことから物書と同格の役職であることが想定されるので、町奉行所内部の物品出納担当者ととりあえず推定しておく。この受取書に町奉行が奥書することにより、おそらく寺内と関口が物書に墨を渡したことが認証されるのであろう。

この史料からは、町奉行所という組織の内部に「物書」という役職が存在していたこと、その「物書」が「町奉行所日記」という組織としての日記を書く業務を行っていたことが判明する。町奉行所日記における情報内容の全体性と記載形式の安定性は、記録担当専門職によって担保されていたのである。

以上の検討から、町年寄と町奉行の両職とも月番制という共通性を持ちながらも、町年寄の情報蓄積は家ごと

に分散しているのに対し、町奉行所は組織として統合的に情報を蓄積していること、記載形式では町奉行所日記の方が安定していることが判明した(12)。

おわりに

町奉行の方が記載形式の安定性、記載内容の選択性、情報蓄積の統合性という点で町年寄を凌駕しているのではないかというのが本稿の結論である。それは、本稿で扱った町奉行日記が組織の記録であることに対し、町年寄日記が家の記録であるという性格の違いに由来する。仮にこの結論が妥当であるとすれば、この点を関連する研究との関係で説明すると以下のようになる。

吉村は中規模藩における中間支配機構の非存在と藩行政組織の直接的機能性を指摘する(13)。松代城下町に関しては、中間支配機構（月番制の町年寄）が存在するという点では吉村説を裏切るが、行政情報蓄積という点に限っては藩行政組織（町奉行所）が優越していることは吉村説の妥当性を示すことになる。個別町が八しかない小規模町人地でありながら三人ないし四人もの月番制町年寄が存在するという点は全国的に見て町年寄の人数が多すぎる感がある。これは、全国に共通する町方としての共通性ひいては規範性によるものであろう。つまり、町方には個別町の役人の上位に惣町レベルの町役人を置くことが通例であるという発想があったのかもしれないという意味である。松代の町年寄の情報蓄積が組織性を欠くのは、役職それ自体のそうした特質に理由があるのかもしれない。松代城下町町人地の規模からして中間支配機構が不可欠というわけではなかったが、「町方」であることを示すためにも惣町レベルの町役人が置かれたため、そこでの情報蓄積様式は町奉行に匹敵するほどの洗練性を持つ必要がなかったのではないかということである。

（1）文書実践とは、「文書の作成・利用・保管・再利用の総体をさす。文書の内容と乖離したモノとしての利用も含む」という意味である（拙著『日本近世都市の文書と記憶』勉誠出版、二〇一四年）。
（2）大友一雄『江戸幕府と情報管理』（臨川書店、二〇〇三年）。
（3）吉村豊雄『日本近世の行政と地域社会』（校倉書房、二〇一三年）。
（4）この段落については全て渡辺浩一『日本近世都市の文書と記憶』（勉誠出版、二〇一四年）による。先行研究についてもこの拙著を参照されたい。
（5）信濃国埴科郡松代伊勢町八田家文書あ三三四四（国文学研究資料館蔵、以下同じ）。
（6）そのほか、もう少しあとの時期になると、産物会所の日記が八田家文書のなかには存在する。以上のように、十九世紀に入ると八田家の領主御用の多重化に伴い、内部で記録の書き分けが進展するようである。これはアーカイブズ史にとっては興味深い現象であるが、本稿の課題を超えている。
（7）「寛保元酉年より　御書付写」（八田家文書あ二七四八）。関係部分を引用する。

八田嘉右衛門

亡父孫左衛門願置候通、唯今迄拝領之三拾人御扶持、其方江被下置、家督無相違被仰付候者也

二月九日

別紙ニ而

八田嘉右衛門

亡父孫左衛門儀格式之御礼不相済内、就病死、格式之儀依願置者、難被仰付申事ニ候、併畢竟先祖より数十年来打続心掛宜出精致置、御用達候功を以被成下御取立候義、其方義も出精心懸宜敷旨相聞候付、各段之以思召被成下給人格御勝手御用役被仰付者也

二月九日

（8）西沢武彦「近世城下町における町人町の構造——信州松代町の場合——」（『信濃』九—九、一九五七年）の第4表。松代町島田九兵衛氏文書が典拠となっている。
（9）註（7）引用史料には町年寄退役の記事は文化二年までには存在しない。

（10）以上の検討結果から、『史料館所蔵史料目録　第四一集　信濃国埴科郡伊勢町八田家文書』その一（一九八五年）および『史料目録　第九四集　信濃国埴科郡松代伊勢町八田家文書』その四（二〇一二年）には誤りがあったことになる。18（あ三三四三）と19（え八六一）は完全に町年寄日記ではないことが判明したので、現在の編成を変更して、「領主御用」のシリーズに所属させることが必要である。17については帳簿の途中で性格が変化したので、「町方」と「領主御用」の両方に重出させておく必要があることになるだろう。

（11）「御町方諸向願訴御用日記」〈真田家文書う六七六-一〉。第2表右欄の典拠史料と同一。

（12）もっとも、これは現在利用可能な史料の範囲内での暫定的な結論である。町会所で月番を超えた情報統合がなされたかどうかを追及してみる必要はある。そのためには、そもそも町会所はいつからあるのかといった基本的な事実の解明が不可欠である。また、町奉行を勤めた武士の家文書には、担当月のみの記録が残されていた可能性がある。町年寄日記の町奉行版が存在していた可能性があるだろうということである。

（13）註（3）前掲書。

第2表　町年寄日記と町奉行日記の比較

	御用之日記　明和7年8月(～安永2年6月)＊1 (町年寄) 八田孫左衛門			明和8年正月(～12月) 御町方諸向願訴御用日記＊2 (町奉行)			
月日	標題	作成者	宛名	月日	標題	作成者	宛名
				4月	御用番禰津数馬殿	当番山越六郎右衛門、御町年寄当番八田孫左衛門	
	中町善左衛門後家願(他領よりの婿入り願)	中町願主善左衛門後家判	御町年寄衆中・検断伴伊右衛門殿(五人組と名主の奥書)		(概要3件のうちの一つ目)		
4月3日	御訴申上候御事(中町借屋医師の肴町へ借地引越)	肴町名主大治郎・長町人、中町名主六之丞	御町年寄衆中・検断伴伊右衛門殿(願の通り申し渡し)		(概要3件のうちの二つ目)		
4月	鍛冶町弥兵衛願(他領祖父方へ引越)	鍛冶町仁右衛門借屋願主弥兵衛			(概要3件のうちの三つ目)		
4月5日	御届申口上書之事(去る寅年潰れにつき借金返済仰せ付けられた借金は年賦返済につき商売相続)	紺屋町伝左衛門・弥右衛門	名主吉太夫・長町人喜左衛門	4月6日	御届申口上書之事(左と同文)	紺屋町伝左衛門・弥右衛門	名主吉太夫・長町人喜左衛門
4月6日	御届申上候御事(欠落した親の借金のうち一件のみ片づかず年賦金願)	紺屋町仙吉	名主吉太夫・長町人喜左衛門	4月5日	御届申上候御事(左と同文)	紺屋町仙吉	名主吉太夫・長町人喜左衛門
				3月27日	乍恐以口上書申上候御事(鍛冶町勘左衛門と古柄鮫につき出入りは無証拠のため慎み仰せ付けられるにつき)	伊勢町善重郎	御奉行所(奥書1)五人組惣左衛門・嘉右衛門・安右衛門、(奥書2)名主茂兵衛

				3月27日	乍恐以口上書申上候御事（伊勢町善重郎との古柄鮫出入りにつき商売方不束につき慎み仰せ付けられるにつき）	鍛冶町勘右衛門	御奉行所 （奥書1）五人組左平太・藤蔵・惣太夫・市郎右衛門、 （奥書2）名主新助・長町人吉左衛門
				4月	乍恐以口上書奉願候御事（内済願）	伊勢町善重郎・鍛冶町勘右衛門	本誓寺様・浄福寺様（奥書）五人組左平太・藤吉・惣太夫・市郎右衛門 （寺院名下の下げ札）「いせ町善重郎・かち町勘右衛門願□□一条当寺ニ而御貰下ヶ之□（破損）」
				4月	乍恐以口上書奉願候御事（内済願）	鍛冶町勘右衛門・伊勢町善十郎	浄福寺様・本誓寺様（奥書）五人組惣左衛門・安右衛門・嘉右衛門
				4月10日	指上申一札之事（本所弥右衛門殿家来・若党・小者合計6人逗留届）	中町太三郎	名主六之丞殿
				4月11日	（殿様御目見得、御道具拝見、町方道具見せることにつき本阿弥十郎右衛門殿御咄につき如何可仕哉伺い）	（検断？）伴太右衛門	
					（概要1件、中町屋敷売り渡し）		

	乍恐差上申御請之事(鍛治町勘左衛門と古柄鮫につき出入り内済につき)	願主伊勢町善重郎	御町年寄衆中、検断伴伊右衛門 (奥書１)惣左衛門・安右衛門・嘉右衛門、(奥書２)名主茂兵衛	４月	乍恐差上申御請之事 (左と同文)	願主伊勢町善重郎	御町年寄衆中、検断伴伊右衛門 (奥書１)惣左衛門・安右衛門・嘉右衛門、(奥書２)名主茂兵衛
４月10日	乍恐差上申御請之事(伊勢町善重郎より誂え置いた古柄鮫につき出入り内済につき)	願主鍛治町勘右衛門	御町年寄衆中、検断伴伊右衛門 (奥書１)左平太・一郎右衛門・惣太夫、(奥書２)名主新助・長町人嘉右衛門	４月10日	乍恐差上申御請之事 (左と同文)	願主鍛治町勘右衛門	御町年寄衆中、検断伴伊右衛門 (奥書１)左平太・一郎右衛門・惣太夫、(奥書２)名主新助・長町人嘉右衛門
４月10日	乍恐御請申上候事(欠落した親の借金のうち片づかない一件の返済仰せ付けにつき)	紺屋町仙吉	御町年寄衆中・検断伴伊右衛門殿 (奥書１)６名、(奥書２)名主吉太夫・長町人喜左衛門	４月10日	乍恐御請申上候事 (左と同文)	紺屋町仙吉	「右請書年寄検断当所五人組末書」
４月10日	乍恐御請申上候御事(潰れ後の借金返済仰せ付けにつき)＊3	紺屋町弥右衛門・伝左衛門	御町年寄衆中・検断伴伊右衛門殿 (奥書１)６名、(奥書２)名主吉太夫・長町人喜左衛門	４月10日	乍恐御請申上候御事 (左と同文)	紺屋町伝左衛門	「右請書年寄検断当所五人組末書」
４月10日					「一、紺屋町弥右衛門請書文言右同断、年寄検断宛所、五人組名主末書」		
	乍恐御訴申上候御事(悴熊治郎ふと出につき届け)	紙屋町宇平治借屋熊治郎母	御町年寄衆中、検断伴伊右衛門殿、(名主・長町人奥書)	４月11日	乍恐御訴申上候御事 (左と同文)	紙屋町宇平治借屋熊治郎母	御町年寄衆中、検断伴伊右衛門殿
４月11日	乍恐以口上書奉願候御事(引越願)	馬喰町宇兵衛	御町年寄衆中、検断伴伊右衛門殿、(名主奥書)		(概要２件のうち１件目)		

4月11日	伊勢町伊兵衛願(引越願)	伊勢町伊兵衛	御町年寄衆中、検断伴伊右衛門殿		(概要2件のうち2件目)		
4月14日	(中町借屋悴が上田藩領の戸部村で打ち殺された件、上田藩役人詮議のうえ幕府寺社奉行へ願のため関係者江戸表へ罷出、19日に江戸屋敷に到着、御長屋に滞在、21日に詮議、27日帰国)						
				4月21日	指上申一札之事(尾州の陰陽師逗留届け)	紺屋町藤吉	名主吉太夫殿
	乍恐以口上書奉願候御事(ふと出者御帳面除き)	紺屋町宇兵次借屋熊治郎母	御町年寄衆中・検断		(概要2件のうち2件目、ふと出者人詰帳除)		
4月26日	御訴申上候御事(江戸より帰国の定右衛門町役勤め悴と交代につき)	荒神町名主五郎兵衛・長町人喜左衛門	御町年寄衆中、検断伴伊右衛門殿→八田孫左衛門(4月晦日)→山越六郎右衛門様		(概要2件のうち1件目、荒神町定右衛門江戸より帰りにつき町役負担者悴と交代願)		
	(8月25日御台様逝去)						
	九月当番			9月	御用番小山田修繕殿	当番山越六郎右衛門、小野喜右衛門(5日より)。御町年寄当番八田孫左衛門	
9月7日	中町源五郎・覚左衛門願(馬市暫く休み願い宜しき様被仰につき)	中町願主源五郎・覚左衛門	「右相窺九月八日願之通申渡候」	9月7日	乍恐以口上書奉願候御事(馬市しばらく休み願)	中町願主源五郎・覚左衛門(両名の五人組奥書)	御町年寄衆中、検断伴伊右衛門(名主六之丞奥書)(下げ札)「中町源五郎・同所覚左衛門近年世柄悪当年旱魃ニ而市も立兼申候間、御訴訟申上候事」

					(概要2件のうち1件目、逗留届)		
9月13日	荒神町西岸願(家屋敷売り渡し、当町清治郎所持の下田町拝領屋敷に借宅引越につき御町御帳面御除け願)	荒神町願主西岸	「右願相窺同十四日願之通申渡候」		(概要2件のうち2件目、荒神町西岸家屋敷売却、借地引越願)		
				9月	口上覚(檀家紺屋町千吉親只右衛門江戸にて病気のため養生願いにつき御赦免願)	大信寺	(町奉行)
9月	紺屋町唯右衛門去寅十一月中欠落致候所、此度帰□度旨悴千吉菩提所大信寺江達而相願候ニ付、大信寺御訴訟ニ罷出候、右口上書覚＊4		「大信寺よりも右ニ准口上書被差出候、段々御訴訟可申上候ニ付、九月十八日願之通御免被仰付候」	9月17日	差上申一札之事(親只右衛門欠落居所不知のところ江戸にて病気のため帰国養生願い)	紺屋町願主千吉、新荒町親類重右衛門	大信寺様(五人組奥書)
9月	中町徳二郎借屋(行方知れず届の写)	中町大二郎役代清治郎			(概要8件のうち3件目、行方知れず届)		
9月25日	中町藤蔵願(在方の者差置願の概要)				(概要8件のうち1件目、村方の者差置願)		
9月27日	中町忠左衛門願(婿養子願の概要)				(概要8件のうち5件目、養子願)		
9月27日	鏡屋町甚助願(婿養子願の概要)		「右之通相伺九月十八日願之通申渡候」		(概要8件のうち4件目、養子願)		
9月29日	馬喰町宇右衛門願(印判改願の概要)		「右之願九月晦日申渡候」				
					(概要8件のうち2件目、江戸八丁堀岡崎町和平治一行4人逗留願)		

				9月26日	（概要8件のうち6～8件目、嶋隼人様当町通行関係）		

注：町年寄日記の記載順に作表し、それに該当する町奉行日記の記載を右欄に示した。したがって、右欄は必ずしも記載順ではない。
＊1：八田家文書あ546。
＊2：真田家文書う676-1。
＊3：同日の町奉行所日記では弥右衛門、伝左衛門の2人から別々の文書が提出されている。町年寄日記では、この1件にまとめて記入した可能性がある。
＊4：右の9月17日付けの文書が筆写されている。

第7章　松代藩代官文書の管理と伝来について

種村　威史

はじめに

野本家文書は、元長野市松代在住の野本家が保管していたものを、平成七年（一九九五）、長野市立博物館へ寄贈した文書群である。同家文書の多くは、松代藩に出仕した歴代当主が、書役、小僧役、右筆、奥支配、代官を歴任する中で発生させた勤務関係文書であり[1]、特に、安政三年（一八五六）から明治四年（一八七一）、力太郎が代官職（なお、明治二年より司税〈租税司とも〉）を勤めることにより発生した文書が多くを占める。勤務日記や村から上申された諸願書類が豊富に存在し、松代藩の地方支配、さらには藩の文書管理の特質を解明する上で、貴重な文書群である。

筆者は旧稿において、この野本家文書の分析を通して松代藩代官の職制と文書行政について論じた[2]。その中で、代官の文書の引継ぎなど、文書管理についての一端を明らかにしたが、その管理実態や伝来過程、また文書を管理する空間の詳細な追究は今後の課題となった。

本稿では、松代藩文書管理の特質の解明に資することを目的として、野本家文書のうち、特に代官文書群の伝来や保存管理について、代官の職制や松代藩政との関わりや、職務空間との関係に留意しながら明らかにしていく。以上の作業は、松代藩庁文書の多くが伝来したとされる、国文学研究資料館所蔵「信濃国松代真田家文書」（以下、真田家文書と略す）に、代官文書が含まれなかった事情、ひいては真田家文書の伝来過程の一端を明らかにすることにもなるであろう。特に、藩庁内外における文書管理空間の問題の追究は、真田家文書の伝来過程は勿論、近世、そして近代における大名家の文書管理を解明するための指針を提供するものと確信する。(3)

あらかじめ、野本家文書のうち、代官文書群の構成を示すと、

(1)野本力太郎代官関係分
・日記（置附日記、役宅日記、その他の勤務日記、廻村日記）
・代官所宛諸願書類（未編綴、編綴）
・郡奉行所ほか他部署宛諸願書
・編纂物
・諸品勘定関係帳簿類

(2)野本力太郎引継ぎ分
・日記（置附日記、役宅日記、その他の勤務日記、廻村日記）
・代官所宛諸願書類（未編綴、編綴）
・郡奉行所ほか他部署宛諸願書
・編纂物

となる。いくつか特徴を挙げると、野本現職中の公務日記類が豊富に存在していること、在職中に蓄積されたと考えられる代官所、さらには郡奉行所ほか他部署宛の願書が原本の形で存在すること、野本が代官就任に伴い引

き継いだと考えられる公務日記や諸願書類原本が残存すること、一方では、野本が職務遂行のために私的に記録した日記類なども存在し、代官の実務作業を確認する上では非常に有効な史料である[4]。本稿では、特に代官の公務に関わり記録した日記は「公務日記」と記述し、代官が私的に記録した日記とは区別しておく。

第一節　松代藩代官の職制・執務空間と文書管理

ここでは、文書管理の前提となる代官の職制や文書管理について旧稿を踏まえながら概観したい[5]。

(1)　代官の職制

松代藩の地方支配は、郡奉行を中心にその配下に道橋奉行、代官、蔵奉行、勘定元〆役を配置し支配を実施する。なかでも、村と特に結び付きの強いのが代官である。代官の定員は、藩政初期から幕末までの間には変動があるが、力太郎が就任した、安政三年時点は四名であり、この四名によって、一〇万石の藩領を、分割して支配している。代官は、郡奉行のもとで、①田畑、山林などの地所支配に関わる争論の取扱い、②小作料滞納の取扱い、③三役人（名主・組頭・長百姓）と頭立の役儀に関わる出入りについて、④年貢収納に関する諸願の取扱い、⑤難渋村方の手入れ願いの取扱い、⑥囲穀下げ願いの取扱いなど広範囲な業務にあたる。主要業務は、年貢徴収、それに関わる勧農政策の推進の実務である。これに関わり、代官は支配村から上申される様々な訴願への対応も職務となる。各代官には四人ずつ手代が付く。手代は、村で事件などが発生すると、代官に代わり現地に赴き検分する一方、役宅においては、帳簿などの文書作成や管理に関わっており[6]、さらに御用繁多な時期には、足軽から派遣される附人が付属され、これも代官の実務を補助した。

代官は、月番で「世話番」として藩庁内の御蔵屋敷内に設置の「出役所」と呼ばれる部屋に詰め執務する以外は、拝領屋敷を役所として執務した。世話番の職務は、郡奉行からの「演説」を同僚代官へ通達し、さらには藩より発令された村への触れなどを各代官へ通知することにある。いわば藩と代官の間の連絡調整を行っているわけである。世話番の設置は、「御役方起原より之事実勤方沿革等之儀御尋ニ付申上控」（以下「御役方起源」と略す）によると、文化十二年（一八一五）からとあり、実際に、世話番が各代官日記の情報を集約して記録する「置附日記」も同年より始まる。[7]

代官の主要な執務場所は役宅であり、ここを「宅役所」と呼称する。このような執務形態にこそ、代官就任家に文書が伝来した理由がある。ところで、第1表は、野本が自筆で記録した安政七年分の日記の内容をまとめたものであるが、これを見ると、数か月の間、訴願などのために支配村の百姓が訪問する様子が確認でき、代官はその対応に追われていることや、郡奉行や他の役職と折衝し、時には百姓に内済の誘導や、願書の作成など丁寧に対応していることがわかる。松代藩では、村方の数多くの願書を、代官はもちろん、勘定元〆役、道橋奉行、そして郡奉行など地方支配機構に関わる部局を経て家老まで上申し決裁した。[8]村側では代官の職掌に関わる案件については勿論、他部局宛の願書も代官の役宅に持ち込み、代官は、そこで、訴訟内容を検討し、内済誘導をする一方、文書の形式や内容を吟味し、時には添削をし、村側へ再作成を要請したりする。松代藩では、例えば熊本藩や山口藩のように、制度的に中間支配機構を設置していないため、そこが担う、藩と村との意見調整の役割を代官が担っていたわけである。[9]したがって、第1表のように、役宅において村との対応に従事することになるのである。

（2）代官の職制の確立

以上、代官は月に一度、世話番として藩庁の御蔵屋敷に詰め執務する以外は、主に役宅で執務し、地方支配に

第1表　安政七年宅役所での職務

月日	事項
一月一八日	力石村難渋人別年限の件あり。
	水内平組地の件、説得の上和解・聞き流しにつき書面を取る。
一月二五日	里穂苅村名主役改選取極め難き旨訴える。
	馬曲組役代り一件につき出頭あり。内談のうえ、破談であれば改めて願い出るように申し聞かせる。
	杵淵組役代り一件、幼少名主につき不満につき村人出頭、談合のうえ、成長までは後見の旨など申し含める。
	上越道村役代り一件難渋につき三役出頭、とくと話し合いのうえ、後日出頭するように申し含める。
一月二七日	東条村南組役台交替願、瀧本新田村一件北組・南組争論、出張のうえ示談を勧める。
一月晦日	瀧本一件につき徳左衛門訪問、後に来るように申し置く。
二月一日	北組役人来訪。一件についてであれば、後に来るように申し置く。
	日名村役代の後役一件につき名主外内々に訪問するも産穢につき取り上げず。
	東福寺村名主役一件につき内々に申聞き産穢のため後日に出頭の旨申し聞く。
	細懸村役代一件につき訴え方など申し聞かせる。
二月三日	牧内村男倅、名主役一件につき出頭。
二月五日	東条村瀧本一件偽りにつき役代り差止め迷惑の旨郡奉行へ内々訴え、代官へ差し戻しにつき出頭、改めて代官より郡奉行へ上申する。
二月六日	細懸村甚兵衛一件につき組頭・長百姓出頭。甚兵衛へ申し含めるよう指示。長百姓の件は郡奉行磯田へ申し立てる。
	上越道村役代一件につき村役人出頭のうえ郡奉行磯田へ申し立て。

二月八日	両組名主・組頭・長百姓書面持参のところ趣意違いにつき書き直しを命じる。 日名村長百姓等役代の件の吉郎太一件につき出訴。示談を申含め帰宅させるも、のち再出訴。余儀なき場合には郡方へ出訴するように申し含める。
二月九日	細懸村九郎兵衛役代一件あり。
二月一一日	山穂苅村出作人上納滞納一件。山穂苅村男より済口願書出る。聞き済み。
二月一三日	細懸村男海老島開発切り落とし川等の件出入。一件懸り奉行へ願書提出。願書の件縺れ。懸り郡奉行上坂につき高田へ相談。懸り郡奉行の帰国後再提出の旨を申し含める。
二月一四日	細懸村百姓唯五郎出頭。村方にて済ませたき旨を上申する。
二月一七日	東条村へ書面持参の指示。郡奉行高田へ上申する。 上越道村役代り一件、両惣代幷三役願書提出、のち五郎兵衛など出頭、願書へ印形、済口提出など。
二月二一日	細懸村と日名村役替の件を郡奉行山寺へ報告。 馬曲組名主役を喜右衛門引き受けず。名主他出頭のところ両惣代をもって願い出るよう申し聞かす。
二月二七日	馬曲組役一件につき名主・大百姓・小前惣代・頭立惣代出頭のうえ願書提出。喜右衛門へ召喚の触れ差出し出頭させる。翌二日済口証文差出す。
三月一日	東条村の願書、何度か認め直しのうえ郡奉行高田が内見。了解を得て認め直しのうえ調印、受理する。
三月二日	日名村名主他上納滞納の件につき出頭。
三月九日	安原村組頭・長百姓引替につき名主出頭、村方示談の旨を指示する。
三月一五日	会村名主頭立男役夫の件につき出頭させる。
三月一七日	日名村石上納滞納の件につき名主他一名済方願書を提出。郡奉行山寺に内伺のうえ取り上げる。 力石村頭立別家への譲り地に杭立ての旨、頭立男出頭のうえ報告する。

	東条村差仕えにつき役代願の願書提出。郡奉行高田へ内伺。村役人へ瀧本新田はだか山一人あたりの分金の件を尋問する。
	細懸村海老島一件名主故障の件願書預かり中、役人替につき願書下げ渡す。
閏三月一〇日	小森村出作人役代小作滞納一件、当人未払いにつき倅・名主召喚し申し含める。
閏三月一三日	細懸村勘右衛門、文政年中出入入料の件につき郡奉行宛願書を以て出頭、奥印不備につき村役人始末書を提出する。
閏三月一七日	上五明村名主跡役の件あり。
	内川村男御用達金の件につき四人出頭。
	新町村田水引の件難渋につき内々出頭。役人どもなどと相談のうえ出訴の旨申し含める。
四月六日	町方懸りの入作公事の件につき広田村親類ほか内々に出頭も管轄外につき断る。
	細懸村勘右衛門願につき村役人奥書などを記し答書を提出。「御趣意」の文言が問題に。村方にて詮議を命じ、答書は返却する。
五月中旬	小森軍蔵小作一件済口。
五月二五日	土目録・小役目録余慶懸へ提出・証文を勘定吟味より六月に受け取る。
六月一六日	殿様帰城につき鼠宿賄帳を渡す。
六月二〇日	小森村内高一件につき内々出頭あり。
	細懸村村摺米納の件につき触書を発給する。
六月二四日	西寺尾村他借入証文を南角へ渡す。
六月二七日	恵明寺よりの施餓鬼料受取証文を御蔵にて冨五郎へ渡す。
九月六日	米価高騰につき山田村六か村より酒造米値抑制の嘆願、郡奉行宛にて願書出る。郡奉行より取り上げざる旨などにつき書面返却のところ翌日再度出願するも、これを申し含める。

	下横田村新田川除普請のため境筋見分願につき郡奉行宛で願書提出。「検使願」を「願」と認め直させるとの返答。
	細懸村勘右衛門死去につき倅名乗継承願と故勘右衛門の願を再度願のため出頭。山寺へ報告。代替わりにつき端を変え再度提出を申し含め、願書を返却する。
一一月二三日	三吉の手充証文を御印鑑済につき手代へ渡す。
	竹生村花右衛門、日影村堀一件につき宛所なしの願書を提出。示談を申し含め返すも破談。奥書のうえ、郡奉行宛の嘆願書を提出させる。郡奉行の山寺や他代官と相談。出入りにはいまだ及ばない段階のため御蔵にて書類を返却し、検使願の提出を申し含める。

出典：「(安政七年）日記」（長野市立博物館所蔵　野本家文書　E四―七）、拙稿「松代藩代官の職制と文書行政」（福澤徹三・渡辺尚志編『藩地域の農政と学問・金融――信濃国松代藩地域の研究Ⅳ――』二一七～二二〇頁掲載表に加筆修正。

あたっていること、その関係から文書は役宅で保存・管理していたことなどを確認した。このような執務形態は、どのような過程で確定されたものであろうか。職制や執務空間の変遷と文書管理の問題は、松代藩の文書管理を考える上で、極めて重要であると考えられるため、以下、この点を検討していく。

まず、執務形態の確立を理解する最初の史料は「御役方起源」で、ここには、置附日記が「文化十二亥年以来御座候」とあり、文化十二年（一八一五）に成立したことを窺うことができる。野本家には、この文化十二年の置附日記が現存するが(10)、その冒頭には「以来御代官壱人宛御勘定所江日勤致候様ニ被仰渡候ニ付罷出候」とあり、この年から一人ずつ、御蔵屋敷（「御勘定所」）へ恒常的に詰めることとなったことがわかる。そして、その役職の呼称を「世話番」としたわけである。これに伴い置附日記もこの時に成立した。

さて、世話番の成立が右の通りであるとすれば、代官は文化十二年まで役宅でのみ職務を遂行していたものが、文化十二年を期に、代官所の機能の一部が藩庁内へ移管したということになる。文化十二年に、かかる職制の改変があった理由はなにか。この点、文化十二年前後の藩政状況を確認する中で考えてみたい。

寛政九年（一七九七）には、代官は五年ごとに支配地域を交代するようになる。これは、代官と支配村々との癒着を防ぐものであろう。のち、文化二年（一八〇五）には、代官成沢文治付の手代が、高井郡大室村の一百姓から賄賂を受け取った廉で処罰をされている。[11]さらに、文化十二年には、手代の職務にも大きな変化が見られる。「御役方起源」によれば、これまでは、代官の自宅にて実施されていた年貢や小役の勘定帳作成の職務が「文化十二年亥年より以来御勘定所ニ而」と、藩庁内で、徒目付の立合のもとで実施されることになった。これらの帳簿は、藩財政にとって基幹的なものであり、その作成や管理を厳密化するために、藩庁内の御蔵役所という「公」的な場で、[12]その作成が実施されることになったと考えられる。

以上のように、代官をめぐる取締りが強化される中で、宅役所の機能が縮少され、年貢などの勘定関係の職務が宅役所から藩庁の御蔵屋敷へと移行したのではなかろうか。

松代藩の御殿や御蔵屋敷の絵図[13]を見ると、多くの役職の執務室があり、御蔵屋敷には、郡奉行、勘定元〆役、勘定役などの執務室が確認できる。近世の前期は、これらの役職の多くも役宅を執務場としてきた。[14]しかし、藩が行政をより公共的なものと認識を強め、また行政の合理化を推進するにあたって、「私」的な機能を併せ持った宅役所での執務を否定し、随時、藩庁内に執務の場を移した。例えば地方行政組織でみれば、御蔵屋敷のような施設を設置し、そこへ役所を集約したのであろう。郡方日記や勘定元〆役日記が、藩庁に残り、現在、国文学研究資料館に所蔵される事実もここにかかる。このような藩政の変化の中に、文化十二年の世話番の設置も位置付けられよう。

ただし、近世段階で、代官文書は藩庁には移管されていない。明治二年に至るまで、依然として代官の執務は宅役所におけるそれが中心であったためである。なぜ、宅役所は廃止されなかったか。それは、藩では、村側が代官の役宅を「一番身近な訴願差し出し先[15]」としてきた旧来の慣習を急に改変しては、地方支配が混乱し円滑に進まないことを考慮したためであろう。以上のような過程で代官の執務形態が確定し、それが当該職の文書管理のあり方を規定したわけである。

なお、置附日記の「置附」とは藩庁の執務室に常置しておくという意味[16]であると考えられるが、御蔵屋敷の代官の執務室には、特に日記を収納する施設は確認できない。おそらく、一定程度、日記が蓄積されると、それを各代官が役宅で保管する仕組みだったのではないだろうか。とすれば、置附日記が野本家に伝来した事情も理解しやすい。

第二節　代官文書の引継ぎ・授受・作成とその特質

(1)　代官文書の引継ぎ

前節までで確認した代官の職制や文書管理、それを規定した執務形態を踏まえ、引き続き、野本家文書を事例に、近世における代官文書の管理や伝来の特質について、さらに理解を深めていきたい。

野本力太郎は代官就任に関わり、日記をはじめ、職務遂行に関わる文書類の引継ぎを受けていることが安政三年（一八五六）の日記[17]より確認できる。野本は先任かつ最古参の代官である南澤甚之介を通じ「御用番帳類等」を引継いでいる。また、他の史料には「在宅御用帳面等麁末無之様」などと南澤より指示を受けている記事もある。「御用番帳面類」「御用帳面等」とは公務日記等の諸書類を指すと考えられる。これらの帳面が、交代に関わり引継がれていたのである。野本家文書には、日記は文化十二年（一八一五）～安政二年（一八五五）分、四〇冊近く、さらには村から上る訴願書類が多数現存する所以である。野本は、受け取り後、その旨を月番郡奉行と先任代官へ報告している。

野本は、このように引継いだ文書、さらに職務遂行に伴い作成、あるいは受理した文書を役宅で保存・管理した[18]。その内容であるが、例えば嘉永五年段階の代官がどのような文書を保存・管理していたかについては、原田和彦が既に明らかにしている[19]。それによれば、代官は、宅役所において「御勘定所出役日記」（置附日記）・「御役御宅日記」（宅役所の執務日記）といった公務日記類、地方支配の基礎台帳である「山里村々田畑仕訳帳」「河原新田水帳」「山里村々貯穀元帳」「頭立元帳」「頭立並元帳」「山里村々倹約帳」「山里村々仕附旬書上帳」「山里村々高名寄帳」「山里村々借財帳」「山里村々名主請状」の書類を保管していた。これらの文書は、公務日記はともかく、野本家文書中にすべては残存しない。しかし、例えば「山里村々倹約帳」「山里村々名主請状[20]」などの帳面は確認できる。

ところで、日記についていえば、「御役方起源[21]」には、

一山田兵次御役宅日記　文政九戌年以来御座候
一西沢軍治御役宅日記　享和二戌年以来御座候
一南沢甚之介御役宅日記　文化拾弐亥年以来御座候
一中嶋渡浪御役宅日記　寛政五丑年以来御座候
一小林友之丞御役宅日記　文化十四丑年以来御座候

とあり、各代官は自身の役宅で記録した公務日記を所持していることがわかる。ただし、同史料により各代官の代官職就任年次を確認するなら、山田兵次は文政十一年（一八二八）、西沢は天保五年（一八三四）、南沢は天保十一年、中嶋は天保十四年、小林は弘化元年（一八四四）とあり、所持する日記の年代幅と各代官の在職期間は一致しない。各代官は、自身の代官就任前の公務日記を所持していた、つまり、松代藩では、代官はその職に就任すると、先代代官の公務日記を引継ぐ仕組みであったことが明らかである。

この点は既述の通り、野本家文書にも、文化十四年（一八一七）から天保五年まで代官職を勤めた保崎荘助や、先述の山田兵次の日記や諸帳面が存在していることからも裏付けることができる。野本は引継ぎ時の様子を「南沢甚之介殿より御用書帳類等引渡、此方江請取節は、右御同人御用番・御勝手大当番江引渡、受取無相違相済候段御届」(22)とも記述するが、その「御用書帳類等」には当然、公務日記類も含まれたのであろう。

さらに、松代藩自体の文書管理の特徴にも関わるであろう、代官の文書引継ぎの特徴を、もう一つだけ挙げておく。野本家文書には、村から代官所宛、あるいは郡奉行所宛に上申された様々な諸願書が残るが、これらの多くは、百姓が捺印した原本である。一方、野本が引継いだ公務日記を確認すると、割印の痕跡や、製本の仕方、さらには筆跡から判断して、これも原本と考えられる。一方で、例えば、国文学研究資料館所蔵「信濃国松代真田家中依田家文書」には、天保五年（一八三四）～弘化元年（一八四四）に代官を勤めた依田忠順の文書類を含むが、代官の日記類は存在しない。つまり、退任した代官は諸書類や日記類の原本を後任に引継ぐ仕組みであったことは明らかである。

例えば江戸幕府の寺社奉行は「月番文書」と「株筋文書」については、それぞれ原本が引継がれる一方、特に公務日記類については、先任者や役職経験者のものを借り受け、書写する形式をとっている(23)。老中や奏者番も同様に先任者の公務日記を書写し職務遂行に備える(24)。一方、松代藩代官の場合は原本を引継ぐ形式であったのである。以上を勘案すると、代官が引継いだ、そして自身の職務にかかわり作成した文書は、単に、代官の「家」の所有物ではなく、藩の共有財産であったといえるのではないか。この点は、引継ぎに際して、郡奉行に報告義務があることからも裏付けることができる。諸書類や公務日記は、代官の私物でなく、藩共有の財産であり、それを代官が持ち廻るという仕組みの中で代官就任家に伝来したと結論づけることができるわけである。

（2）代官の文書授受の特質

野本家文書には、既述の通り、公務日記以外にも、村から上申された代官所宛、あるいは郡奉行所宛など他部署宛の訴願文書が一紙の形態、あるいは、「諸願書綴」(25)など編綴した形で存在する。しかも、それらの諸願書の多くが原本であることは注目できる。なぜなら、松代藩稟議制の特徴をまとめた第1図をみるなら、ある訴訟に関わる文書は、上申・下達の過程を経て、最終的に一件文書として郡奉行所に集約し、それを袋に入れ、あるいは編綴し保管することが多いためである(26)。したがって、原本類は原則として代官所に残らないと考えられるからである。さらに郡奉行所宛などの文書が存在することも注目できる。「野本家文書目録（その1）」解題でも、「村から郡奉行所に宛てられた文書がどのようなルートで代官の許へ到来したのかは、現時点では定かではない。松代藩の文書行政の実態を検討する上で一つの好材料になるもの」と指摘する。野本家文書には、大量の代官所や他部署宛文書の原本が残っているのはなぜか。

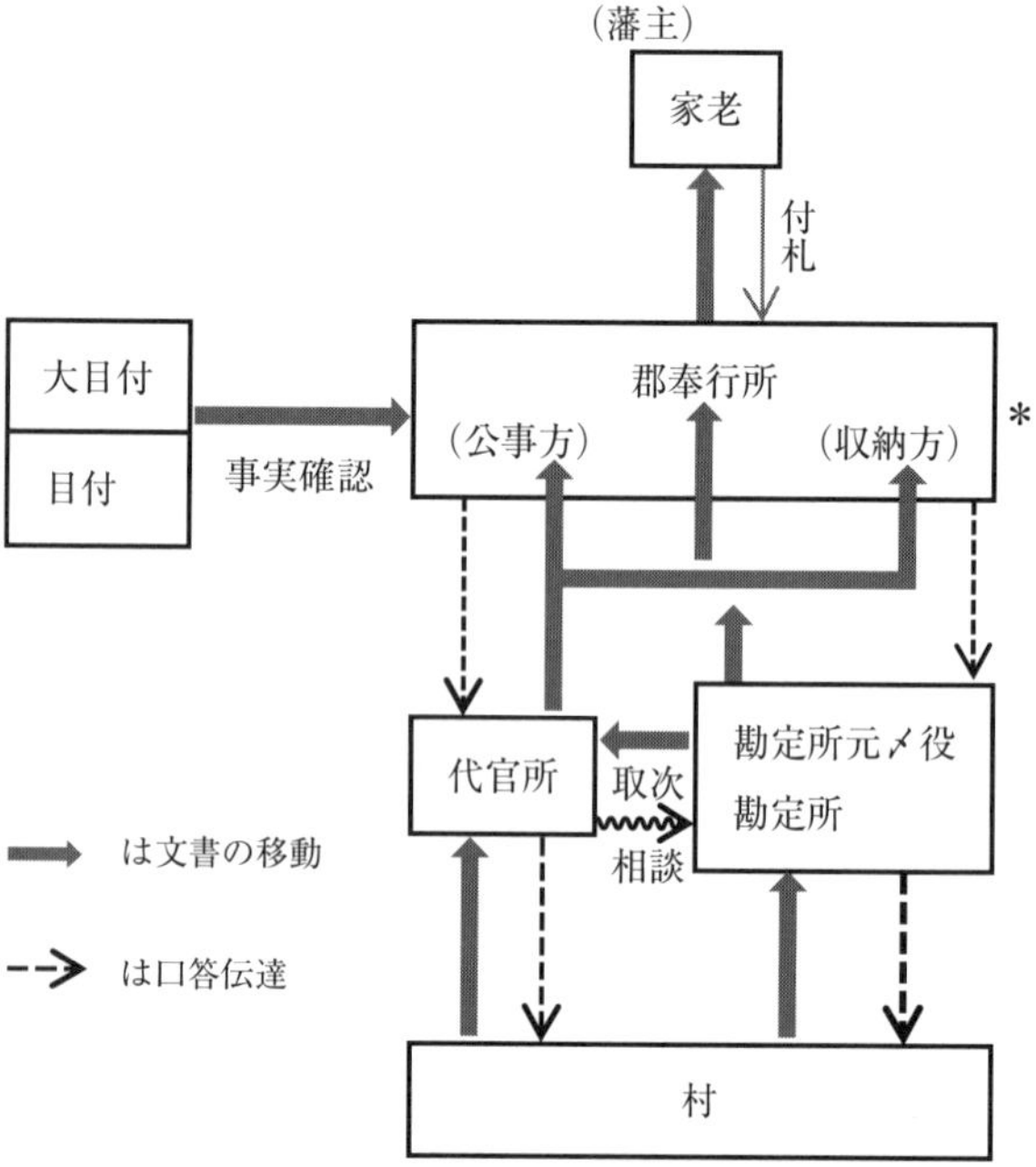

第1図　松代藩地方支配機構の稟議制

出典：拙稿「松代藩代官の職制と文書行政」（福澤徹三・渡辺尚志両氏編『藩地域の農政と学問・金融――信濃国松代藩地域の研究Ⅳ――』）の214頁掲載表に加筆修正。
＊最終的に諸書類は基本的にはここに集約・保存・管理

まず村側が地方支配関係の複数の役所に文書を上申し、結果、その案件が例えば勘定元〆役や郡奉行所で審議するのが適当とされた結果、代官所宛のものが手許に残ったと考えられる。実際に村側が一つの願書を複数の宛先に提出する事例は、村側の文書からも確認できる。(27)

次に、右に関わり、野本家文書の「村々願訴等申出候節心得扣」(28)という史料では、例えば他村からの移住者である「来たり物」や百姓の死亡届、別件願等の文書について、代官は、自身宛、さらには郡奉行所宛の百姓よりの上申を受理し郡奉行所へ上申するとともに、もう一通は自身の手元に保管するとしている。つまり、代官は願書を二通受理し、一通は自身の手元で保管していたのである。さらに、同史料では、郡奉行所宛文書以外でも、「支配村々ニ而外諸役向江何か次第ニ寄願出候節ハ此方江届候、其品ニ寄願方書面通り認させ、此方江も可差出事」と、代官は自身専管か否かにかかわらず、村からの訴訟の窓口となり願書の作成を指導する。その上で、村側に自身宛は勿論、郡奉行所や勘定元〆役所などへ提出用の願書とともに、代官所の控用のものも作成させるのである。前掲第1表の十一月二十三日付、竹生村と日影村との用水堀一件において、野本が郡奉行所宛の願書を受理しているのは、その具体的事例である。

以上のような過程を経て、代官所には、代官宛、さらには郡奉行所など他部署宛の文書の原本が残るわけである。かかる代官の文書の授受のあり方は、代官所が村の身近な藩の窓口であった点とも関わるのであろう。すなわち、代官は、村側の様々な諸問題を熟知する必要があった、そのために専管か否かにかかわらず、文書を受理していたということになろう。代官は支配村に関することは、事細かに把握しておかなければならない、という代官の職務の特徴を示している。(29)村側から見れば、代官所が「一番身近な訴願差し出し先」と評価される所以である。ただし、現存する願書類の量は、その職務内容からみると、あまりにも少ない。おそらく、代官は、特に重要と思われるものは、公務日記に転写し、不要と判断されたものと併せて廃棄したのであろう。

以上、本節では、代官文書の近世における管理と伝来について明らかにしてきた。特に、代官所が村の身近な訴願先の機能も持ったゆえ、それが文書の管理のあり方を規定していたこと。これが重要である。ところで、近世全体を通じ、代官が役宅を主要な執務場とし、そこで文書を保存・管理していたならば、代官文書群が、野本家のような明治四年（一八七一）の廃藩置県まで代官に就任した家に伝来したことの説明は一応できる。ただ、明治二年（一八六九）十二月に実施の職制改革を考慮するなら、それだけの説明では不十分である。したがって、最後に、その職制改革や、それに伴う代官の文書管理について確認し、最終的に代官文書群が代官就任家に伝来した経緯を確定していく。

第三節　明治以降の代官文書の伝来過程

松代藩では、明治二年十二月に藩政改革を実施する。これは、明治政府による地方政策に対し、真田幸民による版籍奉還の上表と知藩事任命に伴うものであり、明治政府の強力な中央集権化の影響によるものである。改革により、藩は家禄について政府の方針に従い支配地総高の一〇パーセントと決定し、家禄の支給方法も総て藩庫から直接支給することとしたこと、職制改正では政治所のほかに、神社郡政、計政、市政、学政、兵政、監察の六局を置き、職名も家老などの旧来の呼称は廃止、大・小参事、書記、主事等と改めた(30)。この時、代官は租税司（司税とも呼称される）、手代を税手と名称変更した。職制の改正について、地方支配や財政機構に関わる部分を摘記すれば第2図の通りとなる。これを見ると、単に職名の呼称を改変するだけではなく、組織の一部を改変したことが確認できる。

この改革にあわせて藩は「今般御藩政改革、宅役所を被廃、来十五日より公廨御開相成、諸事内廟ニて取扱候様被仰出(31)」と極めて重要な指令を発する。すなわち、十二月十六日、これまでの宅役所を廃止し、併せて「公

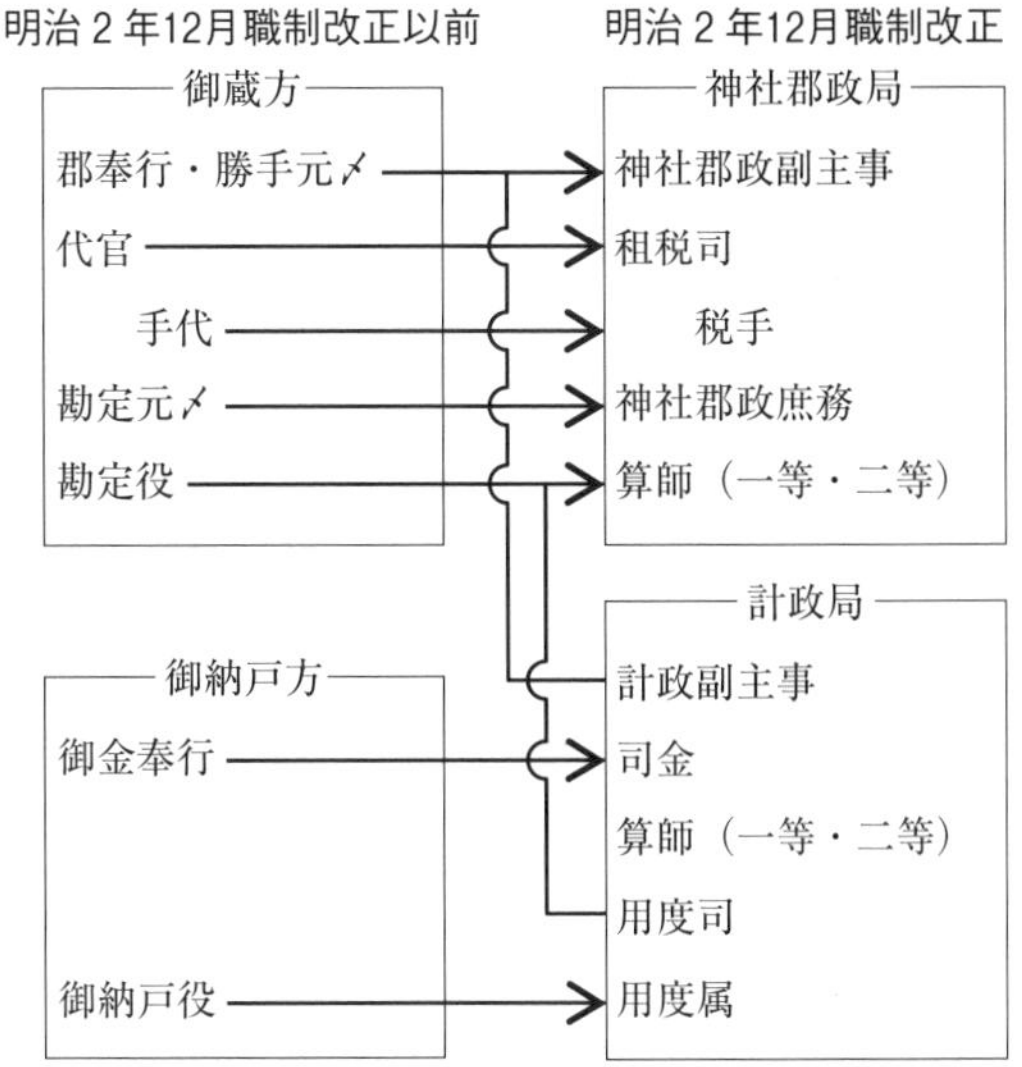

第２図　明治２年の職制改正以前・以降の松代藩の地方支配・財政組織

出典：大平喜間多編『松代町史』上巻（長野県埴科郡松代町役場、1929年）509～521頁、国立史料館編『史料館叢書８　真田家家中明細書』（東京大学出版会、1986年）、「（明治２年11月）日記扣」（真田家文書い1098）等より作成。

廨」＝藩庁を開き、そこに詰めるように命じたのである。「公廨」とは従来の藩庁の名称をより、「公」的なものとしたものであろう。なにより、藩政改革に伴い、近世的な宅役所を廃止し、より中央集権的な制度を施行したところに職制改革の画期性がある。

池田勇太によれば、同じく信濃国の飯田藩でも藩政の庶務を藩庁に集約しようとする施策をとり、藩ではその理由を「従前私有私政の旧習を除き」と説明したとしている。藩側は宅役所の存在は、「私政私有」なものとみなしていたのであり、藩の公的機能が家臣の私的生活空間の中で実施されることは、中央集権政策を推進する明治政府にならった藩にとっては、「旧習」であり弊害と映ったわけである。(32) 松代藩の場合も、第一節で指摘した代官の執務形態の確立事情なども併せて推測すると、飯田藩と同様の認識から各役所の藩庁へ集約を企図したと考えることができる。近世的な執務のあり方を完全に否定し、各役所の藩庁への中央集権化を実現したわけである。これに伴い、野本は毎日のように藩庁へ出勤することになったことは、明治二年以降の野本の日記からも窺うことができる。

以上のように代官の執務場所が藩庁内に設置されたとすれば、当然、執務上、参照しなければならない過去の日記や諸書類も、藩庁内に移動することになる。しかし、現実には、国文学研究資料館所蔵の真田家文書を確認しても、代官の文書が藩庁に移管された形跡はないことは、冒頭で述べた通りである。どのような事情で移管されなかったのか。

それは、藩庁内の執務室では、職務を遂行しうるに十分な設備が整っておらず、ことに書類を整理し保存・管理するための設備が存在しなかったためである。この点を次の明治三年の史料から確認したい(33)。

御役方御用物御出来之儀ニ付申上

司税

御役方御用簞笥并税手御用簞笥其外品々御出来物之義、去冬中委細之取納申立仕候処御渡無御座候付、其後数度申立仕候得共、今以御出来無之、兼々申上候通差向御当用之外、諸書類其侭未宅役所ニ差置候義付、実々御用筋御差支斗相成、今般税手よりも心痛至極罷在候趣を以、委細別紙之通申立尤至極之儀ニ付、急速御出来被成下候様仕度筈ニも段々申立候事件、深厚御勘弁被成下度奉存候、以上

五月廿日差出ス

「去冬中」とは、勿論、明治二年十二月のことである。代官は藩庁で執務するにあたって文書を収納する簞笥などの用意を藩へ申請するが、準備が滞っているため、書類はそのまま役宅に保管していたことがわかる。「今般税手よりも心痛至極罷在候趣を以、委細別紙之通申立」とある通り、この上申書提出以前に、税手も同様な訴えを藩へ提出している(34)。

御役向御用物品々御出来之儀ニ付申上

税手

私共儀従来宅役所相勤罷在候処、先冬中より合局被仰渡、其後品々御入料御出来之御品可申立候様被仰渡候

付差向櫃要之品々申上候処、唯今以一切御渡無御座候付、御用之御用帳面類持参仕兼、日々之儀宅御役所より罷越候間、万端御用筋御間欠は勿論、時宜ニヨリ村方出役之者難渋ニも罷成候付、無余技可相成丈持参仕候分、風呂敷包等ニ仕置候仕合、大切之御用之品々不締至極之義ニ付、自然も御帳面類初紛乱之儀可有御座候も難計哉、且前段申上候通、実ニ御間欠も相成、一同心痛至極罷在候儀ニ付、乍憚厚御賢応ヲ以至急御出来御渡被成下候様仕度奉願候、此段申上候、以上

五月

税手

税手は、書類を持参するときは、「風呂敷包等ニ」して持ち歩いていること、それが「大切之御用之品々不締至極」と嘆く記述からは、代官文書作成における手代の役割の大きさが、また、「御用帳面」類を麁末に取り扱うことを歎く記述からは、手代などの文書認識を窺うことができ興味深いが、なにより、職務遂行のためには、文書の常置が不可欠であることが示されている点が重要である。したがって、代官や手代は文書箪笥などの支給を藩へ要請しているわけである。しかし、文書は藩庁へ移動しなかった。

この背景として、急激な改革による混乱や、戊申戦争などに伴う各地への出兵の影響、藩の慢性的な財政難などを挙げることができる。のち、再度、箪笥類の支給を求める嘆願が計政局の日記[35]にみえるが、野本の日記を見る限りは支給された形跡はない。おそらく、文書箪笥など支給されることはなく、毎日、必要書類を自宅より運送しながら職務を遂行していたのであろう。藩は有効な打開策を講じえなかったわけである。その結果として、野本が所蔵していた代官文書群は藩庁に移管されず、野本家に伝来したと考えられるのである。明治十四年九月一日～十月三十一日、真田家新御殿の敷地にある蔵収蔵の諸書類や日記の調査結果を記録した「御蔵内日記書類下調[36]」によれば、代官文書は「ヲ印　御代官書類幷下段」として、わずかに一九筆分しか確認できないことも、この推定を裏付けるものである。そして廃藩置県以降、代官文書は野本家で代々保管し、それが平成七年に長野

市立博物館へ寄贈され、現在に至ったわけである。

おわりに

以上、現存する野本家文書中の代官文書群を手がかりに、松代藩代官の文書の管理や伝来について論じた。国文学研究資料館所蔵の真田家文書中に代官文書がほぼ確認できないのは、代官の主な執務場所が役宅であったからであり、明治二年の職制改革に伴う宅役所の廃止・藩庁への出勤制へと移行しても、文書を管理するための設備が不十分であったために、変わらず役宅に保管したままであったからである。かかる事情は、国文学研究資料館所蔵の真田家文書には、その存在がほぼ確認できない、例えば町奉行所、寺社奉行所の文書群も同様である可能性がある(37)。

また、本章では、代官文書群の管理を検討する中で、特に、近世における「公」に重点を置いた藩が「私」的な世界を含む宅役所を否定することがあったこと。そして、明治二年には後者の全くの否定により宅役所を廃止し、各役所を藩庁に集約したことを明らかにした。こうした執務空間の変遷と文書管理との関わりは、今後、松代藩をはじめ藩庁の文書管理を解明するためには、落すことができない論点であると考える。

とすれば、今後、藩の城内絵図などを駆使した、各役職の執務空間の確認や、その変遷を追究する作業が、藩の文書管理を検討する前提として求められることになるであろう。その際に、松代藩でいえば嘉永期に作成された、各部局の職制の沿革についての記録(38)、各部署の執務日記をつき合わせて検討しなければならないことは勿論である。さらに、散逸する藩士家文書の悉皆的な調査も必要である。いずれも、今後の課題として提示しておきたい。

（1）『長野市立博物館収蔵資料　歴史8　野本家文書目録（その1）・篠ノ井東福寺小林龍子氏寄贈資料目録』（長野市立博物館、二〇一一年、以下『野本家文書（その1）』と略す）の解題による。なお、この目録に、野本家歴代の勤役関係文書の過半は収録される。二〇一四年には同館編『購入資料（3）・野本家文書（その2）』（以下『野本家文書（その2）』と略す）が発刊されているが、いまだ未整理文書が存在する。

（2）拙稿「松代藩代官の職制と文書行政」（福澤徹三・渡辺尚志編『藩地域の農政と学問・金融――信濃国松代藩地域の研究Ⅳ――』（岩田書院、二〇一四年）。

（3）執務空間と文書管理の関係性については、大友一雄の幕府役職の文書管理をめぐる研究が参考となろう。同「幕府寺社奉行と文書管理」（『日本近世史料学研究――史料空間論への旅立ち――』北海道大学図書刊行会、二〇〇〇年）、「幕府奏者番にみる江戸時代の情報管理」（『史料館研究紀要』第三五号、二〇〇三年）、「近世中期における幕府勤役と師範――新役への知識の継承をめぐって――」（『国文学研究資料館紀要――アーカイブズ研究篇』第二号、二〇〇六年）、「天保期における老中職公用方役人と情報管理」（関東近世史研究会編『関東近世史研究論集』三　幕政・藩政、岩田書院、二〇一二年）。なお、大名家の地方支配に関わる文書管理の問題を考える場合には、さしあたり、山﨑一郎「萩藩代官所における文書管理と「御書付其外後規要集」の作成」（『瀬戸内海地域史研究』第七輯、一九九九年）、矢野健太郎「幕末維新期における萩藩の「勘場」と「勘場役人」――小郡宰判を事例として――」（『九州史学』一三七・一三八、二〇〇三年）が参考となる。

（4）なお、本稿は『野本家文書（その2）』所収の拙稿「野本家文書中の代官文書群の伝来過程について」に、その後に得た知見なども踏まえ再構成したものである。

（5）註(2)拙稿。

（6）原田和彦「松代藩における地方支配と文書の管理」（『信濃』第六五巻第五号、二〇一三年）。

（7）国文学研究資料館蔵信濃国松代真田家文書「御役方起原より之事実勤方沿革等之儀御尋ニ付申上控」（あ三四〇八）。

（8）註(2)拙稿。吉村豊雄「近世における文書行政の高度化と明治維新」（国文学研究資料館編『幕藩政アーカイブズの総合的研究』思文閣出版、二〇一五年）。

（9）註(2)拙稿。

(10) 野本家文書「(文化十二年) 日記」(A—三二)。
(11) 以上の事実は『長野市誌』第五巻　歴史編　近代一 (長野市、一九九七年)、三〇～三一頁による。
(12) 藩における「公」と「私」の考え方は、J・F・モリスの考え方に示唆を得た。同『近世武士の「公」と「私」——仙台藩士玉蟲十蔵のキャリアと挫折——』(清文堂出版、二〇〇九年)。
(13) 長野市立博物館蔵浦野家文書「松代御蔵屋敷絵図」(『松代城絵図集成』長野市松代文化施設等管理事務所、二〇〇六年、の六六頁収録の図版を参照した)。
(14) この点は本書第一章の原田論文に詳しい。併せて参照されたい。
(15) 福澤徹三「文化・文政期の松代藩の在地支配構造」(『近世後期大名家の領政機構——信濃国松代藩地域の研究Ⅲ——』岩田書院、二〇一一年)。
(16) 太田尚宏「真田家文書〈家老日記〉の種類と性格」(『国文学研究資料館紀要——アイカブズ研究篇——』第一〇号、二〇一四年)。
(17) 野本家文書「(安政三年) 日記」(E四—二)。
(18) この点は地方支配の拠点や文書作成・管理の場として、勘場を設置した山口藩とは対照的である。前掲註(3)の山﨑・矢野論文を参照のこと。
(19) 原田和彦「松代藩における地方支配と文書の管理」(『信濃』第六五巻　第五号、二〇一三年)。
(20) なお、これらの文書も引継ぎの対象であり、野本家文書中にも力太郎就任以前のものがまとまって存在する。
(21) 註(7)引用史料。
(22) 註(17)引用史料。
(23) 大友一雄「幕府寺社奉行と文書管理」。
(24) 大友一雄「幕府奏者番にみる江戸時代の情報管理」、「天保期における老中職公用方役人と情報管理」。
(25) 野本家文書「諸願書綴」A三〇三—一～五七、A三〇七—一～三)。
(26) 渡辺尚志「大名家の中の『村方文書』」(高木俊輔・渡辺浩一編『日本近世史料学研究——史料空間論への旅立ち——』(北海道大学図書刊行会、二〇〇〇年、のち渡辺尚志編『藩地域の構造と変容——信濃国松代藩地域の研究

――』岩田書院、二〇〇五年に再録）。
(27) 例えば、国文学研究資料館蔵信濃国更級郡田野口村小林家文書「村方臨時願書留集」（二八四号）、村側で、自身の訴願文書の提出先をまとめた史料として「訴願等差出先役所留」（長野市誌編さん委員会編『長野市誌』第一三巻　資料編　近世、一九九七年、一〇六頁）がある。なお、かかる村側の願書の上申をめぐる諸問題については、本書第八章の福澤論文を参照のこと。
(28) 野本家文書「村々願訴等申出候節心得扣」（E四―一）。
(29) 註(2)拙稿。
(30)『長野市誌』第五巻　歴史編　近代一（長野市、一九九七年、三〇～三一頁）。
(31) 野本家文書「（明治二年）日記」（A三一）。
(32) 池田勇太「維新における「私政」の否定と藩政――飯田藩を事例に――」（『歴史学研究　増刊号』八七二号、二〇一〇年）。
(33) 野本家文書「（明治三年）日記」（E四―二六）
(34) 註(33)引用史料。
(35) 国文学研究資料館蔵真田家文書『計政日記』（い一五〇七）。
(36) 国文学研究資料館寄託信濃国松代真田家文書「御蔵内日記書類下調」（寄六二七）。
(37) この点については、本書第一章の原田論文を参照されたい。また、例えば、真田家文書に所在しない側用人のものと考えられる日記などは長野県立歴史館の「米山一政収集文書」に存在している。
(38) この点で、宮澤崇士「資料紹介　松代藩諸役職についての職掌・沿革関連文書」（『松代』二六号、二〇一三年）の成果は重要なものといえる。

第8章　官僚制機構の末端としての村
――藩地域研究とアーカイブズ研究との接点――

福澤　徹三

はじめに

本稿は、近年研究が盛んな藩地域研究の動向を踏まえて、その研究動向をアーカイブズ研究に引きつけて整理し、信濃国松代藩の村と藩官僚制機構との関係を、その視点から分析するものである。

佐々木潤之介が提唱した、世直し状況論（豪農・半プロ論）の重要性は、今さら言うまでもないが、村方地主にして高利貸商人であり、村役人かつ同族団の長であった豪農の性格規定のうち、政治的規定である村役人の内容がここでは重要である。佐々木は村役人を、村の代表にして村落支配の末端にある、両義性を持った存在と定義する(1)。佐々木に対する批判として、久留島浩や藪田貫など、組合村の役割や、代表委任制を追究する方向に研究は進展したが、いずれも村役人の政治的役割を強調する内容であったといっていいだろう(2)。これに対して、豪農の権力的側面を重視する社会的権力論や、村落共同体の役割を重視する潮流もあり、ここでは触れないが、これらは、地域社会論の研究動向といえよう(3)。

一方で、藩研究は、地域社会論に上位権力の問題を組み込むという点から出発し、岡山藩、尾張藩、松代藩、熊本藩が主なものである。(4)本稿の問題関心からは、熊本藩の成果が注目される。今村直樹は、惣代庄屋の行政運営能力を高く評価する一連の研究成果を発表している。これは、地域社会論の村役人の政治的役割を強調する研究動向と轍を一にするが、転勤という形態や、その財政的基盤を明確にした点を高く評価したい。今後、広域行政について検討する場合に、財政的基盤の有無は、根本的な評価基準となろう。また、松本藩について、志村洋による大庄屋の役威を強調する研究も重要である。(5)こちらは、佐々木の両義性の定義のうち、村落支配の末端にあるという面に連なる研究動向といえよう。

次に、官僚制機構の研究について述べたい。藤田覚による、史料論を土台とした町奉行を中心とする官僚制機構の分析、すなわち町奉行与力の起案が、町奉行、他部署への稟議を経て、坊主衆の手を経て老中の裁可がおこなわれ、鰭《ひれ》付け文書などにより意見が付されて決定がなされる過程は、藩研究を進めていくうえで参照の基準となるものである。(6)また、筆者も加わってきた松代藩地域の研究では、藩政機構の分析に限っても、機構横断的な学問グループの存在、勘定所と代官との分担と連携、村からの文書の代官の「添削」など多様な成果を生み出してきた。(7)

アーカイブズ研究については、まず、アーカイブズ研究と藩政機構の分析は相即不可分であるという、渡辺尚志の問題提起を確認する必要がある。(8)松代藩地域研究は、豊富な藩政史料を土台としながら、常にアーカイブズ的視点を念頭に、裁判、政策主体、領政機構、農政と学問・金融という中核的テーマを追究してきた。また、最近の成果で重要なのは、熊本藩について吉村豊雄が明らかにした、町や村からの上申文書が、藩政機構内部で起案文書の起点になっているという成果である。(9)渡辺浩一による史料の出所を把握することこそが、史料を遺した組織の分析には欠かせないとの主張もある。(10)本稿では、これらの点に留意しつつ、分析を進めることにしたい。

以上の、地域社会論、藩研究、官僚制機構、アーカイブズ研究の動向を大枠で振り返ると、次のようにまとめられよう。

（1）村・地域社会の研究は、代表的側面と村落共同体的側面の二つに分化し、一部を除けば村落支配の末端であるとの部分については、置き去りにされている。この点を追究していくことにより、新たな展開が期待できないか。

（2）幕府内部や、藩、村といったそれぞれ個別の、文書群ごとの研究になってしまってはいないか。

以上、二点から、村と藩政機構双方を貫通するような研究を、もっとおこなう必要があると考える。

第一節　松代藩の在地支配機構と北高田村北条組の村役人

ここでは、松代藩の藩政機構のうち地方支配機構の概略と、訴願の差出し先とその行き先について、本稿の前提となることを確認しておこう。松代藩は、二〇〇余りの村の支配を五人の代官に分けておこなっていた。代官の元には手代が配置される。村の成り立ちが困難に陥った際には、難渋村に指定され、一時的に勘定所の勘定役支配に置かれ、立ち直ったら元の代官支配に復帰する制度が宝暦から文政期まで存在したが、それ以外は代官の支配に置かれているのが通常である[11]。

では、村が訴願をおこなう場合、代官所だけに提出するのかといえばそうではない。第1表は、享和三年（一八〇三）別の村で記された、訴願の差出し先区別の一覧である[12]。一一項目の内容ごとに、差出し先の役所が区別されている。まず、この点の重要性を確認しておきたい。というのは、どの役所を宛先にするか、村役人が判別する能力を前提にしており、まさに支配の末端を構成していることが、この仕組みからはうかがえるからである。この具体相を、本稿で検討していくことにする。

さて、分析対象の水内郡北高田村北条組（現長野市）について確認しておこう。北高田村は、犀川北方の善光

第1表　松代藩訴願差し出し先区別

番号	内容＼差し出し先	職奉行所	郡奉行所	代官所	勘定所元〆役所	勘定吟味役所	宗門奉行所	道橋奉行所
1	郡役人足の内御差引手充願		○	○	○	○		
2	人頭生死載・外し、其外人別引積り願共	○					○	
3	欠落者、高持は勿論、無高者二男・三男欠落たり共訴願共	○	○	○				
4	堰・道附替、或は堰・道損訴願出共		○	○				○
5	川辺村々川除御普請所・水損訴願共		○	△		△		○
6	居宅焼失訴	○	○	○	△	△		
7	印形捨判ならびに新判願共	○	△(1)	△(1)			△	
8	頭立相続、或は名替等願	△	○	○				
9	田畑山抜、川欠、水・干不作訴共		○	○	○	○		
10	三役人引替願	△(2)		○				
11	不依何事異変の節は	○	○	○				

出典：享和3年4月 更級郡上布施村訴願等差出先役所留（『長野市誌』第13巻　資料編　近世、1997年、37、106頁）。

註：△は「仕来候者仕来之通」と但し書きがあるもの。△(1)は三役人ならびに頭立の場合。△(2)は名主引替の場合。

寺平に所在する、天保郷帳で九六九・八石の大村で、村内は五つの組（川畑・北条・中村・五分一・久保）に分かれている[13]。名寄帳などで土地の所持状況を確認してはいないが、「五ヶ組之散郷」という文言や、組ごとの村法があること、天保四年の難渋百姓への藩からの金子割渡しは組単位で割合がなされていることから、同村では組が村落共同体としての単位であると考えて議論を進める[14]。今回分析対象とするのは、北条組の後を受け継いだ、北条区有文書で、総点数一八五点である。

同区有文書には、書留帳という名称の一連の竪帳が揃っている（第2表）。表紙には、名称、年月、作成者が記されている[15]。少なくとも三五冊は連続して作成されていたことがうかがえるが、現存するのは二〇番から三五番の一三冊で、三〇・三二・三三番も抜けている。期間は、文政末期から

第２表　北高田村書留帳一覧

番号	名称	形態	年月	作成者
1	廿番諸願役印書留帳	竪帳	文政13年２月	北高田村名主
2	廿壱番諸願役印書留帳	竪帳	天保３年２月	北高田村名主
3	廿二番諸願役印書留帳	竪帳	６年２月	北高田村名主
4	弐拾三番諸願書留帳	竪帳	７年２月	北高田村名主元
5	弐拾四番諸願書留帳	竪帳	８年２月	名主元
6	弐拾五番諸願役印書留帳	竪帳	９年２月	北高田村名主元
7	弐拾六番諸願役印書留帳	竪帳	10年２月	北高田村名主元
8	弐拾七番諸願役印書留帳	竪帳	12年６月	北高田村名主
9	弐拾八番諸願役印書留帳	竪帳	14年２月	北高田村名主
10	弐拾九番諸願役印書留帳	竪帳	15年２月	北高田村名主
11	三拾壱番諸願役印請書留帳	竪帳	弘化３年正月	北高田村名主
12	三十四番諸願役印書留帳	竪帳	５年２月	北高田村名主元
13	三十五番諸願役印書留帳	竪帳	嘉永２年２月	北高田村名主元

出典：北条区有文書。

第４表　北高田村村役人一覧

年号	名主	組頭	長百姓	出典
文政11	式右衛門	喜兵衛	左五兵衛	天保５年-23
12	茂右衛門	甚左衛門	善右衛門	文政13年-３
13	七左衛門	善右衛門	甚左衛門	文政13年-３
天保２				
3	量左衛門	忠左衛門	善右衛門	天保３年-１
4	甚左衛門	柳右衛門	善右衛門	天保４年-８
5	民右衛門	善右衛門	柳右衛門	天保５年-８
6	長蔵	左五兵衛	喜兵衛	天保６年-２
7				
8	柳右衛門	傳兵衛	善右衛門	天保８年-３
9	利兵衛	民右衛門	柳右衛門	天保10年-１
10	左五兵衛	義左衛門	喜兵衛	天保10年-１
11	式右衛門	量左衛門	左五兵衛	天保12年-４
12	吉兵衛	藤右衛門	利兵衛	天保12年-４

註：出典欄の番号は第３表の各年号内での順番を意味する。

第３表　書留帳年別件数

年号	件数	備考
文政13	33	
天保２	16	
3	1	
4	32	
5	36	
6	54	
7	26	
8	63	
9	28	
10	36	
11	32	
12	50	
13	21	
14	43	
15	40	
弘化２	6	正月まで
3	28	
4	7	２月まで
5	—	
嘉永２	26	
3	2	正月まで

出典：第２表の書留帳。

嘉永期にわたる。作成者は、名主もしくは名主元とあり、組ではなく村で継承される書類であったことがわかる。

第3表は、第2表のすべての書留帳の年別（一月〜十二月）の文書数をまとめたものである。天保三年（一八三二）は件数が一件と、年ごとのぶれも見られるが、おおむね二〇〜五〇件程度の文書が書き留められている。平均件数は、三三・二件である。

次に第4表で、北高田村の村役人についた者を確認していこう。名主、組頭、長百姓の村方三役は、世襲制ではなく、基本的には交代で務めている。名主を連続して務めた事例はなく、輪番で務めていた。一方で、甚左衛門（文政十二年組頭、同十三年長百姓、天保四年名主）、善右衛門（文政十三年組頭、同十二年・天保三・四・八年長百姓）、柳右衛門（天保四年組頭、同五年長百姓、同八年名主、同九年長百姓）、左五兵衛（文政十一年長百姓、天保六年組頭、同十年名主、同十一年長百姓）、喜兵衛（文政十一年組頭、天保六・十年長百姓）、式右衛門（文政十一年・天保十一年名主）のように複数回務めている者も目立つ。史料上の制約から、村役人がどの組から出ているかは特定できないが、組を土台とする年番制のなかで、一定の力量を持った者が三役人内部で中心人物となり村を運営する構造であると評価できよう。

第二節　書留帳の内容と拝借金延期願

（1）　書留帳の内容

では、書留帳の内容を見ていこう。次の史料は、文政十三年書留帳の一番目の文書である。

【史料1】

乍恐以御書付願候御事

一當村御郡役之義前々ゟ蒙　御手充大小御百姓相続仕、難有仕合ニ奉存候、御情ニ今年茂只今迄之通り御

手充御引居被成置候様奉願候、幾重ニ茂　御慈悲之　御意奉仰候、以上

文政十三寅年正月　　北高田村

三役人

五ヶ所

松代藩領では、年貢の減免を御手充と呼んでおり、毎年願い出ている郡役人足の御手充を、文政十三年（一八三〇）も例年のように申請していることがわかる。願書は三役人（名主、組頭、長百姓）で、「五ヶ所」に宛てて出されている。これを、内容で分類するならば、「手充」とすることができるだろう。では、同書留帳の次（三番目）の文書をみよう。

【史料2】

乍恐以書付奉願候

一當村此度役代り仕、名主茂右衛門跡役七左衛門、組頭甚左衛門跡役善右衛門、長百姓善右衛門跡役甚左衛門、向後為相勤度奉願候、御情願之通候、被　仰付當村宗門人別御帳面役名御附替被成下置候ハヽ、難有仕合ニ奉存候、以上

文政十三寅年二月　　北高田村

名主　茂右衛門

組頭　甚左衛門

長百姓　善右衛門

職御奉行所

御郡御奉行所

御代官所

これは、名主、組頭、長百姓の三役人が交替し、宗門人別帳の役人名を変更することを願い出たものである。宛先は、ここでは具体的に示され、職奉行所、郡奉行所、代官所の三か所である。これを分類するならば、「人

別」となる。以上のように、書留帳の文書は、三役人が松代藩の藩政機構の職務権限を持った部署に、用件を伝えるという形で構成されている。

この文政十三年書留帳の内容を一覧にしたものが、第5表である。この表から明らかになる、北高田村と松代藩の藩政機構との関係は、以下のようにまとめられよう。

①すべて三役人もしくは名主が差出人として現れている。記載のないものも同様と考えてよい。

②全三三件の文書のうち、領主の為政に異議を唱える内容の願書や訴願といったものはうかがえない。(16) 拝借金と手充の返上という負担に関するものは、検討を要するので次項で検討する。

③分類したなかでもっとも多いのは、人別の一六件である。宛先は、単に奉行所とのみあるが、宗門奉行所を省略した記載であろう。手充の六件には、宛先が勘定所もしくは勘定役とだけあるものと、複数指定しているものがある。四か所は、郡奉行所、代官所、勘定吟味役所を、五か所はさらに道橋奉行所を加えたものである。関連するものとして作柄届がある［29、番号欄の数を表す、以下同じ］。他に、村役の交替［3・33］、寅吉に関する咎［7・8・19］、盗難届［26］がある。咎と盗難届は、職奉行所が宛先である。

④以上から、三役人と松代藩の藩政機構との関係は、行政上の枠組みが整ったなかで願書を提出し、その提出先もその内容を所掌する相手に提出しつつ、関係する部署も宛先に連ねる、というものであったと概括できよう。

(2) 拝借金延期願

次に、文政十三年の内容のなかで、村にとってもっとも切実だったと考えられる拝借金の延期願について、検討していこう。

第5表　文政13年書留帳内容一覧

番号	月日	表題	差出人	受取人	分類
1	正月中	(御郡役御願)	(三役人)	5ヶ所	手充
2	正月	御手充御引居願	三役人	5ヶ所	手充
3	2月	3役人役代りに付宗門帳役名附替願	三役人	職奉行所、郡奉行所、代官所	村役
4	同上	宗門帳載せ願	三役人	(奉行所)	人別
5	同上	宗門帳除け、附替願	三役人	奉行所	人別
6	同上	村送り請取証文	名主	念仏寺村役人	人別
7	同上	寅吉永出不埒、赦免願	寅吉、親類組合、三役人	職奉行所	咎
8	同上	寅吉村預け請証文	寅吉親類惣代、同人組合惣代、三役人	職奉行所	咎
9	同上	村送り証文	名主	風間村役人	人別
10	同上	宗門帳除け願	三役人	奉行所	人別
11	同上	宗門帳除け願			人別
12	同上	拝借金年賦願	三役人	代官所	拝借金
13	同上	村送り証文			人別
14	同上	油絞り商売出来兼、元帳除き願	三役人	勘定吟味役所	商株
15	同上	宗門帳載せ願		奉行所	人別
16	同上	宗門帳除け願		奉行所	人別
17	同上	宗門帳附替願		奉行所	人別
18	同上	宗門帳附替願		奉行所	人別
19	同上	寅吉赦免請証文	三役人	職奉行所、郡奉行所、代官所	咎
20	同上	宗門帳除け願		奉行所	人別
21	同上	宗門帳附替願		奉行所	人別
22	同上	宗門帳附替願		奉行所	人別
23	同上	宗門帳附替願		奉行所	人別
24	同上	宗門帳除け願(寅吉勘当)		奉行所	人別
25	3月	拝借金割合返済証文	三役人、頭立、小前惣代	勘定所拝借懸役所	拝借金
26	閏3月	小着布、袷盗難届	三役人	職奉行所	盗難届
27	7月	極難渋者なき旨返答書	三役人	勘定役2名	難渋人
28	8月	高10石手充返上見分の上勘弁願	三役人	4ヶ所	手充
29	同上	畑方不作難渋訴書	三役人	4ヶ所	作柄届
30	10月	高10石手充のうち4石5斗返上請書	三役人、頭立惣代、小前惣代	勘定役2名、立合清野新平(御側組徒目付)	手充
31	同上	逗留中非分なき旨請書	三役人、御宿	勘定役2名、立合清野新平(御側組徒目付)	手充
32	11月	本田畑方手充6石7斗人別割合届	三役人	勘定所	手充
33	同上	頭立親子名前附替願	三役人	代官所、郡奉行所	村役

出典：北条区有文書「廿番諸願役印書留帳」(文政13年2月)。

【史料3】

乍恐以口上書奉願候御事

一當村之義、先年潰欠落大勢有之多分之高金引負仕、村方弁納多分相掛り、一村難渋仕、其節極難渋之者共江御内借御役所ゟ金百両御拝借被成下置、難渋人別江借し附置候処、其後五拾両進御上納仕、相残五拾両年来御礼金滞なく御上納仕、去ル亥年御元金拾五両御上納仕、相残り三拾五両之人別極々難渋之者共故、御礼金も少々滞り相成候得共、此節出来兼候分ハ役人立替、其上御元金五両取替御上納仕候間、何卒可相成御義ニ御座候ハヽ、成し安ク御切金御年賦被成下置候様奉願候、御情ニ極難渋之人別御救被成下置候様御憐愍之御意奉趣《(ママ)》候、以上

文政十三寅年二月

北高田村

三役人

御代官所

北高田村は、潰れや欠落により村全体が困窮に陥り、年貢上納にも差し支えがでたので、内借役所から拝借金一〇〇両を村内の特に困窮した者のために借用した。その後、元金五〇両は無事返済し、残る五〇両は御礼金（年一割の利息）を年々支払っていたが、三年前（亥年）に元金を一五両返済することができた。残りの三五両の支払いが残っている者は、特に困窮している者たちで、御礼金も少々ではあるが滞っている。今回滞っている分は村役人が立て替えて返済し、元金五両は借用によって返済するので、分割返済や年賦返済を認めていただき、特に困窮している者たちをお救いいただきたい、といった趣旨である。この願書は代官所に宛てて出されているが、その後この願書がどのように松代藩のなかで扱われたのかは、次の史料によってわかる。

【史料4】

差上申拝借証文之事

一金三拾両也　　但し年中壱割御礼金附當寅年
　　　　　　　　　　ゟ弐拾ヶ年賦

此上納

三両弐分壱匁四分三厘宛、當寅年ゟ申年迠

右之通り、尤終年ニハ三両弐分壱匁三分

右者先年潰欠落者有之、郷中弁金引請之節口々金主片付方手段金無御座候而片付方済兼候ニ付、段々奉願候、拝借仕罷在候処、年来御元金之内進上納仕、残金之外今度御代官所江段々奉願候処、以　御情御利下上納仕安長年賦御割合被成下、重々難有仕合ニ奉存候、然ル上者御割合之通當寅年ゟ年々十一月十五日限り無相違上納可仕候、右引當之義ハ御借主銘々持切印判帳面村役元へ取置候、万一上納遅滞仕候人別御座候ハヽ、右引當早速差配仕地代金を以御元利急度上納可仕候、此度格段御手當之御割合被成下置難渋相凌候上ハ、以来右上納ニ付干損水損ハ不及申上、潰欠落等ニ不拘御割合金高都合仕、急度上納可仕候、右地所三役人頭立相改候処、故障之儀無御座候、加判仕候上ハ村役代合之節ハ後役江申送仕、此度差上候証文之通少茂異背仕間敷候、為後日三役人頭立小前惣代連印証文差上候処、依而如件

文政十三寅年三月　　北高田村名主　七左衛門

組頭　善右衛門

長百姓　甚左衛門

頭立　茂右衛門

小前惣代　柳右衛門

御勘定所御拝借御懸り御役所

村が求めていた返済条件の緩和であるが、元金の返済とは別に毎年利息一割を払う条件が、利息を元金に組み込んだ二〇年賦とすることにより、利息は年あたり〇・六七五割と三分の二となった[17]。毎年の利息に少し上乗せすることで、元金の返済まで道筋をつけた形となった点で緩和措置とはいえようが、不作などの際には返済が滞ることが予想される、まだまだ村にとっては厳しい返済条件と評価せざるを得ないだろう[18]。

さて、ここで注目されるのは、勘定所内の拝借掛が願書の対象役所であることが明らかであるのに、まずは代官所に伺いを立てている点である。「今度御代官所江段々奉願候処」という形で、内容上重要な点を含む場合には、まず代官所に相談し判断を仰ぐことになっていた、と考えておきたい[19]。

第三節　天保期の書留帳から見える「機関委任事務」

前節で検討した文政十三年書留帳の分析を、さらに天保期の書留帳を検討することにより深めていきたい。

(1)　複雑な宛先

第二節（1）で見てきた複数の宛先の問題からは、①宛先の修正、②複雑な提出先、③権限が異なることによる複数の提出先といったことが浮かび上がってくる。

①宛先の修正

天保八年（一八三七）八月に、北高田村三役人（名主・組頭・長百姓）が、「御勘定所吟味御役所」と「職御奉行所宛」としている油絞り商売の許可および増減の願書では、「職御奉行所」に抹線一条が引かれている。これは、権限内容からは勘定所吟味役所が宛先であったとみられ、宛先を修正（一か所を削除）して提出したと考えられよう［天保八年・46、書留帳の年と順番を表す、以下同じ］。

同様な事例として、郡役人足の五か年の定例手充（減免）の期限切れに際しての願書を三役人で提出した際に、郡奉行、勘定所、勘定所御吟味役所、代官所、役夫御役所、道橋御役所の六か所が宛先としてあるが、勘定所と役夫御役所の役夫部分が抹線で消されている。これも、この二か所を削除して提出したと考えられる［天保八年・3］。

②複雑な提出先

茂右衛門別家の富左衛門他一五名が、唐弓綿打ち売買をおこなう腰札を天保六年二月に願い出た事例では、一尺に付冥加銀一匁ずつ七月五日に勘定所に上納し、腰札はこの願書の提出先である職奉行所に提出することになっていたことがわかる［天保六年・14］(20)。

また、天保七年二月に刺物師（指物師）見習の祖兵衛が水役を勤めたいと願ったが、見習い中で御用手間を勤められないので冥加銀一匁二歩五厘を十二月に上納するように仰せつけられた。その上で、祖兵衛は職人元帳に載せられたのであろう。また、水役とは、藩に職人としての労働を提供する役のことであろう。ここでの宛先は、普請奉行所と職奉行所になっている。一見、唐弓綿打ち売買と同様に、職人身分に関するものと考えれば職奉行所のみに提出すればよいと思われるが、ここでは普請に関する職人であるためか普請奉行所も宛先となっている［天保七年・14］。

一方、①で検討した油絞り商売の許可では、職奉行所は宛先から消され、勘定所吟味役所のみが提出先となっている。

以上のように、身分に関するから職奉行所、冥加銀が関わるから勘定所吟味役所といったような、客観的な基準で宛先を分類できる権限体系とはなっておらず、これでは村役人が提出先に戸惑ってしまうのも無理はないだろう。

③複数の提出先から生じる問題

②で見たような複雑な提出先から派生する問題をここでは検討していこう。天保八年八月晦日に三役人が提出した、極難渋として手充を受けていた太兵衛同宅の者が七月二十七日に病死したことを報告する文書の宛先は、手充に関しては勘定所役所、人別除け願は職奉行所に提出している。ここでは「除キ御願　職御奉行所」とあるので、役所の権限の違いを認識して願書を提出したことがわかる［天保八年・50］。

逆の事例を見ていこう。天保十一年七月に頭立文左衛門の親類・組合と戌年（天保九年）・当年の三役人が提出した押鐘村盛伝寺宛の縋り状では、同人が戌年に新判を用いることを職奉行には願い出ていたが、代官所には「御願落」となっていたことの執り成しを願っている。また、代官所と郡奉行所には「依之当村頭立御元帳御附替」を願い、最終的には赦免された。頭立の交替願ではないので、ここでは代官所もしくは郡奉行所にある同人の印判届を新判に改める願書と解しておきたい。したがって、新判願の場合は職奉行所のみで事足りるが、文左衛門が頭立であるから代官所（およびそれを通して郡奉行所）への願出が必要であったのであり、これを「落」としていたことが問題となったのである［天保十一年・22～24］。

以上、①から③の分析により、複雑な権限体系を藩政機構は有しており、これらの提出先に対して細心の配慮が村役人には常に求められ、手続きに間違いがあれば赦免を願い出なければならない場合もあったことが明らかとなった。

（2）　官僚制機構の潤滑油

①代官所への「配慮」

天保六年五月、要吉の兄で提灯傘菅張り替え稼ぎを生業としている別家の喜助が、去年の十一月に家出したものの、無事に片付いたとの報告が職奉行所になされている。これによって、職奉行は喜助の手鎖を赦免し、吟味流しとした。この願書は、要吉、喜助親類と三役人、町宿の覚右衛門が職奉行所に提出しているが、奥付で「前書之通於　職御奉行所内済和談仕候、乍恐此段御訴奉申上候、以上」とあり、三役人が代官所に報告している［天保六年・44］。

もうひとつ、同様な事例がある。天保八年三月一日、伝兵衛宅で木綿縞など九品が紛失した一件は、翌日職奉行所に届けられ、さらに三役人から「職御奉行所江御訴申上候、乍恐此段御訴申上候、以上」と郡奉行所と代官所に届けられている。この二件はいずれも、村役人が本来の所管である職奉行所に届けたあと、代官所にも報告していて、藩政機構内の情報伝達を「代行」していると解することができよう［天保八年・9］。

②火附盗賊改との関係

①と同様な観点から、火附盗賊改との関係を見ていこう(21)。

【史料5】

（前省略）

右村百姓　和蔵
組頭　藤左衛門
名主　吉兵衛

前書當村和蔵儀去子十月中、紛失之もの之儀ニ付、此度火附盗賊方権堂村御出役有之、御尋ニ付前書之趣御書上仕候段奉申上候、以上

天保十二丑年五月廿三日　　北高田村三役人

職御奉行所

御郡奉行所

御代官所

（後省略）

ここでは、火附盗賊改が善光寺町近辺の権堂村に出役したことについて、詳細な報告を村に求めていることがわかる。ただし、この報告を北高田村のみに求めているのか、それとも触のような形で領内もしくは筋単位のように一定の領域に対して求めているのかは不明である［天保十二・33］。

同様に、天保九年九月に火附盗賊改の落合長門守組の糸賀□助と小川八右衛門が信州無宿梅吉他五名を連れて北高田村、上高田村、下高田村に止宿した際には、翌年五月になって善光寺泊まりの際の番人足入料の報告を職奉行所に上げている。これも、「御尋」に応じたものである［天保九年・7、天保十年・22、天保十二年・33］。村役人が、幕府と藩という二つの機構の橋渡し的機能を果たしていることがわかる。

おわりに

本稿の分析からは、以下の点が明らかになったといえよう。

①北高田村の三役人がおこなっていたのは、行政の下請と言いうる内容であり、藩への報告を行政機構内部のどの部署におこなうのか、という点が重要であった。

②提出先は、基本的には代官―郡奉行という村を所管する支配系統を重視するものであったが、必ずしもそれに収斂するものではなかった。

③藩政機構の権限は、一定の考え方により整った形で理解しうるものではなく、複雑であった。そのため、①の内容は煩雑をきわめ、村役人は神経をすり減らしながら、それをおこなった。必要な報告を怠ると、軽微ではあるが処罰の対象となった。

④藩政機構内部の報告・連絡で村からの報告が免除されるわけではなく、村は藩政機構の情報伝達の潤滑油的な機能を果たした。

以上のような知見は、「はじめに」でまとめた先行研究の成果に対して以下のような点を明らかにし、次の課題を投げかけるものである。

(A)松代藩では、村から藩に願書や報告を上げる際に、代官による入念な添削がおこなわれたとの成果を相対化し再検討すること。すなわち、それが安政期以降特定の代官のもとでおこなわれていたのか、それとも本章で明らかにしたような村役人の動向と並行しておこなわれていたものか、今後追究が必要である。

(B)中間支配機構として、独立した機構としての位置付けを強調する研究動向に対しては、本章のように村役人は藩政機構の一部であるとの視点を組み込むことにより、願書や報告の振り分け機能を果たしていたことが浮き彫りになった。この点は、吉村豊雄が明らかにした、藩政策の起点としての位置付けを強調する成果と表裏の関係にあろう。すなわち、藩政事務内容が複雑かつ高度になるにつれて、藩政機構内部では処理できなくなった事務が、外部で処理される必要が出てくるのである。その点では、熊本藩も松代藩も同じ地平にあるが、それへの対応が以下の二点で異なっている。一点目は、それを処理するのが、手永のような中間支配機構であるか、村請制の村がおこなうのか。二点目は、権限の委譲を進めたのが熊本藩で、権限の委譲を伴わないのが松代藩の事例であった、ということである。「はじめに」で述べたように、今後さらに、藩政機構と村を貫通するような研究が必要である。

最後に若干の附言をおこないたい。松代藩勘定所においては、村からの訴願を体系だって遺した帳簿が管理されてはおらず、百姓や町人の権原として機能した形跡がない。[22] 一方、渡辺浩一が明らかにした江戸町奉行の事例では、「言上帳」という町人からの訴願を体系だって整理した帳簿が町奉行所内で機能し、ここに記載されていることが町人にとって重要な意味を持っていた。[23] (B)で述べた熊本藩や江戸町奉行のように、支配機構の中に訴願がアーカイブズ的に位置付いて、権利の根拠となることは、被支配身分からすると一歩前進した社会といえようか。(A)、(B)と共に、この点も念頭においた研究を今後進めていきたい。

(1) 佐々木潤之介『世直し』（岩波新書、一九七九年）。
(2) 久留島浩『近世幕領の行政と組合村』（東京大学出版会、二〇〇二年）、藪田貫『国訴と百姓一揆の研究』（校倉書房、一九九二年）など。
(3) これらの研究動向についての私の考え方は、拙稿「豪農類型論から近世社会を考える」（渡辺尚志著『村からみた近世』校倉書房、二〇一〇年、所収）を参照されたい。
(4) それぞれの最新の成果を以下に掲げる。岡山藩研究会編『藩世界と近世社会』（岩田書院、二〇一〇年）、岸野俊彦編『尾張藩社会の総合研究』五（清文堂出版、二〇一二年）、稲葉継陽・今村直樹編『日本近世の領国地域社会』（吉川弘文館、二〇一五年）。松代藩については、本論で後述する。
(5) 志村洋「近世後期の地域社会と大庄屋制支配」（『歴史学研究』七二九、一九九九年）。
(6) 藤田覚『近世史料論の世界』（校倉書房、二〇一二年）。
(7) 小田真裕「善光寺地震後の「奇特者」をめぐって」、原田和彦「松代藩における代官と百姓」、種村威史「松代藩代官の職制と文書行政」（福澤徹三・渡辺尚志編『藩地域の農政と学問・金融』岩田書院、二〇一四年、所収）。
(8) 渡辺尚志「大名家文書の中の「村方」文書」（渡辺尚志編『藩地域の構造と変容』岩田書院、二〇〇五年、所収）。
(9) 吉村豊雄『日本近世の行政と地域社会』（校倉書房、二〇一三年）。
(10) 渡辺浩一『日本近世都市の文書と記憶』（勉誠出版、二〇一四年）。

(11) 拙稿「文化・文政期の松代藩の在地支配構造」（荒武賢一朗・渡辺尚志編『近世後期大名家の領政機構』岩田書院、二〇一一年、所収）。
(12) 前註拙稿、表4。
(13) 木村礎校訂『旧高旧領取調帳』中部編（近藤出版社、一九七七年）。北条区有文書「廿壱番諸願役印書留帳」天保四年十二月、五組割合。
(14) 組と村請制村については、渡辺尚志「近世村落共同体をどう捉えるか」（『近世村落の特質と展開』校倉書房、一九九八年、所収、初出は一九九二年）四五頁による。
(15) 文政十三年のものでは、以下のようになる。

第二十八番
文政十三年　北高田村

廿番
諸願役印書留帳
寅　二月日　名主

(16) 岩城卓二「書評　久留島浩『近世幕領の行政と組合村』」（『歴史学研究』八〇〇号、二〇〇五年）でも、甲州幕領の郡中惣代名主に関して同趣旨のことを書いている。
(17) 三両弐分壱匁四分三厘を一九年分と終年の三両弐分壱匁三分を合計すると、七〇・四七四五両となり、元金を除く返済額は年二・〇二四両余となる。これを元金で除すと〇・〇六七五の割合が得られる。
(18) 前掲註(7)書所収、拙稿「近世後期の金融市場の中の村」を参照されたい。
(19) この点で、前掲註(7)書所収の種村論文との関係は、「おわりに」で述べる。
(20) 多和田雅保「書評　渡辺尚志編『藩地域の構造と変容』」（『史学雑誌』一一五―一〇、二〇〇六年）で、この地域の綿商いの盛んなことが述べられている。
(21) 火附盗賊改については、古川貞雄「信濃国悪党取締出役制の成立と展開(一)、(二)」（『信濃』三三―一二、一九八一年・三四―二、一九八二年）を参照。

（22）　古川貞雄「松代藩御勘定所元〆役・御勘定役史料」（『市誌研究ながの』七、二〇〇〇年）および原田和彦「松代藩における地方支配と文書の管理」（『信濃』六五―五、二〇一三年）。

（23）　渡辺浩一「巨大都市の町方行政における過去情報の蓄積と利用」（前掲註10書所収、初出は二〇〇九年）。

〔附記〕　本稿作成にあたり、二〇一一年に三度北条公民館区有文書を調査させていただきました。金子区長、青木副区長、村田総務部長様（当時）をはじめ、お世話になった皆さまに御礼申し上げます。

第三編

大名家伝来文書群と記録管理

第9章　幕府老中職文書群に関する基礎的研究

――松代藩公用方役人と文書システム――

大友　一雄

はじめに

松代藩庁・真田家伝来の資料群は、現在、松代の真田宝物館と東京の国文学研究資料館（以下、国文研）に二分されて収蔵される。真田宝物館は主に真田家伝来の文書類とモノ資料類を合せて約四万件、国文研は主に藩庁の各役職の文書類など約五万五〇〇〇件を収蔵する。本稿は、この厖大な資料群のうち藩主真田幸貫が天保改革期に幕府老中に就任することによって蓄積された二〇〇〇点余の文書群の資源化に関わり、基礎的な研究を行うことを目的とする。

老中を輩出した大名家には、老中職に関係する文書が残されるケースが少なくない。本稿ではこれを老中職文書群と呼ぶことにする。従来、この文書群が老中のどのような機能・活動に関わり蓄積したものか、具体的レベルで検討した研究は無いに等しい(1)。様々な文書が現存していても価値が曖昧なままであれば、それらの適切な利用は困難なものとなる。かかる状態は、文書の管理公開などにおいてはもちろん、利用者へ伝えるべき基本的な情報とは何か、そのような観点からも改善が必要と考えられる。

筆者は、これらに関連して江戸藩邸において老中を支えた諸役人（公用方役人）の具体的な検討の必要性を指摘し、天保改革期の老中真田幸貫を事例に江戸藩邸での諸役人の設置手続きや役人数、勤務形態、藩役人との関係などについて概括的な分析を行ったが[2]、具体的な活動を諸役人の機能との関わりで追究することは果たせなかった。

また、江戸幕府の老中研究は、幕府政治史や幕閣における政治勢力のあり方などを中心に多くの成果を蓄積してきたが[3]、老中の具体的な機能やその機能の発動に関わる諸役人についての研究は意外に少ない。こうした研究では、江戸殿中ばかりでなく、江戸藩邸との関連性についても留意すべきである。老中制そのものを議論する場合も、その関連性を無視できないのではなかろうか[4]。同様に文書・記録の作成・蓄積についても、この関連性についての視点が欠かせないと考えられる。

以上のような問題関心から、江戸城と江戸藩邸との関係を基軸とした具体的な文書・記録のコントロールの問題を、江戸藩邸の公用方役人の役割・位置付けの問題とともに具体的に示すことに努めたい。

第一節　幕府老中職と公用方役人

（1）真田幸貫老中就任と公用方役人設置

ここでは行論に関わり老中の権限と機能について簡単に触れたうえで、老中就任によって江戸藩邸に設けられる公用方役人について、旧稿[5]での成果に基づき確認したい。

幕府政治が確立するなかで老中は、将軍のもとで権限を手中に収め、幕府の役職に対してもその指揮権を発揮する。その運営は次第に法や申し合わせなどを基本とし、複数定員による寄合的な性格を有した。

老中の担当事項は、全国の寺社や幕府直轄領の町村・街道などの支配や、朝廷支配、対外交渉など多岐にわたる。寺社奉行・勘定奉行・町奉行・遠国奉行などは老中の統轄下にあり、実行組織としての役割を果たした。幕府の政治システムのなかで捉えるならば幕府の諸役所・諸役人などもその大半が同様であった。その結果、各役所や役人は一定の裁量権を有しながらも、多くの案件が担当役人から老中へ上申されることになった。

また、老中は大名や旗本など領主層の支配に関わったが、具体的には老中の江戸藩邸が大名家の家督相続・御目見・結婚・献上・生死・参勤交代や城管理・領地経営など、多くの点で窓口的な役割を果たした。しかし、従来、江戸藩邸の役割・機能についいては十分な検討がなく、受理される案件の範囲や受理・回答のシステム、また、これらに関する文書システムについての理解も曖昧であった。(6)本稿は、こうした課題について検討を行うものであり、具体的な分析対象には、前稿に引き続き松代藩真田幸貫《ゆきつら》を取り上げる。

真田幸貫は寛政の改革を主導した松平定信の次男で、将軍徳川吉宗の曾孫に当たる。寛政三年（一七九一）九月二日に誕生、文化十二年（一八一五）に真田幸専《ゆきたか》の養嗣子となり、文政六年（一八二三）に家督を相続する。老中への抜擢は天保十二年（一八四一）六月十三日のことであり、天保十五年（弘化元年）五月十三日まで約三か年間その職にあった。実父松平定信と同様、まったく幕府の役職を経験することなく登用された極めて稀な事例といえる。

さて、真田幸貫への執務情報の伝達は、老中間での新役指導の仕組み＝「師範」制度によることを先に明らかにした。真田の場合、同職水野忠邦が世話役「師範」を務め、その世話は水野から真田幸貫への指導にとどまらず、江戸藩邸で真田の執務を補佐した家臣も対象となった。老中職に関係した家臣の位置付けや役割について検討は見られないが、少なくとも天保期には公用人・案詞奉行・公用方取次頭取・書翰方・部屋番・鍵番・取次・箱番・手留・書役などの掛りが置かれ、その設置と執務指導は師範の役割となっていた。これら掛りの総称を「公用方役人」と呼ぶことを提案した。なお、これらとは別に藩では家老の一人を公用方御用懸りとした。

また、各掛りは、他の老中の同掛りの者（＝「類役」）と連絡を取りながら、老中関係の執務を遂行したこと、すなわち、江戸藩邸の情報ネットワークのなかで執務を準備していたことを指摘した。前稿は老中就任にともなう江戸藩邸の執務整備を師範との関係に注目して検討した点が特徴であったといえる。(7)

いずれにしても、公用方役人についてはさらに検討が必要であり、この存在は江戸時代における役職と役人制のあり方を考えるうえで避けられない。藤井譲治氏は老中制などを検討するなかで、「幕藩官僚制」の成立を指摘し、近代への展開を展望することの重要性を指摘したが、(8)役職就任者の家臣たちの存在については言及されていない。家から組織への転換は、こうした家臣たちの存在や執務体制のあり方、その質的な展開を踏まえて検討することが重要ではなかろうか。

以上、公用方役人研究の重要性に鑑み、今後の研究展開には、（a）公用方役人の採用と組織構造、（b）役人の機能・役割、（c）他家の老中類役との具体的な関係、そして、（d）老中制総体のなかでの位置づけ、たとえば江戸殿中での老中執務との連携なども含めた検討が必要と考えられる。以下では、（b）（d）の課題に関わり、具体的な執務に関わる文書・記録の存在に注目して分析を行うこととする。すなわち、旧稿では江戸藩邸を中心とする老中職間の情報ネットワークに注目して記録類を論じたが、ここでは、諸大名・諸役人など―江戸藩邸―江戸殿中―将軍という指揮系統における江戸藩邸の役割と機能を、文書・記録のコントロールに注目して論じることを試みたい。

なお、真田幸貫が登用された時点での老中は、水野越前守忠邦（天保五年三月一日～天保十四年閏九月十三日）、土井大炊頭利位（天保十年十二月六日～弘化元年十月十二日）、堀田備中守正篤（天保十二年三月二十四日～天保十四年閏九月八日）であり、西之丸老中（右大将徳川家定付）は間部下総守詮勝（天保十一年正月十三日～天保十四年閏九月二十一日）、井上河内守正春（天保十一年十一月三日～天保十四年正月月二十九日）であっ

た。また、将軍は徳川家慶（天保八年九月二日～嘉永六年六月二十二日）であった。

（2）老中職公用方役人と「案詞奉行勤方」

真田幸貫の老中職就任にともない、藩邸に公用人・案詞奉行・公用方取次頭取・書翰方・部屋番・鍵番・取次・箱番・手留方・書役などの掛りが置かれた。師範からの指示のみでも人数は三〇名に及ぶことから、各掛りを補佐する存在などを考えると、実質的には五〇名規模の執務体制が整えられたと考えられる。実際に採用された公用方役人は、国立史料館編『真田家家中明細書（史料館叢書8）』[9]に見られる家譜情報を基本に、案詞奉行の日記「天保十二辛丑年六月　日記　案詞方」[10]、「役職武鑑」[11]を用いて特定を試み、確認された役人をすべて示した[12]。なお、老中職に関係する執務は、基本的に掛りに抜擢された役人が担当したが、たとえば藩内の衣装担当はそれまでとは異なり、老中の服制に従うことになる。同様に従来からの江戸藩邸の各掛りは、それぞれ老中職への対応が求められた。家老や留守居なども含め、藩をあげて老中職と向き合うことが必要となったのである。

こうした状況のなかで、新規に配置された公用方役人は、どのような役割を担ったものか、本来であれば掛りごとに検討が必要であるが、本稿では案詞奉行に注目して、他の公用方役人や江戸殿中の機能についてはその関連で言及するものとする。

ついては、真田幸貫が老中に抜擢された天保十二年（一八四一）六月十三日、師範水野家の案詞奉行から真田家の案詞奉行に与えられた「御案詞奉行勤方」（以下「勤方」）を手掛かりにしたい。

（端裏書）「御案詞奉行勤方」

一、〈1〉御手元御用御書物御手伝仕、并案仕立候儀茂有之候事

一、〈2〉右ニ付日々御心得ニ茂相成候儀取調致し候事

一、〈3〉御懐本直し等為致、差上候之事
一、〈4〉御礼書江上意御取合等之次第取調書入仕差上候事
一、〈5〉御規式書・御次第書右同断之事
一、〈6〉御同列様・御側御用人様・若年寄様・御側様御挨拶事、御書翰方取調差出候間為認上ケ候事
一、〈7〉御用箱取計仕候事
一、〈8〉御持出御持帰之御書付共取計候事
一、〈9〉毎朝御登　城前御手調相済次第、御用箱仕廻御封印御前ニ而致し候事
但下ケ候而封印致し候而も可然事、尤こより封結切目江墨付可申事
一、〈10〉御用箱御下ケ被遊候ハヽ、於役所御箱番江請取渡之事
一、〈11〉奥出之御控書付其儀未開ケ不申前之ものハ猶更之儀、御伺御上ケ切之分も役方切ニ而取計候事、公用人江茂可秘事
一、〈12〉公用人・御案詞奉行両当番、対座致し居、日々之出書付等取計致し候事
一、〈13〉役順茂公用人・御案詞奉行と申順ニ而公用を両役ニ而裂分取計候、公用人者表向を主とし応対出物之取極を致し候、役方ニ而者取極者不致候得共、打合出書付御来翰等之取計致し、御持出ニ仕立候之事
一、〈14〉日々御用御客帳・御用御使者帳・御内玄関帳上ケ候節相改、府邑留直し書入等致し候事
一、〈15〉御用箱　大御用箱　小御添箱　御当用之内ニ而遣き方
一、〈16〉短冊折本
一、〈17〉奥江出候頭書折
一、〈18〉奥江之届頭書横帳

一、[19]御同姓様方幷御近親様方御役替、其外御礼被仰上候類之儀者、御従弟之御続之御方様分ハ御袖裏江相認差上候事
一、[20]出火之節御袖裏
一、[21]御役儀之御礼願等幷御献上物伺、御右筆所ニ而御出来之事
一、[22]御用帳銘之事

右の「勤方」は、「天保十二丑年浜松衆より伝達之書付　御案詞方[13]」と表書された紙袋に収納された二つの包紙（「最初伝達」「初御用番之留」）のうち、「最初伝達」に包まれた書類のひとつである。就任当日、師範水野側から新役真田の案詞奉行に伝達されたものであり、この件からも師範の役割が、老中レベルの伝達に止まらず、その家臣をも対象としたことが明らかである。

「勤方」は、老中就任日に師範方から伝達されるという状況から判断して、案詞奉行の勤めを書き上げたものということになる。特徴は、情報の収集・掌握、書類の作成・管理を重視し、関係する記録名称を記すことである。現存する記録も多く、「勤方」の記述とそれらの記録類との照合が可能であり、案詞奉行の役割を記録記述レベルで確認することができる。「勤方」に記されていない記録類もあるが、分析ではこれらも含めて検討し、案詞奉行ならびに公用方役人の機能について理解を深めたい。

第二節　江戸藩邸の公用方役人と老中の登城

（1）江戸藩邸公用方役人とその編成

「勤方」の各箇条の分析を通じて、案詞奉行の役割を確認したい。

まず、第一条に注目したい。同条には「御手元御用御書物御手伝仕、幷案仕立候儀茂有之候事」とあり、藩主

の手元「御用御書物」や「案仕立て」などを手伝ったとする。第二条は「右ニ付日々御心得ニ茂相成候儀取調致し候事」と、第一条に関わり老中たる藩主に代わって情報の収集・集約を任務とすることを記す。老中職の書類作成や情報収集は、藩内問題ではなく幕府の威信にも関わるものであり、同時に真田の老中評価に直結し兼ねない取り組みであった。

では、案詞奉行は公用方役人のなかでどのような位置関係にあったのか、「勤方」の第一二条、第一三条の記事に注目したい。第一二条には「公用人・御案詞奉行両当番、対座致し居、日々之出書付等取計致し候事」とあり、公用人と案詞奉行の当番が、毎日、藩邸役所に対座して、提出される書付などを取り計らうとある。また、一三条では、「役順茂公用人・御案詞奉行と申順ニ而公用を両役ニ而裂分取計候、公用人者表向を主とし応対出物之取極を致し候、役方ニ而者取極者不致候得共、打合出書付御来翰等之取計致し、御持出ニ仕立候之事」とあり、公用方役人の役順が公用人、案詞奉行の順であること、公用に関する職務を両役が二分して取り計らうという。公用人は、「公御用人」とも記され、藩組織の役職である「内御用人」「表御用人」などから異動するものが多数を占めた。任務は表向きを主とした応対出物の取り極めであり、その具体的な取り組みの一端は、上田藩「日乗」[14]を分析した保谷徹「大名文書の提出――受理システムと老中の回答」[15]から「公用人」の役割を読み取ることができる。

第一三条はこの公用人の執務と案詞奉行との関連について説明する。すなわち、案詞奉行は公用人と打合せによって藩主の書付の用意や各所からの「御来翰」などを取り計らい、藩主が江戸城へ持参する書類を調えるという。大名などからの伺い・願いなどの応対は公用人が行い、それらの書類を藩主が江戸殿中に持参する準備などを案詞奉行が担当したと考えられる。

なお、現存する記録に「案詞方」「松代案詞方」を作成者とするものが多数見られるが、これは案詞奉行の指揮下の掛りによって作成されたためと考えられる。たとえば、真田の老中日記や他家の老中日記の借写は指揮下の「手留方」が担当したが、「手留方」の呼称が利用されることはなかった(16)。この事実からは、既述の公用に関する各掛りが公用人と案詞奉行によって二分され系列的に編成されていたことを予想させる。手留方が案詞奉行の系列下にあったことは間違いないが、他の役職の系列関係については今後の課題となる。

（2）　藩主の登城と御袖裏・御懐本・手留

案詞奉行は藩主である老中の書類作成、情報整備に関与したが、引き続きこの点に関わり、とくに老中が手元で用いた書類に注目して案詞奉行の役割について理解を深めたい。

さて、「勤方」第三条には「御懐本直し等為致、差上候之事」とある。御懐本は、藩主が登城の際に携帯する記録情報体を指すと考えられるが、「御懐本」と題する文書・記録類は真田家文書目録に確認できない。殿中への携帯を前提とするならば、折本型の「手留」、「御袖裏」などがそれに該当する可能性が高い。これらの存在を念頭に案詞奉行の執務マニュアルともいえる「御案詞方留　乾　松代案詞方(17)」の次の記述に注目したい。

一、紀伊殿御暇ニ付仮養子願家老村上与兵衛ヲ以被差出於　対客間直ニ請取、朱印封ニ付其侭封不切上包いたし持出、加納遠江守を以上ル、小目録ニも不載懐本ニ左之通

「一、紀伊殿より村上与兵衛を以差出候書付」（折本枠入、以下同様）

「一、登城」

御懐本此通（迄）ハ右之通認候得共、已来者左之通認候方ニ可有之

「一、紀伊殿仮養子願一封家老村上与兵衛を以被差出持出御取次を以可差上事」

「一、登城」（後略）

右は、仮養子願いの懐本記載について述べたものである。事例は紀州藩主が参勤交代での国元への暇を賜り、仮養子願を江戸藩邸へ提出した際の対応である。すなわち、紀州藩からの願書は「朱印封」であったために、封を切らず上包のうえ殿中に持ち出し、御側御用取次加納遠江守久周（天明七年六月二十六日～寛政九年六月九日）をもって将軍へ提出したとある。また、本件については提出書類を記す「小目録」[18]へ記載せず、「懐本」に「一、紀伊殿より村上与兵衛を以差出候書付」と記したとする。しかし、その記載を今後は「一、紀伊殿仮養子願一封家老村上与兵衛を以被差出持出御取次を以可差上事」に変更するという。変更後の表記は、内容と手続き担当者が書き込まれ、老中がなすべきことが明瞭である。また、「　」で示した箇所は、折本枠が図示され、そのなかに文字を記しており、「御懐本」が折本形式であったことが明らかである。これらを合わせて勘案するならば、「御懐本」は殿中での老中の活動予定を記したものと考えてよかろう。

「御袖裏」については、上野秀治氏が老中の勤務形態について論じたなかで紹介し、殿中に持参した活動予定メモであることを指摘する[19]。また、同氏も指摘するように真田家文書のなかに「御袖裏」を史料名とする文書は存在しない。その呼称は「御袖裏」を書き留めた記録「御袖裏扣」[20]に見られ、同記録によって具体的な内容を確認することができる。「御袖裏扣」をもとに一致する文書を探索した結果、真田宝物館所蔵の「覚」と端裏書された横切紙の書付がこれに該当した。つまり、「御袖裏」と「覚」とは、同一の史料を指すといえる。現在、「覚」は日付順に紙縒りで括った状態で現存しており、その数は相当の分量である。天保十二年（一八四一）七月三日のものを示すならば、次の通りである[21]。

（端裏書）
「覚　小　七月三日」

一、四ツ御太鼓ニ而出宅

一、登　城　（異筆、以下同様）「四ツ半前三寸五分」

一、御機嫌御側衆より伺之「修理」
一、召出「無し」
一、退出
一、昨日株帳引送り有之候挨拶大炊殿江申述之
　但、師範越前殿江茂相咄候事
一、溜池端元屋敷戸田采女正江引渡相済候段、月番越前殿江申達同列衆江茂申述、啓阿弥を以大目付江申達候
　事
「岩瀬内記　大目付御城付ハ断後ニ付明日申達候様啓阿弥へ申含候」
「一、宮重大根種甲斐守を以て被下付候、白木足打ニのセ御用部屋の中央ニ同列一ト台、西丸一と台並出る、
　右前へ出、御時宜の上御台より手ニて包のまま取りいたゝき御礼の義席上より申候事」
「一、御座敷廻り例之通、尤御黒書院ニ而御屏風御修覆出来見分、猶又西丸へ御輿入ニ付御道具の内ニ可相成
　よし、詰衆ニ謁し、それより芙蓉之間ニ而水戸殿へ申渡シ、紀尾へも同然ニ申上候様ニとの義、月番越
　前守被申渡書付相渡ス、それより自分共ハ入る」

本文は江戸藩邸の掛りの役人が整え、異筆部分は真田幸貫自身が書き加えた箇所である。幸貫の字体は特徴的であり、役人との違いは歴然である。「覚」は、役人が殿中で真田が担当すべきことをあらかじめ書き出したものである。真田は実際にそれを持参し、殿中において情報を書き加えた。この性格は、さきに記した「御懐本」と同じであり、形態が同様に折本形式であることからしても、「御懐本」と「覚」（御袖裏）は同じものであると見て間違いない。

なお、この「覚」（御袖裏）作成では、藩邸の公用方役人が殿中での予定を承知していることが重要となる。

案詞奉行の日記「日記　案詞方」天保十二年（一八四一）七月八日条には、次のように見える[22]。

一、天保七申年越前守様　御袖裏扣四冊
　右御拝借被成度ニ付、御口上を以申述、楠左衛門持返ル

一、明日之御袖裏取調駿河半切へ相認持参之事
　但、十日之間御師範ニ而認、其後ハ取調認候而、直し受可申処、不案内之事故、今日迄認貫候所、明日之分より取調為見候様申儀ニ付、今日より初而取調認候事

最初の箇条では、天保七年（一八三六）の御袖裏扣四冊を案詞奉行飯島楠左衛門が師範水野から借用したことを記す。この目的は、次の箇条から判断して「御袖裏」作成の参考情報とすることにある。二箇条目の但し書によれば、袖裏作成では、一〇日間は師範側が行い、その後は新任側が作成して師範側の確認を受けるという研修の仕組みが存在した。しかし、六月十三日に就任した真田は、不案内から期間を延ばし七月八日まで師範側が作成してきた。七月九日からは、いよいよ真田側で作成して師範の確認を受ける段階へ進むという（したがって、先に紹介した七月三日の「覚」は、師範水野家側が作成したことになる）。

つまり、藩主が持参する「覚」は、一定の基準のもとに作成すべきものであったこと、作成指導を師範が相当時間をかけて行ったなどが明らかである。作成担当は、「覚」を書き留めた記録「御袖裏扣」の表紙に「御案詞方」と記されることなどから判断して案詞方と見て間違いなかろう[23]。

以上の「覚」（「御懐本」「御袖裏」）の作成支援は、登城する老中への内々の勤めとも解釈されかねないが、師範からの作成研修や、作成に関する細かな基準が存在する点からも明らかなように、単なる個人のメモ書ではなく、老中勤務のための基本情報として捉えることが必要である。しかも、その性格は紀州藩からの仮養子願いを「小目録」には記さず、「懐本」にのみ記すという「御案詞方留」の記述から判断して、「懐本」（覚）が江戸殿中

での執務情報コントロールにおいて特定の役割を分担する存在であったとすべきである。殿中・江戸藩邸における情報コントロールに関する検討が課題となる。

さて、次に「覚」と同様に折本型の記録である「手留」について簡単に紹介したい。手留は「老中日記」から重要と判断される情報を書き抜き、折本形式でまとめたものであり、過去の情報を速やかに確認するための情報体である。奏者番や寺社奉行などでも同様に手留の作成を確認できる。真田家では二三包み、都合二六五点を確認できるが[24]、この情報は横断的な老中間ネットワークによる情報共有のシステムのなかで整備されたものであり[25]、本稿が対象とする執務の指揮系統のなかで直接発生したものではないため、議論に含めないものとする。なお、「手留」の作成は案詞方が担当したことは間違いないが、「勤方」は手留についてはなにも記さない。同様に他の老中間ネットワークに関わる事項についても記述が見られない。つまり、「勤方」は将軍―江戸殿中―江戸藩邸―諸大名・役人という指揮系統に直接関わる勤方のみを記したといえる。このことは重要であり、老中間ネットワークは「家」や役職関係者間での裁量部分であったことになる。「勤方」は、案詞奉行の正規の役割を示すことで裁量部分の役割の存在を明白化したといえるのである。

本稿は、諸大名―江戸藩邸―江戸殿中―将軍という指揮系統に関わる江戸藩邸の役割と機能を、文書・記録のコントロールに注目して論じるものであることを、改めて確認したい。

（3）　御礼書・御規式書・御次第書への情報書き入れ

さて、案詞奉行の職務として、第四・五条では、御礼書・御規式書・御次第書に関わって、「上意御取合等之次第取調書入仕差上候事」とみえる。

御礼書・御規式書・御次第書は、将軍が関わる江戸殿中での規式執行に関わる計画書であり、少なくとも近世中期には、主要規式の実施に関わり、ほぼ毎回作成されていたと考えられる。形態は折本形式が大半であり、殿中での携帯利用を念頭に作成された執行計画書である。作成担当は、老中・若年寄・奥右筆などであり、取りまとめでは、将軍への確認、拝謁順番、部屋の確認、執行担当者など、多くの事前確認が必要となった[26]。規式書などの作成は、参加者と執行者、そして時間と空間の確定が重要な課題であり、それらの調整を通じて完成した。これらは三〇〜五〇部ほど作成され、正月などであれば、将軍・御三家・老中・若年寄・奏者番・大目付・目付などの規式関係者に事前配布された。規式の当日、関係者はそれを持参して確認しながら殿中での規式に臨むため、役割などに応じて、事前に朱書きでメモを施すことも広く確認できた。「上意御取合等之次第取調書入仕差上候事」とは、まさにその行為を指しており、将軍上意の取り合い（取り次ぎ）の次第などを取り調べ、それを御礼書などに案詞方が書き入れたものである。将軍が発する言葉、老中の取り合いの言葉などが書き込まれることも多いようである[27]。

殿中規式で不始末があると、老中は御側を介して将軍に詫びることが必要となった[28]。つまり、殿中儀式の問題は、関係する大名家にとってはもとより、将軍・幕府の権威の関わる問題とも認識されており、案詞方の書き込みも適切なものであることが強く求められたといえる。

以上、本節では藩内における公用方役人の編成について簡単に触れた上で、老中が登城の際に携帯する御懐本（御袖裏）・規式書などと案詞奉行の役割について紹介した。藩主の身の廻りに関わる情報であるため、内々の行為と捉えられがちであるが、殿中の勤務と連動する存在であったとすべきであろう。江戸殿中の勤めに無縁ともいえる家臣が、こうした問題をいかに実現したのか、この点に注意が必要と考えられる。これについては、後述したい。

第三節　老中江戸藩邸と江戸殿中との連携と文書記録

（１）老中江戸藩邸における来訪者管理と大名情報の集約

老中江戸藩邸は、大名や旗本などの伺・願・届、そして京都・大坂・長崎・駿府など幕府役職の者からの連絡の窓口となり、また、対客日に来訪者を迎えるといったことが概説的に指摘されてきたが、その実態を分析し老中制全体のなかに位置付ける試みは皆無に等しい。(29) よって、ここでは「勤方」第一四条にある「日々御用御客帳・御用御使者帳・御内玄関帳上ケ候節相改、府邑留直し書入等致し候事」に注目して、江戸藩邸に集まる情報の存在とその管理・コントロールに関係する案詞奉行の役割を明らかにしたい。

さて、「勤方」第一四条の「御用御客帳」「御用御使者帳」「御内玄関帳」は、老中江戸藩邸への来訪者を記録したものであり、江戸藩邸の性格を検討する上で基本的な情報のひとつと考えられる。これらは、実際に取り次ぎを担当した公用方取次頭取・公用方取次が執務に関わって作成し、日々の記述が終わると案詞奉行が確認して、藩主に提出する仕組みであった。ちなみに公用方取次頭取・公用方取次の名前は、「役職武鑑」に搭載されており、天保十三年（一八四二）「天保武鑑」（須原屋茂兵衛版）では、老中真田幸貫の名前のもとに公用方取次頭取の小松儀兵衛・奥村良左衛門・藤田繁之丞が、公用方取次では鈴木源兵衛・窪田慎六・座間三二美・三村源五右衛門・樋口与兵衛・坂野安左衛門・上原菅兵衛・師岡七郎右衛門・池村八太夫・小山田重大夫・清水宇平・池田鵜殿の一二人の名前が見える。なお、「役職武鑑」に名前はないが、公用方取次には別に御帳付五～八人が付属されており、帳面作成はこの「御帳付」によると考えられる。すなわち、公用方頭取の日記天保十二年九月十五日条には「御帳付御案詞方認物有之候ニ付両人差出、病気引込壱人有之、五人ニ而御帳相勤、両人詰切与相成候間、右詰切両人之もの江昼御賄図書殿（江戸家老真田図書）江申立候」とあり、当時、御帳付八人のうち二人が案詞方の補助に入り、一人が病欠のため、残り五人での仕事になっていた(30)。帳面作成などでは案詞方と密接に関係していたことも想像されるのである。

なお、「役職武鑑」での役人名表示は、当時の武家社会にとって重要な参考情報と認識されたことによる。言い換えればその存在は近世の老中制に構造化され、当時の社会と取り結ばれた存在としての位置を獲得していたのではなかろうか。このことは公用方役人の存在が藩主の補助者といった説明では不十分であることを示す。以下ではこの点に留意して検討を進めたい。

さて、江戸藩邸には様々な情報がもたらされたが、その提出のあり方と、提出後の処理は、情報の性格によって異なったことは間違いない。それらの具体化が重要となるが、ここでは引き続き第一四条との関わりで検討してみたい。

第一四条では「日々御用御客帳・御用御使者帳・御内玄関帳上ケ候節相改、府邑留直し書入等致し候事」とあり、ここから毎日来訪者があったこと、それらは記録され藩主にも提出されたことなどを確認できるが、続いて「府邑留」の直し書き入れを案詞奉行が行うことを記す。「府邑留」の直し書き入れが前半の来訪者の情報と関連することは間違いないが、第一四条の情報のみでは具体的なことは不明である。これは「勤方」が案詞奉行間の情報伝達を目的とし、細々な説明を省略したためといえるが、幸い「府邑留」(31)は現存しており、その記述から大凡のことを理解できる。すなわち凡例には「可書記目録」として「参府届・出立届・参勤御礼・御暇・初而御目見・在着・出勤・病後御礼・袖留前髪執・任官・初而出仕・家督・依願滞府・依願出府」を挙げており、また、本文から「府邑留」が、右の記録の情報を藩主・世子を単位に書き留めた、誕生から死去に至る人事情報記録であることを確認できる。大名などから新たな情報が提出されると追記されたわけである。凡例部分には「可見合書目」として、「御広間御用御客御使者帳・御役替留・申渡留・名改留・病死留・御礼書・御用番送帳・御内玄関帳」を挙げており、参照すべき情報はこうした帳簿にも集約されて存在した。つまり、大名などから提出された情報を用いてすぐさま「府邑留」を更新する場合と、「可見合書目」に集約された情報を利用して「府邑留」を更新する場合もあったことになる。「可見合書目」のうちには、「御役替留」「申渡留」なども含まれており、大きな情報集約の流れのひとつに「府邑留」に集約されていく流れが存在したことは間違いない。藩邸は執務情報を内容や目的に応じて集約化し、それをもとにさらに大きな集約を進めていたことになる。人事記録ともいうべき「府邑留」は、情報が高度に集約化されるなかではじめて成立した記録であったといえる。

したがって、「府邑留」の作成では、第一四条に見えた三帳以外の情報も反映させることになるが、三帳がとくに記された理由は、三帳に関わる情報が多数を占めたということが第一ではないか。

ところで、注意すべきは、「府邑留」が死去した者の情報を削除していることである。つまり、「府邑留」は、現実に幕府・将軍へ奉公する人物の経歴を記すものであり、まさに人事情報というべき性格である。集約された情報は、日常の執務においてはもちろん、幕府による大名の人的支配にとってもっとも基本的な情報であったと考えられる。老中職に限らないが、情報を加工・集約して執務に利用することは、効率化や課題解決・計画立案などに関わる。そのため様々な方法が開発され、実際に活用されていた。つまり、老中江戸藩邸の公用方役人(案詞奉行)は、執務のためのツールとして自ら整備したということもできるが、すでに天保期には執務のなかに確立したシステムとして存在したのである。

言い換えれば、支配システムに沿って受理・審議・回答などを行う基本的な情報処理システム(メイン・システム)ではなく、これらの円滑化に関わり導入されたサブ・システムということができる。人事情報管理のシステムはまさにそうした存在を物語るわけであり、その運用を実現することが当時の組織には求められていたことになる。

なお、以上のような議論は、ややもすると単なる思いつきの話と捉えられかねないことを恐れる。しかし、こうした議論を前提としなければ、現実に現存している文書・記録の説明ができない。「府邑留」はその一つに過ぎず、老中職関係文書群にはメイン・システムのなかでは説明ができない様々な文書群が存在しており、ここでの議論はそれらの位置付けに関わることを確認しておきたい。

（2）「短冊折本」と将軍

老中江戸藩邸へ諸大名・旗本、幕府の諸役人などから提出された様々な文書や情報は、具体的にどのような意図のもとにどのように処理されたのであろうか。第一四条や第一五条などの理解に関わり全体像の提示が重要となるが、ここではとくに案詞方の処理を通じて江戸殿中・将軍へと持ち出される文書類を対象にして、案詞奉行および江戸藩邸の機能について考えたい。

ついては、「勤方」第一六条に見える「短冊折本」に注目したい。記録名のみが書かれ具体的な役割は示されないが、おそらくは「短冊折本」の作成・管理が案詞奉行の担当であることを示したものであろう。真田宝物館真田家文書には、天保十二年（一八四一）から同十四年（一八四三）の「短冊折本」五冊が現存しており、形態はいずれも折本型である。記述内容を例示すると次の通りである。

九月十六日　（奥右筆東城）平左衛門
（勘定奉行）佐橋長門守出
一、野非人留吉盗致し候始末御仕置伺帳面一冊　（朱書）「十七日同人を以下ル」
（御側御用取次杉浦正義）右出雲守を以上ル

九月十八日　　　　　　　　　　　正介（奥右筆黒沢正助）

一、玄猪御祝之儀ニ付伺一通　　　（朱書）「十九日同人を以下ル」

（御側御用取次本郷泰固）
右丹後守を以上ル

右は天保十二年（一八四一）の「短冊折本」から引用したものである。この折本ではほぼ同形式の記事が都合二六二件ほど記される。内容は将軍へ提出された伺書のリストと提出担当者を記すものであり、伺書そのものではない。すなわち、九月十六日には、勘定奉行佐橋長門守から提出された野非人留吉盗みについての御仕置伺帳面を「出雲守を以上ル」とある。出雲守は御側御用取次杉浦正義であり、御側御用取次を介していることから提出先は将軍徳川家慶となる。また、朱書で「十七日同人を以下ル」とあることから、翌日十七日には杉浦出雲守をもって下げられている。なお、日付の下にある「平左衛門」は、奥右筆の東條平左衛門であり、書類の管理に関わったものであろう。

九月十八日の記載は、江戸城での玄猪御祝に関する伺書を御側御用取次本郷丹後守泰固を介して上申したものである。日付の下にある「正介」は、奥右筆の黒沢正助である。この記載では、書類を老中に提出した者の名前が見当たらないが、老中から将軍への伺いや、諸大名から幕府への伺いでは同様に記載がない。当時の上申システムと関わり厳格な「短冊折本」作成基準が存在したとすべきであろう。ちなみに「短冊折本」に記される内容は、幕府役人・大名関係人事、殿中儀礼、仕置伺、献上・下され物、寺社関係、御用召しなど多岐にわたる[32]。「短冊折本」は、以上のように老中から将軍への伺書の概要を記すと同時に、取次を行った御側御用取次や担当の奥右筆を明記する。作成目的は内容から将軍に提出した情報を、担当老中が容易に確認することにあったと考えられる。

次に、天保十二年「短冊折本」に記される各伺の提出日に注目して、提出がどのような老中の役割分担によったものか考えてみたい。また、同時に「短冊折本」は、当時の老中全員の情報を集約したものか、あるいは特定の老中が取り扱ったもののみを記したものか確定したい。この点は「短冊折本」の性格や老中の執務体制に直結する問題といえる。

さて、天保十二年「短冊折本」の記述は八月八日受理のものに始まり、十二月二十九日で終わる。伺件数は既述の通り二六二件であり、平均すれば一か月に五〇件ほどになるが、月毎に件数を確認すると、八月は六件、九月は四件、十月は一〇七件、十一月で一六件、十二月は一二九件で、八・九・十一月は極めて少数、十・十二月は一〇〇件を超える。この不均衡は、老中の月番制と関わっており、件数が多い十月、十二月は、真田が月番であった。老中登用は六月十三日であり、六月、七月は月番が回らないため、件数はゼロである。八月は月番であったが、体調不良から早々に交代となった。八月十二日、御留守居石河美濃守同心伺書では「自分懸り備中殿より上ル」とあり、同職の助月番堀田備中守正篤が代わりに提出したことを記している。

これらの事実関係から「短冊折本」は月番老中から将軍へ提出された伺書に関する情報を記すといえる。言い換えれば将軍への各種伺書の提出は、月番担当の任務の一つであったわけである。提出される伺書は総量の一部に過ぎない（後述）が、月番老中が提出する特定の情報を集約したものが「短冊折本」であった。したがって、ここに紹介する「短冊折本」は、月番真田が担当した分を集約したものであり、取りまとめは江戸藩邸の公用方役人と見て間違いなかろう。そもそもこの「短冊折本」は、月番老中―将軍という間での稟議に関わって発生した基本的な文書ではなく、稟議を確実なものとするためのサブ・システムのなかで発生した記録である可能性が高い。したがって、その作成は真田家江戸藩邸以外には考えられないわけである。

さて、以上のような「短冊折本」の存在を踏まえて、次に江戸藩邸での受理書類と、将軍への提出書類の関係について具体化を試みたい。これは江戸藩邸から将軍に至る基本的な文書処理のシステムの一端について検討することを意味する。

ただし、書類の受理手続きと、その後の処理方法は、その内容や発信者などによって手続きを異にするため、対象を御仕置に関する伺に限定したい。幸い真田家文書には「御仕置」と題した記録があり、全体的な状況を確認することが可能である。その内容は無宿・野非人などの御仕置についての伺いが大半である。記述形式は、たとえば八月十日では「佐橋長門守出　野非人留吉盗致し候始末吟味致し申聞候帳面　一冊　平左衛門江渡」などとあり、「短冊折本」と同様に文書そのものを書写するものではなく、情報をまとめたものである。

しかし、大きく異なる点がある。右の記述に続いて申渡などに至るまでの過程が記されることである。右では、九月十日に勘定奉行佐橋長門守の代わりに同職松平豊前守政周を呼び、申渡の書付を与え、十一月四日に申渡が済んだとの連絡を受けたとある。他の役職へ諮問に付される場合、評定所へ回される場合もあったわけであり、将軍に提出した書類を記録した「短冊折本」とはその目的をまったく異にするといえる。

この点も念頭に次に「御仕置」の全体的な状況に注目すると、月毎の取り扱い件数は、八月は七件、九月は〇件、十月は九八件、十一月は〇件、十二月は二一四件、都合三二〇件である。よって「御仕置」も老中の月番制に関わって作成されたこと(33)、また、ここで取り上げた「御仕置」は十月・十二月に月番を担当した真田によることが明らかである。藩邸への提出者を確認するならば、とくに火付盗賊改が多く、次いで勘定奉行・町奉行、そしてわずかに佐渡奉行・長崎奉行などの名前が見える。江戸藩邸はこれらを受理し、一定の処理の上、すべてを奥右筆に渡したものである。「御仕置」の各情報にはそれぞれ奥右筆の名前が見えている。たとえば九八件を確認できる十月の場合、手渡し先は東條平左衛門二〇件、黒沢正助二一件、田中太左衛門一五件、都筑長三郎二二件、桑山六左衛門二〇件である。「御仕置」は以上のように奥右筆の担当を明記した上で具体的処理の経過を申渡が完了するまで示すのである。

なお、天保十二年「役職武鑑」によれば、奥右筆は奥右筆組頭二名、奥右筆衆三一名、奥右筆所詰二名などで構成されており、このうちの五名が手渡し先である。役割分担などによると見てよかろう。なお、奥右筆は、老中・若年寄の業務を補佐することを職務とし、老中・若年寄に提出された書類の管理、老中・若年寄の決裁を要する書類の案文作成、先例の確認、または駕籠訴などの老中・若年寄に関わる事項の処理なども担当した(34)。幕末期段階には一五の分担を確認できる(35)。老中・若年寄の執務補佐を前提にすると、一五の分担は老中・若年寄の職務との対応のなかで考えることが今後の課題となろう。

ところで、「御仕置」には都合二二〇件の御仕置伺のリストが記されるが、この伺そのものは将軍にすべて提出されたのであろうか。たとえば、真田が月番老中を担当した十月の場合、江戸藩邸から奥右筆へ渡された御仕置伺は九八件であった。しかし、「短冊折本」によれば同じ十月に将軍へ上申された御仕置伺件数は六件のみである。つまり、大半は老中レベルの判断で回答が作成されたというべきである。また、必要があれば担当役所や評定所にも付されたわけである。

将軍への伺がどのように決まったものか不明であるが、老中・奥右筆など御用部屋の判断が重要であった可能性が高い。既述の「短冊折本」は、将軍への伺いと連動して作成されたと考えられるため、江戸殿中での判断が江戸藩邸に伝えられることが必要となる。また、「御仕置」では、担当奥右筆の名前やその後の経過などが江戸藩邸に伝えられる必要がある。いずれも江戸藩邸での情報管理に関わる記録と考えられるが、それらは殿中との密接な連携なくしては成立しないものであり、全体のなかでの江戸藩邸の位置づけが重要といえる。

（3）「御用箱」にみる殿中と藩邸の関係

ここでは江戸藩邸と江戸殿中（老中・奥右筆・将軍など）との関わりについて、書類の移動の観点から検討したい。ついては、「勤方」は第一七条「奥江出候頭書折」、第一八条「奥江之届出候頭書横帳」に注目したい。両条は記録名を示すのみであるが、第一八条に該当するとみられる横帳の記録「奥江御届出候頭書覚」(36)が現存しており、これも含めて検討を進めたい。

まず、「奥江御届出候頭書覚」の記述に注目するならば、同記録も老中月番に関わる記録であり、真田の月番担当時の情報がまとめられる。具体的な記事は、おおむね次の通りである。

頭書　　　　　　　　　　　　　休蔵（奥右筆頭取田中）

十月五日

一、水戸殿より之来翰一通

一、紀伊一位殿より同断一通

右奥江出

扣　申渡候書付

十月五日

御門番

浅草橋　　　　小濱健次郎四年勤ニ付御免代
　　　　　　　松平軍次郎
　　　　　　　唯今迄筋違橋御門番

筋違橋　　　　松平軍次郎代
　　　　　　　藤堂主馬

大久保甚右衛門四年勤ニ付御免代
朽木左門

牛込

右之通申渡候

右の二件は、いずれも天保十二年十月十五日のものであり、「頭書」ではじまる記事は、水戸家と紀伊家からの書翰であり、「扣　申渡候書付」ではじまる記事は、門番交代の申渡控である。「奥江御届出候頭書覚」というタイトル通り、将軍へ届けた書類のリストである。

本リストの多くの記事は、右の事例同様、「頭書」または「扣」で書き出される。両者は表記・性格を異にし、また、提出に至る経緯も大きく異なる。「頭書」ではじまる御三家などの書翰は、江戸藩邸で受け取り、真田が登城の際に持参し、奥右筆組頭（史料では田中休蔵）に渡したものである。一方、「扣」は老中による申渡を将軍へ伝えたものであり、申渡の作成事務は江戸藩邸ではなく、奥右筆が担当したと考えられる。これらが一緒に「奥江御届出候頭書覚」に記された理由は不明であるが、注目したい点は作成である。既述の通り「奥江御届出候頭書覚」は「勤方」第一八条に記されており、作成は案詞奉行であると考えられる。具体的な作成作業で注目されるのは、江戸城中での申渡についての情報が、いかに案詞奉行へ伝えられたのか、という点である。つまり、「奥江御届出候頭書覚」の作成は、既述のような江戸藩邸から江戸城へという片方向的な情報の流れだけでは説明できない。江戸城から江戸藩邸へという情報の流れを検討することが重要である。ついては、以下「勤方」の第七条から一三条にみえる「御用箱」に注目して検討してみたい。

第七条には「御用箱取計仕候事」とあり、案詞奉行が御用箱の取り計らいを担当したことが明らかである。御用箱の用途は次の第八条「御持出御持帰之御書付共取計候事」と関わり、江戸城と江戸藩邸との往復などにおいて用いられたものである。「御持出」は藩邸から江戸城へ書付を持ち出し、「御持帰」は江戸城から持ち帰ることを指している。

国文研所蔵真田家文書には、真田幸貫が殿中から持ち帰った書付のリスト「御持帰書付」が就任期間（天保十二年六月～同十五年五月）を通して残っている。たとえば、天保十二年十月五日であれば、玄猪御規式一折、頭書（甲州代官所村方訴状）、京都状目録（「宅留済候は丶御城へ持出之事、録助取扱」）、回し御門番代（浅草橋勤番交代）、人留之義書付、京都状目録（源大夫取扱）、名銘左之戸塚備前守、申渡書付（戸塚備前守役改）、申合書付（清水殿女子七夜祝儀）を持ち帰っている。

玄猪御規式関係一式は、二日後の十月七日に江戸城中で実行される玄猪の規式に関わるものであろう。規式書は既述のように殿中で調整を進めるなかで完成するが、「勤方」第四・五条の通り案詞奉行が規式書に書き込みを行うために、持ち帰ったものと考えられる(37)。また、京都状目録では「宅留済候は丶御城へ持出之事、録助取扱」とあり、奥右筆立田録助が担当のものを、「宅留」（江戸藩邸での記録処置）のために持ち帰り、済んだならば御城に持ち出すとある。そして、戸塚備前守の人事に関わる申渡、それから三卿清水家の子女七夜御祝儀に関する老中の申し合せなどがある。既述の「奥江御届出候頭書覚」の作成では、殿中での申渡についての情報が欠かせないことを指摘したが、戸塚備前守の人事申渡に見られるように、それらは頻繁に持ち帰られていることを確認できる。

簡単に紹介したが、十月五日の記事からは、書類を持ち帰り一定の処理の上でまた持ち出すものや、持ち帰り藩邸にとどめるものが存在した。申渡は後者になるが、藩に蓄積されるものも藩邸での情報処理のなかで加工・活用がなされたことになる。

ところで、御用箱は案詞奉行の担当であるが、これは御用箱がもっぱら書類の収納・移動に利用されたためと考えられる。御用箱の具体的な利用は、第九条に藩主の登城の際の動向が記される。すなわち、藩主は自らが持参する書類を確認し、御用箱に収納して「御封印」を行った。藩主による封印は、箱に収納される文書・記録の性格を物語るといえる。

また、第一一条は「奥出之御控書付」や「御伺御上ケ切之分」などといった将軍に関係する書類が収納されたこと、ことに「未開ケ不申前之もの」や「御伺御上ケ切之分」は、公用方役人のなかで最上位となる「公用人」にも秘すべきことが記される。御用箱は、こうした将軍に直接関わる情報なども含め幕府の重要情報を収納するものであり、その安全管理が問われていた。これは容器としての箱の取り計らいではなく、箱に収納される文書・記録との関係が強く意識された結果と考えられる。また、御用箱は真田家が用意したものではなく、すでに老中の執務に関わるものとして存在した点にも注意したい。御用箱の存在によって情報の正式な移動が担保されたものであり、これによって殿中と藩邸は有機的な関係をはじめて実現できたといえよう。

言い換えれば老中制のもとで文書・記録は移動することを前提としたのである。老中が江戸殿中に持ち上がる行為は、当時の老中制のあり方からするとまさに象徴的な行為であったと考えられる。

以上、案詞奉行の勤方に関する議論としては、逸脱した感があるが、江戸殿中と江戸藩邸での関係性を「御用箱」の存在に注目して検討した。さらに一層の具体化が必要と考えている。

おわりに

松代藩主真田幸貫の老中就任にともない江戸藩邸に設置された公用方役人の機能の分析を主目的に、老中制における江戸藩邸の位置付けについても検討を試みた。

旧稿において、新任世話役を勤めた師範水野忠邦家からの指導によって真田家公用方役人の諸掛りは、他の老中とまったく同様に設置され、掛りの役人相互のネットワークによって必要情報を収集する仕組みが存在したこと、また、現職老中のみならず、老中経験者の家々も情報提供に応じる仕組みが存在したことを指摘した。また、こうしたことを前提とすることで、現在、残される文書群の理解が進むことを指摘した。

この点も念頭に今回の研究では、老中の日々の執務のなかで文書・記録はいかに作成・授受・活用されていたのか、公用方役人のうちとくに案詞奉行に注目して、具体的な機能との関わりで追求を試みた。分析では、諸大名・役人―老中江戸藩邸―殿中老中職・奥右筆―将軍という指揮系統のなかでの文書・記録の存在に注目した。系統的な関係に注目することで、伝存する文書・記録の理解を進展させようと考えたものである。

具体的には、老中の御懐本の作成やその管理、また、将軍へ提出された伺書の情報集約、諸役人などからの情報提出、江戸城と江戸藩邸における双方向的な情報交換などの実態を、「案詞奉行勤方」を手掛かりに検討した。研究史的には、老中制が享保期ごろを境に、老中家臣から奥右筆を重視した体制に切り替わるという本間修平氏の指摘(38)はやや予定調和的といえるのではなかろうか。奥右筆の整備が進むなかでおそらくは江戸藩邸における公用方役人制度も高度化したことが考えられる。師範制度、公用方役人制度、新旧老中間情報ネットワークなどはまさに老中江戸藩邸の家臣を中心に整備された制度であり、同じく江戸時代中期ごろに整備されたと考えられる。その史的展開に関する具体的な検討は今後の課題となるが、老中制と関係の役人制度については、改めて検討することが必要ではないか。そもそも、江戸時代は、将軍と主従関係にある大名・旗本が幕府への勤役に家を挙げて対応するのは、当時の政治的構造からすると当然なことであり、家臣の関与は程度の違いがあろうが必然的である。

いっぽうで老中制を補佐する体制整備は幕府においても進むわけであり、両者の関係をいかに説明できるか、そこが問われている。また、この点は、既述した藤井譲治氏が指摘した「幕藩的官僚制」についての議論を進展させる意味でも重要と考えている。

本稿そして旧拙稿は、老中関係文書について理解を進め、情報の資源化に資することを目的としたが、これには組織の機能論研究を、実際に発生する文書との関連で進めることが重要であった。文書群が複雑であるのは、江戸藩邸が有した機能が見いだせなかったことが最大の理由であるが、今回の分析を通じて、老中間ネットワーク・システムと、支配系列による情報伝達・移動のシステムが縦横に存在している状況を発見できた。また、機能研究を進めることで多くの関係の文書・記録の位置付けが可能になるとの手応えを得た。もちろん、これはアーカイブズ学とのかかわりでの成果展望ということになる。時間的な組織・機能の変化などについてはまったく議論できていない。他の掛りの分析も含め、これらは今後の課題となる。

（1）福田千鶴「東京都立大学付属図書館所蔵水野家文書の構造について――現用時目録の分析を中心に――」（東京都立大学人文学部『人文学報』三三五、二〇〇三年）は文書目録を手掛かりに水野家文書全体の史料群構造を論じている。ただだし、老中職文書群そのものを取り上げたものではなく、また、それらを発生させた組織や機能について検討するものではない。拙稿「天保期における老中職公用方役人と情報管理――老中日記の作成と収集――」（『関東近世史研究論集』三〈幕政・藩政〉所収、岩田書院、二〇一二年）は「老中日記」の作成と貸借をめぐって分析を加えたが、江戸藩邸において日々の執務のなかで発生する老中関係文書・記録のコントロールに関しては議論が及んでいない。

（2）拙稿「天保期幕府老中職にみる公用方役人について――松代藩真田幸貫を事例に――」（『松代』第二四号、二〇一〇年）。

（3）藤井讓治『江戸幕府老中制形成過程の研究』（校倉書房、一九九〇年）。

（4）藤田覚「付箋　その名称と機能」（『東京大学史料編纂所報』第二二号、一九八七年）、同「近世幕政文書の史料学的考察」（『東京大学史料編纂所報』第二四号、一九八九年）、同「近世幕政文書の史料学的考察――付札・書取・承付を中心に――」（『古文書研究』第三三号、一九九〇年）。藤田氏の稟議システムに関する研究は、江戸藩邸から江戸城に持ち出された書類の決裁については詳しい。ただし、江戸藩邸の機能や組織について具体的な言及がない。

（5）註（2）前掲拙稿論文参照。
（6）献上や結婚、家督相続などの各場面については、家格・序列などを踏まえた研究が見られる。文書の処理システムが自覚されると伝存した文書の位置付けが進むことになる。
（7）寺社奉行の師範制度については、拙稿「近世中期における幕府勤役と師範――新役への知識の継承をめぐって――」（『国文学研究資料館紀要アーカイブズ研究篇』二号〈通巻三七号〉、二〇〇六年）、拙著『江戸幕府と情報管理』（臨川書店、二〇〇三年）などで紹介した。老中の場合も基本的に同じような仕組みと考えられるが、具体的な研究はない。
（8）藤井讓治『日本の近世』第三巻支配のしくみ（中央公論社、一九九一年）など。
（9）国立史料館編『真田家家中明細書（史料館叢書8）』（東京大学出版会、一九八六年）。
（10）真田宝物館所蔵真田家文書六―一三―三―一〇六。案詞奉行関係にとどまらず公用方の情報に詳しい。なお、所蔵については以下「宝物館真田家文書」と略記する。
（11）役職武鑑のうち出雲寺「有司武鑑」天保十二年版、須原屋「袖玉武鑑」天保十三年・同十四年版では、各老中家の公用人の名前を記す（渡辺一郎編『徳川幕府大名旗本役職武鑑』三、柏書房、一九六七年）。武鑑によって搭載する公用方役人の情報を異にする。
（12）註（2）前掲拙稿論文参照。作表後の調査によって、他にも役人が存在することが明らかになりつつある。これらについては発表の機会を別に設けたい。
（13）宝物館真田家文書六―一三―四―二六。
（14）上田藩「日乗」は、上田藩から幕府関係機関への伺い・願いとその後の経緯を年代順にまとめた留書である。所蔵は上田市立博物館。
（15）加藤秀幸ほか著『近世幕府文書の古文書学的研究』（平成三年度科学研究費補助金研究成果報告書一般研究B、一九九二年）所収。
（16）「手留方」については、註（1）前掲拙稿参照。
（17）宝物館真田家文書六―一三―二―二四。「御案詞方留」は、寛政期前後の先例をもとに作成された案詞奉行の執務マニュアルともいうべき内容である。作成は明記されないが、真田家の案詞奉行が他大名から借写したものである。

(18)「小目録」もほぼすべて現存している。その性格についてはさらに検討を進める必要があるが、江戸藩邸が受理した書類のうち、江戸城に持参した特定のリストと考えられる。本文に示したように、この目録に載せない情報もあったわけである。
(19) 松平（上野）秀治「江戸幕府老中の勤務実態について――真田幸貫の史料を中心に――」（児玉幸多先生古稀記念会編『幕府制度史の研究』所収、吉川弘文館、一九八三年）。
(20) 国文研蔵真田家文書「御袖裏扣」一二冊（天保十二年六月～同十五年五月）史料番号う六〇六～う六一七。なお、国文学研究資料館が刊行した真田家文書の『史料館所蔵史料目録』では、刊行担当者の判断で「御袖裏覚書」と名称を与えたものがあるが、本稿では実際に文書に見える表題・端作などから記述を行った。
(21) 宝物館真田家文書六―一三―四―五二―三。
(22) 註(10)前掲文書参照。
(23) 国文研蔵真田家文書う六〇六。なお、「御袖裏扣」では藩主の書き込みを朱書する。
(24) 史料に「手留」と明記されることはないが、首都大学図書館が有する水野家文書においても同様のものが大量に存在しており、それらを「手留」と呼んでいる。また、同様のものを奏者番が手留と呼んでいることについては、拙稿「幕府奏者番にみる江戸時代の情報管理」（『史料館研究紀要』三五号、二〇〇四年）参照。
(25) 註(2)前掲拙稿参照。
(26) 規式書などの作成過程などは国立公文書館蔵「御規式書留」によって確認できる。
(27) 国文研真田家文書には、案詞方による「御礼書留」（天保十三年・十五年）、「御次第書留」（天保十二年～十四年）などが伝存する。また、他の老中から借写したものもある。
(28) 真田幸貫も間違いを起こし、対応を師範の水野忠邦と相談、将軍へ不始末を詫びるなどの状況も確認できる。
(29) 対客日に関しては、土屋千浩「江戸幕府老中の対客について」（『皇學館史学』第一九号、二〇〇四年）がある。訪問の目的などが今後の課題となる。また、大名などからの伺いなどについては、前掲註(15)所収の保谷論文が関連する成果といえる。
(30)「天保十二辛丑年従九月至十月　日記　松代頭取方」（宝物館真田家文書二四―一―一二）。本史料は公用方役人の一つ「公用方取次頭取」による。

(31) たとえば国文研蔵真田家文書う—五七八など。

(32) 上申に対して将軍がどのような判断を示したものか、それらの確認はできないが、必要があれば将軍が意向を反映できる仕組みといえる。儀礼の執行などでは、将軍の役割などに関わり具体的な判断を仰ぐこともある。なお、規式に関して将軍の判断を仰ぐ仕組みが存在することは国立公文書館蔵「御規式書留」に見られる。

(33) 十二月はとくに多いが、これは火付盗賊改大屋図書が、無宿人の吟味伺（とくに病死者が多い）を大量に提出したことによる。

(34) 本間修平「徳川幕府奥右筆の史的考察」（服藤弘司・小山貞夫編著『法と権力の史的考察』所収、創文社、一九七七年）は、月番制に基づく老中制は運営上統一性を欠き、また家臣が政治運営に関わる私的な体制と意識され、老中・若年寄を補佐する奥右筆が創出されたこと、中期には増員などもあり老中・若年寄制の基本的な組織となること、また、奥右筆に各掛りが次第に設けられ職務分担が進み、組織化・効率化が追求されたことなどを指摘した。しかし、本稿での指摘通り、江戸藩邸の老中補佐システムも組織化が進んでおり、幕末まで公用方役人が大きな役割を果たしているようである。当面、両者の機能を明らかにし、関係論の中で老中制を追求することが幕府の政治システムや幕藩官僚制を検討するうえでも重要と判断する。

(35) 田原市立博物館蔵三宅家文書「旧経録　礼」（史料番号一八五—四〇五～一）。掛り名は次の通りである。一屋敷・初而御目見・家督御礼　四人、一御鷹・養子、一縁組・官位・補任但高官之分ハ組頭取扱之、一御仕置・差控　御免・薬種しらへ、一家督・御女中様・御取かわし、一隠居・訴状、一御馬、一御勝手御用　孫兵衛又八郎も取扱、一御能役者、一参勤・御暇、一火事場、一御目見・御番入、一騎射大的、一誓詞、一諸組弓鉄炮見分。御仕置関係の分担は、差控や薬種調などについても一括して担当したことになる。

(36) 宝物館真田家文書六—一三—三—九六など。

(37) 「天保十二年従六月至十二月　御持帰書付　御案詞方」（国文研真田家文書う六二二）八月十三日条には、「十五日之御礼書明日　御城江持出之事　（朱書）「右書面一同十五日の御礼書今日御部屋番持帰候付、例之通り写朱書を入、本書ハ右覚書一同封候而上へ御名を記明日御部屋番持出ニ相成候事」」とある。同日、藩主真田は体調不良から休んでおり、書類の上げ下げは御部屋番が担当した。

(38)　註(34)前掲本間修平論文参照。

第10章　松代藩御納戸役の職掌と記録管理

降幡　浩樹

はじめに

藩政文書の作成とその管理システムの検討には、各役職の職掌や文書作成部局の機能の解明が重要である。松代藩の職制や支配機構については、鈴木寿氏が『更級埴科地方誌　第三巻　近世編上』で主に代官・越石代官・手代の職掌について詳細に記述され(1)、その後、古川貞雄氏が勘定所元〆役について(2)、種村威史氏が払方御金奉行について報告され(3)、他の役職についても徐々に研究の蓄積がされている(4)。

本稿では、松代藩における御納戸役について、藩の日常的な諸物の購入、道具管理において見られた記録類の作成、管理について考察する。

分析の対象とする史料は、松代藩御納戸役がまとめた「嘉永五子年二月十五日差出沿革之次第書草稿」とする（以下「草稿」(5)）。「草稿」の形態は竪帳で竪二九㎝、横二〇㎝。墨付四一二丁で、現代の厚紙の表紙が付けられ、マジックで「嘉永五子年二月十五日差出沿革之次第草稿」と書かれる。資料の表紙には、「嘉永五子年二月十五日差出沿革之次第草稿　飯島扣」と書かれている。作成年代は嘉永五年二月十五日であるが、本文には文久年間

（一八六一～六四）の記述も見られ、著者の手元に置かれ、その後も記述が追加されている。著者は松代藩士の飯島与（與）作である。飯島与作は天保十五年（一八四四）八月九日から明治四年（一八七一）閏十月十一日に退役するまで御納戸役を務めていた。飯島の職歴を『真田家家中明細書』から引けば、以下のようである。(6)

（中）「御切米」五斗入（中）「籾」弐拾八表（俵）
玄（中）「米」壱人籾弐人（中）「御扶持」
高直三拾壱石弐升三合九勺（中）
飯島与作［イ］

天保九戊	八月二八日	父依願御番入
天保十五年辰	三月二七日	家督
同　年	八月九日	御納戸役
嘉永六丑	八月九日	退役
同　年	十二月二六日	帰役
文久元酉年	十二月二五日	年来出精付御小袖一被下
文久　三年	十一月二九日	学校御用懸（中）
慶應元丑年	六月十八日	御役料玄米弐人
明治　三年午	閏十月十一日	御納戸役被免
同　四年未	八月十九日	権大属試補用度方

この「草稿」は、現在長野県立歴史館に「飯島文庫」として架蔵される。(7)「飯島文庫」の中心は、松代藩士で故実家として知られた飯島勝休（一八一五～八八）が著した、あるいは取集した資料、図書類からなる資料群である。(8)飯島文庫は、昭和二十六年（一九五一）に旧蔵者より長野県に寄贈され、県立長野図書館で管理、公開さ

れてきたものに、平成二十四年（二〇一二）、長野県立歴史館が購入した同家史料三一点を加え、平成二十五年に長野県立歴史館に移管され、現在に至る。残念ながら飯島勝休と与作の関係は判然としない。

この「草稿」は、嘉永五年（一八五二）二月に、藩命により各役所から報告された起源・沿革などを記した上申書である。嘉永五年は、八代藩主真田幸貫の最晩年（幸貫は同年五月三日退任）にあたり、幸貫の藩政改革の一端として、行政改革に資することを目的としたものと考えられている。当時は藩全体の役所から各役所の起源・沿革・先輩名面（藩士の職歴）が報告されたと思われるが、現在記録が残る部署は、代官（越石代官、その手代）、勘定所元〆役、払方御金奉行である。[9] 今回これに御納戸役が加えられることになる。

第一節　御納戸役の職掌

御納戸役の起源について「草稿」では、寛文十二年（一六七二）に長谷川甚大夫、貞享四年（一六八七）頃には鹿野惣兵衛、渡利戸左衛門ほか八人が勤めたことが伝わるが、書類がなく不明とする。起源は不詳ながら、当然藩政初期から存在していたと考えられる。

御納戸役の定員は貞享の頃は江戸と国元で五人ずつ、下役である小納戸は一〇人と伝わる。宝永・享保の頃は三人、小納戸九人、宝暦・明和・安永の頃は恐らく四人、天明・寛政の頃は三〜四人、享和・文化頃は三〜五人、弘化年間は三〜五人、嘉永二年から七年までは七人とある。御納戸役に就任した藩士の一覧は第1表のとおりである。

納戸役の職務内容はその誓詞から「御預之諸色御道具」「金銀遣道」「御用紙其外御預リ之諸色」など諸物品の購入と管理と推定される。御納戸役は、御金奉行の払方、同元方とともに「御納戸三役」と呼ばれた。[10] 御納戸三役の職掌は明確ではないが、御納戸役は諸物品の購入、管理。元方は御金の出納。払方は御金の支出を担当して

54	享和１酉年12月13日～文化２丑年６月　払方御金奉行	石倉源五左衛門
55	享和３亥年５月15日～文化４卯年２月　御普請奉行	上村伊右衛門
56	文化１子年２月21日～同２丑２月願御免	宮澤又市
57	文化２丑１月15日　御奥支配～同９申年12月　願御免	佐藤大吉郎
58	文化２丑６月15日～同４丑(ママ)年７月　元方御金奉行	長谷川善兵衛
59	文化(以下綴目に付判読不能)～同５辰年２月　払方御金奉行	藤田右仲
60	文化４卯年12月13日～同５辰３月死去	小崎孝右衛門
61	文化５辰年７月18日　御目付役より	宮下八郎右衛門
62	文化５年同日	小幡勝七郎
63	文化９申年８月21日　御普請奉行より	大島太右衛門
64	文化10酉年４月15日　御近習より	宮下直右衛門
65	文化12亥年４月18日	渡辺清右衛門
66	文政１寅年３月25日	宮下小平太
67	文政１年５月６日	堀田作兵衛
68	文政１年11月28日	牧野右平太
69	文政２卯年４月６日	白井　初平
70	文政２年７月１日	関口又十郎
71	文政３辰年６月18日	依田杢右衛門
72	文政３年10月13日	松木東
73	文政３年12月25日	常田雄司
74	文政４巳年８月21日	藤井喜内
75	文政５午年９月６日	高山藤太郎
76	文政５年11月28日	山本民弥
77	文政８酉年～同年２月28日　御近習役	福田兵衛
78	文政８年２月22日	千喜良三吉
79	文政８酉年２月28日	長谷川善兵衛
80	文政８年７月25日	依田多津衛
81	文政９戌４月18日	窪田喜膳
82	文政９年11月13日	近藤弥平太
83	文政10亥年１月15日	金井又右衛門
84	文政10年３月６日	野村雄蔵
85	文政10年７月29日、天保８酉年８月25日　御免御番人	高久伊之介
86	文政11子年７月10日	堀田乙司
87	文政12丑年２月７日　当番御免～天保８酉年５月１日　御役御免	高野権右衛門
88	文政12丑年12月22日～天保５午年３月11日　御免	西村左膳
89	文政13寅年８月２日、天保６未年死去	片岡栄三郎
90	天保２卯年３月２日、同７申年８月15日　御目附	与良内蔵助
91	天保３辰年閏11月４日、同５午年４月21日　御吟味役	矢野弐左衛門
92	天保５午年３月10日、同15辰年８月９日　御城御同心断	河口久喜
93	天保５午年10月28日、同８酉年４月11日　御目附	石倉大膳
94	天保６未年２月15日、同14卯年６月18日　退役	原権兵衛
95	天保８酉年３月16日、同９戌年７月９日　元方御金奉行	大島富作
96	天保８年８月25日、同11子年10月９日　元方御金奉行	矢野倉左吉
97	天保10亥年１月11日、同13寅年12月28日　御吟味役	白井平左衛門
98	天保11子年10月９日、同15辰年８月18日　御吟味役	佐藤安喜
99	天保12丑年４月25日、嘉永２酉年10月24日　元方御金奉行	与良内蔵助
100	天保13寅年12月25日　御近習役より	杉田九左衛門
101	天保15辰年８月９日、弘化３午年１月11日　御武具奉行御鉄砲方	鹿野伴治
102	天保15年同日～(朱書)嘉永６丑年８月９日　退役	飯島興作
103	弘化３午年５月20日　定火消役～嘉永４亥年11月８日　御城詰	河口久喜
104	弘化４未年６月11日、嘉永１申年元方御金奉行	水井市治
105	弘化４未年10月13日、嘉永４亥年11月８日　御免御番人	牧野大右衛門
106	嘉永２酉年６月10日　御目付役より	綿貫泰蔵
107	嘉永２酉年10月24日	与良四郎左衛門
108	同年12月29日　御金奉行役～嘉永４亥年11月８日　御城詰	与良内蔵助
109	嘉永４亥年11月８日 以上(以下朱書)	東條清見
110	嘉永６丑年１月28日	金井弥惣左衛門
111	嘉永６年９月３日、同年11月18日元方御金奉行	佐藤忠之進
112	嘉永６年11月18日 於江府	坂口又治
113	同年12月26日帰役～同28日 於江府御役之誓詞済	飯島興作
114	享保19申寅12月29日	宮下伝蔵
115	宝暦５年乙亥８月12日	緑川条右衛門
116	寛政３年辛亥７月11日	宮下兵馬

「嘉永五年二月十五日差出沿革之次第書草稿」より作成

第１表　御納戸役の就任者一覧

No.	就任期間	人名
1	元禄14年巳３月22日～享保16亥年４月　願御免	小松傳蔵
2	年月不知	ト木理右衛門
3	宝永２酉閏４月12日	小林五郎大夫
4	同４亥１月16日～享保15年戌12月御免	篠崎円右衛門
5	享保19寅３月３日～(朱書)江府誓詞　享保19甲寅12月29日	宮下傳蔵
6	享保13年申12月23日～同16亥４月御暇	片岡半兵衛
7	享保16亥年４月６日～元文４未５月　払方御金奉行	近藤七左衛門
8	享保16亥４月６日～同19寅８月元方御金奉行	関山浅右衛門
9	享保16亥９月23日	森山新四郎
10	享保19寅８月19日	宮下治部蔵
11	享保19寅11月９日～寛保元酉４月元方御金奉行	出浦作大夫
12	元文４未５月15日～宝暦２申７月御金奉行	金子甚左衛門
13	元文６酉４月11日～宝暦８寅年御願免	坂野　左源治
14	延享１子年５月６日	河原平五郎
15	寛延２巳年11月20日　御金方御納戸方　打込打勤御礼於江府被仰付	高井弥右衛門
16	右同断	金子甚五右衛門
17	寛延４未１月19日～宝暦７丑年迄	河口利右衛門
18	宝暦２申年７月、同８寅年１月払方御金奉行	牧野喜間太
19	宝暦５亥１月、同寅７月　元方御金奉行～(朱書)江府誓詞　宝暦５年乙亥８月12日	緑川丈右衛門
20	宝暦８寅年１月、同３月永御暇	田代団蔵
21	宝暦８寅７月、明和４亥６月　元方御金奉行	原伴九郎
22	宝暦８寅７月、安永２巳年　願御免	寺内源之進
23	明和４亥年４月同６丑年　払方御金奉行	原半兵衛
24	明和６丑年２月28日、同７寅２月払方御金奉行	星野権右衛門
25	明和７寅年２月18日　水道役～同年12月　払方御金奉行	白川八右衛門
26	明和７年12月、安永４未12月　願御免	関口九左衛門
27	安永２巳年４月　御城廻り～同４未２月　願御免	小林平五郎
28	安永３午年12月、同４未年11月払方御金奉行	菅沼九兵衛
29	安永３午年12月　假御普請奉行	徳田九十九
30	安永４未年11月28日　水道役～安永６酉２月　蔵人様御守役	山中見弥
31	安永５申年４月28日～同９子７月道橋奉行	石倉友左衛門
32	安永５申年11月15日　御城廻りより	大森源左衛門
33	安永５年同日天明元丑３月　願御免	関山彦作
34	安永６酉年６月16日～同８亥５月御普請奉行	矢島源左衛門
35	安永８亥年５月15日～天明８申年２月　願御免	石倉藤右衛門
36	安永９子年７月～天明４辰11月払方御金奉行	長谷川金蔵
37	安永10丑年１月28日～天明８申２月　願御免	河口五左衛門
38	安永９子年６月水道役～天明３卯５月払方御金奉行	湯本十学
39	天明４辰年11月28日～同７未２月御吟味役	菅沼幸之進
40	天明４辰年12月28日～同８申年11月御目附	窪田岩右衛門
41	天明６午年12月１日　御奥支配より	保崎平内
42	天明７未年５月15日	長谷川市左衛門
43	天明７末年５月15日	綿貫五郎兵衛
44	天明８申年11月28日～寛政３亥３月　願御免	
45	寛政１酉年12月６日～同９巳年10月　願御免	蟻川正蔵
46	寛政２戌年12月24日～同５丑３月御使役	綿内平右衛門
47	寛政３亥年２月９日～同６寅年４月　御免御高入	白川惣治郎
48	於江府誓詞　寛政３辛亥７月11日	宮下兵馬
49	寛政５丑年９月25日～天保５申年７月　御側御祐筆	山本雄左衛門
50	寛政６寅年６月６日～享和３亥年12月　御目付	坂野　　互
51	寛政８辰年12月21日～享和３亥年閏１月　御前様御奥支配	佐藤大吉郎
52	寛政９巳年12月９日～同12申年12月　御使役	堀田覚兵衛
53	寛政12甲年12月１日～享和２戌年11月　願御免	斉藤小源太

いたようである。御金奉行の就任者を分析した種村氏によると、御金奉行の前職は御納戸より就任しているものも多く、離職後は享保～天明年間までは、元方御金奉行に転進するものもおり、寛政期以降は武具奉行、普請奉行、吟味役、さらには目付へと栄転する者などさまざまである、とする。

役職間の上下関係は、貞享の頃は道橋奉行・江戸御納戸の次席、御国御納戸は御城改の上席であり、元禄十四年（一七〇一）頃、御普請奉行の次席、御金奉行の上席、その後御礼順は御武具役の次席、御金奉行が上席と記され、前記の就任者のキャリアなどとも合わせて考察する必要があろう。

御納戸役の職務の増加にともなう措置として、文政二年（一八一九）十二月からは御納戸元〆役が新設された。職掌は①御買上物の穿鑿、②金銭御払取り計らい、③御勘定帳の仕立、④小納戸係りの御用見届けであった。

小納戸の給人は宝暦八年（一七五八）九人、安永八年（一七七九）八人、江戸詰二人、御在所は六人とされる。就任者の一覧は第2表のとおりである。勤務は朝五ツ時に出仕し、御多用の節は増員があった。化政期に入り藩内での金銭出入りが一段と進み、職務の増大に呼応する形で職務規律の確定と役方機構の整備にともなう増員措置と思われる。

御納戸役、御納戸元〆役の職掌を理解するため、改めて各々の部署で作成された文書類を次に考察する。

御納戸役で扱う文書は以下の四つに分けて把握されていた。一つは「毎月々御当用之帳面」（第3表）、二つ目は「日記」（第4表）、三つ目は「書類」（第5表）、最後は「御勘定帳」（第6表）である。第3～6表に掲げた文書で、現在国文学研究資料館の真田家文書目録と資料名が一致する資料は、⑬「御用紙請取元帳」（い三四七六）、⑭「御用紙受取通帳」（い三六二五、い三六七五）、道具帳では、㊲「表御納戸御預御道具帳」（い三一八六、い三一八七）のみで極めて少ない。「御納戸三役」と呼ばれた元方、払方など御金奉行の資料が、同データベースで二一〇〇件確認されるのに比べて極端に少ない。理由は今のところ不明である。種村氏の論考によれば、御

第２表　御小納戸元〆就任者一覧

No.	就任期間	人名
1	文政２卯年12月　小納戸～同４巳年　御賄役	玉井與市
2	文政３辰年１月　小納戸～同４巳年迄	窪田六右衛門
3	文政４巳年２月　御金番～弘化４未年　一代御目見席	池田喜祖丞
4	文政６未年６月～同７申年４月迄	吉池義右衛門
5	文政７申年２月～同８酉７月迄	駒村義作
6	文政８酉２月～９月迄	長崎唯右衛門
7	文政９戌年１月～同13寅１月迄	宮尾勘兵衛
8	文政10亥閏６月～天保７申10月迄	高橋平兵衛
9	天保２卯年３月　壱ケ月切	前島文三郎
10	天保２卯年３月～同年５月迄	大内源之助
11	天保２卯年７月、嘉永４亥年１月11日　一代御目見席	奥村弥左衛門
12	天保７申年９月～同10亥９月迄	小林健治
13	天保11子１月　小納戸～嘉永４亥年３月25日　一代御目見席	斉藤善左衛門
14	嘉永２酉年４月　見習	池田友十郎
15	嘉永４亥年７月朔日　小納戸より	斉藤半十郎
16	小納戸元〆助	丈之助

No.	就任期間（小納戸よりの名面碇と相分兼候ニ付御取立被成下候分）	人名
1	天明６午年12月28日　勤役中苗字御免小納戸頭江被仰付	荒井喜右衛門
2	天明８申年12月28日　勤役中苗字御免被仰付	大澤兵右衛門
3	寛政当年12月28日　勤役中苗字御免 文化10酉12月28日　半人御扶持御加増被成下 文化14丑12月19日　永苗字御免 文政２卯12月９日悴善左衛門被　召出御宛行籾拾俵被下置	斎藤円右衛門
4	寛政12申年12月28日　勤役中苗字御免 文化10酉12月28日　半人御扶持御加増被成下 文政２卯年12月19日　御納戸方被仰付 文政４巳２月２日御賄役被　仰付	玉井与市
5	文化９申12月28日　勤役中苗字御免被　仰付	中島藤十郎
6	文化13亥12月28日　勤役中苗字御免被　仰付	瀧沢金兵衛
7	文政２卯12月２日　勤役中苗字御免被　仰付	西沢文左衛門
8	文政３辰12月18日勤役中　苗字御免被仰付 天保７申年１月18日　永苗字御免被　仰付	小沢政右衛門
9	文政４巳８月15日　苗字御免被　仰付	窪田吉左衛門
10	文政11子４月８日　勤役中苗字御免被　仰付	窪田与兵衛
11	天保６未12月25日　一代苗字御免被　仰付	駒村重左衛門
12	天保10亥12月28日　御納戸方元〆小納戸兼被仰付 天保15辰１月11日　御役料籾五俵被下 嘉永４亥３月26日　一代御目見席被　仰付	斉藤善左衛門
13	天保15辰１月11日　一代御免被　仰付	山上新作
14	嘉永２酉年１月11日　一代苗字御免被　仰付	寺沢仁兵衛
15	嘉永２酉年12月28日　一代苗字御免被　仰付	宮入金兵衛
16	嘉永４亥７月１日　御納戸方元〆小納戸兼被　仰付	斎藤半十郎

「嘉永五年二月十五日差出沿革之次第書草稿」より作成

第３表　毎月々御当用之帳面一覧

No.	資料名	内容
1	御元帳	前々より残物帳と唱候処、寛政４子年２月５日より伺之上御元帳与相認申候 前々より天保14巳(ママ)年迄新帳出来御消印之上反古ニ仕候処、弘化元辰年同役一同申合之上仕舞置ニ仕候
2	諸向請取物元帳	諸向より受取御元帳江堅候分已認、当番翌月差出候証文と此元帳江御勘定吟味割印仕候
3	御家中拝借帳	右者当番翌月書上御家中拝借之品々相認御勘定吟味江差出御勝手方より下ル
4	金銭立合見届帳	前々有之候見届帳は、月々晦日御目付之御役所江差出同所より御勘定吟味江遣シ御勘定吟味より御納戸江遣候処 文政元寅年12月４日より惣而御用所江差出候、被下御目録御附金相認御目付見届印形ニ不及、筆墨代渡御目見以下之者江被下金銀並御買上物等之代払之節御目付役立合印形仕候、帳面当番翌月御勘定吟味江差出御勝手方より下ル、当番翌々月〆金仕御勘定役之逼を受、右金高御勘定帳合金内訳と引合之印形請取候
5	御納戸控帳	当番月御用紙受取筆墨代受取、其外被下物等之取拵御入料辻又は御元帳江引取物等迄認、当番翌月御勘定役之逼を受其上御勘定吟味役之割印形を受御印鑑被差出御勘定帳江引取候
6	金銭御中借書上帳	右は当番月御中借之〆辻翌月調之上相認御勝手方江差出御勘定吟味役より返ル
7	上納書上帳	右は御家中拝借之御用紙・御目録台・熨斗包・御薬種等拝借人上納金銭〆辻相認御勝手方江差出御勘定吟味役より返ル
8	御薬種拝借書上帳	右同断拝借人之名面相認差出方右同断
9	御益書上帳	右は御益之有無相認差出方右同断、此書申上帳宝暦年間より書上仕候段申伝罷在候
10	御勘定帳	仕立方元〆勤方之部ニ相認但当番翌々月仕立仕候
11	金銭御中借覚帳	当番月御中借元帳之通相認御断等迄認、当番翌月郡方御勝手元〆役江差遣申候、一名郡方断ト相唱申候
12	金銭御中借元帳	右は正月元日相仕立金銭御中借相記御断並御買上物之訳等迄委細相認年中相用申候
13	金銭御中借通帳	前々より御中借切手借ニ仕候処、安永７戌年11月16日切手相止、通帳初り候右は払方御金奉行江遣置御中借之時々右金高並訳書仕御中借元帳と割印仕差遣置、当番翌月〆金仕御勘定役之逼を受、御勘定吟味役之割印を受、御印鑑を受御払方江遣置御勘定帳出来之節本証文差出通帳と引替ニ仕候
14	御用紙請取元帳	右は御用紙御蔵奉行御用紙方より毎日請取候扣帳ニ御座候
15	御用紙受取通帳	右は御元帳と当番之者割印仕御用紙方毎日差遣当番翌月調之上、本証文差遣申候
16	御注文物並到来物扣帳	右は江府江御用紙並御召物類惣而之御注文物を記置候控
17	御元方より請取物控帳	右は御目録臺並寺院献上束・本紙・熨斗鮑等受取之元帳
18	同通帳	右同断相認元帳と割印仕差遣置、追而御勘定吟味役之割印を受、其上御印鑑を受差遣申候
19	熊膽人参一角等拝借帳	右は拝借人御座候節之留帳
20	金銀反物其外請払帳	右は文政元寅12月４日より初り候処、天保14卯年より御買上物等迄立合見届帳ニ而事済候故当時無御座候
21	金銭別段御中借元帳	右は　若殿様　御前様方御供金表御用人より受取ニ参候節、御払方より内借仕置追而江府御納戸役江申遣御納戸役より若殿様御側御納戸役　御前様御守役江申遣受取、此表江遣し候節御払方江上納仕候元帳ニ御座候
22	同通帳	右同断御払方江遣置、其時之金高江当番之者割印仕候
23	御用荷物差出帳	右は御用荷物何包幾ツと相認会所懸り江差遣会所懸りより右帳面江受取之印形為仕候

24	諸上納差出証文控	右は御家中拝借之品々御元方並御払方江差出候、本証文之控帳
25	御幕出入元帳	右は諸向江相渡候御幕之控
26	諸証文留	右は元〆小納戸ニ而差出候諸証文之控ニ御座候受取切ニ仕候荷物之差札・荷物箱・幕其外御元帳江不載候分ハ元〆小納戸之受取証文ニ付嘉永5子年1月より新規ニ出来仕候
27	当座御預物出入帳	右は御手元並御用所より御預ケ之品々認但御預り之御品々未々相認置
28	御薬種拝借元帳	右者銘々之手控ニ御座候
29	表御納戸御手段金銭御元帳	右は取扱方別ニ相認申候
30	御側向御仕着代相添帳	右同断
	御道具帳之部	
31	大鋒院様・天真院御道具帳	
32	表御納戸御預御道具帳	右は雑之類内享保2年御城普請御勘定帳並御納戸古御道具帳等載置　但表趣書書類之類ニ認
33	書画之部右同断	
34	御能装束同狂言装束御預帳	
35	表御納戸御預御道具帳	
	雑之部	
36	御幕之部右同断	
37	大雲院様御道具	
38	御仕舞置御道具帳	右は御用立不申候御道具已を記申候

「嘉永五年二月十五日差出沿革之次第書草稿」より作成

第4表　御納戸日記一覧

No.	内容
1	宝暦9年、同10年、11年、同12年、同13年、同14年
2	明和3年、同5年、同6年、同7年、同8年、同9年
3	安永4年、同5年、同6年、同7年、同10年
4	天明2年(安永改元)、同3年、同4年、同7年、同8年
5	寛政　12冊揃
6	享和　3冊揃
7	文化2年、同3年、同4年、同5年、同6年、同7年、同10年、同11年、同12年、同13年、同14年
8	文政　12冊揃
9	天保　13冊揃　6闕
10	弘化　4帳揃
11	嘉永　5冊揃

「嘉永五年二月十五日差出沿革之次第書草稿」より作成

27-7	筆墨代渡方御定請帳	右は文政13寅年３月改
27-8	天真院様御遺骨御道具帳	右は文化12亥年９月渡辺富之丞差出候品御預
以下御道具帳ニ裁置候御品々御座候得共書類之儀ニ付表題相認		
27-9	御城御普請方日傭賃銭請取証文	３帳　右は享保２酉年より同戌年中俣金大夫・石倉重郎右衛門・須藤半弥・山越六郎右衛門封置
27-10	砂利土届賃請取証文	２帳　右は右同断
27-11	御城惣御瓦屋根方検地絵図紙〆42枚並請取人証文	４通　右者享保２酉年より同５子年迄三輪長右衛門封置
27-12	御城御普請方御領分諸職人作料並酉11月より	添御奉行方１帳　御目附方１帳　宮下武右衛門１帳 右は享保２酉年より同７寅年迄右同断４人封置
27-13	御城御普請方売上	右は享保３戌の８月より同12月迄閏月共右同断４人封置
27-14	御城御普請方売上	但同年２月より７月迄右同断４人封置
27-15	御城御普請御領分大工・木挽諸職人作料受取帳	右は右同年１月より同６月迄右同断４人封置
27-16	右同断	１帳　右は右同年７月より閏10月分迄
27-17	御城御普請方御領分大工木挽諸職人作料受取帳	右は享保４亥年より同５子年迄右同断４人封置
27-18	御城御普請方売上	右は同年より同７寅年迄右同断４人封置
27-19	鬼無里御材木御勘定帳	３帳　右者同４亥年より同５子年同６丑年迄右同断４人封置
27-20	天真院様御遺骨御道具帳	渡辺富之丞御差出候御品御預ケ

「嘉永五年二月十五日差出沿革之次第書草稿」より作成

第5表　書類一覧

No.	資料名	但書
1	宝暦年中より天明2年迄追々相認候勤方控	横帳日記1冊
2	御具足御陣具御預控帳	右は年月不記
3	御具足御陣具入記控	右は右同断
4	天保11子年御払切御道具帳	12冊
5	寛政4年御払切御道具帳	1冊
6	文政10亥年6月御払切御道具帳	1冊
7	同年同断御能装束之類	1冊
8	宝暦2より同4年迄御土蔵御道具帳	3冊1綴　但未書ニ宝暦10辰年4月よりと有之
9	明和4年御具足御陣具御預り帳	明和5年、安永4未年、天明5巳年、明和9辰年まで1綴
10	明和9年御具足注文帳	
11	安永2巳年5月唐冠御具足壱領入日記	
12	天明5巳年御道中前(揃カ)御具足入日記	右1冊大虫喰
13	寛政4子年御能装束江戸表江差送引抜帳	
14	文政11年3月改江戸廻り御用紙御定値段帳	
15	寛政11未年3月御境巡ニ付被下物調覚書	
16	御境御見分御道筋村々覚書	此節小納戸両人御供被仰付候処、追而一人ニ而御勤候様被仰渡、右之節御渡ニ相成候御条目之写御座候
17	御茶道より受取候御道具操出帳	
18	天明6午年11月封古道具帳	
19	明和3戌年御道具帳	安永より引取封
20	御預御道具古帳面	但宝暦10辰年4月より明和3戌年5月迄
21	御預御道具古帳面	但明和3戌年5月より安永4未年7月迄
22	御預御道具古帳面	但安永4未年10月より寛政7卯年10月迄
23	御預御道具古帳面御能装束	但宝暦10辰年10月より安永4未年7月迄
24	天保8酉年より嘉永1申12月迄御廻章留	1冊
25	嘉永2酉年より今年迄右同断	1冊
26	熊膽1巻古帳	右は天明3卯年4月封
27	書類	1冊
27-1	享和2戌年4月御能面目録	右は西村小十郎江被仰付面打出目仲江為見相極16面仰付、10面西村小十郎江被仰付　公儀御地謡日吉重四郎功者ニ付為見極ル、何連も代金附附札文政12丑年9月10日西村三郎兵衛安展花押之附札有之
27-2	文化11年戌年より文政3辰年迄7ケ年御納戸御入料金　〆高控	
27-3	文政5午年御定金増減書上控	
27-4	文政6　御定金増減書上控	
27-5	文政7申年9月　上々様方御道具覚	3冊
27-6	天保13寅年正月より金銭反物其外諸払帳	1冊　此帳面当時相止候ニ付後来見合ニ残置申候右一綴

第6表　勘定帳一覧

享保元申年より同卯年迄	38帳	同9年	14帳	同3年	13帳
元文元辰年より同申年迄	10帳	同10年	12帳	同4年	12帳
寛保元酉年より同亥年迄	4帳	同11年	12帳	同5年	12帳
延享元子年より同卯年迄	8帳	同12年	8帳	同6年	13帳
寛延元辰より同午年迄	6帳	享和元年御勘定帳	17帳	同7年	12帳
宝暦元未年より同未年迄	99帳	寛政12改元		同8年	12帳
明和元申年より同子年迄	65帳	同2年	12帳	同9年	13帳
明和6年御勘定帳	9帳	同3年	13帳	同10年	12帳
同7年	13帳	文化元年御勘定帳	12帳	同11年	12帳
同8年	12帳	享和3改元		同12年	13帳
同9年	8帳	同2年	12帳	同13年	12帳
安永元年御勘定帳	3帳	同3年	13帳	同14年	13帳
明和9年改元		同4年	12帳	弘化元年御勘定帳	12帳
同2年	14帳	同5年	13帳	天保改元	
同3年	12帳	同6年、7年		同御元帳	1帳
同4年	12帳	右者5年、8年之御勘定帳江詰込		同2年御勘定帳	12帳
同5年	12帳	同8年	12帳	同御元帳	1帳
同6年	12帳	同9年	10帳	同3年御勘定帳	13帳
同7年	14帳	同10年	4帳	同御元帳	1帳
同8年	11帳	同11年	12帳	同4年	12帳
同9年	11帳	同12年	12帳	同御元帳	1帳
同10年	4帳	同13年	13帳	嘉永元年御勘定帳	12帳
天明元年御勘定帳	8帳	同14年	11帳	弘化改元	
安永10年改元		文政元年御勘定帳	13帳	同御元帳	1帳
同2年	14帳	寛政元改		同2年	13帳
同3年	13帳	同2年	13帳	同御元帳	1帳
同4年	12帳	同3年	12帳	同3年	12帳
同5年	13帳	同4年	13帳	御元帳	1帳
同6年	12帳	同5年	12帳	同4年	12帳
同7年	11帳	同6年	10帳	但12月より未御印鑑揃ニ御座候	
同8年	14帳	但正月2月不足		同元帳	1帳
寛政元年御勘定帳	12帳	同7年	12帳	文政9戌年御帰城御道中御勘定帳	
同2年	11帳	同8年	14帳	弘化3午年8月	
同3年	17帳	同9年	12帳	嘉永元申年右同断	
同4年	13帳	同10年	13帳	但御勘定帳之末々前々より御家老	
同5年	12帳	同11年	13帳	衆御連印ニ御座候処、文政7申年	
同6年	10帳	同12年	12帳	9月より御印形無御座候処、同10	
同7年	13帳	天保元年御勘定帳	13帳	亥年6月より御勝手方御印鑑を請	
同8年	13帳	天保2年	12帳		

「嘉永五年二月十五日差出沿革之次第書草稿」より作成

納戸役、御金奉行（払方、元方）ともに藩主の居住する松代城花の丸御殿にあり、花の丸御殿近くの腰掛裏御土蔵を御納戸三役が共有していたとされる。(11) 同じ土蔵にあった諸帳面、文書の残存に差があることは、真田家文書全体の伝来とも関わり、重要な課題である。

続いて小納戸元〆役の扱う諸帳面類は第7表のとおりであった。国文学研究資料館の真田家文書データベースからは、小納戸で五四件が目録化されている。

これらの膨大な書類は、ある一定の基準により廃棄され、反古紙として再利用されていたと思われる。御納戸役の文書規定のような資料は見つかっていないが、文書作成には一定のルールがあった。例えば、文政元年（一八一八）、御勝手方恩田靭負からの仰渡しによると、金銭の支払いについては、御目付が立合い、その際に立合帳が仕立てられ、御目付が見届印を押し、月末に〆金証文、中借内借とも請取の内訳を記し、御勘定吟味へ差出し、同様に元帳へ引合せ、御勝手方へ差出す、といった厳密なチェックが行われ、各々の部署が連携して一連の文書が作成されていた。

第7表　御小納戸の職務内容

1諸向より品々請取
2出火出水そのほか非常の節の御役所詰 特に御朱印箱そのほか御大切の御品々の管理
3諸向への御用紙の配布
4月々の御用紙出入取調と年間のまとめ
5御側御用、御奥廻りの御用紙の管理
6御家中拝借についての代銀銭受取及び上納
7御進物と下され物の取り扱い
8毎月14日の御役所及び御土蔵の掃除(総出)
9御幕類の諸向への用立て、拝借などに関する管理、受け渡し
10御帰城の際の御供揃御道具類の管理及び御出・御帰の時々の出し入れ
11御道具の風入及び取扱い
12下され物、御下げ物の役所までの運搬

「嘉永五年二月十五日差出沿革之次第書草稿」より作成

小納戸元〆の「草稿」には、例えば以下のような文書の雛形が示されている。

壱反　黒羽二重
壱反　御裏羽二重
壱上　御肩衣
何束何帖　何紙　相渡候品々如此寄書仕候
何程　何紙
　小以何拾筆
　　御元帳より引取
六拾匁　御小袖綿
八尺　黒茶丸
　小以何筆
　　前条御買上之分
〆何拾筆
　小納戸世話番
　　何之誰印
同断
　　誰印
右之通当何月中表御納戸品々御入料御勘定相極、如此御座候、以上
　元〆

何之誰印　御目見以上之元〆肩書無之
何之誰印　相認
何之誰印
元〆見習
何之誰印
右之通相違無御座候、請取物並諸向江相渡候品々証文通帳御勘定吟味割印、其上御勝手方印鑑御座候、以上
年号　何之誰印
月

小納戸世話番、元〆見習い、小納戸元〆、勘定吟味役、御勝手方の手を通って書類が作成されていたことがわかる。また、

一御払方江御中借通帳引替証文認方
覚
一金何両　御備金
一金何両　被下
証文何通〆高　一金何両　御賃代
一金何両何分何匁　御買上物代
一銭何貫何百文　筆墨代
〆金何両
銀何匁

銭何貫何百文
右之通当何月中表御納戸御入料
慥ニ受取申候以上
何年何月　　　御納戸役当番
何之誰　印
払方御金奉行連名殿
右御勘定相違無御座候以上
御勘定役両人印
右之通御勘定帳江引合明細吟味仕相違無御座候、以上
御勘定吟味役　印
御吟味役　　　印
立合

表御納戸、払方御金奉行、御勘定所、御勘定吟味役、御吟味の手を経て文書が編まれている。勤方沿革には「月々当番送りの節は御元帳へ引合せ、前月当番の者翌々月当番の者も立合い引き継ぐこと」、心得には「御日記や御勘定帳とよく照らし合わせ、御勘定吟味と相談し、最後は御勝手方と相談し差図を請けること」、など文書と口頭の双方で厳格なチェックが行われ、時には複数の部署と共同で文書が作成されていた。心得には、同役は元より御金方諸御役人と和熟仕り、手付の者まで一和して勤めよと記されている。この文書作成における横とのつながりが、職務交替の際には、関連する職務への出向を容易としたのであろう。

文書のライフ・サイクルについて触れた記述も見られる。御元帳は、前々より残物帳と呼ばれ、寛政四年（一

七九二）御元帳と呼ぶようになり、天保十四年（一八四三）までに新帳ができたので、御消印のうえ反古にしてきたが、弘化元年（一八四四）同役一同申し合わせ、仕舞い置くようにしたとある。日々の覚や、照合の終わった書類など、一定量の文書が反古にされるなか、先例検証のため文書が保管されるようになったものである。機構や文書の複雑化といった理由も考えられよう。今後、各部署での文書についての取り決めや沿革、起源、勤め方といった資料の発見により、文書のライフ・サイクルの解明がまたれる。

第二節　御納戸役と道具管理

御納戸役は金銀の使い道、諸物品の購入、管理のほかに、藩政に関わる一部の道具の管理も行っていた。心得には「御預り御朱印箱」、「御能装束其外諸御道具」、「御簾・御幕」などとある。さらに取扱いには「御陣具・御書画・御能装束其外預之品々」、勤方沿革には「吉光御長持入並御腰物箪笥」、「御召物類並反物」など藩主家に関わる道具を預かっていたことがわかる。

中でも、「吉光御長持入幷御腰物箪笥」は、真田家の大名道具の中でも最重要品であった。勤方沿革では、「吉光御長持入幷御腰物箪笥入札之御品々並御書類御封物札惣而御用所より御預ケニ相成候節ハ、当座御預り物出入帳江載、御納戸之御箪笥御長持類江入置封印仕、月々当番送り之節聢与相改請取可申事」とある。吉光とは、短刀の銘であり、真田家では徳川家康から拝領した短刀として、ほかの重宝と一括して長持ちに入れられ、吉光御長持（あるいは御箪笥）などと呼ばれ、大切に扱ってきた。この管理には、御金奉行も関わっていたことは、種村氏の論考でも触れられている。[12]御金奉行の「役方起原」によれば、払方の職掌は御金の出納管理以外に、「御腰物　一吉光御脇差、一御腰物櫃一棹、一御重代其外御腰物並御小道具右は御元方一同御預仕候、取扱方万端御元方より書上仕候ニ付不申上候」とあり、払方・元方一同で、吉光脇差ほかの真田家重代の腰物管理が行われていた。この短刀と同じ長持に真田家重代の古文書が一緒に入れられており、その文書群を「吉文書」、長持を「吉光御長持並御腰物箪笥」と称した。この長持は藩主の参勤にともない松代と江戸を往来する、まさに藩主権威の象徴であった。長持は松代にある花ノ丸の「御広間」の床の間に置かれた(13)。

払方御金奉行の「役方起原、職掌起源」によれば、

御金方預　　吉光御箱
御納戸役預　　青貝御紋附御文庫
御金方預　　御城物箱
御納戸役預　　御朱印箱

と、真田家重代の腰物・古文書類を「御金方」と「御納戸役」で預かっていたことがわかる。

心得には、「一御預り御朱印箱、御能装束其外諸御道具御簾・御幕等御道具帳大切ニ可仕事」とあり、毎年九月から十月にかけて虫干しが行われていた。

一御陣具・御書画・御能装束其外預之品々虫干、近年は九月初ニ仕候、宝暦・天明頃者土用入より十日目頃ニ相初候段書類ニ御座候
　但虫干何日より天気次第仕度候、御用番御勝手方江申上、其節大書院拝借仕度旨御用番江申上
一天明年中迄は虫干之節損物等ハ御勘定吟味・御吟味・御目付之立合を受候処、当節は右損物之訳御勝手方江申上御聞済之上、御修覆之手初仕候
一虫干之節見物人無之様可仕事
　但殿中詰合之外ニ拝見仕度旨申入候者有之候節は其段御勝手方江申上御聞済之上拝見為仕候事
一虫干ニ付御入料之品は小盤紙二帖・反古三百枚餘・樟脳七斤前々は樟脳五斤程ニ而相済候処、当時は御品

多ニ相成候ニ付、御入増相成申候

但樟脳前々より御買物役より受取候処、天保年中より御役方御徳居より御買上ニ相成、反古は御納戸御勘定帳下帳其外御消印ニ相成候右通帳之類相用申候、先年は太田紙之反古受取相用候段書類ニ有之（以下略）

とある。

道具の管理についても文書管理同様異動があった。御具足と御茶器は、天保十一年（一八四〇）三月にそれぞれ御武具方、御茶道へ引き渡しになった。取扱によると、毎年正月六日に行われる具足開きに使われる御召御具足（さび地御兜紺糸之御鎧）と、御公具足（唐冠御兜黒糸之御鎧）は、天保十一年三月に御武具方引渡しになり、異動後もその飾り付けを御納戸役が手伝う、とある。同じ天保十一年三月には、前々から御納戸で預かっていた御茶器も御茶道へ引き渡しになり、その折に道具帳も同時に引き継がれた。真田家にとってともに重要な御具足と御茶器の異動が天保十一年三月に行われた理由は不明であるが、天保九年より藩の正史ともいえる『真田家御事蹟稿』の編纂が河原綱徳によって始められており、真田家の歴史編纂過程で、文書や道具の見直しが行われた結果、より管理に適した部署に移管されたとも考えられる。また、天保十二年（一八四一）八代真田幸貫が幕府老中に就任するに先立ち行われたものか。

御納戸役の道具管理の特徴は、藩財と藩主（家）との宝物管理が未分離で、そのまま明治維新へと移行し、真田家の資料として今日に伝わっていることである。

おわりに

松代藩における御納戸役の職掌について、「草稿」を中心に分析を試みてきた。以下簡単にまとめて、課題を

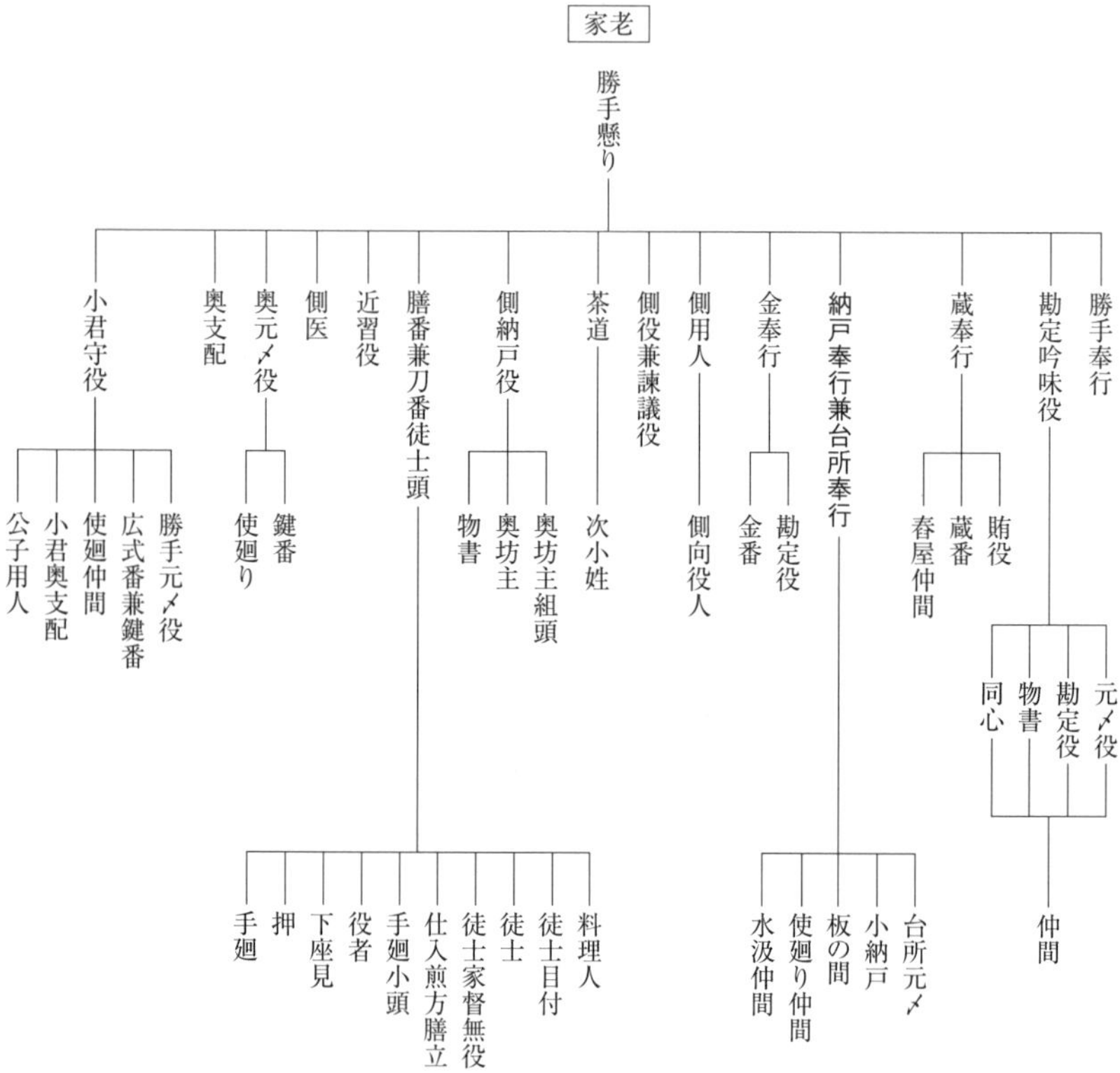

第１図　「職掌階級調」による職制図（抜粋）

記して結びとしたい。

御納戸役の職掌は「御預之諸色御道具」「金銀遣道」「御用紙其外御預リ之諸色」など諸物品の購入と管理であった。日常の文書の管理は雛形をもって進められ、藩士はこのマニュアルに基づき、初任者であっても先輩の指導を仰ぎながら職務を進めることができた。日々作成される文書は、ある一定のルールに基づき、改廃が行われていた。例えば、日々の出入が書かれた書類は、月やその年の精算が済み、御目付の最終審査が済めば非現用となり、反古になり、紙背に使われた。また、部署や上司の判断で資料保存が指示されることもあった。これらの文書管理は、各部署が連携する形で相互監視の役割も果たしながら日々行われていた。

藩の役職は複雑に縦横に連携し、一つの書類も複数の部署の決済が必要であり、文書作成が複雑化するとともにその管理が徹底していた。ここでは、藩全体の職掌を概観するため、山中さゆり氏の作成した九代藩主真田幸教の構想した職掌の概念図を参考に挙げておく[14]（第1図）。紙面の関係で、「御勝手懸り」とおもに勝手関係の部署を抜粋した。図では納戸奉行兼台所奉行とある部署が、今回分析した御納戸役にあたる。

また、御納戸役の重要な職掌の一つに道具の管理があった。ここで管理される道具は、正月初めの具足開きに用いられた甲冑や幕など藩の儀礼に使われる道具から、藩主の遺品や道具、真田家としての由緒や家格を示す徴故資料も一部管理されていた。

真田家文書群の特徴として、いわゆる編纂物などは少なく、各役所で日常の執務の必要から作成された資料が多いことがあげられている[15]。また、藩の職制や業務の上では、役職上位の資料だけでなく、日常の仕事や人に関する資料も少なくない。この「草稿」は、御納戸役という限られた部署ではあるが、こうした特徴を「職務内容とその変遷」、「それに係わる人材」、「具体的な作成文書とその管理」の三つの柱にそった構造分析、現用秩序の解明を可能とする有益な史料である。

最後に課題事項も指摘しておきたい。今回は御納戸役の役方起源を分析したが、ほかの部署の同様の史料の発見、調査が必要である。各役所は、独立した機能を有しているが、例えば御納戸役、勘定吟味役、勘定役など、関連して機能していた役所もあり、職制全体の体系と個々の役職の機能の変化とを含む解明が必要である。また、こうした機能や各部局の在り方やシステムが、幕府や他藩のものと、同じか否か、比較作業も必要となろう。課題を挙げて、後考を期したい。

（1）『更級埴科地方誌　第三巻　近世編上』（更級埴科地方誌刊行会、一九八〇年）第二章第三節松代藩の支配機構、鈴木寿執筆。
（2）古川貞雄「史料紹介　松代藩御勘定所元〆役・御勘定役史料」（『市誌研究　ながの』第七号、二〇〇〇年）。
（3）種村威史「補説　払方御金奉行の財方における役割について」（『史料目録　第九〇集　信濃国松代真田家文書目録（その一二）』二〇一〇年）。
（4）そのほか松代藩の職掌については、以下の論考がある。
・『史料館所蔵史料目録第二八集（信濃国松代真田家文書その一）』（国立史料館、一九七八年）の解題。
・原島陽一「真田家文書と松代藩家臣団の職制機構」（『史料館研究紀要』第一〇号、一九七八年）。
・井上勝生「藩財政史料の構造と分類法について」（『史料館研究紀要』第一〇号、一九七八年）。
・山中さゆり「史料紹介「職掌階級調」について」（『松代』第二三号、二〇〇九年）。
・宮澤崇士「史料紹介　松代藩諸役職についての職掌・沿革関連文書」（『松代』第二六号、二〇一二年）。
・原島陽一「真田家役職一覧」（『史料館研究紀要』第一八号、一九八六年、および国立史料館編『真田家家中明細書』東京大学出版会、一九八六年）。
（5）降幡浩樹「史料紹介　松代藩御納戸役「嘉永五子年二月十五日差出沿革之次第書草稿」上（『松代』第二八号、二〇一五年）。
（6）前掲註（4）原島陽一／国立史料館編『真田家家中明細書』（史料館叢書⑧、東京大学出版会、一九八六年三月）。
（7）『長野県立歴史館文書目録』一三「飯島勝休資料（〇一一五）」史料№〇一一五一一八九。
飯島勝休資料には、このほか「寶暦二年ヨリ天明九年迠　御納戸役勤方書類」史料№〇一一五一一九〇も伝わる。内容は平日の心遣之事、御預り道具之事、御召物之事、御金之事など納戸役の職務に関する覚が記されており、本稿と大いに関連するものであり、参照願いたい。
（8）『更級郡埴科郡人名辞書』（信濃教育会更級教育部会・埴科教育部会、一九三九年、一九七八復刻〈象山社〉）。また、飯島は河原綱徳の『真田家御事蹟稿』の編纂を引き継ぎ、『真田家御事蹟稿続編』を完成させ、真田家に献呈している。
（9）前掲註（1）～（3）。

(10) 前掲註(3)。
(11) 「草稿」には、御納戸役の持場（役所の所在場所、管理場所）として、以下のように記されている。
一元〆御役所
右者小納戸共取扱之御用紙箱等差置候処ニ御座候、天保十亥御役所御普請此方之儀ニ御座候、
一小納戸御役所幷内腰懸裏御土蔵等者御金方一同之持場ニ御座候
(12) 前掲註(3)。
(13) 国文学研究資料館編『藩政アーカイブズの研究』（岩田書院、二〇〇八年）。
(14) 前掲註(4) 山中さゆり「史料紹介「職掌階級調」について」。
(15) 前掲註(13)。

第11章　藩主生母の格式をめぐる意思決定の史料空間
——九代藩主真田幸教生母心戒の事例を中心に——

福田　千鶴

はじめに

史料群の構造分析をすすめるにあたっては、記録文書が作成、授受、保管・廃棄されるといった史料のライフサイクルや、それらの記録文書がさまざまな空間を移動する過程で、どのような記録を参照して新たな記録や文書を作成し、付随的な史料情報を派生させて蓄積されていくのか、といった史料空間の分析が必要であろう。

筆者はこれまで武家社会における奥向に関する史料群についての分析をすすめてきたが(1)、表向の空間で作成・授受・蓄積された膨大な史料群に較べれば、奥向に関する史料の伝存状況は限定的であるといわざるをえない。そのなかで、信濃松代真田家文書には、奥向に関わる記録や文書が比較的多く伝存しており、それらを用いた研究も進展しつつある(2)。ただし、それらを分析する際に、内容的には奥向に関する史料群であっても、純粋に奥向で作成、授受、保管された史料群なのか、という点での検討は十分になされていないといえよう。

以下では、信濃松代真田家において九代藩主となる真田幸教《ゆきのり》の生母心戒の格式を調える際の意思決定過程を検討し、奥向に関わる記録文書が、過去に蓄積されたどのような記録文書を参照して作成され、新たな記録文書として蓄積されていくのか、といった史料空間を明らかにすることで、藩政アーカイブズにおける奥向関係史料の位置づけについての見通しを立てることにしたい。

第一節　近世後期の真田家

まず、近世後期の真田家の概略を確認しておく。

真田家六代幸弘（一七四〇～一八一五）は、宝暦二年（一七五二）に一三歳で家督を継いだ。同七年に恩田木工民親《もく》を勝手掛に採用して藩政改革をすすめた人物として知られている。七代を継ぐ幸専《ゆきたか》（一七七〇～一八二八）は、近江彦根城主井伊直幸《なおひで》四男として生まれ、天明五年（一七八五）十一月四日に幸弘の養子として迎えられた。寛政元年（一七八九）十二月七日に幸弘の娘三千《みち》（真珠院）と婚姻し、同四年に初めて松代に入部し、同十年に幸弘の隠居により家督を継いだ。

幸専は子に恵まれなかったため、文化十二年（一八一五）に陸奥白河城主松平定信の次男幸貫《ゆきつら》（一七九一～一八五二）を養子に迎えた。幸貫は、翌十三年に幸専の養女としていた遠江浜松城主井上正甫《まさもと》の娘雅（真月院）と婚姻し、文政六年（一八二三）に家督を継いで八代となった。雅の母峯（心蓮院）は幸弘の妹であり、真田家初代信之の血筋を伝える大切な存在であった(3)。幸貫は四男二女に恵まれたが、男子はいずれも早世したため、実父松平定信の末子幸良を養子に迎えた（実は幸貫が実家にいる間に生ませた実子）。しかし、幸良が天保十五年（一八四四）に早世したため、嘉永五年（一八五二）五月六日に幸良の子幸教（一八三五～一八六九）に家督を継がせて九代とした。幸貫は同年六月八日に没している。

幸教の生母は、村上チエとされるが奥女中名は順《じゅん》である(4)。父は、下野佐久山の本陣佐野屋の主人村上松園で、兄には日本フランス学の先駆者として知られる村上英俊がいる。英俊の才能を伸ばすために、村上家は文政七年

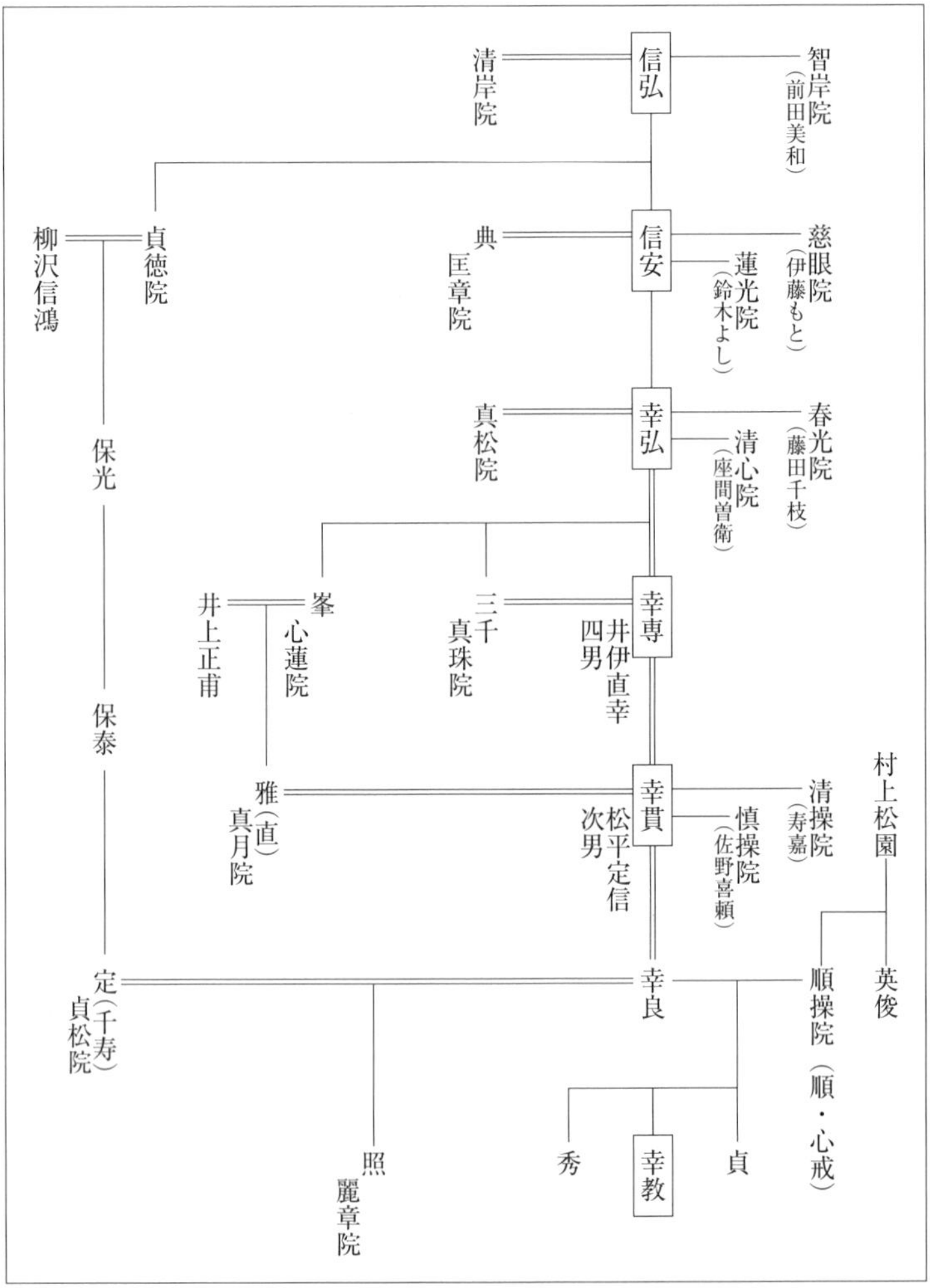

第１図　真田家系図

注：＝正室、—側室、｜実子、‖養子の関係を示す

（一八二四）に江戸に居を移した。順がどのようにして真田家の奥に入ったのかは不明だが、天保五年（一八三四）六月十六日に長女貞（伊勢桑名城主松平定猷《さだみち》の妻）、同六年十二月十三日に長男幸良（雄若）、同八年七月八日に次女秀（陸奥白河城主阿部正耆《まさひさ》の妻）の三子を生んだ。

幸良は天保六年十二月に大和郡山城主柳沢保泰の娘千寿（入輿にあたり定《てい》と改名、幸良の没後は貞松院）と婚礼をあげた。それ以前に側女中から一男一女が生まれ、婚礼の二年後にも次女が生まれたことになる。三子の出生は「表向相達候には無之候」であり、心得のために「御内々被仰渡候」という扱いであった(5)。その後、定は天保十一年九月八日に女子を出産した。「照姫様」と名付けられたが、同年十一月四日に早世し、麗章院と諡された(6)。以後、幸良と定との間に子は生まれなかった。

天保十五年に幸良が病状に陥ると、雄若は丈夫届が提出され、三子は定（「若御前様」）の「御養」となり、貞は「お貞様」から「貞姫様」、秀は「お秀様」から「秀姫様」と敬称を正式に改められた(7)。急ぎ雄若は出府したが、二月十二日に幸良は没し、大雲院と諡された。二月晦日には、定を「貞松院様」と改めるよう国元で触れられた。

雄若生母が心戒へと改名した時期を記録上で確定しえないが、幸良の死後まもなく出家して改めたのだろう。弘化元年（一八四四）には江戸で蘭方医を営んでいた実兄の英俊が切米金四両上一人下二人半扶持で藩医として真田家に仕えることになった。同三年には心戒が「若殿様御産母」という由緒により、家苗字永続のために切米金四両上一人下二人半扶持を与える旨が「監察日記」に記されており、名跡立てがなされている。

さて、幸貫が孫の幸教に家督を譲るにあたっては、その生母にあたる心戒の格式をどのように調えるのかが検討された。とくに問題となったのは、席次・勘定（給金）・呼称（院号・様付）である。以下では、国文学研究資料館所蔵信濃国松代真田家文書（26Ａ）に伝来する「（御妾取扱法式見合書類留）」（あ三三七四）と「（心戒尼之儀ニ付評議書留)」(あ三三七七)をもとに、右の意思決定過程をたどることにしたい。

第二節　御妾取扱法式・見合書類(へ印袋)の作成

本節では、「(御妾取扱法式見合書類留)」を検討する。形態は半紙判二一丁。上下二か所に紙縒りで仮綴じされており、表紙はない。史料名は目録上の仮題である。史料には朱書の書き込みが多くあるが、これは以下に述べるように、評議内容を検討した家老小山田壱岐(8)によるものとみなされる。

まず、藩主真田幸貫から次の「御書下」が、家老小山田壱岐に出された。

　先刻の一箱の内の義猶申遣候　　壱岐へ

おくかたハいつれに家内の治メの第一に候間、死去候とも当主四十五歳程位迄は、再縁可然事、其上は出生有之妾有之候て、老女上席にて部屋格に申付、道中等も略し、別段在所□(虫喰)へからひ、いつれへも召連可在之事、然れは道中並妾位に□(虫喰)略し可申事、もし出生の妾無之節、当主五十前後にておくかた無之候節は、別段□(虫喰)付候節には人物等能撰ひ、表向き目付等にて穿さくの上申付可有之事、御部屋様と申義は隠居にても不相成、死去の名目と極め度事、聟養子にて当家を被継候共、此処は一家の治メに付同断たるへし、此趣に致し度事と存候、左様無之、聟養子斗り部屋さし置ぬ様にては、其上にて出生ののは自然と慎も少き訳にて、必らす此処崩れ可申間、如此に極め差別無之方に致し度事、

要するに、奥方(本妻)は家内の治めの第一なので、奥方が死去したとしても当主が四五歳くらいまでは再縁するべきで、子を生んだ妾は老女上席・部屋格とし、「御部屋様」の格式付与は当主が隠居しても不可であり、死去後の名目と定めて厳格化すべきと命じている。幸貫は聟養子であり、喜瀬(慎操院)と寿嘉(清操院)という二人の妾がいたが、生存中は「御部屋様」の扱いとしていなかったのだろう。しかし、聟養子の妾だけではな

く、実子の当主の妾も同様に格式を軽くしなければ、家中の締りにならないというのが、幸貫の「御書下」の本旨であった。

幸貫はこれ以前に中老月番であった河原舎人(9)にこの件の下調べをさせ、幸貫自らが「御書下」として「御妾御規定帳」を作成した。幸貫の「御書下」をうけて、壱岐は「御妾御規定帳」の問題点を中老の池田要人(10)に取調べさせた。十一月十五日に要人は取調べを終えて「(御妾御規定帳)別帳」(以下、「別帳」と略記)を作成した。これは幸貫の「御書下」の条文に、要人が取調べた内容を書き加えたもので、さらに要人は各条文の末尾に、○印を付した文章で問題点や疑問点を列記していた。また、評議見合わせのための「御見合書類」および「番外」として「松寿院様御部屋様方御法会御極帳」一冊も提出した。松寿院とは、三代真田幸道(一六五七～一七二七)の生母で高橋氏という。ただし、宛行に関しては「治定」していないため、「員数」は書かなかったとする。提出をうけた家老の小山田壱岐は、さらに朱書で「別帳」に意見を書き加え(「書添え」)、「御書添被成下候調帳　御妾御取扱之事」を調えた。具体的には、名跡立て、「御部屋様」の格式を与える時期、子の出生差による妾の格式規定、様付、家中一統への伝達、服忌・鳴り物停止、葬地、納棺・代拝、葬式の行列・道具、石碑、初七日の扱いなどの規定が評議された。次節での検討に必要な条項を抽出すると、次のような内容である。

第一条では、嫡男・嫡女を生んだ妾は、親元断絶の場合は、茶道程度の格式で苗跡を立て、扶持・切米を宛行う。ただし、親元がある場合には、苗跡は立てない、とされた。これに舎人と要人はともに異論を付していないが、第三節で述べるように、勘定元〆から異論が出されることになる。

第二条では、右の妾は、「御前様」の死去後でも「老女上席」の扱いとし、「御部屋様」の名目は在所・江戸ともに延引し、子が家督を継いでも「老女上席」のままで、死後に「御部屋様」の名目を立てる。しかも、実際には死んでいるが、存命の形で命じる、とされた。

第三条では、末男・末女を生んだ妾の取り扱いは、子が早世・存生にかかわらず、死後に「御部屋様格」の扱いとする。「たとえ、流産した場合でも同様とするが、親元が断絶していても苗跡は立てない」とされた。（朱点）要人によれば、朱点の付された文面は、先年舎人が下調べをして書添えられた一冊中より抜き取って認めたと説明している。ここから、これ以前に中老河原舎人が下調べをした書添帳一冊があったことがわかり、これも見合せ書類として提出されたと推定される。

第六条では、様の取り扱いを取り決めたが、これも要人の説明では、「先年舎人殿御下調へ御書添被遊候一冊」より抜き取ったものとある。

第八条は、先例調べの手続きがわかるため、以下に詳しくみてみたい。

まず、本文では、嫡男・嫡女を生んだ妾が死去し、「御部屋様」に変更する場合の処置は、存命のようにして「上々様」に使者（側用人・表用人・側役の内）を派遣して相談する。具体的には、「御召仕誰事何々ニ付向後御部屋様と称候様被遊度思召候、依之御相談被　仰進候」との伺いを立て、「別段　思召不被為　有候」旨の返答をうけて、家老の存念を尋ね、「別段申上方無御座」旨の返答があれば、月番にその旨が伝えられ、月番が奥の三の間に行き、守役も出座して、当人の名代および老女を呼び出し、書付の通り申渡す。

誰

何々ニ付、向後御部屋様と称候様被　仰付候、

右の申渡しが終わると「上々様」へ月番が銘々に申上げる。「御部屋様」に決したら「長局」には置けないので、直ちに別の部屋に移し、名を付けるが、出棺までのことなので立派にはしない。

ここでは、幸貫の「御書下」にはなかったが、重きことなので「上々様」に相談することが加筆された。

次に問題になったのは、幸貫の「御書下」には守役を月番が呼ぶとあった点である。これも重きことなので当

人に直に申渡す方がよいため、本文のように取調べての修正となった。ただし、「春光院様」の節は月番が奥に行き、当人へ直に申渡したので、これに習い取調べたが、先年の所も区々であり、元文元年（一七三六）八月中の「御もとの方」[11]（「（朱書）慈眼院様」、五代信安の妾、伊藤氏）の節は、「御前様」[12]より指示があった[13]。明和元年（一七六四）八月中の「御側女中おちえ」（「（朱書）春光院様」、六代幸弘の妾、藤田氏）の節は家老から言上し、安永九年（一七八〇）十一月中の曾衛（「（朱書）清心院様」、六代幸弘の妾、座間氏）の節は存命中に格式を直すよう「御前様」[14]より指示があったが、準備しているうちに死去したので、「智岸院様」（四代信弘の妾、前田美和）と同様に「殿号」許可を「御前様」より「殿様」（幸弘）に上申されて、「御前様」の意向に任せる旨の「仰出」があった。こうした様子は「日記面」にあるが、古い所はわかりかねるので、先例通り「御前様」より「仰上」になるのがよいとの意見を述べている。

以上から、藩主が「御書下」で命令し、中老の池田要人がそれを尊重しつつも過去の先例を「日記」などで取調べて「別帳」を仕立て、その調査の際の参考資料を付けて提出したという経緯が明らかとなる。

壱岐は要人からの書類を一覧し、朱書で修正を加えながらも、要人の取調べは行届いてはいるが、在所（国元）で作ったものなので、在江戸の家老望月主水や中老・大目付などの存念を確認する必要があると考え、十一月七日付の「評議書添」を主水宛に作成し、へ印袋に入れて江戸に送った。

未十一月八日付で要人も「御書添の申上書」を作成し、「御妾御取扱一巻」を取調べ、別紙「壱岐評議書添」と「御見合書類」を一同に提出した。ただし、在所で舎人と見調・添削・評議したものだが、評議できかねる案件を帳に綴じたまでのことで、幸貫の意向と齟齬するところもあるだろうから、よく伺ってほしい旨を依頼した（宛所の記載はないが、江戸家老宛と推定される）。ここで「未」という年号が示されていることから、一連の書類は舎人が中老であった弘化二年（一八四五）までに作成されたものであり、第三節で検討する一連の内容が嘉永五年（一八五二）であることを勘案すれば、その間の未年にあたる弘化四年（丁未・一八四七）に本件が評議されたとみなすのが妥当であり、「（御妾取扱法式見合書類留）」は、一件落着後のある段階で一連の史料を書きとめた写本と位置づけられる。

第三節　心戒に関する評議書留

本節では、「（心戒尼之儀ニ付評議書留）」の内容を検討する。形態は半紙一六丁。上下二か所に紙縒りで仮綴じがあり、表紙はなく、一丁程度の前欠があるとみなされる。形態・筆跡は第二節で検討した「（御妾取扱法式見合書類留）」と類似している。最終丁の丁合に「静修斎蔵版」と版心書をもつ十行罫紙が挿入されている。本史料は、心戒の格式を決定する際の評議において作成、授受、保管された文書群をもとに、「（御妾取扱法式見合書類留）」と同様に、一件落着後のある段階で書写された記録であると位置づけられる。以下、①から⑦の番号は史料に書き込まれた通し番号であり、小文字アルファベットは筆者が便宜上付けた補助番号である。また、理解を助けるために、記録や文書を示す語句には傍線を加え、（　）内に適宜文書番号を補った。

(15)

（1）　藩主の意思の伝達

まず、嘉永五年（一八五二）に幸貫は家督を幸教に譲ることになり、幸教生母の扱いが問題になった。「閏月廿一日」付で江戸家老望月主水より国元家老四人（真田志摩守・鎌原伊野右衛門・小山田壱岐・河原舎人）に「御用状」（①ⓒ）が発給された。史料前欠のため本文の内容を欠いているが、おそらく次の主水宛「御書下」（①ⓐ、藩主幸貫の命令書）を伝える内容であったと推定される。

①ⓐ（藩主御書下）

閏月十六日

御書下　　心戒事

心戒もはや伊豆守家督に被成、おさたも八丁堀おくかたにも御成候上は、老女上席に申付可然、給金十五両五人扶持に直し可遣と存候、在所へ打合せ可申事、もはや此上の進メかたは無之事、尤伊豆守より内々贈られ候事は格別の事、兼ても定メ候通り、妾の最上の取扱にて候、念の為申置候、上通りの事は死し候上ならでは不相成候事、

心戒の事　　　　主水へ

後述の②以下の文書発給月が三月から五月となっているので、閏月は閏二月とみなされる。その他の状況と照らしても、一連の文書は閏二月のある嘉永五年の発給文書とみなすのが妥当である。

内容は、伊豆守（幸教）が家督（次期藩主）と定まり、「おさた」も八丁掘奥方になったので、その生母である心戒の格式を「老女上席」とし、給金一五両・五人扶持に変更して遣わしたいと考えるので、在所（国元）で打ち合わせること。また、幸貫はこれが最良の進め方と考えており、伊豆守（幸教）から内密に（給金等を）贈られるのは格別のことだが、兼ねても取り決めている通りに「妾の最上の取り扱い」であり、「上通り」（「御部屋様」の扱い）は死後でなければ不可である、と念を押す内容である。

文中の「おさた」とは、幸良の長女貞のことで、嘉永五年二月に松平定猷と婚礼した。「兼ても定メ候通り」というのは、第二節で検討した「壱岐評議書添」が江戸で評議され、最終的に幸貫の決定をみた「御極別帳」（別名「御妾御規定帳」）をさすと考えられる。

さらに「閏二月廿日」付で、主水から次の「御書添の伺書」（①c）が出された。宛所はないが、その内容からは幸貫に伺いを立てたもので、内容は院号の件が「御極別帳」に規定されていないため、その確認をとったも

のである。幸貫の回答（「御書添」）は、端書の「伺」の文字の下に書かれた「許容〜可然候」までの文章にあたる。

①(b)御書添の伺書

閏月廿日

心戒　院号の事

伺　許容有之可然候、猶在所打合せ、その上、院号に付ては、心戒の処、戒心院と申かたか、弥のそ（マヽ）のは僧徒の内にて、初め名与へ候ものへ申付候て可然候、

心戒の儀、此程被成下

御書下候　御趣意に付ては、院号の儀可被成下御許義哉、御極別帳の内には不相見不申（マヽ）、旁　御賢慮奉伺候、

以上、

〆

閏月廿日

主水

つまり、「（藩主御書下）」（①(a)）をうけ、「御極別帳」では不明の院号の件について藩主に伺いを立て、許容の回答を得たのち、それを「御書添の伺書」（①(b)）とし、補足文書として、江戸家老から国本家老に「御用状」（①(c)）とともに発給したということになる。第二節でみたように、主水は壱岐より、へ印袋（「御妾御極書類」）の提出をうけていたから、それらの内容をすぐに確認できたものと思われる。また、へ印袋はふたたび国元に送られたことが次の②の内容からわかる。

（2）　国元での評議

国元で①(a)〜(c)をうけ取った家老は、給金が勝手方の案件と判断したのだろう。勝手方にその旨を伝え、勝手方元締の山寺源大夫が同席の竹村金吾と（不詳）九兵衛に回状を送り、評議した。同席からの回答は、それぞれの宛名の下に記し、さらにそれをうけて山寺の意向を末尾に記し（〇以下の文）、作成されたのが②(a)である。

②(a)三月六日

回状　心戒尼儀に付評議

心戒義に付被　仰出の趣、御勝手方より御尋御座候処、当　御書下（①(a)）の御趣意柄は老女上席にて、被下物は御増被申にも可有御座哉、天保十二丑年冬中　慎操院様老女上席被　仰付候節被下増、別紙書抜（②(b)）の趣に御座候処、此度は十五両五人御扶持と被申に御座候へは、金三両に壱人御扶持相増申候、夫共慎操院様其後相増候哉、扨御妾御規定帳の趣、此度初而承知仕候処、

殿様御代御妾を御手軽に被成下候義は、乍恐格別の御美事と奉敬服、御為苗跡の御極如何にも御当然の御儀の様に存候、併　御出生様被為在候御妾にて没後は云々の御極にて、在世の内は御部屋様御名目不相付と申義は乍恐少々御不十分の処も御座候へ共、無御余儀御極にも可御座《ママ》有候処、其　御子様の御代と相成候ては右御規定帳の儘にては相済兼候様に奉存候、既に右帳面にも　御子孫様御代よりは様の字御取扱共御座候、如何にも御代々御所生母様と申に御座候へは、御家来並にては御差置兼候様奉存候、　慎操院様御死去の節、若殿様御始御父方御実祖母の御内談に付、御半減の　御忌服　御家限被為　受候て御触に御座候、右御半減は、

貞松院様御養故の御儀、左候へば、御所生母様には必らす御相当の御忌服可被為　受御筋かと奉存候、然上は勿論御生前の内御没後御同様の御取扱無御座候ては、御子様の御意に相触可申やと奉存候えは、其　御

代々様御妾に於ては少々御不十分にても御規定帳の通に御座候共、其　御代々様御所生母様は右にては相済兼可申哉に被存候、扨御部屋様か御出御座候節、御役料何程と申所の如何様の御先例に御座候哉、別紙書抜（②(b)(c)(d)）位にて慥に相分り兼候、

慈眼院（伊藤もと）様は、

天真院（六代幸弘）様御家督已前に御死去被成候御様子に相見候、

真常院（三代幸道）様御所生母松寿院（高橋氏）様

覚性院（五代信安）様御所生母冷台院（藤田氏）様は、右　御代在世の御様子に相見候、御記録には如何御座候哉、右之趣御定有之度事の様にも被存候、如何可有之哉、思召被仰下度奉存候、御妾御極書類と申もの不揃の様奉存候、別紙目録の外相下り不申候、以上、

三月六日　源大夫

金吾様　左に同席を以申出候か、跡目業を以御奉公仕候御医師・御茶道抔と申義も不十分の様にも乍憚奉存候か、如何の物か

九兵衛様　御尤の義に奉存、別段存付候義無御座候、宜奉頼候、

尚々御当用の趣に御座候間随分揃候様仕度奉存候、御含被下度候、以上、

○本文苗跡の御極如何にも御当然と奉存候は、其御部屋様の御苗跡と申には無之、其御家元の有無に寄、御建被成下候段をのみ相認候処、金吾書添にて勘弁仕候へば、右のなみも不十分の至と同意に奉存候、尚御勘弁被成下候、

三月七日　山寺源大夫

②(b)添一　御見合

天保十二丑年御表抱女中被下高惣調申之帳の内

老女格

喜瀬

「（朱書）紙札

御切米三両御増 外に貳両　御増 〆金五両

」

一、金七両　御切米

一、金八両三分六匁　菜銀

一、銀二拾九匁弐分五厘　被下焚炭代

一、御扶持上壱人　中壱人　玄弐人

〆

②(c)添二

明和元申年（一七六四）

八月廿五日

一、白米弐人御扶持　月々

雑用金壱両壱分拾匁宛　御部屋様

尤只今迄御切米金六両は相止、

②(d)添三

享和三亥年（一八〇三）

一、御部屋様閏正月廿六日御死去に付、只今迄の御賄金弐百拾両相止、

〆

「（藩主御書下）」（①(a)）の趣意に基づき、先例調べとして「別紙書抜」添一～三（②(b)～(d)）を作成した。添

一（②(b)）の先例となった慎操院（佐野喜瀬）は、幸貫の妾である。弘化四年（一八四七）十一月二十九日に没したので、嘉永五年段階ではすでに死去していた。天保十二年（一八四一）の「御表抱女中被下高物調申之帳」のなかに、慎操院の記録だけがあったことになるが、格式は老女格であり、名も「喜瀬」とあるように「御部屋様」の扱いではない。しかし、没後は慎操院の院号をもらい、幸貫の「御部屋様」、幸教の実父幸良（大雲院）の生母の格式で、真田家中の取次による墓地への代参がおこなわれた。[16]幸貫には、別に清操院（寿嘉）という院号を与えられた妾がおり、弘化五年の没後に「御部屋様」の扱いをうけたが、右の「御表抱女中被下高物調申之帳」のなかに寿嘉の件が未記載だったことからすれば、同帳は表題のごとく表向（「御表」）から給金を支給する表抱の奥女中を取調べたものであり、奥女中全般に関わる調帳ではなかったこと、さらに国元の勘定方では奥女中全体を把握する記録を持ち合わせていなかったことが明らかとなる。

そのことは、添一（②(b)）以外で参考になる記録が、添二（②(c)）と添三（②(d)）のみであったところからも確認できる。添二（②(c)）と添三（②(d)）の「御部屋様」が同一人物かどうかは確定できないが、添三（②(d)）の享和三年（一八〇三）閏正月二十六日に没した「御部屋様」とは、院号を春光院（藤田千枝）のことで、松代に没した。享和三年『御側御納戸日記』には「御千枝様」とあり、「御部屋様」とは呼ばれていない。春光院の院号を得てからは、「春光院様」と院号・様付けで呼ばれている。

②(a)で繰り返し出てくる「御妾御規定帳」とは、最終的に決定した「御極別帳」のことだろう。そのことは、「御妾御規定帳」の問題点を調べて作成した「別帳」で要人が指摘した「様」の取扱いが反映されているところから確認できる。これを今回初めてみた勘定方元締の山寺源大夫は、その運用にあたり、給金、服忌、妾の死後に名跡立てをする件について疑問を呈し、同席からも業《わざ》によって跡目を立てる医師や茶道の格式での名跡立てでは取調べが不十分ではないか、と問題点が指摘され、上席の郡奉行に意見が伝えられた。

そこで、郡奉行は要人の取調べ袋（へ印袋）の書面に舎人の名があることから、家老河原舎人に確認をとった。③はそれに対する舎人の返答である。

③（御書取）

心戒事に付　　舎人

御書下有之、郡奉行へ御尋候処、要人取調袋入書面の内に私名面も有之に付勘弁候様被仰聞候、致熟覧候処、成程御中老の節、伺の義等有之、其書類の中より要人取出し、慎操院様の節取調候事と存候得共、是は月番送、御内定同様の処にて、私懸りの訳には無御座候、乍去被仰聞候義に付、愚意得御意候、別紙源大夫回状の趣尤の義にて、其御腹の御代と被為成候えは、死去の上は様の御取扱にも被成下候儀に候えは、在命なれは御実母様と申御唱には被　仰出候て御当然の儀哉の様に奉存候、
慎操院様へ御死去後に御部屋号被進候とは大に相違の様に御座候、乍去如形段々被　仰出も有之候上の義にも候えは、猶（ママ）「御賢慮も可被為　在事哉と奉存候間、此場にて今一応御伺ものにも可有之哉、源大夫回状如何にも尤と存候に付得御意候、御勘弁可被下候、以上、

三月八日

河原舎人は自分が中老の月番であったので取調べただけであり、自分が懸りというわけではない、と断りながらも、源大夫の回状に同意を示した。

④回状

心戒御取扱方の事

心戒義に付御用状を以先源大夫見込相尋候処、別紙の通評義仕候え共、相決し兼候由にて内々差出候所、書類中には舎人殿先年御取扱の義も相見候付、御聞合申候所、御別紙に御書取（③）被下忝奉存候、更致勘弁

候所、源大夫回状（②ⓐ）・舎人殿御書取（③）とも御尤の義にて御座候所、御妾を御手軽に御取扱御座候
御趣意は、遠く婦人の害を御防き被遊候格別の
御美事にて、且御後代の義をも御遠因被為　在候御義と奉恐感候所、心戒事は正敷御所生母の義に付、御
代替の後、御家来の御取扱にては人倫の大事に
御関係被遊候義にて如何と申論も出可申、且於
御本意も被為　安兼候御義と奉存候、乍去此度心戒を御部屋様御同様に被成下、此者より御患害を引出し候
様の義は決て有御座間敷候え共、御後世を遠く相考候ては、
御後宮威権を増し女孺の端を此節に被為開御深患の御濫觴と相成候半も難計、且万一御後代に
若御隠居様等被為　在、右御妾の御所生に
御当主様被為　在候等の義も御座候節、
親御様御在命中は不相成とも相成間敷案思候には限りも無御座候え共、人情重く御取扱御座候えは、夫に随
て威権も相増申候、威権相増し段々と奸佞の小人も付け入、種々の不好事も生し候事に付、遠く未然の御憂
を御防き御座候には可成丈重き御取扱を御見合為御驕無御座程御美事は無御座、和漢古今貴となく賤となく
婦人の毒十にして七八と存候、されは迚、未然のみ心遣ひ候て目前
若殿様御不徳と相成にては恐入候義何れを取候方に候半や、御他家様には多々御類例も可有之所、若し重く
御取扱に無之御例多く候や、右にて十分
御あんじ被遊候と申にも無之御座候え共、或は無御揃と申道理も又可有之か、猶於江府
御賢慮被相伺候上、其向へ被申渡、穿鑿の上勘弁有之様可及返決存候、篤と御勘弁思召可被仰下候、以上、
三月十日　　　　志摩

伊野右衛門様　格別の　御美事との御同意至極実に難有御儀、誠に以奉恐感候、且段々御評義の趣一々
御尤至極実の情、然は無是非奉存候、御末又穿鑿云々是又御尤至極奉存候、
壱岐様　一々御尤奉存候、
舎人様　一々御尤の御論と奉存候、何れ今一応御伺被任　御賢慮の方と奉存候、

③をうけた志摩が、「若殿様」の不徳とならないように他家の事例を検討するのがよいとして、江戸への差し戻しを同役中に回状で提案したところ、いずれも同意を得られた。そこで次の文書（⑤）を主水宛に発給した。⑤の本文中に「四印」とあるのは、④の回状を指す。

⑤（家老返答書）

主水様　御当用
心戒事に付　御書下を以被仰聞候御用状の趣、致承知一通元締相尋候処、別紙回談書を以、内々差出候間、
四印の通致評議、篤と御勘弁の上、
御賢慮御伺、其次第に寄其向御詮義御勘弁可被仰聞候、以上、
三月十一日認置
主水様

⑤には差出はないが、国元家老から江戸家老の舎人に宛てて④で評議した回状の送付状として発給されたものである。また、このような処置をとることを勘定吟味役に伝達し、次の同意書を得ている。

⑥（同意書）

御別紙拝見仕、別段申上方無御座奉存候、
御勘定吟味

（3）江戸での再度取調べ

御妾取扱いについて再度取調べを国元から伝えられた江戸では、第二節で検討した「別帳」を作成した池田要人が他家の例を取調べることになり、次の「（御書取）」（⑦(a)）を提出した。

⑦(a)（御書取）

要人

心戒御取扱方の義に付御尋御座候所、御在所御評義の趣一々御尤奉存候、乍去物事筋合道理のみにても参兼候事も御座候ものにて御座候えは、其御取扱被成下候て当人却て難有迷惑に奉存候様にては、御本意にも無御座まま被遊憎き義と奉存候、乍恐　御深慮も可被為　在候えは、何れにも御賢慮次第の御儀と奉存候、尤御他家は御他家、御家は御家には御座候え共、御見合に外様御振御留守居にて内穿鑿被仰渡候も可然奉存候、尚御勘弁可被下候、以上、

三月廿日

これにより江戸留守居役の津田転が取調べて、四月十八日に返答書（⑦(b)）を提出した。

⑦(b)（留守居取調返答書）

御妾御取扱御並方問合の趣申上

四月十八日　津田転

御妾御取扱の儀に付御書類御下け御並方御振合承合可申上旨、右に付追々類役共面会の砌、内々問合候処、左の趣にて何方様にても兼て碇と御極と申者無御座御様子に御座候、

他家の類例を見合わせることになり、江戸の留守居を通じて情報収集し、江戸城での殿席が帝鑑間《ていかんのま》で、真田家

とは両敬関係にある五家（大和郡山柳沢家・豊前小倉小笠原家・豊前中津奥平家・出羽庄内酒井家・美濃大垣戸田家）から回答を得た。しかし、妾の取り扱いは区々であることが判明し、四月十八日に勘定吟味役からも、在所での評議に対し言及することはないという意見が伝えられた（⑦ⓒ）。津田転の返答書と同日付であるため、この勘定吟味役は江戸の役職とみなされる。

⑦ⓒ（申上書）

御妾御取扱之義に付申上

四月十八日　　御勘定吟味

御妾御取扱の義御並方も区々に御座候上は、御在所表御評議の趣、乍憚申上方無御座奉存候、

要人も再び「外様御振内聞合」のうえで尋ねられたが、先日尋ねられた際に申立てた以外に見込みはなく、「外様御振」も区々で見合わせとなるべき例もないようなので、幸貫の意向通りに評議してはいかがかと四月二十三日付で返答した（⑦ⓓ）。

⑦ⓓ（同意書）

要人

御妾御取扱の義御留守居にて外様御振内問合の上申上候趣に付、心戒の義尚又御尋御座候処、先日御尋の節申立候外御用立候程の可然見込も無御座候、外様御振も区々にて格別御見合に相成候程の義も無之様に奉存候、御勘弁御評議

御賢慮次第と奉存候、以上、

四月廿三日

これをうけて、主水は四月二十五日付の回章（⑦ⓔ）により、同席中に結果を伝え、幸貫の意向通りにする旨

の提案をするとともに、これは「当人の人物柄」によるものという家老の意見を付し、同日付で幸貫に伺いを出し、評議の結果を伝え、指示を仰ぎ、「老女上席」「給金増」「来月朔日の執行」等の回答を得た（⑦(f)）。さらに、同日付で家老同席にその旨を回状で伝えた（⑦(g)）。

⑦(e)四月廿五日　回章　心戒

心戒一条に付御妾御並方問合の儀従志摩殿被仰越、即転へ申含置候処、過日別紙の通申聞御勘定吟味、御中老夫々書面の通申聞、右同意兼て御評義被仰越候趣御尤至極と存候に付、先頃被仰出通りに御宛行増、老女上席に被成下置候は丶可然存候、贅言ながら又当人の人柄抔にも寄候物にて琴柱には御極付かね候事と存候、思召可被仰下候、以上、

四月廿五日　　主水

志摩守様　　御尤至極奉存候

壱岐様　　一々御尤奉存候

⑦(f)四月廿五日　御書添之伺書　心戒事

心戒一条に付、御妾御取扱御並方問合、転申聞候付、別紙の通評義仕、此段御賢慮奉伺候、　主水

兼ても申通、老女上席にて、遣しもの増にて可然と存候、然れは来月朔日に申付度事、十五万石と十万石にては万事相違ひ、以後とも手軽の上通りは不宜事と存候也、

⑦(g)四月廿五日　回章　　心戒一条

心戒一条別紙伺書

御書添被成下乍憚御尤至極の御義と奉存候、依之来月朔日被仰付取計可申哉と存候、思召も候は丶被仰上候

様奉存候、以上、

四月二十五日　　主水

志摩様
壱岐様　乍憚申上方御評義の趣御尤奉存候、御同意奉存候、

こうして心戒に右の旨を伝える段取りについて勘定吟味役の高田幾太が調査し、⑦(h)のように取決めた。その際、見合せとしたのが天保十二年（一八四一）の幸貫の妾喜瀬の事例であった。何の記録を参照したのか明確でないが、②(b)〜(d)のように勘定方に蓄積された記録を参照したのだろう。幾太から四月二十七日付で取調書の提出をうけた郡奉行勝手元締め兼帯の長谷川深美は、同日付で家老に上申し（⑦(i)）、四月二十九日付で家老が回状で評決を伝えるとともに院号の件につき同席の意向を確認し（⑦(j)）、同日付で伺書を提出して幸貫の「伺の通」という伺済を得て、国元の家老（伊野右衛門）に伝達され（⑦(k)）、五月二日付で前日に心戒の格式取り立てが執行されたことを国元の家老に宛てて通知がなされ（⑦(l)）、心戒一件は落着した。

⑦(h)（勘定吟味役下調申上書）

申上　　幾太

心戒

存旨有之付、老女上席申付之

同人

此度老女上席被

仰付に付御宛行金拾五両玄米五人御扶持被成下御直之

同人

被為在　思召候付以来院号相唱候様被　仰付之、
御見合
天保十二丑年十二月廿一日
数年来貞実出精相勤奥方より
被申聞候趣意も有之付、老女上席　　喜瀬
申付之、
右被　仰付御書付、御守役召呼相渡、先例の通取計候様申渡之、
此度老女上席被
仰付候付御切米金五両被成下御増之、　同人
右御守役召呼書付相渡之
心戒被　仰付候義御尋に付申上、
⑦(i)（郡奉行上申書）
四月廿七日　　長谷川深美
心戒被　仰付之義に付、幾太申上の趣御尋御座候処、同人取調尤の様奉存、別段申上方無御座奉存候、此段
申上候、以上、
四月廿七日
⑦(j)四月二十九日　回章　心戒評決
心戒被　仰付の義、別紙幾太下調の趣別段存念無御座可然、且心戒のまま院号にては何か耳立候様に存候間、
肇へ改名内意可申含哉に存候、

御賢慮も可伺候え共思召候はゝ可被仰下候、以上、

四月廿九日　　主水

志摩様　御同意奉存候、御本文御尤至極に存候、

壱岐様　右に同

⑦(k)四月廿九日　御書添の伺書　心戒評決伺済

心戒被　仰付振、幾太取調の趣にて可然、且院号には心戒は耳立候様に付、改名の方と内意可仕評義仕、此段奉伺候、

伺の通　　主水

伊野右衛門様

⑦(l)（家老連署通知書）

心戒此度格式御取立御宛行御直、昨朔日被

仰付等相済申候、委曲書類にて可被成御承知候、以上、

五月二日　　主水

壱岐

志摩

伊野右衛門様

舎人様

以上の文書授受の一連の流れをまとめると、次の第1表のようになる。

第1表　発給文書一覧

番号	日付	文書名	内容	発給	受給
①(a)	閏2月16日	(藩主御書下)	心戒事	(幸貫)	主水
①(b)	閏2月20日	御書添の伺書	心戒院号の事／許容	主水	(幸貫)
①(c)	閏2月21日	御用状	(心戒の件、取り調べ)	主水(江戸)	志摩守・伊野右衛門・壱岐・舎人(国元)
②(a)	3月6日	回状	心戒尼儀に付評議	山寺源大夫	金吾・九兵衛
②(b)	—	添状一御見合	老女格喜瀬被下高	—	—
②(c)	—	添状二	御部屋様扶持高	—	—
②(d)	—	添状三	御部屋様死去後次第	—	—
③	3月8日	(御書取)	要人取調書類につき	舎人	—
④	3月10日	回状	心戒御取扱方の事	志摩	伊野右衛門・壱岐・舎人
⑤	3月11日	当用(家老返答書)	心戒事につき	志摩	主水
⑥	—	(同意書)	別段なし	勘定吟味	—
⑦(a)	3月20日	(御書取)	他家取調	要人	—
⑦(b)	4月18日	(留守居取調返答書)	御妾御取扱御並方問合の趣	津田転(留守居)	—
⑦(c)	4月18日	(申上書)	申上方なし	勘定吟味	—
⑦(d)	4月23日	(同意書)	見込みなし	要人	—
⑦(e)	4月25日	回章	心戒一条	主水	志摩守・壱岐
⑦(f)	4月25日	御書添の伺書・回答	心戒事	主水	(幸貫)
⑦(g)	4月25日	回章	心戒一条	主水	志摩守・壱岐
⑦(h)	—	(勘定吟味役下調申上書)	(先例調べ)	幾太	—
⑦(i)	4月27日	(郡奉行上申書)	別段なし	長谷川深美	—
⑦(j)	4月29日	回章	心戒評決	主水	志摩・壱岐
⑦(k)	4月29日	御書添の伺書	心戒評決伺済(院号の件)	主水	伊野右衛門
⑦(l)	(5月2日)	(家老連署通知書)	心戒取立執行済の件	主水・壱岐・志摩	伊野右衛門・舎人

おわりに

妾の取扱いについては、葬送・勘定・呼称・後宮の威権の抑制といったことが問題として挙げられ、人倫・人柄・他家並を勘案して格式が取決められた。その結果、心戒は老女上席・金一五両・玄米五人扶持と決定し、名も順操院と改められた。しかし、様付の扱いではなく、「順操院」と呼び捨てであった。その後、時期は確定できないが、貞松院から守役を通じて格式の取り立てが検討され、「世間御並方」の振り合いを穿鑿して「殿付」に変更され、幸教から切米一〇両を増加されている(17)。

以上のような取決めをするにあたっては、表向の家老・中老・勘定方において表向の記録が参照されていたが、奥向の記録が参照されている形跡はなかった。すなわち、真田家においては、表と奥それぞれに蓄積された記録や文書を横断的に参照することのできる記録管理システムは成立していなかったのである。

また、本章で検討した二つの奥向に関わる史料は、表向の意思決定機構――家老・中老・郡奉行・勘定吟味役・留守居役――を通じて作成・蓄積された記録・文書を書写したものであることが明らかとなった。このことは、奥向に関わる案件であっても、表向で作成、授受、保管されてきた奥向関係文書が存在することへの注意をうながしているといえよう。

近年の奥向研究では、奥向がそれだけで完結する閉鎖的な空間ではなかったことが指摘されているが、そのことは史料空間においても同様だといえるだろう。奥向に関する史料群を分析するにあたっては、表向との有機的連関性のもとに作成・授受・保管され、蓄積された文書群も多く存在している、という視点から史料群構造の分析をすすめることが必要である。換言すれば、内容が奥向に関する史料だからといって、奥向で作成された文書だと安易に考えてはならないのである。そのうえで、奥向で純粋に作成され、蓄積された文書がどのくらいあるのかを見極めることが、次の大きな課題となっていくだろう。

（1）平成一六年度～一九年度科学研究費補助金基盤研究（c）研究成果報告書『近世武家社会における奥向史料に関する基盤的研究』（二〇〇八年、代表福田千鶴）、平成二一年度～二三年度科学研究費補助金基盤研究（c）研究成果報告書『日本近世武家社会における奥向構造に関する基礎的研究』（二〇一二年、代表福田千鶴）。

（2）岩淵令治「大名正室の形見分け――一九世紀・松代藩真田家の場合――」（『企画展示［染］と［織］の肖像』国立歴史民俗博物館、二〇〇八年）、北村典子「真田家南部坂下屋敷の「御奥」」（真田宝物館編『お殿様、お姫様の江戸暮し』二〇〇九年）、福田千鶴「奥女中の世界」（藪田貫・柳谷慶子編『身分のなかの女性』吉川弘文館、二〇一〇年）等。

（3）真田家では、四代信弘、七代幸専、八代幸貫、十代幸民《ゆきもと》と他家養子を迎えたが、幸民以外はいずれも真田家の血縁を繋ぐことを意図した縁組がなされている（北村典子「近世大名真田家における婚姻――江戸後期の一事例を中心に――」『信濃』五五巻四号、二〇〇三年）。

（4）田中誠三郎『真田一族と家臣団――その系譜をさぐる――』（信濃路、一九七九年）。同書一六〇頁では「チエの方（心戒）」、五三頁では「村上英俊の妹てい（幸良没後に心戒尼と称した）」とあり、心戒の実名には混乱がある。同書五三頁では天保五年に生まれた長女を「てい」としており、後者はこれと混同したものではないかと思われるが、長女貞は「てい」ではなく「さだ」が正しく、幸良の正室となる定が「てい」と呼ばれていた（「御目付日記」天保六年九月十八日条に「千寿姫様御事、定《テイ》姫様と御名被遊御改」とふり仮名がある）。なお、「雄若様御誕生前後より御初幟御祝迄之手控」（う三一一）によれば、雄若（幸教）を出産したのは「御側女中順」であり、天保六年（一八三五）に妊娠を機に江戸から松代に内密に移され、松代で出産した。幸教の生母が心戒であることは動かないので、心戒の奥女中名は「順」であったことになる。また、幸弘の側室となる女性に「お千枝様」と呼ばれる女性がおり、享和三年（一八〇三）閏正月二十六日に松代で没し、「春光院様」と謚された。順が奥女中奉公に出る前の実名が「チエ」であった可能性、あるいは雄若出産後のいずれかの段階で「チエ」と改名した可能性なども考慮されるが、幸弘側室千枝の名を混同したのではないかという疑念も残る。今後の検討をまちたい。

（5）国文学研究資料館蔵信濃国松代真田家文書「御目付江戸廻御日記合冊」天保五年（い八四）、天保六年（い八五）、天保八年（い八七）。

(6)「(奥支配)日記」（い六五三）。

(7)「御目付江戸廻日記合冊」（い九四）二月六日条。「江戸御目付日記合冊」（い八七）には、天保八年七月十四日に「若殿様」より「御出生様御名」を「秀姫様」とするよう指示が出されており、内々には誕生時から「姫様」の敬称を用いていたようであるので、正室の養いになることで表向でも「姫様」として正式に扱うようになったものとみられる。

(8)文政四年（一八二一）より家老職。一二〇〇石（国立史料館編『史料館叢書8　真田家家中明細書』東京大学出版会、一九八六年、以下、家臣の履歴は同書による）。

(9)弘化二年（一八四五）より家老職。五五〇石。

(10)国文学研究資料館蔵信濃国松代真田家文書「(御妾取扱法式見合書類留)」（あ三三七四）の作成を担当した「要人」は、高六〇〇石、文化三年（一八〇六）に家督を継ぎ、同十一年番頭、文政九年（一八二六）側用人兼、同十年役場方番頭側用人兼、同十一年中老となった池田要人と、天保十年（一八三九）正月十一日より役場方番頭・江戸番頭・奏者兼帯を勤め、同十四年十月二日に中老職に役替となり、弘化二年（一八四五）二月二十五日に江戸番頭役を免じられた池田要人の二人がいる。おそらく史料の筆者は、内容からは後者の池田要人ではないかと考えられる。

(11)伊藤もとは、元文三年（一七三八）に長女満《まん》、同五年正月二十一日に長男豊松（六代幸弘）を生んだ。寛延四年（一七五一）に江戸にいる「御部屋様」は「御内所様」と改められた（「監察日記」）。

(12)五代信安の本妻（典《みを》・匡章院）。寛保四年（一七四四）六月十日に照、延享五年（一七四八）五月十一日に房を出産したが、同年六月四日に没した。

(13)寛保四年（一七四四）十月十八日に江戸より松代に入った奥女中を以後は「御部屋様」と呼ぶよう命じられた。また、延享五年（一七四八）七月二十五日には、「御女中およし」が近日中に松代に到着するので、今後は「御部屋様」と称するように命じられた。これは、信安の妾（鈴木氏・蓮光院）のことで、翌寛延二年（一七四九）十二月一日に江戸で小次郎を生んだが、小次郎は寛延四年に早世した（桃陵院）。つまり、懐妊あるいは子の誕生前に「御部屋様」の扱いとなっており、子の有無は「御部屋様」の格式を得るうえでの必須の要件ではなかったことになる。二人は「一之御部屋様」「二之御部屋様」と呼び分けられている（「監察日記」寛延二年五月十八日条）。

(14) 六代幸弘の本妻真松院（松平定賢の娘）。
(15) 静修斎は、金沢藩士で漢学者の豊島洞斎《てしまとうさい》（一八二四～一九〇六）の号として知られるが（『国書人名辞典』岩波書店）、それとの関係は不詳。
(16) 岩淵令治「江戸における大名家の葬送と菩提寺・商人・職人」（『江戸武家地の研究』塙書房、二〇〇四年）。
(17) 「殿様御側役申上書控」（か六二四）。

第四編

伝来と管理

第12章　真田家印章の使用と伝来

山中さゆり

はじめに

大名家伝来品のなかには、藩主の印章が少なからず伝来している[1]。真田家の大名道具を収蔵する真田宝物館にも、藩主の印章のほか松代藩庁が使用したものを含め、大小あわせて四〇〇顆余りの印章が伝来している。これらの印章は、伝来・収納については先行研究があるものの[2]、すべてを取り上げたものではなく、使用例についての詳しい分析はこれまでなされていない。真田家文書を考える上でも、また近世の文書のありかたを考える上でも、印章について注目すべきと考える。

真田家の印章は、文書に捺される藩主の朱印や黒印・花押の印章と、藩主の書画などに捺される落款印や雅号印、蔵書印のほか、藩庁の各部署の印の三種類に大別される。このうち、藩主の朱印や黒印・花押の印章は、文書と一体のものとして伝来した経緯がある一方、そのほかは、印章以外の道具とともに伝来したものがあること[3]から、同じ印章ではあるが、性質の異なるものであり、同一には語れないことが明白である。

そこで本稿では、真田家の印章のうち、専ら藩主の朱印や黒印・花押の印章を題材に、印章の使用例を提示し伝来について考えたい。具体的には、どのような印章がどういった文書に使用されたのかをできる限り明らかにした上で、印章の作製・使用・収納・管理といった、印章そのものの取り扱いの流れについて考える。

第一節　印章の使用

(1)　研究史のまとめ

印章の使用例については、石井良助氏[4]、荻野三七彦氏[5]、佐藤進一氏[6]の研究が代表的である。しかしほとんどは古代から戦国時代を経て近世初頭までの印章についてのもので、近世の印章についての言及は少ない。このほか将軍家の印章使用については研究があるものの[7]、大名の印章についての研究は浅い。一般的には、大名家の印章使用やその例として、家臣への宛行状に判物（花押）か黒印状の折紙が用いられるとされているが[8]、総合的な研究はあまりなされていないといってよい。

個別研究としては、次のようなものがある。

㋐弘前藩四代藩主・津軽信政について[9]、花押の印章に用いられているものと、書判のみに見える二種類の花押が確認されている。このうち、花押の印章は重臣など高禄の家臣への知行宛行状など公的なものに、書判は自己の強い意向を家老や家臣に示す場合に用いられたことが指摘されている。一方、印判については、三種類の黒印（黒丸印）が確認されており、家臣団に一斉発給された知行宛行状に捺されているという。

㋑柳川藩立花家では、初代宗茂、二代忠茂が、晩年に体調不良によって花押を据えられない場合、印判（黒丸印）を使ったことがわかっている[10]。また、享保十七年（一七三二）に五代藩主・立花貞俶《さだよし》が、幕府老中宛に提出した仮養子願書は、折紙を用い、印判・花押の印章、元号、日付、宛所が書かれ、印と花押両方が捺されていることが確認できる。

㋒新発田《しばた》藩溝口家では、[11]六代藩主以降の印判（黒丸印）と花押の印章が複数残り、文書の内容によって使い分けされていたことが指摘されている。

㋓一関藩田村家でも同一藩主の花押の印章が、異なる大きさで複数あることが紹介されている。[12]花押の印章は文書の宛先によって使い分けし、目上には小サイズ、上級家臣には中サイズ、下級家臣には大サイズを使用していたことが明らかにされている。

㋔氏家幹人氏は、[13]国立公文書館所蔵の多聞櫓文書に含まれる、諸大名らから幕府老中宛に差し出された書状には、花押型（花押の印章）によって捺されている花押が一般的であることを指摘している。内容は御機嫌伺いや老中補任など多岐にわたるが、これらを「来翰」とし、文言などはいずれも書札礼上の規範に則ったものであるという。こうしたなか、差出人が幼年の場合や病中の場合、「幼年ニ付印形相用候」などと断書のうえ、印形すなわち黒印が用いられていることを報告している。

㋕藤田覚氏は、大名家ではないが、江戸時代の幕臣が差し出す文書について花押・印の有無や使い分けについて言及している。[14]藤田氏によれば、花押を署するだけの文書と、花押とあわせて印を押す文書は明らかに異なり、使い分けられているという。前者は願書の類、後者は由緒書・親類書、宗旨証文と相続関係の願書である。後者にあたる聟養子願書を例に挙げ、竪紙、印・花押、元号、宛所という、相続関係文書が具備すべき様式が確認できるとする。同じ相続関係でも、病気を理由に印のみで願い出ている例もある。

真田家の印章は、伝来についてのみ原田和彦氏が研究を発表されている。詳しくは次節で述べるが、江戸時代に作成された文書と印章の整理台帳である『宝暦入注文』を用いて論述されている。『宝暦入注文』の記述によれば、真田家の場合、印章には御居判《すえはん》、御印判、御朱印といった種類がある。『宝暦入注文』に捺されている印影から、御居判は花押の印章、[15]御印判はおおむね丸に名前や名前の一部を印文とし、直径二～二・五センチメートルほどの黒印、御朱印は丸や四角で主に名前を印文とし、直径や一辺が四センチメートル前後の朱印を指している。材質は、木製（柘植《つげ》）、水牛製、金属製などであるが、御居判（花押の印章）は、七代・幸専《ゆきたか》以降のものはすべて輪郭線を捺して後で塗りつぶす双鉤式（籠字式）の印章である。[16]

印章の使用例は、大名から幕府（老中など）に宛てられた文書に使用された印章と、家臣宛などへの文書に使用された印章に大別され、さらに黒印か朱印かに分けられる。以下真田家の事例について述べてみたい。

（2）　幕府宛文書における印章の使用

①隠居願書

藤田氏は、幕府の諸奉行や幕臣が差し出す文書の文例集・雛形集は、まとまったものとしては伝存しないとされているが[17]、福井藩など一部では、書札礼が確認されているものもあるという。[18]松代藩では、そういった形での伝来史料は見出せていないが、様々な例書類の中に、幕府へ提出した文書などが文例として記載されている。

寛政十年（一七九八）に六代藩主・幸弘が、幕府に隠居を願い出た際の例書が次のようなものである。[19]

寛政十酉《（ママ）》年

御隠居御願書御例書

隠居奉願候覚

居城信濃国松代

高拾万石　真田右京大夫

当年六十歳

養子
真田豊後守
当年二十九歳

私儀多年持病之疝瀉并痔疾度々差敷、其上従去年中疝積ニテ気分差塞、当春以来右病症別而相動乍憚小水頻数ニテ長座等仕兼無餘儀向度懈怠勝罷成候、従先達而多記安長山本宗英津軽意伯薬相用程々遂療養候得共、今以同篇罷在、年来之儀旁末々御奉公相勤候程、扶復其難仕可有御座旨何茂申宜候、依之隠居被　仰付養子豊後守江家督被下置候様願候以上

寛政十戌年八月十八日　　御名　御両判

松平伊豆守殿
戸田釆女正殿
太田備中守殿
安藤対馬守殿

右大奉書紙中奉書紙之丈ニ切詰尤
竪紙上包大美濃紙折懸

上包
隠居願書　　御名

（読点は筆者、以下同）

隠居を願い出た幸弘（右京大夫）と、養子である幸専（豊後守）の名前（官途名）を年齢とともに記した後、隠居理由を述べ、養子・幸専に家督を譲りたい旨を記している。その後、年号・日付に署名（御名）に加え、御

両判と書かれ、ここで印を二種類捺したことがわかる。宛先は四名の老中で、紙の種類・形態の言及もある。続いて「例書」として、白河藩主・松平定邦（木工頭《もく》）が隠居し、養子である松平定信（上総介）が家督を継いだ際の願書が、次のように写されている。

天明三癸卯年十月十三日松平木工頭隠居奉願同氏上総介江同月十六日家督願之通被　仰付候由御座候

隠居奉願候覚

居城陸奥国白川

高拾壱万石　　松平越中守

当卯五十六歳

養子

松平上総介

当卯二十六歳

私儀近年病身罷成行歩不自由御座候、勤向茂懈怠勝御座候、従先達而河野仙寿院池原長仙院薬服用仕程々遂療養候得共、全快仕兼候其上従当夏中持病之疝積強差敷旅行難仕、追々御断申上参勤茂延引仕漸少々解放御座候付、押候而去月参府仕猶又右両人請療治養生仕候得共、今以同篇罷在末々御奉公相勤候程之快復者難仕可有御座旨、何度申聞候、依之隠居被　仰付養子上総介江家督被下置候様奉願候以上

印判

天明三癸卯年十月十三日　　松平越中守　判

松平周防守殿

田沼主殿頭殿

久世大和守殿

（以下略）

隠居理由を述べ、年号・日付の体裁は同じである。その後、「松平越中守」と官途名を記した後、印判と判の二つが捺されていることがわかる。つまり、老中に差し出す隠居願書は、印を二つ捺すことが通例であったと考えられる。

では、この二つの印の種類はどのようなものであろうか。次の隠居願書控[20]をみてみよう。

隠居奉願候覚

居城信濃国松代

高拾万石　真田弾正大弼 當未五十四歳

養子　真田豊後守 當未三十二歳

私儀多年持病之痔疾足痛幷疝積度々差發、近年多病罷成眩暈頭痛不絶仕候処、去年四月中在府之節瘧疾永々相煩少々快方付、押而在所江罷越候処、當春以来右病症不相勝其上年齢ニ茂罷成候付、気血薄暑寒相障就中肥満仕居候付、行歩不自由足痛長座仕兼、無餘儀勤向茂懈怠勝相成候、従先達而中川常春院津軽意伯丹羽好徹薬相用、種々遂療養候得共、今以同篇罷在年来之儀旁末々御奉公相勤候程之扶復者難仕可有御座旨何茂申聞候、依之隠居被　仰付養子豊後守江家督被下置候様奉願候以上

文政六癸未年八月　真田弾正大弼（花押）㊞

青山下野守殿

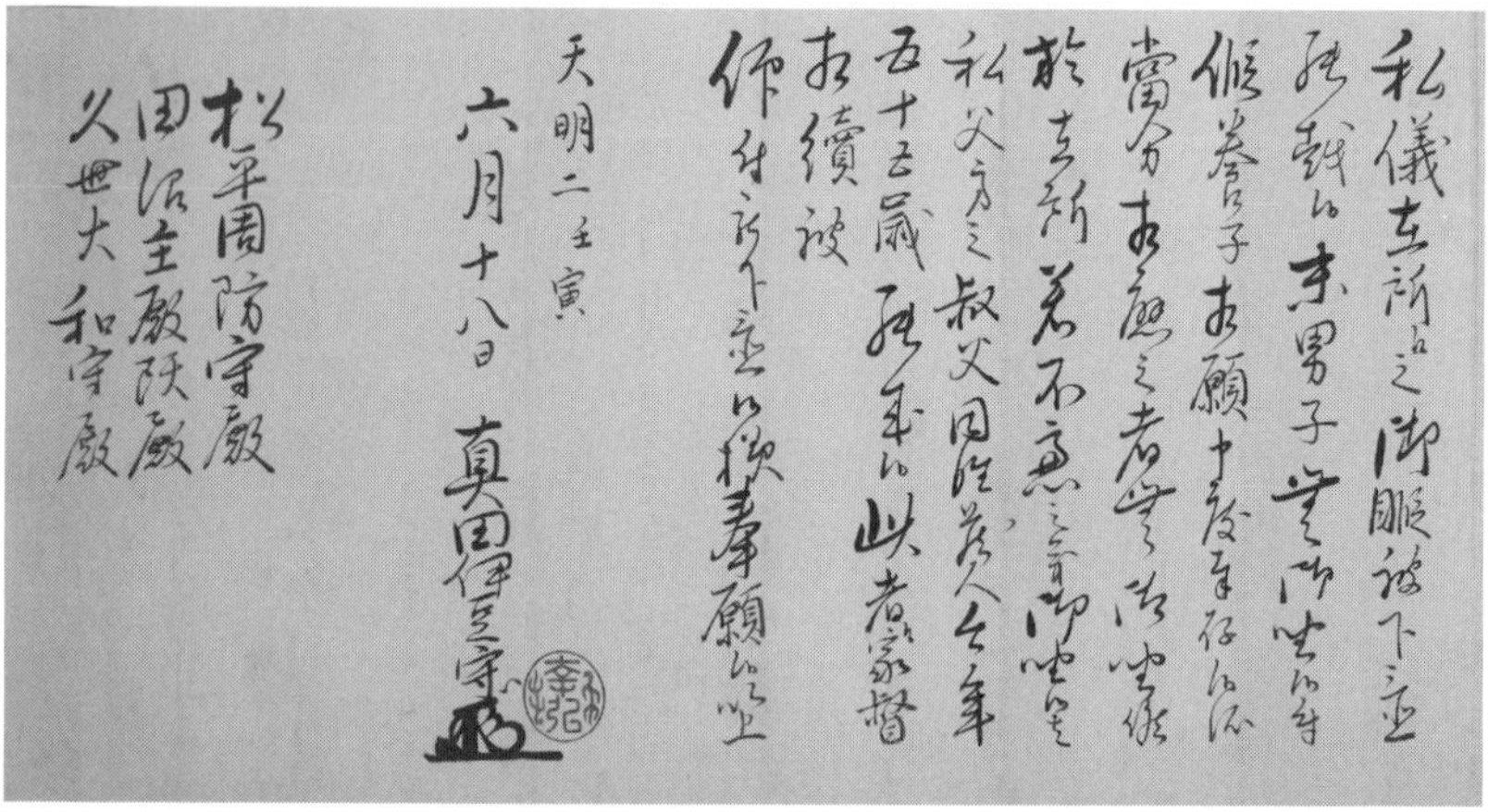
天明二壬寅
六月十八日　真田伊豆守
松平周防守殿
田沼主殿頭殿
久世大和守殿

第1図　真田幸弘仮養子願書

阿部備中守殿
水野出羽守殿
大久保加賀守殿
松平和泉守殿

竪紙を使用し、文章の形式は先の例書とまったく同じである。印章は名前（官途名）の下に花押の印章と、その右肩上に名前の黒丸印が捺されている。先に述べたように、花押の印章は御居判、黒丸印は御印判と称されるので、隠居願書には、御居判と御印判二つが捺されるのが通例であったとみられる[21]。これは、藤田氏が相続関係の願書に花押と印が捺されるとしていることを裏付ける。

②仮養子願書

御居判と御印判の両方を捺す例としてほかに、仮養子願書が挙げられる。仮養子は、大名や幕臣などが参勤交代や公用の旅行などで江戸を離れる際に嫡子がいない場合、仮に養子を選んで届出て、旅行中に死亡した時は、届出のあった仮養子に家督を相続させるものである。無事に江戸に戻れば、仮養子の願書は差し戻されるため、松代藩の場合は控えも含めて何点かが現存している。このうち、天明二年（一七八二）に出された仮養子願書を紹介しよう[22]（第1図）。

私儀在所江之御暇被下置罷越候、末男子無御座候付、假養子相願申度奉存候、以當分相應之者無御座候、於
在所若不慮之儀御座候者、私父方之叔父同姓蔵人今年五十五歳罷成候、此者江家督相続被
仰付被下置候様奉願候以上
天明二壬寅
六月十八日　真田伊豆守㊞（御居判）
松平周防守殿
田沼主殿頭殿
久世大和守殿

六代幸弘が老中に宛てて提出したもので、切紙である。仮養子願書の他藩の例[23]をみると、老中に実際提出されたものは上半分だけに文字が書かれた折紙である。つまり幸弘のものは下半分が切られているとみてよい。理由は不明だが、あるいは差し戻された文書であるために、文書の効力を無くす意味で下半分の白紙部分が切断されたのかもしれない。年号と日付、官途名に御居判が捺され、右肩に印文「幸弘」の御印判が捺されている。

第２図　真田幸弘御印判

この御印判は、嘉永七年（一八五四）の火事の後『宝暦入注文』に付け加えられた印章に含まれ、現存している（第2図）。御居判は印影からみて小さなもので、印章そのものは現存していない。目上宛には小さなサイズを使用するという例である。真田家の仮養子願書は、六代幸弘、八代幸貫、九代幸教、十代幸民のものが複数あり、すべて御居判と御印判両方が捺さ

れている。下書きの場合も「両判」や「印　　判」といったように、二つの印章が使用されたことが記載されている。[24]仮養子願書は相続関係の重要文書として、御居判と御印判両方が捺されたのである。

石井良助氏は、印判と書判（花押）を両方使用した例を挙げ、これを重判と呼んでいる。[25]石井氏が挙げているのは聟養子願書であるが、重判が大変鄭重なやり方であるとしている。家の存続にかかわる相続に関係する願書については、印判と花押の印章を使う重判が通例であったとみられる。

③儀礼的な文書

右筆を務めた野本家に伝来した文書を次に掲げる。

一筆致啓達候

公方様　大納言様　竹千代様益御機嫌能被成御座奉恐悦候、貴様弥御堅固可被成御勤弥重存候

将又拙者儀今般被下御暇其上致拝領物、難有仕合奉存候、今日在所致到着候付御老中迄以使札申上候間、如斯御座候　恐惶謹言

真田弾正大弼

幸専（御居判）

蜷川相模守様

人々御中[26]

宛先の蜷川相模守は、旗本で西丸御側役を務めた人物である。[27]幸専が国元への帰国に際し拝領物があったことと、無事帰国したことを伝えている。内容は儀礼的なもので、御居判（花押の印章）が用いられている。

国立公文書館内閣文庫には、九代藩主・真田幸教、十代藩主・真田幸民が実際に発給した老中宛文書が二〇点余り収蔵されているが、[28]すべてに御居判が捺されている。内容は、将軍への年頭の祝儀や、大老就任の祝儀とい

った儀礼的なものである。また、真田家伝来資料の中には、他藩主からの同様な儀礼的文書が複数あり、[29]花押の印章が捺されている。儀礼的な内容のものについては、幕府宛に限らず、大名間での文書においても花押の印章を使用することが一般的であったとみられる。

（3）家臣などへ宛てた文書における印章の使用

①御居判

確認できた印章の使用例のうち、[30]藩主から家臣に宛てられたもので、御居判あるいは花押書判があるものを抽出し、第1表にした。典型的な例は、次のようなものである（第3、4図）。

（箱書）「矢沢刑部左衛門殿　真伊豆」
（包紙ウワ書）「矢澤刑部左衛門殿　真伊豆」

（本文）

為年頭之嘉儀以使者太刀目録到来祝着之事候謹言

　　　真伊豆

正月七日　　幸道（花押印）

　矢沢刑部左衛門殿[31]（第1表－1）

包紙に差し出しと宛名が書かれ、専用の書状箱に入れた形態で、藩主・真田幸道から矢沢刑部左衛門に送られている。内容は、家老であった矢沢刑部左衛門から藩主・幸道が新年の祝いに太刀を贈られ、その目録が届いたことを報せたものである。月日のみで年号は書かず、真田伊豆守を

第3図　書状箱・包紙

年月日	宛所	備考	印サイズ（横×縦）	紙
正月７日	矢沢刑部左衛門	書箱付	5.7×2.5	折紙
正月７日	矢沢刑部左衛門		6.0×2.7	折紙
安永６年10月	新庄能登守、松下隠岐守		6.6×3.4	竪紙
10月６日	矢沢将監		8.6×4.8	切紙
３月28日	矢沢将監		7.0×5.0	切紙
３月28日	矢沢将監		6.7×5.5	切紙
３月15日	矢沢将監		6.5×5.2	折紙
12月19日	矢沢将監		8.8×5.0	折紙
正月７日	矢沢刑部左衛門		5.8×2.7	切紙
正月７日	矢沢刑部左衛門		5.7×2.5	切紙
４月19日	矢沢刑部左衛門		5.9×2.8	切紙
12月29日	矢沢刑部左衛門	享保６年か	5.7×2.6	折紙
11月28日	弾正忠様（信弘）御附寄		6.0×2.2	折紙
12月28日	真田図書	享保６年か	5.7×2.5	折紙
正月７日	真田図書		5.6×2.5	折紙
３月28日	真田志摩		7.0×5.0	折紙
５月25日	真田右京		6.1×3.2	折紙
５月25日	真田右京		6.0×2.6	折紙
11月25日	真田図書		4.7×2.3	折紙
正月７日	真田図書		6.0×2.7	折紙
９月18日	真田図書	包紙「若殿様御引越ニ付使者差出候一巻帳面　両殿様より御書両通　天明七年未十一月十一日	8.8×4.8	折紙
11月19日	真田図書		8.7×4.8	折紙
11月19日	真田図書		7.0×5.0	折紙
３月15日	真田図書		7.0×5.2	折紙
	真田図書		6.5×4.7	切紙
慶応元年７月23日	真田志摩			切継紙
３月５日	鎌原伊野右衛門			折紙

第１表　御居判・花押書判のある家臣宛文書

	印主	印種類	署名	資料内容	資料番号
1	幸道	御居判	幸道	年頭祝儀太刀目録到来	矢澤１a-19-１
2	幸道	御居判	幸道	年頭嘉太刀目録到来	矢澤１a-12-９-７
3	幸弘	御居判	真田伊豆守	切支丹穿鑿進上書控	矢澤１a-６-１-２
4	幸弘	御居判	幸弘	位階昇進嘉儀として太刀馬代	矢澤１a-44-１
5	幸専	御居判	幸専	次郎引取候為嘉義太刀目録到来	矢澤１a-44-２
6	幸貫（幸善）	御居判	幸善	引越候為嘉義送物祝着	矢澤１a-44-26
7	幸貫	御居判	幸貫	貞四郎引移嘉義太刀馬代到来	矢澤１a-47-５
8	幸弘	御居判	幸弘	順介引取候為嘉義太刀目録到来	矢澤１a-85-26
9	幸道	御居判	幸道	年頭為嘉義太刀目録到来	矢澤１a-85-27
10	幸道	御居判	幸道	為年頭嘉義使者持太刀目録到来	矢澤１a-85-28
11	幸道	御居判	幸道	火事使者歓び	矢澤１a-85-29
12	幸道	御居判	幸道	位階嘉儀、太刀目録到来	矢澤１a-85-30
13	信安	花押（書判）	豊之助信安	寒中見舞い返礼	矢澤１a-85-31
14	幸道	御居判	幸道	位階嘉儀、太刀目録到来	伏島３-３-13
15	幸道	御居判	幸道	年頭嘉義、太刀目録到来	伏島３-３-８
16	幸専	御居判	幸専	次郎引取候為嘉義太刀目録到来	伏島３-３-14
17	信弘	御居判	出羽信弘	家督之為嘉義、太刀目録到来	伏島３-４-１-１
18	幸道	御居判	幸道	家督之祝儀、太刀目録	伏島３-４-１-２
19	信弘	御居判	蔵人信弘	不仕合之節見舞飛札忌明	伏島３-４-４
20	幸道	御居判	幸道	年頭嘉義、太刀目録到来	伏島３-５-１
21	幸弘	御居判	幸弘	位階昇進嘉儀として太刀馬代	伏島３-５-６-１
22	幸弘	御居判	幸弘	順介引取候為嘉義太刀目録到来	伏島３-５-６-２
23	幸専	御居判	幸専	引越候為嘉義使者送物祝着	伏島３-５-６-３
24	幸貫	御居判	幸貫	貞四郎引移嘉義太刀馬代到来	伏島３-５-13
25	幸良	御居判	幸栄	引移之嘉義、目録之通到来	伏島３-５-23
26	幸教	花押（書判）	幸教	感状書（京都表進退ニ付忠節之段）	伏島３-６-21
27	幸教	御居判（押し跡のみ）	幸教	軍学指南再度申入	文10-１-６-８-13

註：すべて真田宝物館蔵。資料番号で「矢澤」は矢澤家文書、「伏島」は伏島家文書、「文」は真田家文書をさす。
印サイズの単位はセンチメートルとする。

第4図　真田幸道書状

略して真伊豆とし、幸道と署名した後に花押の印章を捺している。

表に掲げた事例を見てみると、書判はごくわずか（第1表-13、第1表-26）で、内容はほとんどが位階昇進や新年祝儀などの慶事に際して太刀あるいは太刀と馬代を、家臣から献上されたことに対する礼状である。宛名は矢沢家、真田図書家といった、家老を輩出する上級家臣のみである。太刀や馬代を献上できるのは上級家臣のみであったためであろう。おそらくは、家臣宛に御居判を捺す文書はこうした儀礼的なもの、多くは礼状であり、上級の家臣のみに発給されたと考えられる。

印章は、家臣宛のため比較的大きなものから中サイズのものが使われている。また、押し型のみが施されているもの（第1表-27）もある。これは、双鉤式（籠字式）の御居判を用いて型を付けたものとみられ、墨で塗りつぶす前のものであろう。本史料は、鎌原伊野右衛門に宛てた書状で、伊野右衛門に軍学指南を頼んだところ辞退されたが、再度の要請を受諾してくれたことに対する礼状の控えである。

②借用証文に捺された黒丸印

延宝三年（一六七五）から宝永五年（一七〇八）にかけて出された、三代藩主・真田幸道の借用証文の端裏書に、小型の黒丸印が捺されている。

借用被申銀子之事

合銀三拾貫目者　　元銀也

右者真田伊豆守為要用借用被申候所実正也、返済之義者、元利共ニ五ヶ年ニ納捨ニ相定申候、然上者當卯之暮より元銀拾貫目ニ付三貫目宛、毎年極月中旬ニ相渡シ、来ル未ノ暮迄五ヶ年ニ元利皆済可申候、縦内外如何様之指合有之候共、於此銀子者右定之通無相違相渡シ可申候、仍而為後日如件、

延宝三乙卯年四月廿五日

玉川　　左門㊞
望月　小隼人㊞
出浦五左衛門㊞
木村縫右衛門㊞

伊勢屋道詮殿

(端裏書)「表書之通相違有之間敷者也

真田伊豆守㊞(32)」

京都の商人から借金をした際の借用証文で、借金返済が済み、証文が返却されたため、印影部分は藩主の印だけでなく、家臣の印も墨で消されている。同種の文書は三五点ほどあり(33)、すべて印影は墨で塗りつぶされている。反故紙の処理は、印を切り抜くことや回収・焼却(34)の場合があり、このように墨で消す方法はやや略式(35)とされる。幸道は当時信房と名乗っており、印文は信房と読めるが、印章そのものは現存していない。この印章は、現存する幸道の御印判と大きさが似ており、信房を名乗っていた時代の御印判とみられる。借金の内容について間違いがないということを、藩主自らの御印判を使うことで証明しているのであろう。四代信弘以降の時代の借用証文も伝来するが、藩主の印章が捺されているものはない。このような使い方は、幸道の時代まであったと言うことができる。

③印判と書判の重判

藩主の名前が刻まれた黒丸印である印判と、自筆花押が書かれているものは、八代幸貫と九代幸教の自筆文書が確認できる。幸貫のものは、藩主就任直後に松代藩の大目付に宛てて書いた内条目(36)である。大目付の職務と心得が記されており、伊豆守の署名と自筆花押に、当時名乗っていた「幸善」の御印判（黒丸印）が捺されている。この「幸善」の御印判は現存しない。

幸教のものは、家老に宛てられた家訓類である「遺詫一封(37)」という文書で、最後に滋野幸教という自署と自筆の花押に加え、現存する幸教の名前の御印判（黒丸印）が捺されている。

こうした重判形式の例はほかにみられず、これまでに紹介した重判の例である相続関係の願書でもない。自筆の文書であることからして、印章を捺したのも藩主自身であった可能性が高い。内容は藩主としての自らの職責を果たすべく、より強く自分の意見を述べたもので、いずれも大変長い文書である。文書の効力を最大限に発揮するための重判であり、直筆花押の効力をより高めるために印判を使用しているともいえよう。

幸教は、小判の枚数を勘定した自筆の覚控に、署名をせずに御印判だけを捺している例(38)がある。江戸時代の文書が先例に則って記されることが大半であるなか、幕末にいたって、より自由に御印判が使われつつある例といえるのではなかろうか。幸教の御印判は、キャップ型の蓋が付いた携帯可能なものが三点伝来していることも、その表れではないか。これは、現代の印章使用にも通じていく点である。

④朱印

松代藩真田家初代藩主・真田信之の朱印状は数多く発給されており、知行の宛行状など多岐にわたる文書に朱印が使われている事はよく知られている(39)。ここでは三代藩主・幸道以降の朱印の使用について述べる。

朱印が使用された文書の一覧を第2表にした。確認できた例はあまり多くないが、奉行らに宛てた定や条目、郡奉行に宛てた年貢皆済証文があげられる。このうち、右筆を務めた野本家に伝わった年貢皆済証文の下書きとその封紙を紹介する（第2表-8）。

（封紙ウワ書）
「文化三寅年より同十二亥年迄拾ヶ年之御収納皆済付、御郡奉行衆江如先例
御朱印被下置之認候様御用番恩田靫負殿被仰渡
大高檀紙横二ツニ折又八ツニ折之
上包御連書紙折懸上書四人連名ニ認
御郡奉行衆連名ニ而銘々壱通ツ、被下
文政二卯年六月二日野本鉄治昭認候下書」

（懸紙ウワ書）
「
金井左源太との
菅沼九左衛門との
鹿野外守との
菅沼弥右衛門との」

（本文）
當領勘定従文化三寅年至同十二亥年、年々無懈怠皆済無相違者也
文政二卯
六月二日（朱書）御朱印
金井左源太との
菅沼九左衛門との
鹿野外守との

第２表　朱印のある家臣宛文書

	印主	印種類	印文	署名	資料名	資料番号	年代	宛名	備考	形態
1	信弘	角朱印	信弘	なし	真田信弘定書	吉74	享保17年８月３日	町奉行小野喜平太、山越嘉膳		継紙
2	信安	角朱印	信安	なし	真田信安条目	吉75-１	元文５年11月１日	道橋奉行斉藤新蔵、樋口圍右衛門		継紙
3	信安	角朱印	信安	なし	真田信安条目	吉75-２	延享２年２月日	町奉行奥山勘助、金井市之丞	紙継に丸印	継紙
4	信安	角朱印	信安	なし	真田信安条目	吉75-３	延享２年２月日	道橋奉行斉藤新蔵、樋口圍右衛門		継紙
5	信安	角朱印	信安	なし	真田信安条目	吉75-４	延享２年２月日	職奉行原半兵衛、矢嶋源右衛門、矢野式左衛門	紙継に丸印	継紙
6	幸道(信房)	角朱印	信房	なし	支配之内百石申付	個人蔵	延宝４年12月14日	恩田新六		折紙
7	(幸専ヵ)	墨書○	○のみ	なし	(年貢収納皆済朱印状)	市博野本Ｄ7	文政２年６月２日			切紙
8	(幸専ヵ)	朱書「御朱印」	なし	なし	(年貢収納皆済朱印状)	市博野本 D31	文政２年６月２日	金井左源太、菅沼九左衛門、鹿野外守、菅沼弥右衛門		折紙
9	信弘	角朱印	信弘(見せ消し)	なし	宛行状控	吉213「御朱印御案詞　壱綴」の内	享保14年２月12日	斉藤八之進		切紙
10	信弘	角朱印	信弘(見せ消し)	なし	宛行状控	吉213「御朱印御案詞　壱綴」の内	享保21年２月６日	三田宗玄		切紙
11	幸専	角朱印	幸専(墨消し)	なし	年貢皆済状控	吉213「御朱印御案詞　壱綴」の内	享和３年５月16日	金井甚五左衛門、高山平十郎、渡辺友右衛門		切紙
12	幸道(信房)	角朱印	信房	信房	(勘定皆済状)	県歴０-２-８-13	延宝５年６月７日	(郡奉行)河野与左衛門、村上勘介、成沢新弥		折紙
13	幸道(信房)	角朱印	信房	信房	覚(年貢皆済)	県歴０-２-８-14	延宝５年６月12日	(郡奉行)河野与左衛門、村上勘介、成沢新弥		折紙
14	幸道(信房)ヵ	角朱印	不詳(信重印)	信房	(勘定皆済状)	県歴０-２-８-15	天和元年11月９日	(郡奉行)成沢新弥		折紙
15	幸道(信房)	角朱印	信房	なし	(勘定皆済状)	県歴０-２-８-16	元禄２年５月23日	(郡奉行)成沢新弥		折紙
16	信重	角朱印	不詳(信重印)	なし	知行場所覚	吉97-２	寛永17年７月29日	樋口四郎右衛門		折紙

注：市博…長野市立博物館蔵、県歴…長野県立歴史館蔵、その他は真田宝物館蔵。

年貢が皆済されたことの証明を、郡奉行衆へ出すため右筆に朱印を捺して作成するよう、家老である恩田靫負から指示があり、右筆・野本鉄治がしたためたことがわかる。ここには、実際の朱印の印影はないが、朱書きで「御朱印」と書かれ四角で囲んであり、この時の藩主・真田幸専の角朱印が捺されたものとみられる。先例のごとくとあるので、年貢皆済証文には朱印が捺されていたことがうかがえる。

また「御朱印御案詞　壱綴」(41)という、朱印を捺す文書の下書きをまとめて一綴りにした史料がある。詳しくは次節で取り上げるが、年貢皆済証文の下書きのほか、知行宛行状の下書きがある。印影が捺されていないものが多いが、墨で消されているものの、信弘の朱印と幸専の朱印が捺されたものがある。知行宛行状はこのように下書きはわずかに残っているが、初代信之とその三男・信重とみられる知行宛行状以外では、恩田新六宛のもの（第2表－6）を除くと管見の限り、家中に宛行状の原本は見出せない。信之時代に大量発給されたために、後代では新たな知行以外に宛行状が発給されなかった可能性もあろう。

（4）判紙

ここでは、印章が先に捺された用紙について触れたい。包紙に「乾徳院様御判紙五枚」と記され、中には左下に、御居判と御印判が捺されただけの竪紙が五枚包まれているものがある。(42)こうしたあらかじめ印が捺された用紙は判紙と呼ばれる。重判の形の竪紙は、先に述べた隠居願書に使用される例があるが、判紙があらかじめ用意され、本文が後から書き入れられていた場合があったようである。

徳島藩蜂須賀家では、藩主の身の回りの品や蜂須賀家の「重宝」の管理、藩主の個人的な用向きを扱う奥小姓がこうした判紙を管理していたという。(43)では、松代藩の場合はどうであったのであろうか。印章の管理・伝来と関わるところであり、次節で考えて行きたい。

第二節　印章の管理と伝来

（1）印章の作成と収納

真田家印章の伝来については、原田和彦氏による『宝暦入注文』と『天保の入注文』[44]の分析が唯一である。これは宝暦十三年（一七六三）から翌明和元年（一七六四）に作成された、旧来から伝わっている古文書類の整理台帳（『宝暦入注文』第5図）と、同じく古文書類の整理台帳である『天保入注文』（天保四年・一八三三作成）に記載された印章について研究したもので、印章は青貝御紋附御文庫（後に木地蠟御紋附御文庫に移される）の中に、文書とともに収納されていたという。原田氏は、『宝暦入注文』が基本台帳であり、ここには、『宝暦入注文』の作成段階までの印章をまとめた本文に加え、㋐『宝暦入注文』成立以後、ほどなくして江戸から持ち込まれてきた印章を加えた付箋部分、㋑嘉永六年（一八五三）に、花の丸御殿が焼失した際に、土中から掘り出され、翌年に長持の中に収納された印章を書き加えた付箋部分（第6図）の三つに分かれることを指摘している（以下㋐を付箋1、㋑を付箋2とする）。さらにいえば、もう一枚付箋が存在し（付箋3とする）、これは付箋2とほぼ同内容ではあるが、幸貫（感応院）朱印についてはこの付箋3にしか記述がない。

これら入注文の記述と、入注文に捺された印影、現存する印章の包紙、付箋や箱書きなどをまとめたものが、第3表（後掲）である。なおこれら『入注文』に記載された印章については、ほぼすべて現存している。

四代藩主・信弘の印章のうち、朱印の包紙には「享保十二未年十一月十一日出来　信弘御朱印」とある。信弘が藩主に就任したのは享保十二年（一七二七）七月十二日のことで、おそらくは、これを契機として新たに印章を作成したものと考えられる。また嘉永六年の火事にあったという信弘の「御居判弐ツ」は、包紙に「享保十三

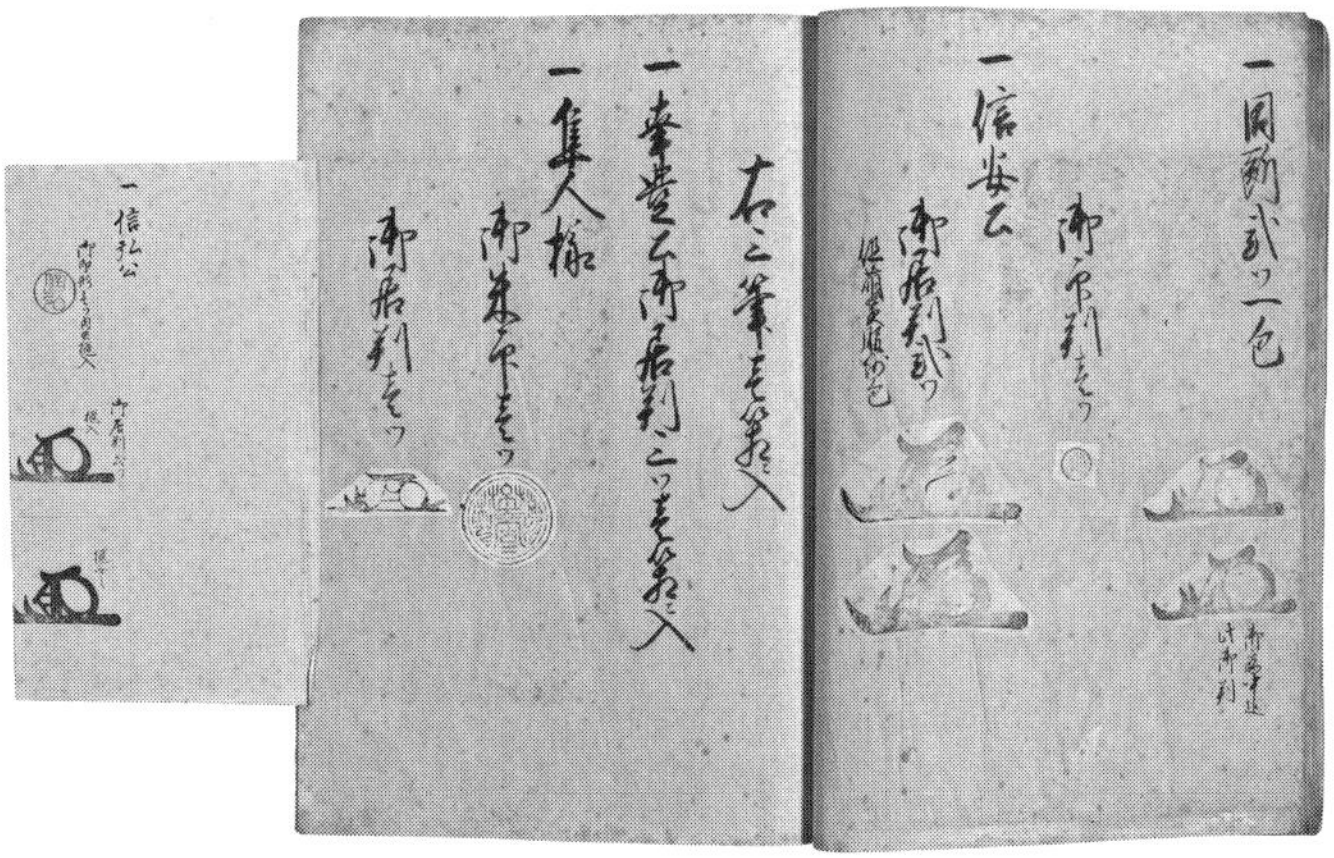

第５図　宝暦入注文

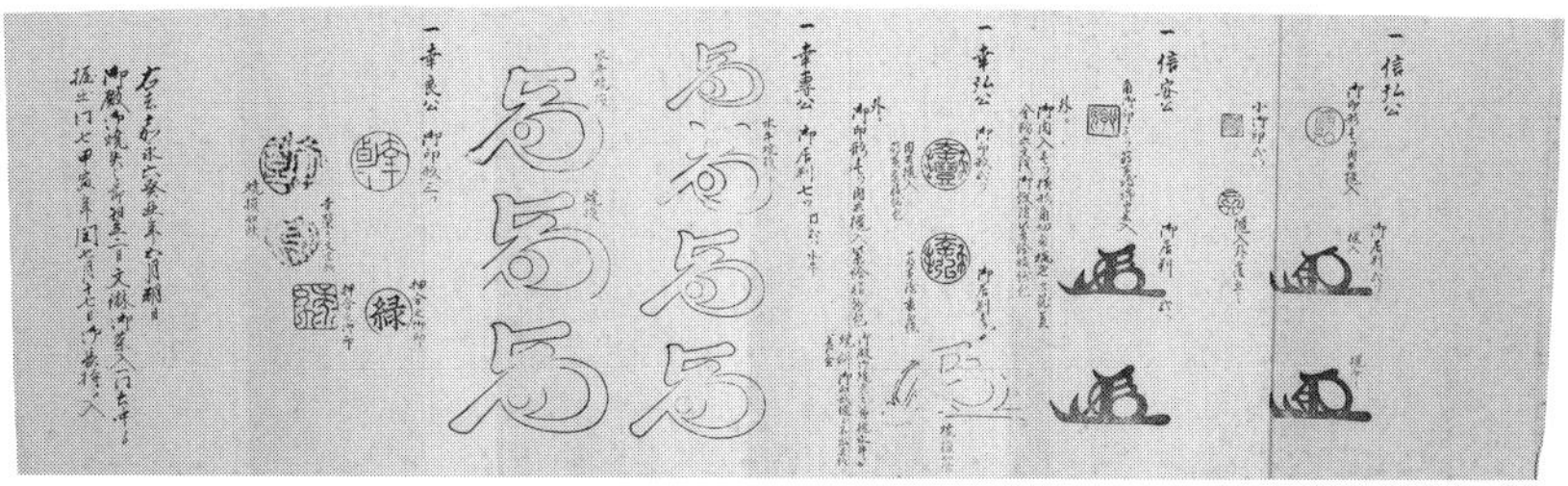

第６図　宝暦入注文付箋部分（付箋２）

申五月日　古御書判　乾徳院様ナリ」とある。享保十三年（一九二八）は、信弘が家督を継いだ翌年で、五月には松代に初入府を果たしていることから、襲封・国入りを期に印章を新調したため、これは不要になった印章とみられる。

このほか五代藩主・信安の印章のうち「御印判弐ツ」については「宝暦二壬申年　御判形　四月廿五日封置」とある。この二日前の宝暦二年（一七五二）四月二十三日に信安は亡くなっており、死去にともなう措置であることが明らかである。こうしたことから、藩主の就任や死去といった代替わりを契機として印章が作成されたといえる。

『入注文』に記載はないが、八代幸貫の養子・幸忠（円明院）の印章も同様のことがいえる。幸忠は、島原藩深溝松平家から養子入りしたが、文政九年（一八二六）正月八日に藩主になることなく死去した。幸忠の印章は御居判三顆とともに、箱・包紙が伝来しており、収納した箱ごと紙に包み「封」と書いて封印されていた状況が再現できる。箱蓋内側には「文政九丙戌年　正月」と書かれており、死去とほぼ同時に箱書きされ、封印されたとみられる。

六代・幸弘の御居判（花押の印章）三つについても、封印された当時の形が現在も伝わっている（第7、8図）。収納箱の箱書きには次のようにある。

御居判　三　柘植之御判形者御家督砌少之内御用被遊候其後御改
水牛御居判二宝暦九己卯二月中迄御用被遊又候御判形相改
二月六日より此御居判御用無之候

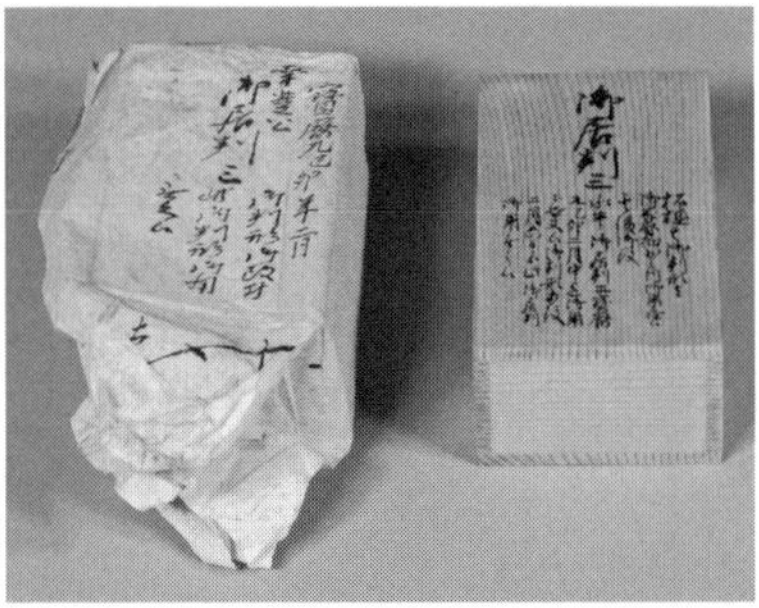

第7図　真田幸弘（幸豊）御居判箱・包紙

第8図　真田幸弘（幸豊）御居判

三つの印章のうち、柘植製のものは家督を継いだ時、わずかな期間用いた後に印章を改めたため使用しなくなったもの、水牛のもの二つは宝暦九年（一七五九）二月中まで用いたが、こちらも改めたために二月六日から使用しなくなったものである。またこの箱の包紙には、次のように書かれている。

宝暦九己卯年二月　幸豊公　御居判三　御判形御改付此
御判形御用無之候

宝暦九年（一七五九）二月に、当時幸豊と名乗っていた幸弘が印章を改めたため、不用になった、とある。この包紙には、二か所に大きく「封」と書かれ糊付けされていたことがわかる。真田家においては、使用されなくなった印章は箱に収納し、箱ごと紙で包んで密閉し、封をした箇所には大きく「封」と記入し保管していたのである。おそらくは先に述べた信安の印章も、その死去にともなってこのような形で「封置」かれたものと推測される。

なお、宝暦九年に幸弘が印章を変更した理由ははっきりしない(45)。ただ宝暦九年二月には幸弘は松代に滞在しており、不要になった印章は封印して松代においてそのまま保管されたとみられる。

(2)　印章の伝来形態

①文書とともに保管される印章

『宝暦入注文』に記載されている幸道の居判のうち、六つ一包となっているものがある。この包紙には「真常院様古之御居判形六」「(朱)イ印ノ二」「御用部屋古キ書付之内より出ル」との記述があり、御用部屋に置かれた古い書付の中から発見されたものであることがわかる。御用部屋は家老が執務にあたる部屋(46)で、そこで使用された印章が、御用部屋の古い書付とともに保管されていたとみられる。「イ印ノ二」という朱書きは、真田家から当時の松代町に資料が譲渡された際に作成されたとみられる旧台帳の番号と一致しているので、昭和に入ってから付された番号である。

『入注文』には記載がないが、九代幸教の印章についても先に触れた「御朱印御案詞　壱綴(47)」の表紙に次のような記述がある。

　此書類ハ御朱印と称すノ黒塗箱中ニ、幸教公銅印（朱印）壱個ト共ニ納メアリシヲ以テ、銅印ハ吉第一五三号御歴代御印類箱ニ納メ別ニ整理したり

　大正十四年六月十三（カ）日　整理委員

真田家では、明治以降数回にわたって資料の整理がなされている。(48) この資料は、資料整理を担当した在庫品整理委員によって幸教の朱銅印とともに発見されたもので、銅印は歴代の印章が入っている箱に大正十四年（一九二五）に移されたことがわかる。

九代幸教の印章とともに保管されていた「御朱印御案詞　壱綴」は、朱印を捺す文書の下書きをまとめて一綴りにしたもので、表紙に続いて次のように書かれている。

「封　天保十亥年三月十五日評議之上取出古書入箪笥之内江入置」

御朱印御案詞前々御家中江被下幷御収納皆済付、御郡奉行江被下共ニ一綴ニ相成居、其上年月不同混雑に綴有之候間、相改引分御家中江被下分年月順々一綴ニ致置候

一御収納皆済御郡奉行江被下候分計致一綴、尤正徳元、三、享保十二者闕居候ニ付、其段断書付致置候、且享保十五戊年より宝暦十辰年迄三十壱箇年之勘定皆済之

御朱印宝暦十三未年壱度ニ被下候節之御案詞茂不相見候付、日記より写取一同ニ綴置候

右享和三癸亥年五月

恩田木工差図

御右筆

伊藤儀八

取計

家中へ下された朱印状と、郡奉行へ下された年貢皆済証文の案詞（下書き）が、年代が混在し一綴りになっていたが、内容によってそれぞれに分け、年代順に並べ直して綴ったとある。皆済証文は欠けている年もあるが、日記から写し取って一緒に綴ったという。これは、享和三年（一八〇三）のことで、恩田木工の差図で右筆の伊

藤儀八が取り計らっている。

括弧書きの部分は、この綴りが後に封をされて保管された時の包紙の一部分だと思われ、「封」と書かれ、案詞とともに綴られている。記述には、天保十年（一八三九）三月十五日に評議した上で、いずれかから取り出され「古書入箪笥」のうちへ入れたとある。先に、幸道の御居判が御用部屋の古い書付の中から発見されたことを述べたが、この古い書付が入っていたのが「古書入箪笥」ではなかろうか。おそらくは、例文集として現用文書の扱いを受けていたものを、天保十三年になって評議し、非現用の保存文書として「古書入箪笥」に収納されたと考えられる。

御用部屋に印章が置かれる事例があった事は「日記幷諸帳面入注文[49]」の記述からもうかがえる。ここには、御用部屋置附として幸専の御居判大中小三つ、幸善（後の八代・幸貫）の御居判大小二つ、幸栄（後の幸良、幸貫嫡男）の御居判大小二つが書き上げられている。この帳面は、江戸藩邸の入注文であることが指摘されており、江戸藩邸において、江戸家老が執務を行う部屋である「御用部屋」に印章が置かれていたことがわかる。また、年代は宝暦から天保期頃までとされ[50]、記載されている幸専・幸貫・幸良の印章が現用として使われていた時期にあたる。幸専の印章の後には「文政十一子年御在所江廻」と朱書きされており、幸専が文政十一年七月に死去した後、非現用となったために松代へ送られたとみられる。

②印章と御納戸役

『宝暦入注文』成立以後、ほどなくして付け加えられた印章（付箋1）四顆について、『宝暦入注文』付箋の記述は次のようなものである。

江戸表表御納戸ニ有之

明和二酉年此方江取寄仕廻置

★★　乾徳院様御居判之形
★★　高量院様御居判之形
　　右一箱壱封
　酉二月五日
（★は印影）

現存するこの四顆の包紙には次のような記述がある。
「元文二巳年二月六日　出浦作大夫預り　乾徳院様御居判二　高量院様御居判二入箱」（A）
「幸詮公　信弘公花押各二顆」（付箋）（B）
「此箱」（C）
「禰津三十郎預ケ」（D）
「明和二酉年江戸御納戸より取寄仕廻置」（E）
「此箱大切ニ被成候由、御断ニ而御座候以上」
（アルファベット注記は筆者）

高量院（幸詮）は、四代藩主・信弘（乾徳院）の嫡男であったが、享保二十一年（元文元年・一七三六）二月七日に二四歳で死去し、信弘も同年十二月二十六日に死去している。包紙の記述は、付箋のほか（A）から（E）まで五種類ある。このうち（A）の記述から、この四顆は幸詮が亡くなってちょうど一年後に、出浦作大夫に預けられたことがわかる。出浦作大夫は元文五年の段階では一〇〇石取りで[51]、御納戸役を務めている[52]。（B）（C）（D）の記述はそれぞれ別のものか、同筆か判然としないが、（C）が後から挿入されたようにも見える。『宝暦入注文』付箋の記述とあわせて考えると、少なくとも、禰津三十郎に預けたことと、江戸の表御納戸役が管理していたが、明和二年（一七六五）二月五日に取り寄せ、松代で収納されたことが推測できる。禰津三十郎は、どの人物に当たるかは分からないが、（D）の記述に近い頃とすると、明和元年に御用人を務めている[53]。

表御納戸役が印章の管理に関わっていたことがわかったので、ここで、御納戸役の起源・沿革や職掌などを記した「沿革之次第書草稿[54]」をみてみよう。「沿革之次第書草稿」のうち、「事実並勤方沿革」には次のようにある。

一吉光御長持入幷御腰物簞笥入等之御品々幷御書類封物等惣而御用所より御預ケニ相成候節ハ、当座御預り物出入帳江載、御納戸之御簞笥御長持類江入置封印仕、月々当番送り之節聢与相改請取可申事

藩の存在に関わる重要な古文書が入れられた「吉光御腰物簞笥」と、それ以外の徴古文書が入れられた「青貝御紋附御文庫（後に木地蠟御紋附御文庫）」がともに収納されていたのが、「吉光御長持」で、松代城大広間に置かれていた[55]。これら「吉光御長持入」などの品々と書類、封をされた物などが御納戸役に預けられた時は、当座御預り物出入帳へ記載し、御納戸役管理の簞笥、長持類へ入れて封印し、月番に申し送りすることになっていた。先に、使用されなくなった印章は箱に収納し、箱ごと紙で包んで密閉されたことを述べたが、ここでいう「封物」は、こうした印章が含まれるのではないだろうか。さらに「沿革之次第書草稿」後半には、この「当座御預り物出入帳」が写されており、次のような記述がある。

（前略）

當座御預物出入帳写

（中略）

一真常院様御朱印壱封

但文化十一戌十一月廿二日大熊衛士殿御預ケ　（a）

一御用書付願壱封

但文化元子年七月五日真田志摩殿御預ケ

一白鳥御絵図幷ひな形壱箱
　但御勝手方御預ケ年月不相分
（中略）
△一天真院様御居判壱封
　但文政元十月十八日御用番真田志摩殿御預ケ　（b）
△一大暁院様御居判壱封
　但文政十一子年十月六日恩田靫負殿御預ケ　（c）
△一大雲院様右同断壱封
　但天保十五辰年四月十三日真田図書殿御預ケ　（d）
△一大雲院様日光御社参御供被遊御勤候節之
　御印壱箱
　但弘化二巳年十月十八日真田図書殿御預ケ　（e）
（中略）
△一風呂敷包壱箱
　但　信弘公
　　　信安公　　御印形
　　　幸弘公　　御居判　（f）
（後略）　　　　　　　　　　（アルファベット注記は筆者）

（a）幸道（真常院）の御朱印壱封は、その後の記述から考えて、朱印そのものではなく朱印状である可能性も否定できない。しかし、印章そのものを指しているとすると、家老（おそらく国家老）大熊衛士に預けられている。

（b）幸弘（天真院）の御居判が真田志摩に、（c）幸専（大暁院）の御居判が恩田靭負に、（d）（e）は幸良（大雲院）の印章が真田図書に、それぞれ封印されて一旦は預けられていたことがわかる。（b）真田志摩、（c）恩田靭負は家老（おそらくは国家老）、（d）（e）真田図書も家老で「若殿様伝」という役職を兼ねている。「若殿様伝」の職掌はわからないが、少なくとも若殿様、すなわち八代・幸貫の嫡男幸良（大雲院）に近い職であることは確かである。（c）（d）は、それぞれ幸専（大暁院）と幸良（大雲院）の死去からほぼ三か月後と二か月後[56]に預けられている。（c）は、御側御納戸日記[57]には、この日幸専の位牌を安置したこと、藩主・幸貫が「大暁院様御立日[58]」であるので、長国寺に参詣したことが書かれているので、こうしたことが契機となっているのかもしれない。

（e）幸良の日光社参の御供御勤の印とは、天保十四年（一八四三）四月に、将軍徳川家慶が日光に参詣した際、幸良が奏者番として供奉を勤めた時[59]のみに使用したものと考えられる。こちらは亡くなってから一年八か月が過ぎた頃に預けられたことになる。預かった真田図書は、幸良死去後の天保十五年七月に「（若殿様）伝」を御免[60]となり、翌弘化二年十二月に退職[61]となっている。御供御勤の印は幸良死去後御納戸役で管理され、その職務の整理や遺品・遺物の整理が済んだところで家老らに預けられたのであろうか。この印章そのものは印影が伝わっていないが、『宝暦入注文』の付箋二にある幸良の「押合之御印」にあたると考えられる。押合とは、奏者番相互の連絡事務を担当することやその役を意味する語[62]でもあり、その勤めの際に使用したのが「押合之御印」にあたるのではなかろうか。「押合之御印」は現存しているが、嘉永六年の火事にあっており、傷みが激しい。一つ書きの上に書かれた△は、火災で被災したことを表わしているのかもしれない。火災前に御納戸役に戻され城内で保管されていて、火事にあったのであろう。幸良（大雲院）の御居判は現存しないが、あるいは火事で焼失したのであろうか。（f）は火事にあった印章の中に含まれており、御納戸役で保管していたものとみられる。

「沿革之次第書草稿」の「心得」の項には、次のように書かれている。

一御預り御朱印箱、御能装束其外諸御道具御簾・御幕等御道具帳大切ニ可仕事、尤御用番御勝手方御差図を以諸向江相渡候ハバ、諸向より請取次第御届可仕事、勿論当座切手取置可申事、渡切之品々有之候ハバ、御道具帳ニ其趣を書入、御差図之御家老衆之御名面相記御印鑑請、御勘定吟味・御吟味御目附役之見届判取可申事

御朱印箱は、朱印状の入った箱と考えられるので、印章そのものではないが、御納戸役で預かっているこれらの道具類は、御用番の勝手方家老の差図でそれぞれ用向きの場所へ渡すことがあった。道具類が返却された場合は請取次第届け出ること、また、「渡切」つまり道具を渡したまま返却されないものは、道具帳にその旨を記入し、差図した家老などの名を記して印鑑を受け、御勘定吟味役らの見届判も取るように、とある。

さらに、安政元年（一八五四）の表御納戸御用日記には、次のような記述がある。(63)

一御判物御印形類舎人殿ニ不残差出ス

判物と印形すなわち印章類を、御納戸役から家老の河原舎人に差し出している。「当座御預り物出入帳写」にもあるように、印章類は御納戸役で管理し、必要に応じて家老らに渡され、用が済むとまた御納戸役へ戻されたのである。

以上のように、使用者が亡くなった後や不要になった後、印章は比較的早い時期に封印され、御納戸役管理となり、さらに家老などに預けられ、ある期間が過ぎると改めて御納戸役に戻され、御納戸役管理のもとおそらくは松代城内の御用部屋で保管されていたとみられる。これは、死後の不正使用や錯誤などを防止するための措置

とも考えられる。秋田藩では、藩主の署名・花押のうえ発給された文書を紛失・焼失した場合、処罰を受けたという(64)。これは、藩主の権威維持に関わることである。そうであるならば、死後であっても印章の取り扱いについては、慎重かつ厳重である必要があり、封印して保管されたと考えられる。後に印章は非現用の永年保存資料として、また、家の歴史を表わす重宝として御納戸役に戻された。そして御納戸役の管理下におかれ、木地蠟御紋付御文庫に収納されるというのが一連の流れであったのであろう。

おわりに

以上、真田家印章の使用と伝来について、縷々述べてきたことをまとめたい。

まず、印章の使用例として、老中など幕府に向けて、家の存続にかかわる重要な文書については御印判と御居判を両方捺す「重判」が用いられた。また、御居判を捺す事例として、大名や旗本間における儀礼的な文書が挙げられる。家臣などに向けた文書には、上級家臣への太刀・馬代献上の返礼に御居判が捺された。また、真田幸道の借金証文には幸道の黒丸印が捺され、借金返済後に捺印部分が墨で消されている。書判と印判が両方使用されている例も稀にあり、より自由な使用例として注目されよう。朱印は、従来からいわれている定や条々、知行宛行状などに加え、年貢皆済の証文にも捺されていることがわかった。先に印章を捺した「判紙」もあり、後から内容を書き入れていたとみられる。

次に伝来については、印章が作成・使用されている間は、家老らの執務室である御用部屋に保管されている場合がある。その後使用者の死去など何らかの理由によって使用されなくなると、比較的早い段階で箱に入れられ箱ごと紙に包まれて封がなされる。封がなされた後は御納戸役管理となり、家老などに預け置かれることもある。在預けられた後、ある程度の期間をおいて、改めて御納戸役に戻され、江戸にあったものは在所へと送られる。在所でも、御納戸役の管理の下で同じく御用部屋に保管され、後に「青貝附御文庫（後に、木地蠟御紋附御文庫）に収納、保管された。中には、御用部屋に保管されたまま文書に紛れ、「古書入簞笥」に収納されていたものもあった。この印章の一連の管理は、印章があらかじめ捺された「判紙」を含め、御納戸役が担っていたものと考えられる。

現在残っている文書から使用例を探ったために、偏りがある感は否めないが、御納戸役が主要な役割を果たしていたことなど、わずかながらでも実情が見えてきたのではなかろうか。今後の課題は、印章が捺された文書のより詳しい分析とその意味、そして近世史における古文書学的考察が印章の分析を踏まえて進化することである。そのためにも、真田家の例にとどまらず、大名家に伝来した印章の調査を進めることが必要である。また、今回取り上げなかった印章も数多く、これらについては、今後の研究課題としたい。

（1）印章に特化した調査報告書としては、『弘前市立博物館所蔵資料調査報告書　津軽家印章　糸印』（二〇〇八年）がある。また、『新潟県立博物館平成二〇年度秋季企画展　ハンコ今昔』図録では、米澤藩上杉家のほか新発田藩溝口家、一関藩田村家の印章が紹介されている。大名家の印章について言及されているものとしては、仙台藩伊達家の印章について、嘉藤美代子「伊達家旧蔵の印章について」（『仙台市博物館調査研究報告書』第二号、一九八一年）、同「伊達家旧蔵の印章について・補遺」（『仙台市博物館調査研究報告書』第三号、一九八二年）、丸亀藩京極家の印章について『丸亀京極家――名門大名の江戸時代――』展図録（香川県立ミュージアム、二〇一一年）などがあり、多くの大名家に伝来したことが判明している。

（2）原田和彦「真田家の印章について――「真田家文書」における位置――」（『松代』一一号、一九九八年）。以下原田氏の引用は、断らない限りこの論文による。

『真田宝物館収蔵品目録　長野県宝　真田家文書（2）』（松代文化施設等管理事務所、二〇〇五年）。

（3）真田宝物館蔵文書　文一一―五―一一―一二「第二番御土蔵御二階下仮御道具帳」は、明治十三年（一八八〇）に、真

田家の道具を整理した際の道具帳である。ここには「文房具」に分類された道具の中に硯箱や印箱とともに印章が見えているが、藩主の朱印や黒印、花押の印章とみられるものは見当たらない。書き上げられているのは石印が多く、これらは落款印や雅号印とみられ、明治十三年の段階でも藩主の朱印や黒印、花押の印章は別に扱われていたと考えられる。

(4) 石井良助『はん』(学生社、一九六四年)、のち同『印判の歴史』(明石書店、一九九一年)。

(5) 荻野三七彦『印章』(吉川弘文館、一九六六年、新装版発行一九九五年)。

(6) 佐藤進一『花押を読む』(平凡社、一九八八年)。

(7) 日本古文書学会編『日本古文書学論集11　近世一』(吉川弘文館、一九八七年)。

(8) 大石慎三郎ほか編『日本古文書学講座　六　近世編一』(雄山閣、一九七九年)、日本歴史学会編『概説古文書学　近世編』(吉川弘文館、一九八九年)。

(9) 長谷川成一「弘前藩四代藩主津軽信政の花押と印判」(『北奥羽の大名と民衆』清文堂出版、二〇〇八年)。

(10)『柳川市史　別編　図説立花家記』(柳川市、二〇一〇年)。

(11) 前掲註(1)『新潟県立博物館平成二〇年度秋季企画展　ハンコ今昔』図録。

(12) 前掲註(1)『新潟県立博物館平成二〇年度秋季企画展　ハンコ今昔』図録。

(13) 氏家幹人「多聞櫓文書整理の現状　四来翰」(『北の丸――国立公文書館報――』第一七号、一九八五年)。

(14) 藤田覚「近世幕政文書の史料学的考察」(『近世史料論の世界』校倉書房、二〇一二年)。

(15) 花押を印章化したものについては、佐藤進一前掲註(6)によれば、花押を版刻にして墨を塗って押すものと、花押を双鉤式(籠字式)に刻して、これを押した上で塡墨するものを花押型、花押を印文の如く見なして印章に取り入れたものを花押印としている。しかし、すべてが印章であることには変わりがなく、一関藩田村家では文字通り花押型と呼ぶにふさわしい板状の花押抜き型が現存する。そのため本稿では、印章の形をとる花押の型については、すべて「花押の印章」とした。

(16) いずれの藩においても、江戸時代中期以降は、おおむね双鉤式(籠字式)の花押の印章が用いられているようである。真田家の場合、六代・幸弘については版刻の印章と双鉤式の印章両方が伝来する。ちなみに双鉤式のものは火事にあって炭化している。使用時期については、長野市立博物館蔵野本家文書Ｄ30〔関所通行願〕に、見せ消しになっているものの、寛政七年（一七九五）の年記が入り、双鉤式（籠字式）の印章が使用されている。版刻式から双鉤式への転換は幸弘の頃、寛政期前後と考えられる。

(17) 藤田前掲註(14)。

(18) 前掲註(8)『概説古文書学　近世編』。

(19) 真田宝物館蔵文書　文三〇―一四―一〇「御隠居御願書御例書」。

(20) 真田宝物館蔵文書　吉一八一「幸専御隠居・幸貫御家督願書控」。

(21) この隠居願書控に捺されている御印判は、『宝暦入注文』には、真田幸良のものとして掲載されているものにあたる。印文は「幸良」と思われるが、幸専の隠居願書に使用されている理由は不明。あるいは印文は「幸専」であろうか。いずれにしても御印判と御居判二つが捺されることに変わりはない。根津寿夫氏は印章が引き継がれる場合があることを紹介されているが（根津寿夫「徳島藩主の花押・印章について――「率由編」を中心に――」『凌霄』第八号、四国大学、二〇〇一年）あるいは、幸専が使用していたものを幸良が再利用したのであろうか。後考を俟ちたい。

(22) 真田宝物館蔵文書　文一〇―一―三―二―二―一。

(23) 前掲註(10)立花家や、国立公文書館に所蔵される仮養子願書は、管見の限りすべて折紙である。

(24) 真田宝物館蔵文書　文一〇―一―五―一三―五、文六―一六―八四―一など。

(25) 石井前掲註(4)。

(26) 長野市立博物館蔵野本家文書Ｄ11、野本家文書については、『長野市立博物館収蔵資料目録　歴史15　購入資料（3）野本家文書（その2）』（長野市立博物館、二〇一四年）。

(27) 『江戸幕府　旗本人名事典』（原書房、一九八九年）。

(28) 国立公文書館蔵　多〇一七四二五「酒井雅楽頭大老職被仰付候ニ付一札」、多〇一九三九五「年頭之御祝儀一札」など。

(29) 真田宝物館蔵文書　文一〇―一―五―五―五本多大和守忠堯書状、文一〇―一―五―八―二井伊掃部守直幸書状など。

(30) 調査した主な文書群は、真田宝物館に寄贈・寄託されている文書のうち、矢澤家（一四〇〇石～二〇〇〇石）、真田図書家（伏島家文書・七〇〇石）、前島家（二〇〇石～三〇〇石）、樋口家（二三〇石）、山寺家（一六〇石）などである。
(31) 真田宝物館蔵矢澤家文書一a—一九—一。
(32) 真田宝物館蔵文書　吉二一〇、米山一政編『真田家文書　下巻』（長野市、一九八三年）所収。
(33) 前掲註(32)『真田家文書　下巻』所収一号文書から三五号文書。
(34) 種村威史「徳川将軍文書の焼却にみる近世の文書認識」（『国文学研究資料館紀要　アーカイブズ研究篇』第五号・通巻四〇号、二〇〇九年）。
(35) 大友一雄「近世の文字社会と身分序列——秋田藩を事例に——」（『歴史評論』六五三号、校倉書房、二〇〇四年）。
(36) 国文学研究資料館寄託真田家文書七三三—二「内条目」。
(37) 真田宝物館蔵文書　文一一—一—四四—一「遺詫一封」、本史料については、佐藤宏之「苦悩する大名——第九代藩主真田幸教の政治構想——」（渡辺尚志・小関悠一郎編『藩地域の政策主体と藩政』岩田書院、二〇〇八年）に紹介されている。
(38) 真田宝物館蔵文書　文一〇—一—一—二六—一「文聰院様御書」。
(39) 原田和彦「真田信之文書の基礎的考察」（『市誌研究ながの』第一八号、長野市公文書館、二〇一一年）。
(40) 長野市立博物館蔵野本家文書D31「年貢収納皆済朱印状（文化三年より十二年まで控）」。
(41) 真田宝物館蔵文書　吉二一三「御朱印御案詞　壱綴」。
(42) 真田宝物館蔵文書　吉七六、『真田宝物館収蔵品目録　長野県宝　真田家文書（3）』（松代文化施設等管理事務所、二〇〇六年）所収。
(43) 根津前掲註(21)。
(44)『天保入注文』は二種類（真田宝物館蔵文書　吉一一九〈『真田宝物館収蔵品目録　長野県宝　真田家文書（1）』松代文化施設等管理事務所、二〇〇四年初版所収〉、国文学研究資料館蔵あ三一八五「天保四年癸巳　吉光御長持御腰物簞笥入記二冊　御用部屋置附」〈『真田宝物館収蔵品目録　長野県宝　真田家文書（1）』に全文翻刻掲載〉）あり、内容はわずかに違いがみられる。
(45) 阿波国蜂須賀家の事例では、花押の印章ではないが、藩主の政治的志向との関係で花押が改められた可能性が指摘されている（根津前掲註21）。真田幸弘の場合、御居判が改められた宝暦九年は二度目の国入りの時であり、自身は二〇歳という若さである。家老・恩田木工を登用して藩政改革に乗り出している時期でもあり、あるいはそうした志向が関係しているのかもしれない。

(46)　太田尚宏「真田家文書〈家老日記〉の種類と性格」（『国文学研究資料館紀要　アーカイブズ研究篇』第一〇号・通巻四五号、二〇一四年）。

(47)　「御朱印御案詞　壱綴」、前掲註(41)。

(48)　原田和彦「真田家伝来の大名道具と道具帳――真田家大名道具論（1）――」（『松代』一三号、一九九九年）。

(49)　国文学研究資料館蔵真田家文書い一九〇三。国文学研究資料館編『藩の文書管理』（名著出版、二〇〇八年）に全文翻刻、紹介がなされている。

(50)　前掲註(49)『藩の文書管理』解題。

(51)　長野県立歴史館蔵飯島勝休資料〇―一五―一〇二「分限帳」。

(52)　長野県立歴史館蔵飯島勝休資料〇―一五―一八九「沿革之次第書草稿」。この史料は、御納戸役であった飯島勝休が、嘉永五年に御納戸役の職制や勤方などを書き連ね、藩へ提出したとみられるものの草稿で、職制のほか代々の御納戸役の名面や誓詞、年中行事などについても書かれている。降幡浩樹「資料紹介　松代藩御納戸役「嘉永五子年二月十五日差出　沿革之次第書草稿」（上）」（『松代』二八号、二〇一五年）。

(53)　長野市立博物館蔵浦野家旧蔵資料13「宝暦度ヨリ明治度迄　与太れ曽つ禰奈れ武宇ゐ乃於久也末け不　中巻」（真田家家中明細）。宮澤崇士氏のご教示による。

(54)　前掲註(52)。

(55)　原田和彦「松代藩における文書の管理と伝来」（国文学研究資料館編『藩政アーカイブズの研究――近世における文書管理と保存――』岩田書院、二〇〇八年）など。

(56)　真田家系譜によれば、幸専は文政十一年七月六日、幸良は天保十五年二月十二日にそれぞれ没している（米山一政編『真田家文書　中巻』長野市、一九八二年）。

(57)　国文学研究資料館蔵真田家文書い二六〇「御側御納戸日記」。十月六日条。

(58) 立日は死んだ人の忌日、命日を言い、この場合、月命日を指していると思われる。
(59) 幸良が日光参詣時に奏者番を勤めた事については、種村威史「天保期日光社参における宿城儀礼と奏者番」（『国史学』一九〇号、国史学会、二〇〇六年）。
(60) 国立史料館編『真田家家中明細書』（東京大学出版会、一九八六年）。
(61) 長野市立博物館蔵浦野家旧蔵資料10「明細書　安永度ヨリ嘉永度迄　旧士族壱ノ部イロハ分　一巻」。宮澤崇士氏のご教示による。
(62) 『日本国語大辞典第二版』（小学館、二〇〇一年）。
(63) 国文学研究資料館蔵真田家文書い一四八六「(御用日記)(表御納戸)」閏七月十五日条。
(64) 大友前掲註(35)。

第3表　『入注文』の記述と現状印章データ

使用者	名称	収納形態の記述	入注文でのまとまり	記載場所	『宝暦入注文』にある印影	包紙	付箋	箱書
信之	御朱印壱ツ	右五ツ共ニ羅紗巾着入	合四ツ	宝暦			合五ツ　一当様御判四ツ　外ニから金判壱ツ	
	御印判壱ツ			宝暦				
	御居判弐ツ			宝暦	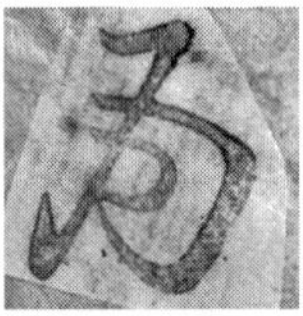 			
	唐銅御朱印壱ツ		外ニ	宝暦				
幸道	御朱印弐ツ			宝暦	 	幸道公御朱印二	（角印）「幸道」	

	御印判弐ツ			壱封	宝暦	 	幸道御印判二			
信弘	御朱印壱ツ				宝暦		享保十二未年十一月十一日出来　信弘御朱印			
信安	御朱印壱ツ	肉池付木箱入			宝暦					
	御印判弐ツ	赤地金入箱・紺地金入箱			宝暦		宝暦二壬申年　四月廿五日封置　御判形			
（信重）	古キ御朱印弐ツ	紫服紗包み	外ニ		宝暦	 			「信重公印　四個（朱）ヌ印」「古御判」	

幸道		
御居判六ツ一包	同断弐ツ一包	御印判壱ツ
一箱ニ入		
宝暦	宝暦	宝暦
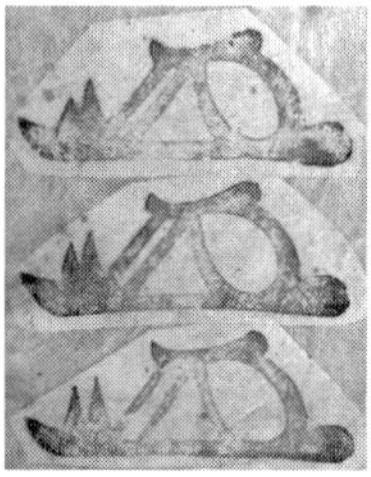 		
「真常院様古之御居判形六」「(朱)イ印ノ二」「御用部屋古キ書付之内より出ル」	「御印形壱ツ　真常院様　御居判弐ツ」	
(一番小さいもの)「いにしへの御判」	(一つのみ)「御病中迄用来候御判」	

信安	幸豊（幸弘）	
御居判弐ツ	御居判三ツ	御朱印壱ツ
	箱入	収納袋は粉化、粉の中に付箋「隼人様御すへ判」
	一箱ニ入	
宝暦	宝暦	宝暦
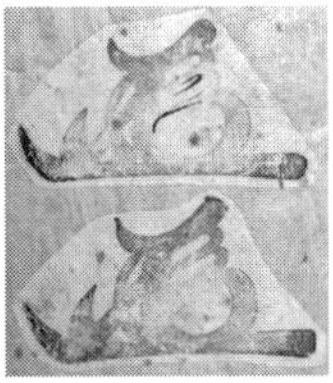	掲載なし	
「信安公御居判二」	宝暦九己卯年二月幸豊公 御居判三御判形御改付此御判形御用無之候	
		隼人様御朱印
	「御居判 三 柘植之御判形者御家督砌少之内御用被遊候其後御改 水牛御居判二宝暦九己卯二月中迄御用被遊又候御判形相改 二月六日より此御居判御用無之候」「封」	

隼人（信重）	乾徳院様（信弘）	高量院様（幸詮）	信弘	
御居判壱ツ	御居判之形（２）	御居判之形（２）	御印形壱ツ肉共櫃入	小御印弐ツ
黒服紗包、金襴張印面カバー付				
	一箱壱封			
宝暦	宝暦付箋 1	宝暦付箋 1	宝暦付箋 2	宝暦付箋 2
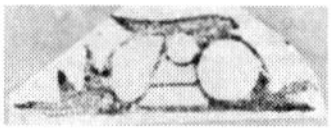			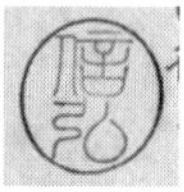	 
	「幸詮公　信弘公花押各二顆」「元文二巳年二月六日　出浦作大夫預り　乾徳院様御居判二　高量院様御居判二入箱　此箱　祢津三十郎預ケ　明和二酉年江戸御納戸より取寄仕廻置」「此箱大切ニ被成候由、御断ニ而御座候以上」		「信弘公　小御印二」	
「信重公印　四個（朱）ヌ印」「古御判」				

	信安		
御居判弐ツ　櫃入 櫃無之	角御印 壱ツ 萌黄地 錦巾着 入	御居判 弐ツ	外に 御肉入 壱ツ横 形角切 角蝋色 印籠蓋 ／金粉 六文銭 御紋附 紫袷服 紗包
	萌黄地錦 巾着入		

宝暦付箋 2	宝暦付箋 2	宝暦付箋 2	宝暦付箋 2
 		 	なし
「享保十三申五月日 古御書判 乾徳院様ナリ」	「信安公角御印」	「御判形」	（印とも現存しない）

幸弘				幸専
御印形弐ツ		御居判壱ツ　焼損如此	外ニ御印形壱ツ肉共櫃入紫袷服紗包	御居判七ツ　内弐ツ水牛
萌黄単服紗包	萌黄錦裏白練			

右者嘉永六癸丑年五月朔日御殿御焼失之節翌二日文琳御茶入一同土中より掘出同七甲寅年閏七月十七日御長持江入

宝暦付箋 2	宝暦付箋 2	宝暦付箋 2	宝暦付箋 2	宝暦付箋 2
			なし	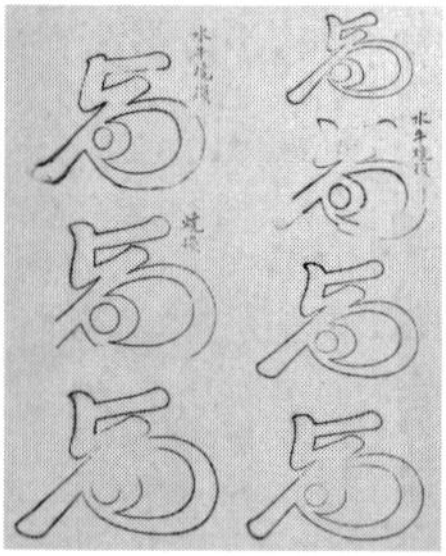
			（焼損のため、櫃から取り出し不可）	「幸専公居判　七箇」

御印形三ツ	焼損如此	幸栄之文字欤	押合之御印	御朱印	御居判
幸良				天真院様（幸弘）	
				（天保）「天保十亥年三月十五日仕廻置」	
				壱箱入（宝暦）	
				壱封（天保）	
宝暦付箋2	宝暦付箋2	宝暦付箋2	宝暦付箋2	宝暦付箋3・天保（資料館）	宝暦付箋3・天保（資料館）
			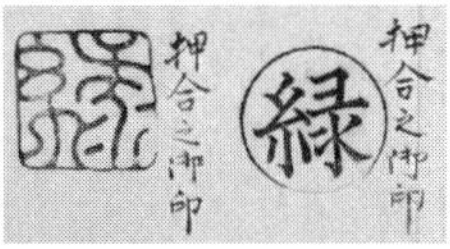		
「幸良公幸良之字御印形」	「幸良公幸良之字御印形」	「幸良公幸栄之字ヵ御印形」	「幸良公押合之御印二」		
（朱）ト印／幸良公五顆					

大暁院様（幸専）	御朱印				宝暦付箋3・天保（資料館）					
感応院様（幸貫）	御朱印			壱封	宝暦付箋3のみ					
円明院（幸忠）	御居判三			壱箱入	天保（吉119）		（箱包紙）「円明院様御居判大小三」「封」			幸忠公（幸貫養子）円明院様御居判

第13章　真田宝物館所蔵真田家文書の管理と容器の特質

――目録編成に向けた現状調査報告――

工藤　航平

はじめに

本稿は、国文学研究資料館による真田家文書群(1)の横断的・統合的データベースの構築の向けた調査・研究の一環として、真田宝物館所蔵真田家文書の目録作成における編成・記述のための現状報告である。本調査・研究は真田宝物館と共同で実施されているもので、本稿の執筆にあたっても、真田宝物館より多くの情報の提供を受けている。

真田家文書群は史料群としてのまとまりが大きく、国文学研究資料館所蔵の「信濃国松代真田家文書」、同館収蔵の寄託史料である「真田家寄託　信濃国松代真田家文書」、真田宝物館所蔵「真田家文書」という三群に分割されている。本来は、松代藩・真田家のもとで作成・授受された文書群として一体的に把握されるものであるが、歴史的過程のなかで、現在のような分散管理がなされるにいたった。

文部省史料館（現・国文学研究資料館）発足当初の一九五一年、膨大な量にのぼる真田家文書群の一部の譲渡を受けた。その後、同じく真田家文書群を構成する東京の真田邸所蔵分および真田宝物館所蔵分などの調査も実施し、マイクロ写真での収集を行うことで、同文書群の全貌を把握しようと努めてきた。

そして二〇〇〇年以降、国文学研究資料館と真田宝物館に収蔵されている史料群について、史料目録のデータベース化を進め、横断的・統合的に利活用できる体制を整備している。そのなかで、真田宝物館所蔵分の史料目録を作成する上で、過去の史料整理と現在の保存状況を確認し、目録編成に役立てるため、保管容器の調査を実施した。渡辺浩一(2)は、保存容器からは内的組織や機能を判断する際の情報の抽出が可能であり、史料整理や目録編成作業を迅速かつ的確に行うための有益な情報を得ることができると指摘している。

本稿は、①調査・研究を進める上で、真田家文書群を理解するための基礎情報として、その来歴と管理状況、これまでの調査活動について概要を示すこと、②歴史的過程のなかで保管状況が改変されたことを踏まえ、目録編成において一つの規準となる保管容器の分析を行うこと、③それらを踏まえ、現段階における大まかな目録編成の見通しを示しておくこと、を目的とする。

なお、真田家・松代藩庁に関わるすべての資料は、大まかに文書、道具類、典籍（書籍）に分けて把握されている。また、本来であれば一つの資料群ではあるが、膨大な量に及ぶため、種別ごとに分けて検討されている。真田家文書群の管理や伝来についてはすでに複数の調査報告(3)がなされており、本稿はこれら調査報告を参考に、筆者の調査成果を踏まえて論ずるものであることをお断りしておく。

第一節　真田家文書群の来歴と分散管理

本節では、真田宝物館所蔵真田家文書を理解するにあたり、分散管理されている各「真田家文書」の性格について検討を行う(4)。真田家文書群は、明治以降、旧領地である長野県長野市松代町の真田家別邸に収蔵されていた史料群であるが、管理上において何回かの画期を経て現在に至っている。

真田家邸内には諸道具類および文書類を収納する一番から七番までの七棟の土蔵があり、主に三番と四番の土蔵に文書類が格納されていた。もともと新御殿（通称「真田家別邸」）には六棟の土蔵があり、後に七番土蔵が増設されている。

松代藩庁文書に関しては、明治五年（一八七二）二月に長野県庁へ引き渡されることとなり、権大参事長谷川昭道や草間一路ら一七名が「長持三棹の書類」を持参したという(5)。

一方、藩侯の文書（大名家文書）と、松代藩庁管理の文書（藩庁文書）のうち松代県・長野県に引き継がれない文書は、元知事真田家のもとにおかれ、新御殿内の蔵に収蔵されたものと推測されている(6)。また、明治六年（一八七三）に花の丸御殿が全焼した後、新御殿にある蔵に松代城と花の丸御殿で収蔵していた道具類を収納したという(7)。

この段階で松代の真田家に残された史料の構成は、各土蔵に格納されているまとまりごとに、大正七年（一九一八）から行われた「在庫品整理」で次のように把握されている(8)。

第一番倉庫「重代ノ御什器、就中文書・武器等品々貴重ノモノヲ納ム」
第二番倉庫「武器其外」
第三番倉庫「楽器・能装束及書画類、階下書籍類」
第四番倉庫「調度品就中茶器類名物多シ」
第五番倉庫「貞松院御遺物ノミニシテ種々ノモノアリ」
第六番倉庫「武器ノ類ナラサルモノヲ納ム、就中大楽類ヲシテ、危険物を戻ス」

この時の記録には、二番倉庫一階に「民政上累年の書留帳簿類」が格納され、また別の倉庫には「多数の書類や伝来の図書」が保存されていたともある。

そして、昭和十一年（一九三六）には、真田家文書群が新たな段階を迎えることとなった。十月から十二月まで七回に分け、東京赤坂六本木の本邸の道具類と文書・書籍が松代に移送され、既存の史料群と空間的・物理的にも一体化されることとなったのである。(9) ただし、江戸藩邸および明治以降東京で蓄積された文書の一部と、松代で蓄積された文書とは、当初より混合されたのか、ある段階で混合されることになったのかは不明であるが、結果的に松代別邸で混在して保管されていた。

その後しばらくは、真田家別邸において管理されていたが、一九五〇年に文部省史料館への一部譲渡により、現在のような分散管理へと動き出すこととなった。前述したように、真田家文書群は大きく三つに分割されたが、その分割状況と史料群の概要は次の通りである。

ⓐ国文学研究資料館所蔵「信濃国松代真田家文書(10)」（五万二一五九件）

一九五〇年末に真田家当主より文部省史料館（現・国文学研究資料館）へ譲渡され、翌五一年に東京へ移管されている。真田家で家扶をしていた永井久子氏の談話によると、第七番倉庫に格納されていた史料群が文部省史料館へ移送されたという。

ⓑ真田宝物館所蔵「真田家文書」（約一万七〇〇〇件）

昭和四十一年に真田家の土地や建物が松代町に売却され、文書類や武具・道具なども同家より旧松代町へ寄贈された。寄贈されたものは、刀剣や武具、調度品、楽器、香・茶道具、機械、彫刻、服飾、書画、書籍など多岐にわたる。同年、同町が長野市へ編入されたことにより、同市の所管となる。その後、長野市商工部観光課所管で、旧真田邸で保管された。一九六九年に真田宝物館が開館すると同時に同館へ移管され、保管と公開が行われている。当初は文部省史料館へ譲渡されたものがすべてと認識されていたが、昭和五十年に原島陽一らが調査を行ったところ、多量の文書の存在が初めて確認される。

このなかには、藩の存在証明にも関わる戦国時代から伝来の史料群（「吉文書」）が含まれ、その一部は長野県の指定（長野県宝）を受けている。

ⓒ国文学研究資料館寄託「信濃国松代真田家文書」[11]（三八四四九件）

昭和六十年、一番、四番、五番土蔵の解体修理にともない、東京都世田谷区と松代の真田家へ長持などの文書を移送している。真田家よりの寄託照会の契機は、東京の同家邸内に所蔵していたものと、松代の私邸内で私的に保管されてきたものを一括して保存を計ろうとの考えによるものであった。一九八八年、文部省史料館が寄託文書として受け入れるに至った。

一九五一年移管時、国文学研究資料館へ寄贈されたものは七番倉庫に格納されていたものとのことである。では、国文学研究資料館に移送されたものと真田家に残されたものとは、いかなる規準で分割されていたのであろうか。この点については、きちんとした記録がないため、管見の限りでは明確にできない。そこで、真田家文書群の調査に携わった学芸員や史料群の構造分析を行った研究者らの指摘から、大まかな規準を捉えてみたい。

文部省史料館の原島陽一は[12]、「現在のまでのところ両者には内容で区分したような基準は特に見出せない。極端な例を挙げれば同名の表題をもつ連続史料が双方に分割所蔵されているものもある」と述べている。また、真田宝物館所蔵真田家文書の整理を行った北村保は[13]、「厳密に内容で区分したとは考えられない」とし、各史料群の概要と松代邸時代の管理状況をもとに、宝物館所蔵文書は「家伝の文書」、国文学研究資料館所蔵文書は「藩庁文書」という認識を示している。ただ、真田邸の土蔵に藩庁文書が存在した要因は、文部省史料館への移送の際、明治期の家政関係文書として残されたもののなかに混在していたと推察している。

一方、松代藩の文書管理を研究している原田和彦[14]は、明治期の史料整理での分類に基づき、真田宝物館所蔵分は未整理状態の「箪笥の中に所在する多数の書類や伝来の図書」、国文学研究資料館収蔵分は整理された「民政上の書留帳簿類」というように、内容が分かれていると指摘している。同じように、国文学研究資料館収蔵分の目録作成に携わった青木睦は、文部省史料館へ譲渡された史料群の一部は、明治十四年段階の「御蔵内日記書類下調」収載史料と、大正九年「日記目録」、「諸記録目録」記載の史料から構成されているとの見解を示している。その上で原田は、両館に分割されることになった各まとまりは、明治の史料整理の段階で二系統のまとまりとして成立したと指摘している。

また、最後まで真田家に伝来した国文学研究資料館寄託分をみると、史料目録を作成した青木睦は「寄託真田家に藩庁文書が含まれる意図は未だ判明しない」と、これまでのほかの史料群の伝来や史料整理の成果を踏まえ、家政を主体とする史料群との認識を示している。(15) 寄託分には全三八四九点のうち、家老・目付・水道役など公務に関係した日記や書類など二〇六点が含まれているが、「真田邸における蔵と蔵の間での混在がおこりやすい状態であった」ことによると指摘している。

以上のことからも、両館に収蔵されている真田家文書は、一部の混在状況を踏まえつつも、過去に実施された整理状況を保持しており、ある程度の内容ごとに分割されたと考えてよいであろう。譲渡段階では、倉庫ごとにある程度まとまりをもって管理されており、譲渡が倉庫単位で行われたことで、それぞれの史料群で内容に特徴を見出すことができるのだと判断できる。

このように、本来は一体的なもので相互補完的関係にあり、全体として併行利用の必要が認められることから、利活用のための情報提供が求められているといえよう。

第二節　真田宝物館所蔵真田家文書の史料整理の歴史

次に、真田宝物館に所蔵されている真田家文書のうち、これまで実施されてきた文書・記録類の整理作業の経過についてまとめておきたい。共有化データベース構築のための史料目録作成や史料群の性格を理解するために、史料整理や管理状況の変遷は重要な情報となる。

なお、真田家文書のうちの「吉文書」、典籍、道具類については、すでにまとめられているので、そちらの成果を参照されたい(16)。また、近世より戦前までの間にも松代藩や真田家による史料整理やその際に目録作成が行われているが、それらについても先行研究を参照していただき、ここでは真田家文書群が分散されて以降、現在の真田宝物館所蔵分に絞って検討を行うこととする。

(1) 真田宝物館移管以前の史料整理

まず、真田家別邸に保管されていた段階での目録作成について確認しておきたい。国文学研究資料館への寄贈後、一九八八年に松代町真田宝物館へ移管がなされる以前、長野県などにより目録作成が行われている。

『真田家伝承宝物台帳』全三冊　諸道具類の目録／一九六六年以降の作成
『長野県指定文化財目録』全一冊　朱印状、領知目録など三八一件／一九七二年指定
『宝物基礎台帳』全一五冊　道具類中心／一九六九～七二年作成

このように、「宝物」と思われた史料を中心に目録化が実施されたが、文書・記録類についての悉皆的な目録作成は行われていないことがわかる。そのなかで、前述のように国文学研究資料館の史料調査を契機として、米山一政編『真田家文書』全三冊(17)や『真田宝物館収蔵品目録　長野県宝・真田家文書』全四冊(18)といった、文書・記録類の部分的な目録作成も行われるようになっていた。

（2）真田宝物館移管以後の史料整理の概要

真田宝物館所蔵真田家文書の調査および史料目録の作成については、大きく三期にわけることができる。概要をまとめると、次の通りである。

①第一期（一九七〇年代後半）の史料整理

昭和五十年八月以降、長野県史刊行会を中心に信濃史料刊行会・国立史料館（現・国文学研究資料館）・真田宝物館・学校教員などの協力のもと、約三年間で約七〇〇〇点の目録化が完了した。この目録作成と併行して、マイクロ写真の撮影も行われた。一九七五年から三年間で実施された調査の概要は、次の通りである。

第一次調査
　調査期間　一九七五年八月
　調査内容　第四番倉庫の史料整理（典籍類を除く文書・記録類）三一三〇件
第二次調査
　調査期間　一九七五年十月
　調査内容　第三番倉庫の史料整理・目録作成
　　　　　　マイクロフィルム撮影（約一〇〇件、二九リール一万八二九四コマ）【リール番号F七五〇六】
第三次調査
　調査期間　一九七六年三月・十月
　調査内容　第三・四番倉庫の史料整理・目録作成
　　　　　　マイクロフィルム撮影（六三件、二二リール一万三三五七コマ）【F七六〇三】

第四次調査
調査期間　一九七七年七月
調査内容　第三・四番倉庫の史料整理・目録作成
　　マイクロフィルム撮影（六八件、一三リール七五九三コマ）【F七〇一】

この結果、昭和六十三年の真田宝物館開館に伴う移管段階で、後述する容器ラベルBの容器番号一―一番から一二番までの七一箱のうち一九箱分、容器番号一三番から三一番までの一九箱のうち一六箱の史料の目録化が完了していたという。

この史料整理の成果のうち、容器番号一―一から一二までに保管されている史料は、真田宝物館により昭和六十一年に『真田宝物館史料台帳』（松代文化施設等管理事務所、一九八六年十一月作成）が作成された。未整理分五五箱については、国文学研究資料館の調査の際に概要が把握されるのみであった。

また、国文学研究資料館の第一次から第四次までの調査により、第三倉庫および第四倉庫に格納されている史料の整理および目録（紙目録）が作成された。ただし、マイクロ写真の撮影を目的とした史料目録の作成であったため、必要な史料の抽出型の目録化であったという限界がある。同じく、包紙や袋など一括で目録化されたものも多く、利用・管理には不十分なものであった。

この目録化作業において作成されたものが、国文学研究資料館に保管されている手書きの史料台帳（「国文研版台帳」／非公開）と考えられている。また、この国文学研究資料館による史料調査の過程で実施したマイクロフィルム撮影の史料については、『信濃国松代真田家文書撮影目録』を参照されたい。

②第二期（一九九〇年代前半）の史料整理

平成二年（一九九〇）より引き続き元真田宝物館職員の北村保氏によって目録化が進められ、未整理分の目録化が完了した。この結果、二〇〇五年四月段階で、史料番号一―一―一から三〇―二〇―二〇―三まで総点数一万六六九六八件の目録化と、真田宝物館に保管されている手書きの史料台帳（「宝物館版台帳」）が完成する運びとなった。

③第三期（二〇〇〇年以降）の史料整理

国文学研究資料館による分散管理された真田家文書群の共有化データベースの構築のため、史料目録の整備とともに、二〇〇六年以降に手書きで作成された史料目録の電子データへの移行も進められた。これも現時点での業務報告となってしまうが、簡単にまとめておくこととする。

電子データ化への移行作業は、まず、国文学研究資料館において、マイクロソフト社表計算ソフト「エクセル」を利用した国文研版台帳のデータ化が進められることとなった。それと同時に、国文研版台帳と電子データとの照合作業を行い、校正作業も同時に進められた。その次に、真田宝物館において国文研版台帳よりも情報が更新されていた宝物館版台帳との照合が行われ、あわせて電子データの修正が図られた。幾度かにわたった照合・校正・追加入力を経て、二〇一〇年度に二つの台帳を統合した「真田宝物館所蔵真田家文書目録データ」（統合版台帳データ）が完成したのである。

しかし、これは二〇〇〇年頃までに両館で作成された台帳を統合したものであり、目録表記自体の精査は行われていない。包紙に包まれた複数の文書を一点としたり、誤った情報が記されていたりするなど、一般の利用に供するには不十分であるため、二〇一一年一月より真田宝物館と国文学研究資料館との共同作業として、多くの研究者らの協力を得ながら、統合版台帳と原文書との照合による改訂作業を進めている。決定版の「真田宝物館所蔵真田家文書目録」の完成を目指すとともに、国文学研究資料館所蔵「信濃国松代真田家文書」や「信濃国松代真田家文書（寄託）」とのデータ上での統合化に向けた作業が進められている。

第三節　保管容器と目録編成

最後に、現在の真田宝物館所蔵真田家文書の保管容器について、史料目録の編成との関わりから言及しておきたい。

現在、同館では約一万七〇〇〇点の文書類が、三一の容器に収納されて、収蔵庫で保管されている。この容器のほとんどは明らかに近世段階より利用されてきたと考えられ、大半は箱書きと収納文書とが一致する。そのため、史料整理や文書の移動・移管の歴史を追うことで、保管容器を手がかりに史料群全体の構造を知ることができると考える。

現在、特に大名文書については、当時の文書目録（現用段階の管理台帳）や組織などの分析を通じて史料群の内的構造を明らかにし、目録編成が行われている。真田家文書群においても、原田和彦らによって近世期の文書管理のあり方が分析されている。山中さゆりは、これら大名文書研究を踏まえ、当時の文書目録と古い文書管理状況を保っている同館所蔵真田家文書との同定作業を通じて、目録編成を試みている(19)。

一方、長い歴史のなかで統合・分散・再編を経験した史料群の整理は、現用段階の秩序・構造に基づき行うことは至難である。また、現用段階の文書目録も全てにおいて作成・残存しているわけでもないため、全体の史料群構造を明らかにするには限界があろう。

そこで、史料整理が進められている現段階においては、様々な角度から目録編成の方法を提示し、それらを掛け合わせながらより良い方法を模索することが求められると考える。そのような問題関心から、本稿では保管容器に注目し、保管容器からみえる目録編成の方法を試論というかたちで提示してみたい。

その前提として、いかなる過程を経て現状に至ったのか、どのような規準に基づいて現秩序に至ったのかをまずは明らかにする必要がある。

（1）史料整理と保管容器

北村保によると、一番倉庫には「吉文書」[20]、三番倉庫には容器番号一から一二番までの文書、四番倉庫には容器番号一三から三一番までのものが格納されていたという[21]。また、北村氏は次のように述べている。

宝物館文書は、それ〳〵ある種のまとまりをもって収納されている。一番から三一番に分類された大小不揃の容器、小型の長持・唐櫃・簞笥・文箱・文庫箱等々、箱材も桐・杉・松・檜と様々漆塗りの豪華な容器もあり、容器に特別な意図を持つものもある。一番から一二番までの分は七一個の比較的小型の箱類に収められて枝番号で分類されている。現在の箱番号がつけられたのは、昭和四一年五月以降松代町役場が受け入れ台帳を作成した時に付与されたもので、この時に箱などに入れかえたものでなく、真田邸内の土蔵に収納されていた状態のままで、真田家の分類にもとづいて旧貼札の表記に従って、当主・夫人・嫡子等の名により容器をまとめ、枝番号が与えられたことは疑いない。

四番倉庫に格納された史料は、保存容器が失われたり、箱材も杉や松が多く、明らかに三番倉庫の史料とは別の扱いとなっていたと指摘されている。北村氏は、「保管の土蔵も条件が劣る等相当の差がつけられていたことも事実である」「このような収納が何時のころからなされたのか不詳」と述べている。

では、保管空間に注目して、その歴史的変遷を探ってみたい。

松代で蓄積された史料群は、明治以降、文書の流入や流出、東京の真田邸からの移管、文書・道具類の整理を経験するが、幕末期の文書管理がほぼそのまま受け継がれていたという。その保存形態に手が加えられたのが、大正七年（一九一八）から二五年にかけて行われた大規模な文書・道具類の整理である。真田家別邸、とくに倉庫で管理されていた文書・道具類が全面的に整理されたのである。

この大正期の整理に携わった長岡助次郎の記録によると、大正七年に真田家の家政面において大改革が断行され、その一環として「松代別邸倉庫」（真田邸土蔵）の調査・整理が計画されたという。しかし一方で、この調査では、基本的には江戸時代の道具帳および明治十三年（一八八〇）の調査目録に依りながら、資料ごとにカードを作成している。また、調査に際しては、これまで通りの場所に収納したとあり、その当時の現状保存を心がけていたことがわかる。

この整理では、収納容器の一部変更が行われている。たとえば、宝暦以来、保管状況を変えることのなかった吉光御箱と青貝御文庫の史料群は、ほかに真田家にとって重要なものとして撰び出された古文書を追加して、新たに二つの長持ちに収納され、一番倉庫に格納された。ただし、箱単位や大小の群としてのまとまりは大きくは崩されなかったとも考えられている。

さらに昭和十一年（一九三六）には、十月から十二月まで七回に分け、東京赤坂六本木の本邸の道具類と文書・書籍が松代に移送されている。これら移送された大量の史料群は真田邸の倉庫に格納され、のちに分割された史料群に混在も見られるため、この段階においても松代で保管されてきた史料群の格納場所の移動があったと考えられる。

また、原島陽一は、文部省史料館へ大量の史料を搬出した際の土蔵内の空間が、二五年後の一九七五年段階で既に埋められていたことから、容器の配置が変更されたり、新規搬入が行われたことを指摘している。

（2）　保管容器の概要と特質

真田宝物館所蔵真田家文書の特徴は、倉庫（土蔵）のなかでさらに大小の箱や箪笥、長持などの容器に収納されていたことである。また、後述の容器ラベルからは、容器ごと長持（長棹）のなかに入れられていたことがわかる。

保管容器の概要については、本章末の一覧表を参照されたい。ここでは、簡単に容器について見てみたい。

保管容器の材質は、ほとんどが木製のもので、江戸時代や明治において文書管理用に製作されたものと考えられる。箱の書き込みや貼紙を見ても、収納された文書類と一致することから、本来的に収納されていた形を継承していることがわかる。三点ほど現代になって製作された段ボールや紙製の容器があるが、もともと収納していた容器が破損したか、不都合が生じたために入れ替えたと推察される。

また、収納文書の移し替えも確認することができる。容器に貼付された二つの容器ラベル、古いAラベルと新しいBラベルとを比較すると、Bラベルの一―二および六―一四の二つにおいて、それぞれの容器から相互に移し替えられたことがわかる。たとえば、一―二は松本城受取に関する記録が収納されているが、もとは六―一四に収納されていたことがAラベルの表記からわかる。このようなAラベルとBラベルとの史料整理の間における移し替えは、他にも確認することができる。

一方、Bラベルしかない容器については、一つの容器に収納されていた文書が、複数の新たな容器へ分割されたことも想定できる。新たに移し替えられた容器は新調したものではなく、近世より存在していたものと判断できる。そのため、収納に不都合が生じたためか、新たに空いている容器を探し出して移し替えたのであろう。ただ、箱への書き込みや貼紙がある場合、Aラベルが貼付されていないものも、基本的にはBラベル段階で容器と収納文書とが一致することから、もともと長棹などの収納容器とは区別して把握されていた可能性が高い。

ラベルの貼り間違いや貼り忘れ、経年劣化による剝離も想定されるが、明確な要因は不明である。

(3)　二つの管理ラベル

保管容器には、写真のように二つのラベルが貼られている。容器によっては、ラベルに記された情報が異なっている場合もあり、内容物の入れ替えがあったことが推察される。このラベルからは、いつ・どのような規準で現在のような保管状況となったのかなどの情報を読み取ることもできるため、二つのラベルの表記に注目してみたい。両ラベルを比較し、古い方をAラベル、新しい方をBラベル（第1図）と呼ぶこととする。

Aラベルは、松代町へ寄贈される一九六六年以前、つまり明治以降の真田家で管理されていた段階で貼付されたものと考えられ、長持などに収納されていた段階の情報が表記されている。これは大正七年の調査の際、「一品毎に庫の番号は勿論階の上下・長棹番号、或は棚の上下に至る迄旧位置を記入し御品の要領を記載」した「大型のカード」に類するものと推察される。実際の表記内容も、種別、旧箱番号、収納場所、品目とほぼ一致している。七一箱のうち、三五箱（親番号一～八、一〇）のみに貼付されていることが確認できる。

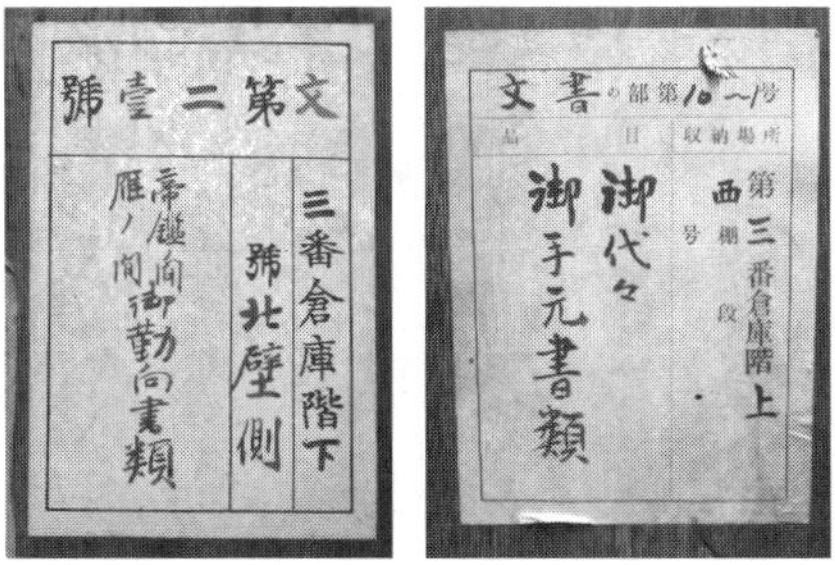

左：容器ラベルＡ　　右：容器ラベルＢ

第１図　二つの管理ラベル

注：ともに容器番号10−１に貼付されたラベルである。

Bラベルは、長野市による管理台帳作成時もしくはそれ以降に貼付されたと考えられる。北村の指摘を踏まえると、管理台帳作成時に付与された箱番号と推察される。現在の史料番号は、一九八八年（昭和六十三）に真田宝物館の収蔵庫が新築された際、保管容器ごとに番号が付与されたもので、この段階までには容器ラベルBが貼付されたと考えられる。表記内容は、種別、新箱番号・枝番号、収納場所、品目となっている。現在の管理状況を示しているため、基本的にはすべての容器に貼付されている。表記はBラベルの方が品目を細かく採録している。

北村保によれば、松代町による管理台帳の作成段階では保管容器の移し替えなどは行っておらず、真田邸の土蔵に格納された状態のままで、「旧貼札」の表記に従って作成されたという。つまり、両ラベルの記述情報の差違は、松代町に寄贈される以前に保存容器の入れ替えや格納場所の変更をともなう文書・道具類の整理が実施されたことを示すと考えられる。その要因を明確に示す史料は確認できないが、一つには昭和十一年（一九三六）に東京の真田邸から大量の文書群が移送されたことが要因と推察される。

両ラベルの具体的な差違について、確認しておきたい。

まず、容器番号の付与の仕方を見ると、二つの差違が見てとれる。一つは、Bラベルには「文書の部」とあるのに対し、Aラベルでは関連表記がない。もう一つは、Aラベルが通し番号であるのに対し、Bラベルは収納文書の内容ごとに親番号・枝番号を付与している。これは文書・道具類の把握の仕方に違いがあるのと、専門的な文書整理の知識を有する人物が携わっていたことによると考えられる。

次に、格納場所について見ると、容器番号一番から一二番までが第三倉庫、一三番から三一番までが第四倉庫ということに変わりはないが、とくに第三倉庫での置き場所に違いが見られる。両ラベルにおける保管場所表記の対応は、次の通りである。

Aラベルの一〇号長棹は、Bラベルの一〇号長棹
Aラベルの一六号・一七号長棹は、Bラベルの一〇号長棹
Aラベルの一八号は、Bラベルの一一号長棹
Aラベルの西壁側は、Bラベルの西棚
Aラベルの北壁側は、Bラベルの西棚

Aラベルで複数の長棹に収納されていた文書が、Bラベルでは一〇号長棹に一括されている。また、Aラベル

で北壁側にあったものが、Bラベルでは西棚（西壁側棚）に移動されている。ただ、Bラベルも数に限りがあり、史料群の総体的な動きを確認できない。

最後に、Aラベルに通しで付与された容器番号を挙げると、六・七・一三・一九（幸貫）、二一（歴代）、二四（幸教）、二九・三〇・三二・三三（信広）、三六・三七・三九・四〇・四一・四三（幸広）、四八・五二・五三・五四・五七・五八・五九（幸貫）、六七・六九・七一・七四・七五（幸良）、七六・七九・八〇（幸教）、八一（幸良）、八二・八四（幸教）、不明四点となっている。

容器の一覧表を見てもわかるように、すべての番号が揃っておらず、また現在の管理情報であるBラベルの容器番号の順番と並びが必ずしも一致していない。ただし、当主ごとのまとまりはもっていることから、文部省史料館への譲渡後、真田邸土蔵に残された文書・道具類の再整理に際し、あらためて現状を尊重しつつ並べ直したものと考えられる。

（4）編成記述の試案

真田家文書群は一体的に把握されるものであり、目録編成においても編成方法や項目などできうる限り共有された方が良いと考えられる。国文学研究資料館に収蔵されている「信濃国松代真田家文書」および「信濃国松代真田家文書（寄託）」は、それぞれがもつ特有の構造や伝来・管理方法を尊重しつつも、共通性を意識した目録編成が採られているといえよう。しかし、真田宝物館所蔵「真田家文書」をみると、伝来および管理において、ほかの二つの史料群とは異なる様相をみせる。これはほかの二群が大きな移動を経験したことで保存状態が崩れたのに対し、松代において移動はあったものの、大正期の文書・道具類の整理を経て、幕末期以来の保存状態をほぼ維持していたためであると考えられる。

そこで、真田宝物館所蔵分については、現状を尊重した整理と個体識別番号の付与、目録編成を行うことが最善と判断できる。

つまり、後述するような史料番号（第一階層）は、一九六六年に松代町へ移管された際に付与されたものであるが、そのもととなった分類・管理は一九六六年以前の真田邸時代に採用されたものと考えられている。その後の史料整理において、第二階層以下の編成と個体識別番号となる史料番号が付与された。

一九九〇年に北村保氏が実施した史料整理では、検索など利用の便の都合により主題分類による目録作成も考えられたが、カード目録で対応することとし、保管状況を尊重した目録作成が継続されたとのことである。編成・記述による目録作成という考え方が浸透しはじめた時期で、国文学研究資料館が調査に関与していたこともあり、このような史料整理が実施されたといえる。

戦後の分散管理される以前の保存体制を形づくったのは、大正期における大規模な文書・道具類の整理と考えられている(22)。

このような認識はこれまで当該史料群の整理作業に携わってきた人々の間でも共有されてきていた。また、保管状況がある程度まとまりをもっているため、そのような編成が可能となるのである。

本書における検討で、幕末期以降の松代邸倉庫での管理状況の変遷と二つのラベルの表記との関係は前述の通りであり、とくに松代町移管後に付与されたBラベルの記述が管理状況を尊重した情報を示していることが判明した。

以上のことから、真田宝物館所蔵分は、真田邸の倉庫に格納され、さらに大小の箱や箪笥に収納されていたという特徴を有する。そのため、保管容器を分析することで、構造分析や項目設定に役立てることができると考える。

まだ原文書の確認が完了していないため、親番号（第一階層）ごとの概要については今後の調査成果を踏まえた精査が必要であるが、現段階での概要をまとめたものが掲載した第1表である。

容器ラベルBの容器番号を利用して階層構造を考えた場合、第一階層を基準に三一の群に分けることができる。第一群から第一二群までは、歴代藩主ごとにサブフォンドが設定されている。これは大正期および昭和の松代町寄贈時の調査で確認され、その際に付与された二つの容器ラベルの品目名からも判断できる。一方、第一三群から第三一群までは、ほとんどに容器ラベルが貼られておらず、付与されている場合も品目情報が記されていない。前者が第三倉庫、後者が第四倉庫に格納され、二つのまとまりに対する史料的価値観の差違も影響していたと推察される。そのため、後者は前者のような内容ごとのまとまりをあまり有しておらず、収納された文書の内容か

第1表　各サブフォンド（第1階層）の概要

群	概要
1	真田幸道
2	真田信弘
3	真田信安
4	真田幸弘
5	真田幸専
6	真田幸貫
7	真田幸良
8	真田幸教
9	真田幸民
10	御代々御手元書類
11	歴代雑書類
12	名もくろく
13	近世期の奥向日記類、明治期の布告・達章留ほか
14	明治期の藩庁文書・家政文書
15	明治・大正期の会計関係、賞典録、戊辰戦争関係ほか
16	松代藩士明細書・履歴書
17	近世期の普請方記録類
18	近世期の普請方記録類
19	近世期の普請方記録類
20	監察日記書抜１～15（享保６年～明治４年）
21	明治期の会計関係
22	明治・大正期の会計関係ほか
23	幕末・明治初年の公用向日記類、長州征討関係記録ほか
24	近世期の留守居方日記類ほか
25	近世・明治期の藩庁文書・家政文書
26	近世・明治期の藩庁文書・家政文書
27	明治初年の国・他藩府県との事務関係
28	戊辰戦争関係書類
29	明治期の東京松代邸の家政関係
30	近世期の藩庁文書・家政文書
31	真田幸弘御手本

注：容器番号１～12は容器ラベル、13～31は収納文書より概要を判断した。

ら編成する必要がある。

つまり、全体を通じて、容器番号に基づいて階層構造を設定することが良い。また、第一群から第一二群までは基本的にBラベルの品目名を採用したサブフォンド名およびシリーズ以下の編成、第一三群から第三一群までは史料整理を踏まえて内容を精査した上でのサブフォンド名およびシリーズ以下の編成が必要とされる。

おわりに

真田家文書は、近世段階の史料を多く伝える全国でも数少ない史料群として認知され、様々な分野の研究に利用されている。その一方で、長い歴史のなかで改変・統合・混合を経験した史料群であり、その構造を正確に把握することは困難を極めるといえよう。

本稿では、真田宝物館所蔵真田家文書の目録編成を考える上での基礎情報として、同史料群の性格や構造を把握するため、これまでの文書管理の変遷、国文学研究資料館所蔵分や同館寄託分との関係性、収納容器について検討を行った。その上で、真田宝物館所蔵真田家文書の今後の史料整理の進め方や目録編成の方法などの見通しを考察した。主に近世期の現用段階で作成された文書管理帳簿をもとに史料群の構造分析が図られているが、限界もある。そこで、様々な方法を用いて、多角的に最善の方策を探っていく必要があるのである。作業報告書のような意味合いもあるが、本稿で検討したことを、以下のようにまとめておく。

大正期の文書・道具類の整理、昭和期の東京からの膨大な量の史料群の移送といった、管理上の大きな画期を経験し、そのたびに格納倉庫や配置場所の変更・混在が行われたことが確認できた。また、大正期もしくは昭和期の文書整理から松代町による管理台帳作成までの間に、収納容器および配置場所の変更が行われたことが二つの容器ラベルの比較から明らかとなった。しかし、現在確認できる容器と収納文書とを比べると、江戸時代から明治期の本来的な文書管理のかたちを留めていることも確かである。つまり、現在確認できる保管容器の秩序をもって編成することで、近世期の文書管理帳簿をもとにして編成できる真田家文書のまとまりとも一体的に編成項目を共有化することも可能と考える。なお、倉庫ごとに格納された文書に対する史料的評価の違いもあるため、第三倉庫に格納された容器番号一から一二番と、第四倉庫に格納された一三から三一番までとでは、容器への収納の仕方に差異が生じていることにも注意が必要である。

また、松代町への寄贈以降に貼付された容器ラベルBを見ると、専門的な史料整理の知識を持つ人物が関わっていたことと判断できる。これまでの管理状況を尊重しつつ、サブフォントの設定が行われているため、この編成項目を採用して目録作業を進めるのが有効と評価できる。

真田宝物館所蔵真田家文書の史料目録改訂作業は現在も継続されており、既存の史料目録では包紙や袋、紙縒で一括されたものを一点としていた表題・件数も多かったが、現在の調査では個別史料ごとに採録することが行われている。きちんと全件点検を踏まえた史料目録が完了していない段階での評価であるため、今後の目録化作業のなかで史料群に対する評価が変わってくる可能性がある。

また、国文学研究資料館収蔵分とのデータベースの統合に向けては、共通のキーワード設定が必要となるため、史料整理とともに情報環境の整備も課題となる。

（1）　本稿では、松代藩庁や松代藩主真田家に由来し真田家のもとで管理されていたが、現在は国文学研究資料館、真田宝物館、真田家（国文学研究資料館へ寄託）に分散管理されている文書群を、便宜上の総称として「真田家文書群」とする。

（2）　渡辺浩一「神戸家所蔵犬山屋神戸家文書の保存容器について」（『史料館報』第六三号、国文学研究資料館史料館、一九九五年）。

（3）『信濃国松代真田家文書目録（その一二・完）』（国文学研究資料館、二〇一一年）、北村保「真田宝物館所蔵真田家文書について」（『信濃』第四四巻第一二号、一九九二年）、原田和彦「『真田家文書』について」（『信濃』第五〇巻第四号、一九九八年）、同「『真田家文書』拾遺」（『信濃』第五〇巻第一一号、一九九八年）、同「長野県宝『真田家文書』の基礎的考察――流入文書について――」（『松代』第一〇号、一九九七年）、同「松代藩における文書の管理と伝来」（国文学研究資料館編『藩政アーカイブズの研究』岩田書院、二〇〇八年）、原島陽一「宝物館所蔵真田家文書の特色と意義」（『松代』第四号、一九九一年）、山中さゆり「近代における真田家資料の展示と整理――長岡助次郎資料から――」（『松代』第一一号、一九九八年）、同「真田家文書目録編成試論――研究の現状と展望――」（『松代』第二一号、二〇〇七年）など。

（4）真田家文書群、とくに松代における同文書群の管理については、原田和彦によって調査がなされている。本稿でも、原田の成果によるところが大きい。

（5）信濃毎日新聞社編『松代――歴史と文化――』（信濃毎日新聞社、一九八七年）。

（6）青木睦「解題」（『信濃国松代真田家文書目録（その一二・完）』前掲註3）。

（7）浅倉有子「松代城地の払下と真田家の道具類宝物の管理」（『松代』第二一号、二〇〇八年）。

（8）大正八年「大正八年から大正一四年までの松代別邸倉庫内品々整理日誌、大正七年十二月整理方草案」（松代真田家文書（寄託）・寄託三二八、国文学研究資料館収蔵）。

（9）降幡浩樹による調査成果による。青木睦「解題」（前掲註6）より引用。

（10）『信濃国松代真田家文書目録』（その一～その一二）史料目録第二八・三七・四〇・四三・五一・五九・八六～九一集（国文学研究資料館、一九七八～二〇一一年）。

（11）『信濃国松代真田家文書目録（その一二・完）』（前掲註3）。

（12）原島陽一「宝物館所蔵真田家文書の特色と意義」（前掲註3）。

（13）北村保「真田宝物館所蔵真田家文書について」（前掲註3）。

（14）原田和彦「松代藩における文書の管理と伝来」（前掲註3）ほか。

（15）青木睦「解題」（前掲註6）。

(16) 浅倉有子「松代城地の払下と真田家の道具類宝物の管理」(前掲註7)、原田和彦「真田家伝来の典籍整理の一方向――松代真田家別邸とのかかわりから――」(『松代』第二三号、二〇一〇年)、同「『有斐亭文庫』の成立についての覚書」(『長野市立博物館紀要』第一一号、二〇一一年)、同「松代城の『城附諸道具』――真田家大名道具論(一)――」(『松代』第一二号、一九九九年)、同「真田家伝来の大名道具と道具帳――真田家大名道具論(二)――」(『松代』第一三号、二〇〇〇年)、同「真田家における典籍の集積と流出」(『松代』第二三号、二〇一〇年)。
(17) 米山一政編『真田家文書』全三冊(長野市、一九八一～八三年)。
(18) 『真田宝物館収蔵品目録　長野県宝真田家文書』全四冊(松代文化施設等管理事務所、二〇〇四～〇七年)。
(19) 山中さゆり「真田家文書目録編成試論」(前掲註3)。
(20) 原田和彦「松代藩における文書の管理と伝来」(前掲註3)。
(21) 北村保「真田宝物館所蔵真田家文書について」(前掲註3)。
(22) 国文学研究資料館編『藩の文書管理』(名著出版、二〇〇八年)、原田和彦「長野県宝・真田家文書について」(『真田宝物館収蔵品目録　長野県宝真田家文書(一)』松代文化施設等管理事務所、二〇一二年改訂)。

第2表　真田邸三番・四番土蔵格納文書(真田宝物館所蔵真田家文書・記録類)の保管容器一覧

容器番号	内容品目	容器の特徴 容器への書込	倉庫番号 保管場所	容器ラベルA	容器ラベルB
1－1	[幸道公] 弓の伝書	木製 蓋裏書入「甲印　御弓書 二巻」	第三番倉庫階上 10号長棹	■ 十号長棹 幸道公　弓之伝書 ■(二)通	文書の部　第1号1、2 収納場所：第三番倉庫階上、十号長棹 品目：幸道公弓之伝書二巻／弓之巻、矢之巻
1－2	[幸道公] 松本城受取に関する記録	木製・紐付	第三番倉庫階上 10号長棹	なし	文書の部　第1－2号 収納場所：第三番倉庫階上、十号長棹 品目：幸道公関係 五冊 松本城受取ニ関スル記録／松本御用中日記二冊、同御在番條目一冊、同役付年代考一冊、同御行列一冊
2－1	[信弘公] 武田流御弓書	木製・紐付 蓋表書入「甲印入御弓書」、蓋表貼紙「乾徳院様御筆」、蓋横貼紙「御弓書　二箱之内」	第三番倉庫階上 10号長棹	第三三号 三番倉庫階上、一六号長棹 信弘公武田流御弓書三十一冊	文書の部　第2－1号 収納場所：第三番倉庫階上、十号長棹 品目：信弘公　武田流御弓書　目録添三十壱冊
3－1	[信安公] 大坪流馬術書、駝馬種署	木製・紐付 蓋付紙「覚性院公」	第三番倉庫階上 10号長棹	第二九、三二号 三番倉庫階上、一六号長棹 二九　一　信安公　高点御書留 　　　二　同　大坪流馬術書 　　　三　同　駆馬種署 三二　同　遺物　扇　四本	文書の部　第3－1号 収納場所：第三番倉庫階上、十号長棹 品目：信安公　大坪流馬術書五、駆馬種署一、計六冊
3－2	[信安公] 弓馬の伝書	木製・紐付、黒塗 箱横貼紙「弓馬之御巻物」	第三番倉庫階上 10号長棹	第三〇号 三番倉庫階上、一■(六)号長棹 信安公　弓馬ノ伝書	文書の部　第3－2号1、2、3、4 収納場所：第三番倉庫階上、十号長棹 品目：信安公　弓馬之伝書四巻、外ニ無表装ノモノ三点
3－3	精観集及 毛付馬(箱入)	横扉「毛附馬」	第三番倉庫階上 10号長棹	なし	文書の部　第3－3号1、2 収納場所：第三番倉庫階上、十号長棹 品目：信安公　精観集及毛付馬　箱入
3－3	[信安公] 精観集及毛付馬	木製 蓋表書入「毛附馬」、蓋裏書入「殿様より被進之」	第三番倉庫階上 10号長棹	なし	文書の部　第3－3号1、2 収納場所：第三番倉庫階上、十号長棹 品目：信安公　精観集及毛付馬　箱入
4－1	[幸弘公] 俳諧詠草　菊貫集	木製、持手金具付 蓋表貼紙「元印壱番」 箱横貼紙「元印壱番」	第三番倉庫階上 西側下段	なし	文書の部　第4－1号 収納場所：第三番倉庫階上、西棚下段 品目：幸弘公筆　俳諧詠草　菊貫集十八帙全百九冊

4－2	［幸弘公］ 詠草	木製・紐付 蓋表貼紙「御詠草」、 箱横書入「天真院様 御詠草　八番」	第三番倉庫階上 10号長棹	第三■（七）号 三番倉庫階上、十六号長棹 幸弘公　俳諧詠草四十冊 和歌詠草壱冊 和歌［　］壱袋	文書の部　第4－2号 収納場所：第三番倉庫階上、十号長棹 品目：幸弘公　詠草二十八冊／俳諧　自寛政三年至六年十二冊、自寛政七年至十一年十冊、寛政七年と文化二年二冊、花洛の草結三冊、和歌詠草一冊
4－3	［幸弘公］ 賀詩集録		第三番倉庫階上 10号長棹		文書の部　第4－3号 収納場所：第三番倉庫階上、十号長棹 品目：幸弘公筆　賀詩集録十四冊／四十ノ賀六冊、五十ノ賀二冊、六十ノ賀二冊、七十ノ賀四冊
4－4	［幸弘公］ 俳諧詠草類	木製・持手金具付 箱横貼紙「御引墨御書留　御摺物幷諸所摺物」	第三番倉庫階上 10号長棹	第三六号 三番倉庫階上、一六号長棹 幸弘公　俳諧詠草類入 書類十一通 摺物一括 綴本廿四冊 折本四冊	文書の部　第4－4号 収納場所：第三番倉庫階上、十号長棹 品目：幸弘公　俳諧詠草類／綴本十九冊、折本四冊、幸弘公御歌五枚、前日野大納言書状一通、年々引墨帳一冊、安永天明頃ノ御歌摺物七枚
4－5	［幸弘公］ 四十の賀章集	木製・紐付 蓋表貼紙「乙印」「三六」「御年賀章集」	第三番倉庫階上 10号長棹	第四一号 三番倉庫階上、一六号長棹 幸弘公　■家藩士ヨリノ賀章及短冊入	文書の部　第4－5号 収納場所：第三番倉庫階上、十号長棹 品目：幸弘公四十の賀章集七十七通
4－6	［幸弘公］ 賀章・短冊	木製・紐付 蓋表書入「杖家賀草」、 蓋表貼紙「乙印」	第三番倉庫階上 10号長棹	第四〇号 三番倉庫階上、一六号長棹 幸弘公　林家賀章短冊祝辞入	文書の部　第4－6号 収納場所：第三番倉庫階上、十号長棹 品目：幸弘公　賀章三十五通、同短冊八十六枚
4－7	［幸弘公］ 耳順賀章、屛風の和歌草稿	木製・紐付 蓋表書入「耳順御賀御屛風御歌御［　］」	第三番倉庫階上 10号長棹	第三九号 三番倉庫階上、一六号長棹 幸弘公　耳順の賀、屛風の和歌草稿入	文書の部　第4－7号 収納場所：第三番倉庫階上、十号長棹 品目：幸弘公　耳順（六十才）賀章十二通、屛風の和歌草稿五通
4－8	［幸弘公］ 絵手本及清書類	紙製・落蓋、黒塗	第三番倉庫階上 10号長棹	なし	文書の部　第4－8号 収納場所：第三番倉庫階上、十号長棹 品目：幸弘公　絵手本及清書類
4－9	［幸弘公］ 書手本	紙製・落蓋、黒塗 蓋表書入「天」（白字）	第三番倉庫階上 10号長棹	第四三号 三番倉庫階上、一六号長棹 幸弘公　手本入■漆御文庫	文書の部　第4－9号 収納場所：第三番倉庫階上、十号長棹 品目：幸弘公　書手本
4－10	［幸弘公］ 手澤品　名所旧跡図絵	段ボール箱 内容物包紙表書入「かまくら　かね沢古諸国」	第三番倉庫階上 10号長棹	なし	文書の部　第4－10号 収納場所：第三番倉庫階上、十号長棹 品目：幸弘公　手澤品　名所旧跡図絵類印刷物

4－11	［幸弘公］ 御清書類	３段箪笥	第三番倉庫階上 10号長棹	なし	文書の部　第４－11号 収納場所：第三番倉庫階上、西棚 品目：幸弘公関係　御清書類
4－12	［幸弘公］ 日光御名代勤方控書	木製・紐付 蓋表書入「弓［　］物」	第三番倉庫階上 10号長棹	なし	文書の部　第４－12号 収納場所：第三番倉庫階上、十号長棹 品目：幸弘公関係　日光御名代勤方控書九点／幸専公及幸貫公ノ分モ含ム
5－1	［幸専公］ 五十之賀詩歌	木製、黒塗、鍵附	第三番倉庫階上 10号長棹	第■番 三番倉庫階上、一六号長棹 幸専公　五十ノ賀詩歌箱入／藩士ハ勿論領内町村衆より集メ	文書の部　第７－７号 収納場所：第三番倉庫階上、十号長棹 品目：幸専公　五十之賀詩歌／藩士、領内町村ノ民より献せるもの七百点余
5－2	［幸専公］ 卜伝流剣術秘伝及目録	木製 箱横に「松■」印あり	第三番倉庫階上 10号長棹	なし	文書の部　第５－２号 収納場所：第三番倉庫階上、十号長棹 品目：幸専公　卜伝流剣術秘伝及目録五巻
5－3	［幸専公］ 御系譜書類	木製 蓋表書入「文化七庚午年九月　公儀江御書上　御系譜　一巻御用所置附」	第三番倉庫階上 10号長棹	なし	文書の部　第５－３号 収納場所：第三番倉庫階上、十号長棹 品目：幸専公関係　御系譜書類十冊大破
6－1	［幸貫公］ 詠草及文章類纂	木製・紐付 蓋表貼紙「御詠草」（朱字）、蓋表「感書」（白字）	第三番倉庫階上 10号長棹	第五八号 三番倉庫階上、一七号長棹 幸貫公　詠草及文章類纂、飯島楠左衛門編纂七冊	文書の部　第６－１号 収納場所：第三番倉庫階上、十号長棹 品目：幸貫公　詠草及文章類纂　飯島楠左衛門編纂七冊
6－2	［幸貫公］ 和歌詠草	木製、鍵附	第三番倉庫階上 10号長棹	第五九号 三番倉庫階上、一七号長棹 幸貫公　詠草及文章類纂、楽翁公折本冊短冊二枚アリ	文書の部　第６－２号 収納場所：第三番倉庫階上、十号長棹 品目：幸貫公和歌詠草／色紙詠草十九枚、短冊五十枚、白紙詠草多数、夫人関係一包／外ニすてがたき物語、覚書各一冊
6－3	［幸貫公］ 夫人　江戸より御送りの御道具之記	二葉堂（菓子店）ダンボール	第三番倉庫階上 10号長棹	なし	文書の部　第６－３号 収納場所：第三番倉庫階上、十号長棹 品目：幸貫公夫人　江戸ヨリ御送リノ御道具之記一括
6－4	［幸貫公］ 御手澤 異国船一件風説書、英艦長崎来航風聞書ほか	木製 蓋表書入「風説巻松風」	第三番倉庫階上 10号長棹	第五七号 三番倉庫階上、一七号長棹 幸貫公手澤　黒船一件風説書幷軍学写本	文書の部　第６－４号 収納場所：第三番倉庫階上、長棹 品目：幸貫公御手澤　異国船一件風説書、英艦長崎来航風説書、其他

6－5	[幸貫公] 御手澤 日光次第書	木製・紐付 蓋表書入「日光御次第書写　拾弐冊」、「感」(白字)、付箋「初入」	第三番倉庫階上 10号長棹	第五四号 三番倉庫階上、一七号長棹 幸貫公　御手元日光次第書	文書の部　第6－5号 収納場所：第三番倉庫階上、十号長棹 品目：幸貫公御手澤　日光次第書十二通
6－6	[幸貫公] 蔵歳暮被下衣服帳類	菓子の段ボール箱	第三番倉庫階上 10号長棹	なし	文書の部　第6－6号 収納場所：第三番倉庫階上、十号長棹 品目：幸貫公御手澤　歳暮被下衣服帖類十包
6－7	[幸貫公] 射学六教全書	木製・紐付 蓋表書入「射学六教全書」、「感書」(白字)	第三番倉庫階上 10号長棹	第五二号 三番倉庫階上、第一七号長棹 寛永写本　射学六教全書	文書の部　第6－7号 収納場所：第三番倉庫階上、十号長棹 品目：寛文写本　射学六教全書六冊
6－8	[幸貫公] 砲術書類	木製・紐付 蓋表貼紙「申□短筒」	第三番倉庫階上 10号長棹	なし	文書の部　第6－8号 収納場所：第三番倉庫階上、十号長棹 品目：幸貫公関係　砲術書類
6－9	[幸貫公] 外記流砲術伝書類	木製・紐付 蓋表書入「外記流御伝書」、蓋表貼紙「松印　一番御長持入」	第三番倉庫階上 10号長棹	三番倉庫階上、一七号長棹 幸貫公　外記流砲術伝書類入、荻野流鉄砲切形	文書の部　第6－9号 収納場所：第三番倉庫階上、十号長棹 品目：幸貫公関係　外記流砲術伝書類／伝書二十三冊、草色表紙伝書折本十三冊、極意重目当書折本七冊、極意抜本国策積之書折本八冊、鉄炮極意目当定二冊、威風堤撃目録巻物二巻、調積集目録巻物一巻／外ニ荻野流鉄砲切方一包
6－10	[幸貫公] 兵法伝書	皮製、黒塗、鍵附	第三番倉庫階上 10号長棹	なし	文書の部　第6－10号　自1至5 収納場所：第三番倉庫階上、十号長棹 品目：幸貫公関係　兵法伝書全五巻／天真伝兵法明道論一巻、天真伝兵法真劔払捨刀之巻一巻、虎之巻秘兵法一巻、撰擇虎之巻一巻、護身法一巻
6－10－1	[幸貫公] 天真伝兵法明道論	木製	第三番倉庫階上 10号長棹	なし	文書の部　第6－10－1号 収納場所：第三番倉庫階上、十号長棹 品目：幸貫公関係　天真伝兵法明道論　合口箱入一巻
6－10－2	[幸貫公] 天真伝兵法真劔払捨刀之巻	木製	第三番倉庫階上 10号長棹	なし	文書の部　第6－10－2号 収納場所：第三番倉庫階上、十号長棹 品目：幸貫公関係　天真伝兵法真劔払捨刀之巻　合口箱入一巻
6－10－3	[幸貫公] 虎之巻秘兵法	木製	第三番倉庫階上 10号長棹	なし	文書の部　第6－10－3号 収納場所：第三番倉庫階上、十号長棹 品目：幸貫公関係　虎之巻秘兵法　合口箱入一巻
6－10－4	[幸貫公] 撰擇虎之巻兵法	木製	第三番倉庫階上 10号長棹	なし	文書の部　第6－10－4号 収納場所：第三番倉庫階上、十号長棹 品目：幸貫公関係　撰擇虎之巻兵法　合口箱入一巻

6-11	[幸貫公] 兵法伝書	木製・紐付 蓋表書入「御柔術御伝書入」	第三番倉庫階上 10号長棹	第四八号 三番倉庫階上、十七号長棹 幸貫公　一　兵法伝授壱巻、二心月流□、三　□	文書の部　第6-11号1、2、3 収納場所：第三番倉庫階上、十号長棹 品目：幸貫公関係　伝書全三巻／兵法伝授一巻、心月流手裏劔印可目録一巻、心月流無二劔印可目録一巻
6-11-1	[幸貫公]	木製・紐付 蓋表書入「上」	(不明)	なし	なし
6-12	[幸貫公] 雑書一括	木製・紐付 蓋裏書入「天保二辛卯年十二月十六日四品御昇進　天保三壬辰年二月十一日御頂戴　口宣案一枚　位記一巻」	第三番倉庫階上 10号長棹	なし	文書の部　第6-12号 収納場所：第三番倉庫階上、十号長棹 品目：幸貫公関係　雑書一括
6-13-1	[幸貫公] 老中在職中御手控　日記(幕府・月番日記)	木製 箱横貼紙「幸貫公老中在職中御手控幕府月番日記」、箱横書入「文書6、13、1」(白字)	第三番倉庫階上 西棚上段	第五三号□　□(破損に付、判読不能)	文書の部　第6-13号 収納場所：第三番倉庫階上、西棚上段 品目：幸貫公関係　老中在職中御手控　日記(幕府・月番日記) 自享保二年至文政十二年全百十九冊
6-13-2	[幸貫公] 御日記	木製・紐付 箱横書入「文書6、13、2」(白字)	第三番倉庫階上 西棚上段	なし	文書の部　第6-13-2号 収納場所：第三番倉庫階上 品目：幸貫公関係　御日記三十七冊
6-13-3	[幸貫公] 御日記類	木製、黒塗、持手金具付、鍵付、六文銭紋(青貝)あり 箱横貼紙「御居間出」	第三番倉庫階上 西側下段	なし	文書の部　第6-13-3号 収納場所：第三番倉庫階上、西棚下段 品目：幸貫公関係　御日記類／御日記六九冊、覚書五冊、その他三五冊
6-13-4	[幸貫公] 懐中日記	木製、黒塗、持手金具付、鍵付、六文銭紋(青貝)あり	第三番倉庫階上 西側上段	なし	文書の部　第6-13-4号 収納場所：第三番倉庫階上、西棚上段 品目：幸貫公関係　懐中日記一箱
6-13-5	[幸貫公] 老中時代のもの	木製・紐付 箱横貼紙「御側御納戸」	第三番倉庫階上 西棚上段	なし	文書の部　第6-13-5号 収納場所：第三番倉庫階上 品目：幸貫公関係　老中時代のもの／累代武鑑外四六冊
6-14	[幸貫公] 砲術関係書	木製、持手金具付、文庫箱2段	第三番倉庫階上 西棚上段	第二■号 三番倉庫階上、西壁側 松本城受取記録	文書の部　第6-14号 収納場所：第三番倉庫階上 品目：幸貫公関係　砲術関係書一六四冊

6－15	［幸貫公］ 兵法書類	木製、文庫箱１段	第三番倉庫階上 西棚上段	第六号 三番倉庫階上、西壁側 御手元　兵書類	文書の部　第６－15号 収納場所：第三番倉庫階上 品目：幸貫公関係　兵法書全一三三冊／兵要録口義二〇冊、兵要録外四一冊、兵談上原兵外二二冊、練兵一撰士外一〇冊、水真之伝外三二冊、機械製外八冊
6－16	［幸貫公］ 御手元書類	木製、持手金具付、鍵付、特殊な箱・引５つ	第三番倉庫階上 西棚上段	第一九号 三番倉庫階上、西壁側 ［　］御手元書類	文書の部　第６－16号 収納場所：第三番倉庫階上 品目：幸貫公関係　御手元書類
6－17	［幸貫公］ 御手元書類	木製、持手金具付、３段箪笥・引５つ	第三番倉庫階上 西棚	なし	文書の部　第６－17号 収納場所：第三番倉庫階上、西棚 品目：幸貫公関係　御手元書類
6－18	［幸貫公］ 起倒流柔道伝書	木製、鍵付 蓋表書入「起倒流 伝書」	第三番倉庫階上 西棚	第■号 三番倉庫階上、西壁側 御手元　起倒流伝書類	文書の部　第６－18号 収納場所：第三番倉庫階上、西棚 品目：幸貫公関係　起倒流柔道伝書二十六冊、同巻物五巻
6－19－1	［幸貫公］ 求玄流炮術伝書、真田流炮術伝書	木製、鍵付	第三番倉庫階上 西棚	第一三号 三番倉庫階上、西壁側 御手元　求玄流伝書類	文書の部　第６－19－１号 収納場所：第三番倉庫階上、西棚 品目：幸貫公関係　求玄流炮術伝書九十二冊、同初・中・終■目録　箱入三巻、真田流炮術伝書　仮綴十八冊
6－19－2	［幸貫公］ 求玄流炮術免状	木製、２箱あり 箱①蓋表書入「求玄流免許副文」、箱②蓋表書入「求玄流免状」	第三番倉庫階上 10号長棹	なし	文書の部　第６－19－２号 収納場所：第三番倉庫階上、十号長棹 品目：幸貫公関係　求玄流炮術免状　箱入
6－20	［幸貫公］ 諸伝書類	木製、持手金具付、鍵付、２段・１引文庫箱 蓋表書入「伝書」	第三番倉庫階上 西棚	第七号 三番倉庫階上、西壁側 御手元　伝書類	文書の部　第６－20号 収納場所：第三番倉庫階上、西棚 品目：幸貫公関係　諸伝書類／御自筆ノモノ十五巻、他五十巻
6－21	［幸貫公］ 老中時代　御役中御書付類ほか	木製・紐付 収納箱蓋表書入「御役中　御書付入御簞笥　右御簞笥従一位様御拝領之御菓子折ニ而御出来」、簞笥上段書入「寛政年間外国船渡来関係絵図・文書」	第三番倉庫階上 西棚	なし	文書の部　第６－21号 収納場所：第三番倉庫階上、西棚 品目：幸貫公関係　老中時代御役中御書付類、外寛政年間外国船渡来関係絵図類

6-22	[幸貫公] 大地震幷出水一件	木製・紐付、鍵附	第三番倉庫階上 10号長棹	なし	文書の部　第6-22号 収納場所：第三番倉庫階上、十号長棹 品目：幸貫公関係　弘化四年三月廿四日　大地震幷出水一件書類
7-1	[幸良公] 真言蜜書入大和錦袋ほか	木製・紐付 裏に墨書跡あり(判読不能)	第三番倉庫階上 11号長棹	なし	文書の部　第7-1号 収納場所：第三番倉庫階上、十一号長棹 品目：幸良公　真言蜜書入大和錦袋一、同夫人所持 念珠九、同大和錦袋四、同守袋一
7-2	[幸良公] 夫人関係　和歌短冊	木製・紐付、黒漆、四菱紋あり 箱裏貼紙「十八番■入」あり	第三番倉庫階上 11号長棹	第七四号 三番倉庫階上、一八号長棹 幸良公夫人　雑書入黒塗四花菱紋付手文庫	文書の部　第7-2号 収納場所：第三番倉庫階上、十一号長棹 品目：幸良公夫人関係　和歌短冊 / 幸良公十二枚、同夫人八十枚、大雲院様十七回忌二十五枚、外十二包
7-3	[幸良公] 夫人関係　詠草類	木製、鍵附	第三番倉庫階上 11号長棹	第六七号 三番倉庫階上、一八号長棹 幸良公　真言密書入　錠前付箱	文書の部　第7-3号 収納場所：第三番倉庫階上、十一号長棹 品目：幸良公夫人関係 / 幸良公御筆三枚、同夫人短冊二十枚、外詠草短冊多数
7-4	[幸良公] 夫人関係　詠草類	紙製・紐付、黒塗、落蓋、家紋あり	第三番倉庫階上 11号長棹	第六九号 三番倉庫階上、一八号長棹 幸良公夫人　詠草類入 ■漆菊■紋文庫	文書の部　第7-4号 収納場所：第三番倉庫階上、十一号長棹 品目：幸良公夫人関係 / 詠草仮綴二十二冊、外詠類多数
7-5	[幸良公] 夫人関係　茶道手引書	木製・紐付、黒塗、落蓋 蓋表貼紙「茶の物書付入」	第三番倉庫階上 11号長棹	第七五号 三番倉庫階上、一八号長棹 幸良公夫人　雑書入　四花菱紋付黒塗手文庫	文書の部　第7-5号 収納場所：第三番倉庫階上、十一号長棹 品目：幸良公夫人関係　茶道手引書 / 本綴ノモノ五冊、仮綴ノモノ十二冊、紐ノ結方一包
7-6	[幸良公] 夫人関係　御名目録	木製・紐付 蓋表書入「御名」「貞三　上」(白字)、蓋表貼紙「此内御伝授御目録も入」	第三番倉庫階上 11号長棹	第八壱号 三番倉庫階上、十八号長棹 幸良公夫人　御名目録及箏提琴其他ノ目録入	文書の部　第7-6号 収納場所：第三番倉庫階上、十一号長棹 品目：幸良公夫人　御名目録及提琴其他伝授目録九
7-7	[幸良公] 夫人関係　女用文章手本	木製・紐付、黒塗、落蓋	第三番倉庫階上 11号長棹	第七一号 三番倉庫階上、一八号長棹 幸良公夫人　細工型類入黒塗手文庫	文書の部　第7-7号 収納場所：第三番倉庫階上、十一号長棹 品目：幸良公夫人関係 / 女用文章手本十五冊、外同夫人御細工品及用具多数
7-8	[幸良公] 夫人関係	木製・紐付、落蓋	第三番倉庫階上 11号長棹	なし	文書の部　第7-8号 収納場所：第三番倉庫階上、十一号長棹 品目：幸良公夫人関係 / 折形　箱入

8－1	[幸教公] 政堂枢機年表書記ほか	木製・紐付、落蓋 箱横貼紙「政堂枢機年表書言　安政三年十四冊、安政四年十一冊、安政五年七冊、幸教公筆録、六議雑記　帙入十一冊、政枢略記　帙入四冊、図国全書三冊、政庭新法一冊、議政三冊、政鑑二冊、外別集二十冊、全四十四冊」	第三番倉庫階上 西側	第二■(四)号 三番倉庫階上、西壁側 幸教公　遺訓■■書類	文書の部　第8－1号 収納場所：第三番倉庫階上 品目：幸教公関係　全七十六冊／政堂枢機年表書記　安政三～五年まで三十二冊、幸教公政道関係等録二十四冊、外別集二十冊
8－2	[幸教公] 清書及草稿類（雄若公時代のもの）	木製・紐付、落蓋 箱横貼紙「黄卯」	第三番倉庫階上 11号長棹	第七六号 三番倉庫階上、一八号長棹 幸教公　清書及草稿類入　焼桐手文庫	文書の部　第8－2号 収納場所：第三番倉庫階上、十一号長棹 品目：幸教公関係　清書及草稿類(御名雄若時代のもの)
8－3	[幸教公] 御清書類	木製、州浜紋入 蓋表白字書込みあり（判読不能）	第三番倉庫階上 11号長棹	第八四号 三番倉庫階上、一八号長棹 御清書類	文書の部　第8－3号 収納場所：第三番倉庫階上、十一号長棹 品目：幸教公関係　御清書類
8－4	[幸教公] 夫人関係　山田流琴免許伝書	木製・紐付 蓋表書入「山田流御初免許目録」	第三番倉庫階上 11号長棹	第七九号 三番倉庫階上、一八号長棹 幸教夫人　山田流琴免許　白桐箱	文書の部　第8－4号 収納場所：第三番倉庫階上、十一号長棹 品目：幸教公夫人関係／山田流琴免許伝書三
8－5	[幸教公] 夫人関係　女用習字手本	木製・紐付 箱表書入「御■帯御胎髪　御名御折紙」、箱表書入「三書」(白字)、箱表貼紙「御手入本」、箱裏貼紙「秀姫様」	第三番倉庫階上 11号長棹	第八二号 三番倉庫階上、十八号長棹 幸教公夫人　習字手本	文書の部　第8－5号 収納場所：第三番倉庫階上、十一号長棹 品目：幸教公夫人関係／女用習字手本二十四冊
8－6	[幸教公] 夫人関係　習字手本	木製・紐付、黒塗、落蓋、葵・南天紋入	第三番倉庫階上 11号長棹	第八〇号 三番倉庫階上、一八号長棹 幸教公夫人　御手状　紋付黒塗手文庫	文書の部　第8－6号 収納場所：第三番倉庫階上、十一号長棹 品目：幸教公夫人関係／習字手本十冊、外に習字品多数
8－7	[幸教公] 御手元政治向書類	木製、持手金具付、文庫箱	第三番倉庫階上 西棚	なし	文書の部　第8－7号 収納場所：第三番倉庫階上、西棚 品目：幸教公関係　御手元政治向書類

9－1	［幸民公］ 御手元政治向書類	木製、黒漆、落蓋	第三番倉庫階上 11号長棹	なし	文書の部　第9－1号 収納場所：第三番倉庫階上、十一号長棹 品目：幸民公関係　御手元政治向書類
9－2	［幸民公］ 御条目	木製・紐付、黒漆、落蓋	第三番倉庫階上 11号長棹	なし	文書の部　第9－2号 収納場所：第三番倉庫階上、十一号長棹 品目：幸民公関係　御条目
10－1	御代々御手元書類	木製、持手金具付 蓋表貼紙「帝鑑之間席 雁之間席　御勤向書類」 6つの引出がありそれぞれに「幸教公」、「幸民公」、「幸専公」、「幸良公」、「幸弘公」、「幸貫公」	第三番倉庫階上 西棚上段	第二壱号 三番倉庫階下、北壁側 帝鑑ノ間・雁ノ間御勤向書類	文書の部　第10－1号 収納場所：第三番倉庫階上、西棚 品目：御代々御手元書類
11－1	歴代雑書類	木製、持手金具付	第三番倉庫階上 西棚下段	なし	文書の部　第11－1号 収納場所： 品目：雑書類　歴代のもの
11－2	歴代雑書類	木製、持手金具付	第三番倉庫階上 西棚下段	なし	文書の部　第11－2号 収納場所： 品目：歴代雑書類
11－3	［幸教公・幸民公］ 御清書・拓本類	木製、長持、鍵付	第三番倉庫階上 西棚下段	（剝がされている）	文書の部　第11－3号 収納場所：第三番倉庫階上、西棚下 品目：幸教公・幸民公御清書・拓本類
11－4	請願書関係、出納方関係、道具関係、御入料関係	木製、持手金具付	第三番倉庫階上 南棚上段	なし	文書の部　第11－4号 収納場所：（上段） 品目：請願書関係、出納方関係、道具関係、御入料関係
11－5	請願書関係、出納方関係、道具関係、御入料関係		第三番倉庫階上 西棚下段	なし	文書の部　第11－5号 収納場所：（下段） 品目：請願書関係、出納方関係、道具関係、御入料関係
12	名もくろく	木製・紐付 蓋表書入「名茂久ろく」、箱横貼紙「御名目録」	第三番倉庫階上 西棚上段	なし	文書の部　第12号 収納場所：第三番倉庫階上、西棚 品目：名もくろく 箱入 参考品 三通

13		木製、鍵附	第四番倉庫階上 13号長棹	なし	文書の部　第　号 収納場所：第四番倉庫、十三号 品目：
14		木製、持手金具付	第四番倉庫階上	なし	なし
15		木製、持手金具付 蓋表書入「要書」、蓋表貼紙「（省略）」、蓋裏書入「明治二十有八稔歳次乙未八月良辰製造　真田家図書記」	第四番倉庫階上	なし	なし
16		木製、持手金具付、鍵付 蓋表書入「▩▩之部」、蓋表貼紙「士卒明細書」	第四番倉庫階上	なし	なし
17		木製、持手金具付	第四番倉庫階上	なし	なし
17・18		木製、持手金具付	第四番倉庫階上	なし	なし
19・27・29		木製、持手金具付 蓋表書入「会計要用簿冊類」、蓋裏書入「明治二十六年乙未五月　真田家常用」	第四番倉庫階上	なし	なし
20－1～15	監察日記書抜	木製 蓋表貼紙「▩口大角差出　監察日記」、箱内側貼紙「国村和助　高橋禄三　木下官兵衛」	第四番倉庫階上	なし	の部　号 収納場所：第四番倉庫、二十号１～15 品目：監察日記書抜
21－1		木製、持手金具付	第四番倉庫階上	なし	なし
21－2		木製、持手金具付	第四番倉庫階上	なし	なし
22－1		木製、持手金具付	第四番倉庫階上	なし	なし
22－2		木製、持手金具付	第四番倉庫階上	なし	なし
23		木製、持手金具付	第四番倉庫階上	なし	なし

24		木製、持手金具付 蓋表書入「会計要用簿冊類」	第四番倉庫階上	なし	なし
25・26		木製、持手金具付、鍵付 蓋表書入「会計要用簿冊類」	第四番倉庫階上	なし	の部　号 収納場所：第　番倉庫、廿二号 品目：
28		木製、持手金具付	第四番倉庫階上	なし	文書の部　第28号 収納場所：第四番倉庫階下 品目：
30	日記類書抜	木製	第四番倉庫階上	なし	文書の部　第30号 収納場所：第　番倉庫 品目：日記類書抜
31	［幸弘公］ 御手本	木製・紐付 蓋表書入「天真院様御手本」、箱横貼紙「九拾六番」、「天真院様御手本」、「国五十五号」	第四番倉庫階上	なし	の部　第31号 収納場所：第　番倉庫 品目：幸弘公御手本
寄贈者不明		木製 箱内側貼紙「文書25」、「文書26」	第四番倉庫階上	ラベル剝がした跡あり	ラベル剝がした跡あり

注１：「容器番号」「内容品目」「倉庫番号・保管場所」は容器ラベルＢに基づく。
　２：「容器ラベルＡ」「容器ラベルＢ」の文字は、ラベルの記載を尊重したため、書き方等に不統一もある。
　３：判読不能の箇所は「■」を、記載が無い箇所は空欄とした。

あとがき

本書刊行に至るまでの経緯と成果を簡単に紹介する。本書の研究課題については大学共同利用機関法人人間文化研究機構国文学研究資料館基幹研究「民間アーカイブズの保存活用システム構築に関する基礎研究」（研究代表者・大友一雄。二〇一三年度～二〇一五年度）の中で調査・研究されてきた内容に基づいており、科学研究費補助金（基盤研究（Ｂ））「藩政文書の記録管理システムに関する基盤的研究」（研究代表者・大友一雄。二〇一二年度～二〇一四年度）と共同で進めてきた。本書に関わる研究は合計七回に及ぶ研究会の中で議論され、研究の成果を地元である長野県長野市松代に還元するための報告会も開催した。以下、研究会と地元報告会は次のとおりである。

第一回研究会（二〇一二年六月二日）
・高橋実「真田家文書の概要と伝来」
・山中さゆり「真田宝物館所蔵資料について――研究の基礎として――」
・原田和彦「国文学研究資料館所蔵・田野口村小林家文書と真田家文書――善光寺地震復興との関係から――」

第二回研究会（二〇一二年十二月十六日）
・佐藤宏之「真田幸教の著作活動について」
・大友一雄「天保期における老中職公用方役人と情報管理――老中真田幸貫を事例に――」

第三回研究会（二〇一三年五月十一日・十二日）

・宮澤崇士「長野市立博物館の収蔵資料の概要」
・降幡浩樹「真田邸土蔵の収納形態」
・原田和彦「真田宝物館所蔵の文書と典籍について」
・工藤航平「真田宝物館所蔵真田家文書の史料目録改訂作業と史料群構造」
・北村厚介「国文学研究資料館におけるデータベースの取組み」
第四回研究会（二〇一三年九月二十八日・二十九日）
・浅倉有子「真田家の道具類管理について」
・太田尚宏「真田家文書〈家老日記〉の種類と性格」
・西村慎太郎「松代藩糸会所の機能と記録の作成・授受・管理」
・種村威史「松代藩代官の文書管理とその特質」
第五回研究会（二〇一四年三月一日）
・青木睦「松代藩文書の管理・保存――信濃国松代真田家文書目録（その12・完）における編集過程での情報整備について――」
・福澤徹三「官僚制機構の末端としての村――藩地域研究とアーカイブズ――」
・福田千鶴「藩主生母の格式をめぐる意思決定の史料空間」
第六回研究会（二〇一四年七月五日）
・武子裕美「御側御納戸日記にみる文書の授受」
・山田哲好「松代藩における情報管理――「日記繰出」を事例に――」
・三宅正浩「祐筆間日記の史料的性格」

第七回（二〇一四年十月四日）

・南隆哲「明治前期における「真田家文書」の文書管理とその伝来――「御蔵内日記書類下調」を素材として――」

・榎本博「御目付の職務と文書の生成・管理」

・宮澤崇士「松代藩職制を見直す」

地元報告会「松代藩真田家の歴史とアーカイブズ」（二〇一四年十二月十三日。主催・国文学研究資料館基幹研究「民間アーカイブズの保存活用システム構築に関する基礎研究」・科学研究費補助金（基盤研究（B））「藩政文書の記録管理システムに関する基盤的研究」。後援・真田宝物館）

・丸島和洋「豊臣政権と真田昌幸・信繁（幸村）」

・太田尚宏「家老の仕事と記録類――日記とその周辺――」

・西村慎太郎「真田家の食卓と料理人」

・小宮山敏和「幕閣としての真田幸貫」

また、関連資料の調査は真田宝物館蔵真田家文書について合計二五日、長野市立博物館蔵代官野本家文書については合計七日、松代城下町の家老家文書・御用商人文書など民間アーカイブズについては合計三日、長野県立歴史館蔵松代真田家関係文書については一日実施した。特に、真田宝物館では、これまで作成されてきた目録のアイテムレベルでの精査、文書が収められていた収蔵容器および文書のまとまり（「単位」）や来歴の調査などを中心に行った。真田家文書の総合的な解明のためのアーカイブズ学に基づいた調査・研究であり、当然ながら日本近世史研究をはじめさまざまな利用の前提とも位置付けられる。

国文学研究資料館内での調査・研究の成果として、次の二点を挙げたい。

第一に、国文学研究資料館蔵松代伊勢町八田家文書の目録を四冊刊行し、一万四一四〇レコードを利用に供することができた（『史料目録』第96・97・99・101集、国文学研究資料館調査収集事業部、二〇一三年～二〇一五年）。八田家文書については本書第五章の西村慎太郎論文と第六章の渡辺浩一論文でも利用されている松代城下町の御用商人・町年寄を務めた家の文書群だが、すでに四冊（合計八九一六レコード）が刊行されており、合計で二万三〇五六点の利用が可能となった。

第二に、国文学研究資料館ホームページ内の『電子図書館』における「収蔵歴史アーカイブズデータベース」で公開を開始したことである。二〇一五年九月末日現在、真田家文書全点に該当する五万二一五九点、八田家文書八九一六点の検索が可能となった。このデータベースは国文学研究資料館蔵のうち二〇九文書群二七万五〇〇〇点余を横断検索する機能を備えており、利用頻度の高い真田家文書五六九レコード、八田家文書二八九レコードは画像公開を行っている。今後もさらなる画像公開を計画している。なお、目録刊行・データベース作成に当たっては、国文学研究資料館の担当教員はもとより、事務補佐員の清水善仁・日裏祥子・上川准・武子裕美各氏、リサーチアシスタントの榎本博・北村厚介・大貫茂紀各氏をはじめとして、アルバイトの方がたの尽力の賜物であることを付言しておきたい。

本書は松代藩真田家を事例として藩の記録管理システムの解明を目指したものである。もちろんなお課題が多いが、記録管理システムを理解する上で一定の到達点を示すものとして刊行することができたと言えよう。本書刊行に当たっては思文閣出版の田中峰人・三浦泰保両氏には大変お世話になった。心より御礼を申し上げたい。なお、刊行に当たっては国文学研究資料館「研究成果刊行物購入に関する制度」の助成を得た。

二〇一六年一月

国文学研究資料館　西村慎太郎

渡 辺 浩 一（わたなべ・こういち）
1959年生．東北大学大学院文学研究科博士後期課程中退，博士（文学）．人間文化研究機構国文学研究資料館／総合研究大学院大学文化科学研究科教授．
『日本近世都市の文書と記憶』（勉誠出版，2014年），共編著『契約と紛争の比較史料学』（吉川弘文館，2014年），共編著『自己語りと記憶の比較都市史』（勉誠出版，2015年）．

種 村 威 史（たねむら・たかし）
1970年生．國學院大学大学院博士課程後期単位取得退学，博士（歴史学），人間文化研究機構国文学研究資料館機関研究員．
「払方御金奉行の財方における役割について」（調査収集事業部編『史料目録第90集　信濃国松代真田家文書（その11）』国文学研究資料館，2010年），「寛文印知以降の領知朱印改について」（『國史学』203号，2011年），「松代藩代官の職制と文書行政」（福澤徹三・渡辺尚志編『藩地域の農政と学問・金融』岩田書院，2014年）．

福 澤 徹 三（ふくざわ・てつぞう）
1972年生．一橋大学大学院社会学研究科博士課程修了，博士（社会学）．すみだ郷土文化資料館専門員，埼玉学園大学兼任講師．
『一九世紀の豪農・名望家と地域社会』（思文閣出版，2012年），『藩地域の農政と学問・金融――信濃国松代藩地域の研究Ⅳ――』（共編，岩田書院，2014年），「近世後期の江戸の花火と幕府政策」（『地方史研究』第375号，2015年）．

降 幡 浩 樹（ふりはた・ひろき）
1965年生．武蔵大学人文学部日本文化学科卒業．松代文化施設等管理事務所学芸員．
「寛永十九年の『算用書』について」（『長野市立博物館紀要』第６号，2002年），「村の記憶――堂の縁起と手習師匠――」（『市誌研究　ながの』第10号，長野市誌編さん室，2003年），「山のめぐみ――山中紙と松代藩御用紙――」（笹本正治編『山をめぐる信州史の研究』高志書院，2003年）．

福 田 千 鶴（ふくだ・ちづる）
1961年生．九州大学大学院文学研究科博士後期課程中途退学，博士（文学）．九州大学基幹教育院教授．
『幕藩制的秩序と御家騒動』（校倉書房，1999年），『豊臣秀頼』（吉川弘文館，2014年）．

山中さゆり（やまなか・さゆり）
1972年生．中央大学文学部史学科卒業．松代文化施設等管理事務所専門員．
「真田宝物館所蔵恩田文書について――戦国期真田家家臣の一形態――」（『信濃』第50巻７号，1998年のち丸島和洋編『論集戦国大名と国衆14　真田氏一門と家臣』岩田書院，2014年所収），「真田家文書目録編成試論――研究の現状と展望――」（『松代』第21号，2007年）．

工 藤 航 平（くどう・こうへい）
1976年生．総合研究大学院大学文化科学研究科博士課程修了，博士（文学）．東京都公文書館史料編さん係専門員．
『史料目録第96集　信濃国埴科郡松代伊勢町八田家文書目録（その５）』（単編著，国文学研究資料館，2013年），『北海道伊達市大雄寺所蔵　亘理伊達家中諸家文書目録』（共編著，亘理伊達家文書調査研究会，2014年），「日本近世における地域意識と編纂文化」（『歴史評論』第790号，2016年）．

執筆者紹介（収録順）

大 友 一 雄（おおとも・かずお）
1955年生．学習院大学大学院人文科学研究科史学専攻博士後期課程退学，博士（歴史学）．人間文化研究機構国文学研究資料館教授・研究主幹．
『日本近世国家の権威と儀礼』（吉川弘文館，1999年），『江戸幕府と情報管理』（臨川書店，2003年），『アーカイブズの構造認識と編成記述』（共著，思文閣出版，2014年）．

原 田 和 彦（はらだ・かずひこ）
1963年生．國學院大学大学院文学研究科博士課程前期修了．長野市立博物館学芸員．
「松代藩における文書の管理と伝来」（国文学研究資料館アーカイブズ研究系編『藩政アーカイブズの研究』岩田書院，2008年），「松代藩における代官と百姓――善光寺地震後の村の復興をめぐって――」（福澤徹三・渡辺尚志編『藩地域の農政と学問・金融』岩田書院，2014年），「善光寺地震における松代藩の情報収集と文書管理」（国文学研究資料館編『幕藩政アーカイブズの総合的研究』思文閣出版，2015年）．

太 田 尚 宏（おおた・なおひろ）
1963年生．東京学芸大学大学院教育学研究科修士課程修了．国文学研究資料館准教授．
『幕府代官伊奈氏と江戸周辺地域』（岩田書院，2010年），「真田家文書〈家老日記〉の種類と性格」（『国文学研究資料館紀要アーカイブズ研究篇』第10号，2014年），「尾張藩徳川家における文書の伝来と管理」（国文学研究資料館編『幕藩政アーカイブズの総合的研究』思文閣出版，2015年）．

宮 澤 崇 士（みやざわ・たかし）
1982年生．東北大学大学院文学研究科博士課程前期修了．長野市立博物館専門員．
「松代藩「松原者」に関する一考察：「足軽」との比較の中で」（『信濃』64（9），2012年），「松代藩下級家臣団に関する一考察」（『長野市立博物館紀要（人文系）』第14号，2013年）．

岩 淵 令 治（いわぶち・れいじ）
1966年生．東京大学大学院人文社会科学研究科博士課程修了，博士（文学）．学習院女子大学国際文化交流学部教授．
『江戸武家地の研究』（塙書房，2004年），『史跡で読む日本の歴史』9（編著，吉川弘文館，2010年），「問屋仲間の機能・構造と文書作成・管理――江戸一番組雛問屋を事例に――」（『歴史評論』561，1997年）．

西村慎太郎（にしむら・しんたろう）
1974年生．学習院大学大学院人文科学研究科史学専攻博士後期課程満期取得退学，博士（史学）．人間文化研究機構国文学研究資料館准教授．
『近世朝廷社会と地下官人』（吉川弘文館，2008年），『宮中のシェフ、鶴をさばく』（吉川弘文館，2012年），「文書の保存を考える」（『歴史評論』第750号，2012年）．

近世大名《きんせいだいみょう》のアーカイブズ資源研究《しげんけんきゅう》
——松代藩・真田家をめぐって——

2016(平成28)年 3 月15日発行

定価：本体7,000円(税別)

編　者　国文学研究資料館
発行者　田中　大
発行所　株式会社　思文閣出版
〒605-0089　京都市東山区元町355
電話 075-533-6860(代表)

装　幀　佐々木歩
印　刷
製　本　亜細亜印刷株式会社

ISBN978-4-7842-1840-0　C3021